旅行社
服务纠纷案例详解

LÜXINGSHE
FUWU JIUFEN ANLI XIANGJIE

黄恢月 著

中国旅游出版社

责任编辑：刘志龙
责任印制：闫立中
封面设计：中文天地

图书在版编目（CIP）数据

旅行社服务纠纷案例详解／黄恢月著. —北京：
中国旅游出版社，2016.8（2020.9重印）
ISBN 978 – 7 – 5032 – 5660 – 8

Ⅰ.①旅… Ⅱ.①黄… Ⅲ.①旅游服务—经济纠纷—
案例—中国 Ⅳ.①D922.296.5

中国版本图书馆 CIP 数据核字（2016）第 189608 号

书　　名：旅行社服务纠纷案例详解
作　　者：黄恢月　著
出版发行：中国旅游出版社
　　　　　（北京静安东里 6 号　邮编：100028）
　　　　　http://www.cttp.net.cn　E-mail:cttp@mct.gov.cn
　　　　　营销中心电话：010-57377108，010-57377109
　　　　　读者服务部电话：010-57377151
排　　版：北京旅教文化传播有限公司
经　　销：全国各地新华书店
印　　刷：北京工商事务印刷有限公司
版　　次：2016 年 8 月第 1 版　2020 年 9 月第 2 次印刷
开　　本：720 毫米×970 毫米　1/16
印　　张：24.25
印　　数：6001–7000 册
字　　数：400 千
定　　价：45.00 元
ISBN 978 – 7 – 5032 – 5660 – 8

前　言

　　伴随着旅游走入寻常百姓家的同时，旅游服务纠纷也已成为有关管理部门无法回避的话题。在各级旅游主管部门受理的投诉中，虽然对各类旅游服务主体的投诉均有涉及，但对旅行社服务质量的投诉仍然占据较高的比例，虽然通过旅行社组团出游的游客量低于出游总量的百分之十。

　　旅行社组织团队旅游必须和旅游者签订书面包价旅游合同，以明确双方的权利义务关系。虽然《旅游法》对于包价旅游合同给出了定义，但理论界和实务界对于包价旅游合同性质事实上缺乏深入的研究和统一的认识，在具体处理旅行社服务纠纷时，往往容易产生困惑和歧义。

　　为了给旅游质监执法人员、旅行社法务人员处理旅行社服务纠纷时提供参考和帮助，作者按照案例简介、法律规定和案例分析三段论的模式，从真实案例中精心挑选，列出处理纠纷必备的法律法规规定，对案例进行详尽的分析。当然，本书也可以为引导旅游者理性维护权益，快速化解矛盾，促进和谐旅游发挥应有的作用。

目　录

合同签订篇

001 为什么旅游合同必须是书面形式

一、案例简介

旅游者通过电话要求旅行社帮助预订杭州飞往北京的机票，旅行社预订完毕，要求旅游者支付票款，旅游者以尚未最后确定行程为由拒绝支付，旅行社感到很委屈，多次讨要未果，于是向法律顾问咨询解决途径。律师听完旅行社的介绍，认为除了通话记录之外，旅行社不能举证预订机票的委托关系成立，旅行社维权存在障碍，只能和旅游者协商处理。经过多次协商未果，最后旅行社只能自己掏钱垫付，蒙受不必要的损失。

二、法律规定

1. 《合同法》第十条规定，当事人订立合同，有书面形式、口头形式和其他形式。法律、行政法规规定采用书面形式的，应当采用书面形式。当事人约定采用书面形式的，应当采用书面形式。

2. 《旅游法》第五十八条规定，包价旅游合同应当采取书面形式。

3. 《旅行社条例》第二十八条规定，旅行社为旅游者提供服务，应当与旅游者签订旅游合同。

三、案例分析

上述规定囊括了有关旅游合同形式的法律规定，但仅仅是法律层面的规定，也仅仅是行政部门对旅行社经营规范的要求，这是旅行社服务的外在要求。从法律关系看，相对于《合同法》而言，《旅游法》和《旅行社条例》是特殊法，旅行社应当遵循特殊法的规定，因此，虽然《合同法》中有有关口头合同形式的规定，但旅行社在经营中必须遵守有关旅游合同形式的特殊规定，即旅游合同必须是书面形式。当然，这里所规定的旅游合同书面形式，主要是指包价旅游合同的形式，没有规定委托代办合同必须是书面形式，笔者认为，即使是单项委托服务合同，书面合同形式仍然是旅行社的首选。

（一）为何口头合同形式不适宜

旅游合同为什么不可以适用口头形式，虽然从法理上已经证明，旅行社服务不能采用口头旅游合同形式，但归根结底是由旅行社服务的特点所决定的。因为旅行社的服务是预期服务，旅游合同关系成立至履行合同尚存一段时间，如果单凭当事人的记忆，难免会出现信息偏差；旅行社服务缺乏实物样品的比对，更多的是旅行社的口头和旅游行程的书面描述；旅行社的服务涉及面广且杂，一条旅游线路，涉及的服务并不仅仅局限于六要素，只有书面形式才能固定双方的权利义务。结合旅行社服务的这些特点可以推断，旅行社服务不适用即时清结的口头形式，这是旅行社服务的内在要求，也只有白纸黑字才能说得清楚。试想，如果旅行社组织团队外出旅游，仅凭双方的记忆，要想顺利完成旅游服务，会出现多少障碍。

即使没有法律法规的强制性规定，旅行社、旅游者都应当树立书面旅游合同意识。签订书面旅游合同，并不是为了应付旅游主管部门的要求，而是为了保障旅行社、旅游者双方的合法权益。不论是旅行社服务的外在要求，还是内在需求，都指向旅行社服务应当采用书面旅游合同形式。

同时，按照《合同法》第四十一条和《旅行社条例》第二十九条的规定，当旅行社和旅游者就服务品质、服务档次等格式条款的内容发生争议时，通常情况下要做出有利于旅游者的理解。由于旅游法律法规要求旅行社签订书面合同形式，旅行社不能出示书面旅游合同，当双方就服务内容发生争议的，也应当由旅行社承担举证责任。如果旅行社不能举证服务内容，即使旅行社的观点符合客观事实，也应当按照有利于旅游者的原则来处理纠纷。

（二）未签订书面合同的举证

如果旅游者不愿意签订书面旅游合同，举证责任应当由旅行社来承担。理由是，《旅游法》《旅行社条例》等要求旅行社和旅游者签订书面旅游合同，既然是旅行社认为是旅游者不愿签书面旅游合同，自然就应当由旅行社来举证。如果旅行社不能举证未签订书面旅游合同的原因是旅游者，旅行社就必须承担相应的行政责任，旅游主管部门就必须主动对旅行社实施行政处罚。

002 旅行社使用合同文本的注意事项有哪些

一、案例简介

韩先生到旅行社门市报名参团,门市业务员给韩先生提供了旅行社自制的合同文本,要求和韩先生签订旅游合同。由于韩先生对旅行社业务较为熟悉,对于旅行社要求他签订自制旅游合同文本表示不解,坚持要求旅行社提供的旅游合同为国家旅游局和国家工商行政管理总局共同制定的推荐文本。旅行社只有自制的旅游合同文本,韩先生最后虽然签了,但心里一直犯嘀咕,打电话向旅游主管部门咨询旅行社的行为是否合适。

二、法律规定

1. 《旅游法》第五十八条规定,包价旅游合同应当采用书面形式。

2. 《消费者权益保护法》第二十六条规定,经营者不得以格式条款、通知、声明、店堂告示等方式,作出排除或者限制消费者权利、减轻或者免除经营者责任、加重消费者责任等对消费者不公平、不合理的规定,不得利用格式条款并借助技术手段强制交易。格式条款、通知、声明、店堂告示等含有前款所列内容的,其内容无效。

3. 《旅行社条例》第二十九条规定,旅行社和旅游者签订的旅游合同约定不明确或者对格式条款的理解发生争议的,应当按照通常理解予以解释;对格式条款有两种以上解释的,应当作出有利于旅游者的解释;格式条款和非格式条款不一致的,应当采用非格式条款。

三、案例分析

旅行社组团旅游,或者组织自由行旅游,或者为旅游者代办某项服务,归根结底是旅行社和旅游者之间建立了一种合同关系,旅行社和旅游者按照合同的约定,履行各自的义务,实现各自的权利。在使用合同文本时,应当特别注意有关事宜。

（一）旅游合同必须是书面形式

这里所谓的旅游合同为包价旅游合同，包价旅游合同必须是书面形式，是法律所明确规定的。至于其他旅游合同，如委托代办旅游合同是否需要是书面形式，法律没有做强制性规定，由旅行社和旅游者协商解决。一些旅行社存在重口头形式、轻书面形式的倾向，尤其是在委托代办合同中，更是如此。等到处理纠纷阶段，旅行社才会意识到书面形式的重要性，但为时已晚。

（二）旅游合同的选择

正如案例中韩先生所说的那样，国家旅游局和国家工商行政管理总局的确制定了旅游合同文本，各省市旅游主管部门也制定了旅游合同文本，但不论是哪个部门出台的旅游合同文本，都属于推荐性旅游合同文本，不具备强制性。换句话说，旅行社可以使用，也可以不使用，主动权在旅行社。同时政府部门推荐旅游合同文本，和旅行社使用自制旅游合同文本并不矛盾，决定权在旅行社。虽然如此，笔者倾向于旅行社尽可能使用行政部门推荐的旅游合同文本，可以为旅行社解决很多后顾之忧。

（三）旅游合同的内容必须公平和完备

由于旅游合同是旅行社和旅游者确立权利义务关系的协议，假如旅行社使用自制的旅游合同文本，旅行社作为格式合同的提供者，特别要注意旅游合同内容的公平性和完整性。从公平性角度说，就是旅游合同没有故意增加旅游者的义务，或者减少旅行社的义务，或者制定出限制旅游者权利的条款等。从完备性角度说，旅行社要根据《旅游法》和《旅行社条例》的规定，把所有旅游权利义务都纳入旅游合同中，避免被旅游主管部门以内容缺项为由实施行政处罚。

（四）旅游合同内容必须清晰

旅行社在约定内容时，喜欢使用一些较为模糊的语言，既有现有的一些服务难以量化，又有旅行社受限于业务能力，还有就是一些旅行社自认为不能把权利义务约定得太清楚，否则旅行社没有任何变通的余地。不论是何种原因，只要旅行社没有把服务要素定量化，最后总是对旅行社不利。因为只要出现两种以上的解释，就会作出有利于旅游者的解释，这在《合同法》和《旅行社条例》中都有相似的规定，所以明明白白经营最为重要。

003 旅游者主张补充协议非自愿的举证责任承担

一、案例简介

吴先生等旅游者参加旅行社组织的旅游团，旅游行程结束后，吴先生投诉地陪强迫他们参加购物和自费，要求旅行社按照《旅游法》的规定，退还购物和自费全部款项。旅行社则主张，购物和自费都是和吴先生等协商一致的结果，有吴先生等签字同意的补充协议为证，旅行社不能退还任何购物和自费的款项。最后吴先生等向旅游主管部门投诉，要求旅行社退还购物和自费的款项。

二、法律规定

1.《民事诉讼法》第六十四条规定，当事人对自己提出的主张，有责任提供证据。

2.《合同法》第五十四条规定，下列合同，当事人一方有权请求人民法院或者仲裁机构变更或者撤销：因重大误解订立的；在订立合同时显失公平的。一方以欺诈、胁迫的手段或者乘人之危，使对方在违背真实意思的情况下订立的合同，受损害方有权请求人民法院或者仲裁机构变更或者撤销。当事人请求变更的，人民法院或者仲裁机构不得撤销。

三、案例分析

（一）补充协议的性质

所谓补充协议，就是经旅行社和旅游者双方的协商，达成对于原有旅游合同有关约定事项的补充和完善的一致，这在旅游服务中司空见惯。具体到旅行社服务中，旅行社和旅游者可能就许多服务内容进行变更，达成新的服务约定，尤其是以旅行社和旅游者就旅游期间的购物和自费等事宜达成补充协议最为常见和典型。通常情况下，这样的补充协议，既符合《合同法》的规定，也符合《旅游法》的规定，应当受到法律的保护。

（二）旅游者是否可以提出被迫签订补充协议的主张

旅游者是自己利益的最大捍卫者和保护者，当旅游者觉得自己的利益受到损害时，当然可以提出异议，包括补充协议的被迫签订等。旅游者提出这样的异议，就是保护自身合法权益的具体体现。但这里有一点必须特别注意，主张被迫签订补充协议和旅游者反悔签订补充协议是两个概念，前者违反了法律法规的规定，后者是旅游者违反了不得反言原则，不值得提倡。这样的反悔行为，得不到法律的支持。

（三）旅游者被迫签订补充协议的表现

在旅行社服务实务中，签订补充协议的确存在瑕疵的现象。具体而言，下列三个方面的情况时有发生：

第一，是旅游者在签署补充协议时有重大误解。有些旅行社为了得到旅游者的签名，以规避风险，用一个冠冕堂皇的理由，请旅游者在空白的信笺纸上签名，旅游者也没有往签订补充协议方面考虑。等到旅游者签名完成后，在旅游者不知情的情况下，将旅游者自愿参加购物和自费的内容纳入其中，形成了一份旅游者自愿参与购物和自费的补充协议。这样的补充协议的签订，就属于旅游者有重大误解的范畴。

第二，是旅游者受到了旅行社和导游领队的欺骗和胁迫。在旅游行程中，旅行社通过强迫或者变相强迫的方式，迫使旅游者签订补充协议。比如，导游告诉旅游者，如果不参加购物和自费，旅行社将不再提供服务，包括餐饮、住宿、游览等服务，异地他乡的旅游者不得不按照旅行社的安排，参与购物和自费等服务，服务品质会大幅下降，甚至遭受人身或者人格的损害。

第三，是旅行社的操作模式使然。一些旅行社在签订旅游合同时就明确，如果要参加该旅游团，旅游者就必须参加旅游购物和自费，且事先确定购物或者自费的数量，否则旅行社就拒绝旅游者参团旅游，尤其是一些所谓的特价团等。签订购物和自费的补充协议，是旅游者能够参团旅游的前提，否则就无法和旅行社签订旅游合同。

不论以上何种情形发生，都有一个共同点，就是虽然旅游者和旅行社签订了有关购物和自费的补充协议，但都没有反映出旅游者的真实意思，这样的补充协议，可能会被认定为无效而被撤销。

（四）强迫签订补充协议的举证责任应由旅游者承担

由于旅行社能够出示有旅行社签名确认的补充协议，至少在形式上符合旅行社和旅游者双方协商一致的要求。如果旅游者认为该补充协议为非他本人真实的意思表示，就应当由旅游者自己承担举证责任。旅游者不能提供有力的证据证明补充协议非自愿，就不能推翻补充协议的有效性和合法性，也不能要求旅行社退还购物和自费的费用。

004 未签订书面合同的包价旅游合同是否有效

一、案例简介

旅游者和旅行社口头约定，准备参加旅行社组织的出境旅游。旅游者为此开始做出境旅游的准备工作，先和单位请假，再约朋友一块参加，然后购置了一些出境旅游需要的物品。就在旅游者准备向旅行社交纳旅游团款时，旅行社通知旅游者，由于参团人数过少，无法成团，旅游团必须取消。旅游者以已有口头约定，且为此花费了财力和精力，要求旅行社承担违约责任，旅行社拒绝赔偿。旅游者向旅游主管部门投诉。

二、法律规定

1. 《旅游法》第五十八条规定，包价旅游合同应当采用书面形式。

2. 《合同法》第五十二条规定，有下列情形之一的，合同无效：违反法律、行政法规的强制性规定。

3. 《合同法》第三十六条规定，法律、行政法规规定或者当事人约定采用书面形式订立合同，当事人未采用书面形式但一方已经履行主要义务，对方接受的，该合同成立。

三、案例分析

（一）口头合同是合同的重要形式之一，也为我国法律所认可

根据《合同法》第十条的规定，当事人订立合同，有书面形式、口头形式和其他形式。也就是说，从《合同法》的一般规定看，口头合同是合同的形式之一。根据合同自由原则，只要合同是双方当事人真实的意思表示，合同采取什么形式，应当由合同双方当事人自己确定。

与此同时，《合同法》第十条还规定，法律、行政法规规定采用书面形式的，应当采用书面形式。当事人约定采用书面形式的，应当采用书面形式。这是《合同法》对于合同形式的特别规定。这就要具体看法律的规定。

（二）不具备书面形式的合同无效的前提

总体来说，合同以口头合同形式为主，口头合同具备法律效力，但如果法律、行政法规有明确的强制性规定，要求合同必须是书面形式的，非书面形式的合同就无效。这里必须特别注意的是，没有书面形式合同无效的前提是，违反了法律、行政法规的强制性规定，即只有违反了全国人大和国务院颁布的法律和行政法规强制性的规定才可以。如果违反的是地方性法规或者规章的规定，即使没有签订书面形式的合同，这样的合同依然有效。

（三）包价旅游合同必须是书面形式

根据《旅游法》的规定，包价旅游合同必须是书面形式。《旅游法》是全国人大常委会颁布的法律，有关包价旅游合同必须是书面形式的规定，是法律的强制性规定，旅行社和旅游者都不得违反。如果旅行社违反了该规定，没有和旅游者签订书面包价旅游合同，即使双方已经达成出境旅游的协议，该协议仍然无效。所以，在上述案例中，由于旅行社和旅游者没有签订书面包价旅游合同，旅行社和旅游者之间的合同无效，旅游者不能要求旅行社承担违约责任。

（四）包价旅游合同没有书面形式仍然有效的条件

按照法律规定，没有签订书面包价旅游合同，其合同关系无效。但在现实中，为了保护双方善意当事人的合法权益，《合同法》做出了特别的规定，为了确保没有签订书面形式的合同的有效：只要合同一方当事人履行了主要义务，另一方接受的，尽管法律规定要求签订书面合同形式，但事实上双方当事人并没有签订书面合同，这样的合同依然有效。

在包价旅游合同中，即使旅行社和旅游者没有签订书面合同，但只要旅游者向旅行社交纳了旅游团款，旅行社接受的，即使没有签订书面包价旅游合同，旅行社和旅游者之间的合同关系成立并有效。因为旅游者交纳旅游团款，是旅游者的主要义务。同样，如果旅游者接受了旅行社提供的服务，即使没有书面包价旅游合同，旅游合同关系同样存在并有效。当然，在这种情况下，旅行社因为没有签订书面包价旅游合同，可能面临旅游主管部门的行政处罚。

（五）法律仅仅对包价旅游合同形式做出了要求

旅行社为旅游者提供的服务，除了包价旅游服务外，还有其他服务，诸如委托代办旅游服务。由于法律对此没有明确强制性规定，如果旅行社接受旅游者的委托，为其提供服务，是否需要签订书面合同形式，应当由旅行社和旅游者双方协商确定。当然，为了明确双方的权利义务，便于纠纷的解决，以采用书面合同形式为好。

005 旅行社是否可以和出境游旅游者签订代办合同

一、案例简介

旅游者来旅行社报名前往澳大利亚旅游，但旅游者提出旅游及探亲整个行程为 10 天，其中需要旅行社负责 3 天的行程（包括旅游六要素、地接服务等）、往返机票和签证办理，其余 7 天行程由旅游者自己负责。旅行社按照旅游者的需求提供服务。由于旅游者大部分行程和旅行社无关，旅行社就要和旅游者签订代办旅游合同，旅游者也接受了旅行社的建议，同意签订代办合同。有其他旅行社就向旅游主管部门咨询，在旅行社组织旅游者出境旅游时，是否都可以选择代办合同的形式，既可以省去委派领队，又可以降低责任。

二、法律规定

1. 《旅游法》第七十四条规定，旅行社接受旅游者的委托，为其代订交通、住宿、餐饮、游览、娱乐等旅游服务，收取代办费用的，应当亲自处理委托事务。因旅行社的过错给旅游者造成损失的，旅行社应当承担赔偿责任。

2.《旅游法》第一百一十一条规定，包价旅游合同，是指旅行社预先安排行程，提供或者通过履行辅助人提供交通、住宿、餐饮、游览、导游或者领队等两项以上旅游服务，旅游者以总价支付旅游费用的合同。

三、案例分析

（一）包价旅游合同和代办旅游合同为旅行社服务的基本合同关系

就目前的旅行社服务看，单纯从合同关系来说，不外乎包价旅游合同关系和代办旅游合同关系。这两种合同关系，在上述法律规定中得到了明确的界定。至于旅行社所谓的自由行旅游合同，具体要看旅行社的服务方式，才可以确定和旅游者合同关系。但旅行社必须明确一点，自由行旅游合同在法律上不是一种独立的合同关系，要么归入包价旅游合同关系，要么归入代办旅游合同关系。

（二）包价旅游合同关系和代办旅游合同关系存在本质的区别

两者最大也是最为根本的区别在于，服务产品规划设计的主动权不同。只要服务产品的规划和设计主动权掌握在旅行社手里，旅游者只是从旅行社规划设计好的旅游产品做出选择，这样的服务就是包价旅游服务。不论旅行社和旅游者签订的是何种合同，即使是签订了代办旅游合同，旅行社和旅游者之间的关系仍然是包价旅游合同关系。如果旅游产品规划设计的主动权掌握在旅游者手里，旅行社仅仅是按照旅游者的要求，为旅游者提供相应的服务，这样的合同关系就是代办旅游合同关系，哪怕旅行社和旅游者签订了包价旅游合同。

打一个不恰当的比方，厨师按照自己的设想做好两个类型的快餐，消费者只能在这两个快餐中做出选择消费与否。厨师这样的操作模式和旅行社的组团操作模式大致相同，事先设计产品，供旅游者选择，如果旅游者选择了其中一个产品，旅行社和旅游者之间就形成了包价旅游合同关系。反之，如果消费者自己点菜，厨师按照消费者的要求，购买食材，并按照消费者的要求烹饪。厨师这样的服务模式，和旅行社代办模式相近，即旅行社按照旅游者的要求，为旅游者提供定制服务，旅行社和旅游者之间的关系，就是代办合同关系。

（三）根据不同的服务性质和方式，确定签订旅游合同的类型

从上述分析可以得出这样的结论：签订何种类型的旅游合同，并不是根据旅行社和旅游者的喜好，也不是为了某一当事人规避法律风险，而是根据旅游

服务的提供方式来决定。如果旅行社提供的是包价旅游服务，就必须签订包价旅游合同，即使旅行社和旅游者签订了代办旅游合同，旅行社也无法摆脱包价旅游合同责任。旅行社之所以喜欢和旅游者签订代办旅游合同，其目的就是规避包价旅游合同蕴含的行政责任和民事责任。

（四）签订代办旅游合同必须履行告知义务

按照法律规定，相比较之下，代办旅游合同承担的责任较轻，旅行社在代办旅游合同中需要承担的责任，就是旅行社在办理旅游者代办事宜时出现错误，给旅游者造成损失。而在包价旅游合同中，旅行社需要承担的责任，除了自身的服务过错外，还必须为履行辅助人的过错承担责任。因此，在签订代办旅游合同时，旅行社有义务将代办旅游合同和包价旅游合同责任承担的不同告知旅游者，让旅游者享有充分的知情权。

（五）案例中旅行社签订代办旅游合同行为不妥

在上述案例中，虽然旅游行程只有 3 天，而旅游者全部行程有 10 天，但旅行社为旅游者的 3 天行程提供了包价服务，所以，旅行社仅仅签订代办旅游合同服务是不妥的，而应当和旅游者签订 3 天的包价旅游合同。换句话说，即使旅行社签订了代办旅游合同，但由于实际提供的是包价旅游服务，旅行社仍然必须为 3 天行程承担包价旅游服务责任。同时，如果旅行社事先告知包价旅游合同和代办旅游合同的责任承担区别，旅游者也绝对不会同意签订代办旅游合同的。

006 旅行社是否可以修改备案后的旅游合同

一、案例简介

旅游者参加旅行社组织的东南亚旅游，旅游合同对不正常航班服务的约定是：旅行社为旅游者提供廉价航空公司航班。无论出于何种原因，导致航班延误或取消，旅行社均不提供免费膳宿服务，亦不承诺提供任何其他补偿。旅行社将竭力提供最新航班信息，必要时协助办理食宿等相关手续，但费用由您自理。旅游者向当地工商部门咨询后得知，旅行社提交的备案合同文本中，并没有这样的约定。显然，这样的约定是旅行社在旅游合同备案后自己修改的。旅游者认为该约定无效，旅行社认为旅游者已经签字认可，旅游合同当然有效。

二、法律规定

1.《消费者权益保护法》第二十六条规定，经营者在经营活动中使用格式条款的，应当以显著方式提请消费者注意商品或者服务的数量和质量、价款或者费用、履行期限和方式、安全注意事项和风险警示、售后服务、民事责任等与消费者有重大利害关系的内容，并按照消费者的要求予以说明。

经营者不得以格式条款、通知、声明、店堂告示等方式，作出排除或者限制消费者权利、减轻或者免除经营者责任、加重消费者责任等对消费者不公平、不合理的规定，不得利用格式条款并借助技术手段强制交易。

格式条款、通知、声明、店堂告示等含有前款所列内容的，其内容无效。

2.《旅行社条例》第二十九条规定，旅行社和旅游者签订的旅游合同约定不明确或者对格式条款的理解发生争议的，应当按照通常理解予以解释；对格式条款有两种以上解释的，应当作出有利于旅游者的解释；格式条款和非格式条款不一致的，应当采用非格式条款。

三、案例分析

（一）旅游合同文本的使用

旅行社使用何种旅游合同文本，法律并没有强制性的规定。根据"法无明令禁止即可为"的原理，旅行社可以根据自己的经营需求，选择合适的旅游合同文本，既可以选择有关行政主管部门制定的推荐性旅游合同文本，也可以自制旅游合同文本，但在实际使用自制旅游合同文本之前，旅行社应当到当地工商行政管理部门备案，接受工商行政管理部门对旅游合同内容公平性的审查。

（二）旅游合同文本内容不得擅自修改

不论是推荐性旅游合同文本，还是备案后的旅游合同文本，由于有了前期的研讨和审核等准备，都是相对公平的合同文本，均能平等地保护旅行社和旅游者的合法权益，也有利于利益纠纷的妥善处理。既然如此，旅行社和旅游者就不得单方对合同文本进行修改，单方擅自修改旅游合同文本的行为，均为法律不许可。当然，这里强调的是合同文本内容不得单方擅自修改，只要经过双方协商，对旅游合同文本内容做出修改，特别是单位包团参加旅游，要对旅游合同文本进行协商变更，不仅具备可能性，而且具有可操作性，也同样受到法律的保护。

（三）擅自修订合同文本内容的实质

旅行社为什么要对推荐旅游合同文本或者备案后的旅游合同文本内容进行修订，核心的问题是，旅行社对合同中某些权利义务的约定并不满意，希望借助对合同内容的修改，再次调整旅行社和旅游者之间权利义务，把权利更多地转移给旅行社，合同义务则由旅游者来承担，即旅行社可以享受有利后果，旅游者承担不利后果。从上述案例中也可以看出，原有自制的旅游合同文本中，就没有有关航班服务的约定，旅行社擅自增加了这些内容，在处理纠纷时，就可能产生对旅行社有利的结果。而且旅行社可以理直气壮地告诉旅游者，旅游合同文本已经备案，得到了工商行政管理部门的认可。

只要旅行社修改了旅游合同内容，虽然从表面上看仍然是推荐文本，或者是备案后的文本，往往不易被旅游者察觉，但这些所修改的合同内容就不再是推荐文本，也不是备案后的文本，而是蜕变为格式条款。这在旅行社的旅游合同中并不少见，修改合同文本也不仅仅局限于中小旅行社，一些大型旅行社也存在此类现象。

（四）格式条款的处理

既然修改后的内容属于格式条款的范畴，那么，上述《消费者权益保护法》和《旅行社条例》对于格式条款的特别规定，就必须适用于旅游纠纷的处理。首先，旅行社修改的格式条款损害旅游者的权益，正如上述案例中关于航班服务的约定，违反了公平原则，这样的格式条款无效。其次，如果修改后的格式条款内容约定不明，或者约定的内容有歧义，旅行社和旅游者为此产生争议，应当作出有利于旅游者的解释。

007 口头推迟行程与人为扩大损失
责任承担分析

一、案例简介

徐先生与朋友共计9人（三个家庭）以家庭为单位，和旅行社签订了三份旅游合同，旅行社为9位旅游者预订机票，就在出团前，徐先生电话告知旅行社，他将推迟行程，旅行社取消了徐先生的机位。旅行社在候机时发现，徐先生也来到了机场，并否认曾经要求推迟行程，要求同时飞赴目的地。旅行社马上帮助徐先生订票，遗憾的是机票已经售罄。徐先生不能按时前往，其他旅游者也拒绝登机，并要求旅行社全额退还旅游团款。

二、法律规定

1. 《最高人民法院关于适用〈中华人民共和国民事诉讼法〉的解释》第九十一条规定，人民法院应当依照下列原则确定举证证明责任的承担，但法律另有规定的除外：主张法律关系变更、消灭或者权利受到妨害的当事人，应当对该法律关系变更、消灭或者权利受到妨害的基本事实承担举证证明责任。

2. 《合同法》第一百一十九条规定，当事人一方违约后，对方应当采取适当措施防止损失的扩大；没有采取适当措施致使损失扩大的，不得就扩大的损失要求赔偿。当事人因防止损失扩大而支出的合理费用，由违约方承担。

三、案例分析

（一）旅游者和旅行社的合同关系

9位旅游者由三个家庭组成，且各自以家庭为单位分别和旅行社签订了旅游合同。9人在日常生活中是朋友关系，但和旅行社是合同关系。从这次旅游活动看，三个家庭之间彼此独立，不存在法律关系。

（二）旅行社认为徐先生取消了行程，徐先生予以否认，究竟谁的话更可信

旅行社取消了徐先生的机票，旅行社的理由是接到了徐先生取消行程的电话，而在出团时徐先生按时抵达，以行动证明没有推迟行程的电话告知。双方事实上为是否有过推迟行程的约定发生争议。

该纠纷发生后，就涉及谁来证明推迟行程电话是否存在。由于徐先生主张没有打电话推迟行程，也就是说认为原有的合同关系没有任何变化，依旧存在于徐先生和旅行社之间。而旅行社主张接到徐先生推迟行程的电话，所以就取消了徐先生的机票，这就意味着旅游合同关系已经消灭。按照上述司法解释的规定，就应当由主张合同关系消灭的当事人——旅行社来举证，举证的内容就是徐先生的确来电推迟行程。

即使旅行社的陈述属实，但由于旅行社主张徐先生仅仅是来电推迟行程，旅行社是无法拿出确凿的证据加以证明，所以不论旅行社的主张徐先生电话推迟行程是真还是假，从法律层面上说，旅行社的主张无法得到法律的支持。从另一个侧面说，该案例给旅行社更多的是教训，即在旅游服务中，旅行社必须注重书面证据的收集和保留，即使口头约定在先，也需要有将之转化为书面约定的必要，更有利于保护自身的合法权益。

（三）旅行社必须为徐先生无法按时登机承担责任

由于旅行社无法出示有力的证据证明，徐先生事先电话推迟行程，从而推定徐先生和旅行社的旅游合同没有任何变化，旅行社不能安排徐先生登机前往目的地，就应当承担违约责任。这些责任包括退还徐先生全额旅游团款、旅游合同解除引起的实际损失及合同约定的违约金承担。

（四）旅游者集体拒绝登机的后果

首先，旅游者集体拒绝登机，违反了旅游者的协助配合义务。因为旅游活动必须有旅游者的协助和配合，离开了旅游者的协助和配合，旅游活动就无法开展。其次，旅游者集体拒绝登机，其后果就是人为扩大损失。即使旅行社违约在先，造成徐先生无法按时登机，旅行社应当为此承担责任。但旅行社的违约行为，并不能直接导致其他旅游者集体拒绝登机行为的发生。

旅游者集体拒绝登机的行为，可以理解为旅游者行前单方解除旅游合同，也可以理解为旅游者人为扩大损失。从旅游者行前擅自解除旅游合同角度看，旅行社可以扣除已经发生的实际费用，然后将剩余款项退还给旅游者。从人为扩大损失角度看（因为其他旅游者本可以继续行程，就不会产生经济损失），旅行社也可以扣除业已产生的实际损失，退还剩余款项给旅游者。最后的结果一致。

尽管法律规定是明确的，旅行社可以扣除已经产生的实际费用，但对于旅行社而言，令人纠结的问题才刚开始。因为旅行社要扣除实际损失说来容易，实际操作难度不小，旅行社要扣除实际损失，就必须给出强有力的实际损失存在证据。这对于旅行社来说并不容易，尤其是出境旅游中的证据取得，需要旅行社花费更多的时间和精力。

在旅行社服务的实践中，有一种特殊情况，结伴而行的旅游者一方无法登机，另一方也必须留下，且不属于人为扩大损失。比如某一个旅游者是残疾人，生活无法自理，另一位旅游者是该旅游者生理上的助手。如果其中一位无法正常出团，且责任在旅行社，另外一位中断继续行程，应当得到法律的许可，因为一位继续行程，另一位旅游者就无人照料。

008 和残疾人旅游者解除合同责任承担分析

一、案例简介

旅行社网络上发布旅游线路，旅游者在网络上和旅行社签订了电子旅游合同，并支付了旅游团款。第二天旅游者到门市索要相关书面资料，门市服务生发现该旅游者为坐在轮椅上的残疾人，旅行社提出三个解决方案：第一，解除旅游合同，旅行社退还全额团款；第二，旅游者请家人陪同前往；第三，旅行社派专人服务，旅游者再缴纳或者再交纳一笔旅游费用。旅游者不接受上述的任何方案，坚持按照约定参加旅游团，否则就投诉旅行社。

二、法律规定

1. 《合同法》第五十四条规定，下列合同，当事人一方有权请求人民法院或者仲裁机构变更或者撤销：因重大误解订立的。

2.《合同法》第五十六条规定，无效的合同或者被撤销的合同自始没有法律约束力。合同部分无效，不影响其他部分效力的，其他部分仍然有效。

3.《合同法》第五十八条规定，合同无效或者被撤销后，因该合同取得的财产，应当予以返还；不能返还或者没有必要返还的，应当折价补偿。有过错的一方应当赔偿对方因此所受到的损失，双方都有过错的，应当各自承担相应的责任。

三、案例分析

围绕旅游者和旅行社各自的诉求，按照法律的规定，进行一些分析和阐述：

（一）旅行社是否可以和该旅游者解除旅游合同

通常情况下，按照《合同法》和《旅游法》等法律法规的规定，旅游合同一经签订，没有特殊原因，没有经过合同双方当事人的协商，任何一方当事人不得擅自解除旅游合同。从此项规定的直观面上看，旅行社的确不可以要求和该旅游者解除旅游合同。

关键的问题是，我们通常所说的合同不得擅自解除，必须以合同签订是双方真实意思为基础，如果失去该基础，旅游合同的合法性和有效性就值得怀疑。就案例中的旅游合同而言，旅行社和该旅游者签订旅游合同，并不是双方的真实意思表示，旅行社是按照通常对于旅游者身体等条件的理解，认为旅游者可以独立完成旅游行程，而事实上该旅游者必须借助他人的帮助，才可以完成旅游行程，旅行社对此事先一无所知，旅游者也没有透露其身体条件的信息，旅游者的有意隐瞒，造成了旅行社的重大误解。因此，按照《合同法》第五十四条的规定，旅行社可以要求有关机构撤销或者变更旅游合同。由此可以推定，旅行社要求解除旅游合同的要求合理合法。

（二）旅行社是否可以要求旅游者做出变通处理

旅行社要求旅游者有家属陪护，或者增加旅游费用，由旅行社委派人员专门陪护，这是在旅游者不愿意解除旅游合同的前提下，为了旅游合同顺利履行提出的变通。由于旅游者身体不便，在行程中必须有人陪护，否则旅游行程就会受到影响，而且还会拖累整个旅游团队的进程，对于同团旅游者的权益有负面影响，旅行社为了防止该现象的发生，要求旅游者家属的陪护合情合理。如果旅游者愿意支付额外的旅游费用，由旅行社委派专人陪护，道理也是一样的。

这里必须理清一个概念，即旅行社要求该旅游者支付额外费用，和旅行社要求特殊年龄和特殊职业的旅游者交纳额外旅游费用，不具有相同的性质。前者为法律许可，因为旅行社收费的原因是提供了额外的服务。《旅行社条例实施细则》第三十三条规定，同一旅游团队中，旅行社不得由于下列因素，提出与其他旅游者不同的合同事项：旅游者存在的年龄或者职业上的差异。但旅行社提供了与其他旅游者相比更多的服务，或者旅游者主动要求的除外。后者为法律所禁止，因为这样的规定是歧视性条款

（三）旅游者拒绝解除旅游合同，又拒绝旅行社提出的解决问题的方案

从旅行社角度看，如果和旅游者协商不畅，可以单方解除旅游合同，退还全额旅游团款。如果旅游者就此向旅游主管部门投诉，旅游主管部门不应该支持旅游者的诉求。

009 包价旅游合同签订期限的确定

一、案例简介

旅游者交纳了全额旅游团款，旅行社和旅游者签订了书面的包价旅游合同，旅游合同包括合同文本、旅游行程单和书面注意事项，旅行社和旅游者分别签名确认。到了出团前的机场集合地，导游给出一份新的旅游行程单，并声称以新的行程单作为提供服务的标准，被旅游者拒绝，导游告诉旅游者，《旅游法》有这样的规定。双方发生争议。

二、法律规定

1.《合同法》第三十三条规定，当事人采用信件、数据电文等形式订立合同的，可以在合同成立之前要求签订确认书。签订确认书时合同成立。

2.《旅游法》第五十九条规定，旅行社应当在旅游行程开始前向旅游者提供旅游行程单。旅游行程单是包价旅游合同的组成部分。

三、案例分析

（一）包价旅游合同签订时间确定

就目前的法律规定看，旅行社和旅游者何时签订书面旅游合同，并无明确的强制性规定，根据上述法律规定看，只要双方协商一致，就可以签订包价旅游合同，在旅游者向旅行社咨询阶段、交纳部分团款阶段、交纳全额团款阶段以及旅游者登上旅行社安排的交通工具之前，都可以签订书面包价旅游合同。如果旅游者交纳全额旅游团款，已经签订了完整的书面旅游合同，旅行社就不能随意更换旅游行程单。

包价旅游合同签订时间，从旅行社和旅游者达成出游协议开始，到团队出团前这个时间段的任何时候，都可以签订包价旅游合同。虽然旅游者要求在团款全额交付后，立即签订书面旅游合同的要求合理，经过双方协商，在出团前、甚至在机场签订书面旅游合同也没有原则性错误，但到旅游行程进行中，或者行程结束后再补签书面旅游合同显然不妥。

解决上述矛盾的基本原则，第一，需要旅行社和旅游者双方的协商，这是因为旅游者的需求和旅行社的操作存在落差，这是不争的事实，但并不是不可逾越的鸿沟。第二，需要旅行社的诚信，旅游者之所以坚持签订合同，部分原因是对旅行社的诚信度有疑问。如果旅行社能够以服务感动旅游者，出现问题多为旅游者着想，相信旅游者对于书面旅游合同签订的时间也不会太在意、太坚持。因为签订完善的书面旅游合同，目的就是保障合法权益。

书面包价旅游合同的签订时间，虽然没有明确规定，但旅游主管部门应当掌握一个原则，就是在旅游团队出团前，必须履行书面包价旅游合同的签订工作，不能等到旅游行程开始后，或者在旅游行程中，甚至是旅游行程结束后，才和旅游者签订书面包价旅游合同。如果是这样，旅游主管部门就可以认定旅行社没有按照规定签订书面包价旅游合同，就可以按照《旅行社条例》的规定，对旅行社实施行政处罚。

同时，虽然从《旅游法》的规定看，旅行社到机场、码头和旅游者签订包价旅游合同也是被允许的，因为旅游行程单交到旅游者手里的截止时间是在出团前。但如果在出团之前，旅行社和旅游者已经签订了完整的旅游合同（包括文本、行程单和注意事项），或者已经通过了旅游行程单，且经过双方确认，旅行社还以出团前可以提供旅游行程单的规定为由，调整旅游行程单的观点是错误的。因为包价旅游合同完整签订后，如果需要对包价旅游合同再进行调整，就必须经过双方的协商一致，旅行社不能到了机场，由旅行社单方再提供一份旅游行程单，替换原有旅游行程单。

（二）视不同情况对书面包价旅游合同进行监管

1. 如果旅行社已经和旅游者签订了完整的包价旅游合同，即使旅行社到机场时再提供了完备的旅游行程单，不影响旅游主管部门对原有包价旅游合同的监管。因为旅行社在机场提供的旅游行程单，如果没有得到旅游者的认可，就和原包价旅游合同无关。只要原有包价旅游合同内容不完备，旅游主管部门仍然可以根据《旅行社条例》第五十五条的规定，对旅行社实施行政处罚，因为旅游主管部门对旅游合同的监管，与旅游合同内容的完整性有关，和旅游者是否参团出游、旅游者是否解除旅游合同无关。

2. 如果旅行社和旅游者确立了包价旅游合同关系，不论是否全额交纳了旅游团款，但没有签订完整的包价旅游合同，期间经过双方的协商，或者不可抗力等因素的影响，旅游合同关系被解除。在解除旅游合同前，双方并没有签订书面包价旅游合同，旅游主管部门不能因为旅游合同未签订，对旅行社实施行政处罚。因为旅游合同没有签订，到达机场再签订旅游合同也不迟。

010 两份旅游行程单内容不一致怎么办

一、案例简介

旅游者到旅行社报名参团，旅行社给旅游者提供了一份参考行程，并且告诉旅游者，最终行程在机场会发给大家，以机场发放的旅游行程单为准。到达机场后，导游把行程单发给每一位旅游者，旅游者对照新旧行程单后发现，行程单的内容不一致，拒绝签字确认。鉴于人已在机场，旅游者只得继续行程。行程结束后，旅游者向旅游主管部门提出赔偿。

二、法律规定

1.《旅游法》第五十九条规定，旅行社应当在旅游行程开始前向旅游者提供旅游行程单。旅游行程单是包价旅游合同的组成部分。

2.《旅行社条例》第二十九条规定，旅行社和旅游者签订的旅游合同约定不明确或者对格式条款的理解发生争议的，应当按照通常理解予以解释；对格式条款有两种以上解释的，应当作出有利于旅游者的解释；格式条款和非格式条款不一致的，应当采用非格式条款。

三、案例分析

（一）旅游行程单发放的截止时间

根据上述《旅游法》的规定，旅行社发放给旅游者的旅游行程单的截止时间为行程开始前，即旅行社可以在机场、车站、码头等团队集合地发放行程单。但这样的规定，并不意味着旅游行程单只能在出团前发放，只要双方协商一致，即使在旅游者报名时，就发放旅游行程单也可以。

（二）旅游行程单具备法律效力的前提

旅游行程单发放给旅游者，并不天然具备法律效力，旅游行程单具备法律效力，至少必须具备两个条件：第一，旅游行程单内容合乎法律规定和我国道德要求，违反者不具备法律效力。第二，旅游行程单必须由旅行社和旅游者签字确认，没有双方的签字确认，某种程度上说就是废纸一张。

（三）旅游行程单内容不一致的处理

在旅行社实际操作中，旅行社经常会发放几次旅游行程单，比如在旅游者报名时发放参考行程单，在出团前还会给旅游者发放行程单。很多时候两份甚至多份行程单的内容并不一致，正如上述案例汇总描述的那样。旅游行程单内容不一致，有以下几种不同的处理方式：

1. 在两份旅游行程单中，一份由旅行社和旅游者签字确认，另一份没有签字确认。不论旅游行程单中的旅游服务内容是否一致，以双方签字确认的旅游行程单内容为准，旅行社按照该行程单的约定为旅游者提供服务。旅游者要求旅行社按照没有签订确认的行程单提供服务的主张，不应当得到支持。

2. 在两份旅游行程单中，均没有旅行社和旅游者的签字确认。在这种情况下，如果两份旅游行程单的内容不一致，按照上述行政法规的规定，旅游主管部门应当作出有利于旅游者的解释,例如一份行程单中有安排饮料服务,另一份行程单中没有这样的安排,在实际行程中没有提供饮料服务,旅游者提出异议时,旅游主管部门应当要求旅行社承担没有提供饮料服务的违约责任。

3. 在两份旅游行程单中,均有旅行社和旅游者的签字确认。可以参照上述第二种处理方式处理,作出有利于旅游者的解释。

总之,旅游行程单是旅游合同重要的组成部分,是旅行社和旅游者权利义务的主要载体,只有得到旅行社和旅游者的双方确认的旅游行程单,才能真正成为旅游合同的组成部分,被相关法律所认可。

011 单订导游服务合同是代办合同吗

一、案例简介

詹先生等背包旅游者到达旅游目的地后,向一家旅行社单独预订了导游服务,预付了导游服务费用 1000 元。旅行社按照詹先生的要求,指定导游小王为詹先生等服务,旅行社和詹先生等签订了代办服务合同。在为詹先生服务过程中,小王强迫要求詹先生等参加购物和自费项目,詹先生等共计花费 25 元。行程结束后,詹先生等要求旅行社承担退款等责任,旅行社认为是代办合同,导游有过错,詹先生可以直接和导游交涉,不应当由旅行社来承担责任。旅行社的说法是否成立?

二、法律规定

1. 《旅游法》第七十四条规定,旅行社接受旅游者的委托,为其代订交通、住宿、餐饮、游览、娱乐等旅游服务,收取代办费用的,应当亲自处理委托事务。因旅行社的过错给旅游者造成损失的,旅行社应当承担赔偿责任。

2. 《导游人员管理条例》第二条规定,本条例所称导游人员,是指依照本条例的规定取得导证,接受旅行社委派,为旅游者提供向导、讲解及相关旅游服务的人员。

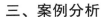

三、案例分析

（一）代办合同的构成要件

按照上述《旅游法》的规定，旅游者直接委托旅行社代订某项服务，旅行社按照旅游者的要求提供服务，这样的合同就是代办合同。此类服务在旅行社的服务占据了越来越大的比例，比如旅行社为旅游者代订交通、住宿等单项服务。代办合同和旅行社事先设计规划的包价旅游合同具有本质的区别。

（二）单订导游服务合同不是代办合同

按照代办合同的概念，似乎也可以得出结论，旅游者向旅行社单订导游服务也属于代办合同。但对照我国有关导游执业的法律规定，就可以得出这样的结论：通过旅行社单订导游服务不能被纳入代办合同范畴，而是属于包价旅游合同范畴，尽管服务内容只有一项。原因在于我国导游委派制度的规定。

按照现有法律规定，导游之所以为导游，就是具有导游资质的人员，必须接受旅行社的委派。换句话说，旅行社的委派是导游具有合法身份的前提。如果离开旅行社的委派，即使具有导游资质，也不能名正言顺地带团。具备导游资质人员没有接受旅行社的委派为旅游者服务，就是在做黑团，会受到旅游主管部门的查处。即使实施导游自由执业，导游带团也需要在一个规范的框架内进行，并不意味着导游就能获得所谓的完全自由。

（三）导游法律责任应当由旅行社承担

由于旅行社和旅游者签订的单订导游服务合同为包价旅游合同，按照法律规定，导游在服务中所犯错误，不论是民事的还是行政的，除了导游本人必须受到的处罚外，作为委派导游的旅行社必须承担相应的责任。例如上述案例中导游强迫詹先生参加购物和自费，旅行社必须无条件退还所有费用，还会受到旅游主管部门的行政处罚。

（四）单订导游服务成为代办合同的可能性

鉴于旅行社面对单订导游服务的尴尬，是否有办法规避旅行社的风险？就目前的法律框架而言，除了旅行社强化对导游的监管，确保导游按照合同约定提供服务，变更旅游合同必须和旅游者协商一致，除此之外别无他法。究其原因，是目前我国的导游执业制度设计。因为导游要带团，必须依附于某个企业或者机构，比如旅行社或者行业协会等，导游不具备独立的执业主体资质。旅行社想要摆脱单订导游的服务困境，只有等到法律上肯定导游自由职业者身份的那一天。

012 旅行社要求旅游者在境外签订包价合同是否合适

一、案例简介

旅行社在组织出境旅游时，向旅游者收取了全额旅游团款。为了规避法律，仅仅和旅游者签订了代办出境香港的机票，然后在委托合同的附件中列明（有些是以口头方式告知旅游者）在境外的具体的服务项目。旅游者抵达香港后，再和事先约定的旅行社签订包价旅游合同。旅行社这样操作的目的，既可以规避包价旅游合同的责任，同时也可以省去委派领队的责任，在旅行社看来是一举两得。旅行社这样的操作模式是否符合法律规定，旅游主管部门该如何应对？

二、法律规定

1. 《旅游法》第三十六条规定，旅行社组织团队出境旅游或者组织、接待团队入境旅游，应当按照规定安排领队或者导游全程陪同。

2. 《旅游法》第七十四条规定，旅行社接受旅游者的委托，为其代订交通、住宿、餐饮、游览、娱乐等旅游服务，收取代办费用的，应当亲自处理委托事务。因旅行社的过错给旅游者造成损失的，旅行社应当承担赔偿责任。旅行社接受旅游者的委托，为其提供旅游行程设计、旅游信息咨询等服务的，应当保证设计合理、可行，信息及时、准确。

三、案例分析

（一）旅行社是否可以接受旅游者的委托，为其提供服务

答案是肯定的。不论是按照《旅游法》的规定，还是按照《合同法》的规定，只要旅游者有需求、有委托，旅行社有资质、有能力，都可以按照规定，为旅游者提供相应的委托服务，并向旅游者收取费用。同时，如果旅行社和旅

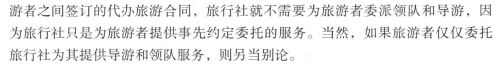

游者之间签订的代办旅游合同，旅行社就不需要为旅游者委派领队和导游，因为旅行社只是为旅游者提供事先约定委托的服务。当然，如果旅游者仅仅委托旅行社为其提供导游和领队服务，则另当别论。

（二）代办旅游合同旅行社需要承担的责任

和包价旅游合同相比，代办旅游合同需要承担的责任较轻，旅行社只需要为旅游者委托的事项给旅游者造成的损失负责，具体地说，旅行社接受旅游者委托购买到香港的机票，只要旅行社按照旅游者的要求，预订好机票，就算旅行社按照约定，完成了旅游者的委托事项。至于旅游者抵达机场后航班是否正常起飞甚至是否被取消，和旅行社都没有任何关系，旅行社也无须承担责任。

（三）组织旅游者参加出境游，却又签订委托合同，旅行社的操作是否合适

答案是否定的。理由如下：从表面上看，旅行社和旅游者签订代办旅游合同并不违法，代办旅游合同是旅行社和旅游者之间真实意思的表示；但从本质上看，由于旅行社已经收取了全额旅游团款，该款项远远高于委托代办机票的费用，且代办旅游合同的附件（口头告知）也证明，旅游者在境外的各项服务内容，在出团前已经得到了双方某种形式的确认，无非是没有形成正式的书面合同约定而已。

所以，既然境外的服务项目已经事实上得到双方的确认，无非就是旅行社不愿面对，希望借助文字游戏规避责任而已。因此，虽然旅行社和旅游者签订了代办旅游合同，好像为旅行社解了套，但只要我们梳理出旅行社和旅游者之间业已存在的合同关系，旅行社就不能摆脱为旅游者提供包价旅游服务的实质。

（四）旅游者如何追究旅行社的责任

上文已经提及，如果是真正意义上的代办旅游合同，只要旅行社预订好了前往香港的机票，旅行社就完成了委托事项。旅游者在境外权益受损和境内的旅行社无关，当旅游者合法权益受损时，需要维护自己合法权益，旅游者必须向在香港和旅游者签订旅游合同的旅行社主张权利。

因为旅行社已经事先收取了旅游者的全额旅游团款，该款项既包括境外服务，也包括前往香港的机票，因此，按照《合同法》第三十六条的规定，法律、行政法规规定或者当事人约定采用书面形式订立合同，当事人未采用书面形式但一方已经履行主要义务，对方接受的，该合同成立。由此可以推定，只要旅行社收取了旅游者全额出境旅游团款，就表明旅行社和旅游者形成了包价旅游合同关系，旅行社就是组团社，而不是代办旅游合同的当事人，旅行社应

当承担包价旅游合同的责任。所以，只要是由于组团社或者履行辅助人给旅游者造成的损失，旅游者都可以选择向组团社追究赔偿责任。

（五）旅游主管部门如何对旅行社监管

对于上述案例中旅行社是否实施行政监管，可能会产生争议。如果仅仅是从旅行社和旅游者之间签订的代办旅游合同的形式出发，旅游主管部门基本不需要实施行政监管，最多是对旅游服务纠纷进行调解；如果从旅行社整个操作模式加以考察，就可以得出旅行社是在从事包价旅游服务，旅游主管部门就有义务，对旅行社的合同签订、合同履行实施监管。笔者认同后一个观点，认为应当对旅行社的组团行为实施监管。

013 组团社委托不具资质的旅行社收客纠纷的处理

一、案例简介

旅游者为了参加出境旅游团，在当地旅行社咨询相关事宜，当地旅行社告诉旅游者，他们接受了省城组团旅行社的委托，可以代为收客。于是，旅游者向当地旅行社交纳了旅游团款，当地旅行社为旅游者出具了本旅行社的收费凭证，旅游者和组团社签订了旅游合同。旅游行程结束后，由于旅游者对行程中的服务质量有异议，要求当地旅行社承担责任，旅行社以仅仅是代为收客为由，要求旅游者向组团社投诉，几经协商未果，旅游者向旅游主管部门投诉。

二、法律规定

1.《旅游法》第六十条规定，旅行社委托其他旅行社代理销售包价旅游产品并与旅游者订立包价旅游合同的，应当在包价旅游合同中载明委托社和代理社的基本信息。

2.《合同法》第三十六条规定，法律、行政法规规定或者当事人约定采用书面形式订立合同，当事人未采用书面形式但一方已经履行主要义务，对方接受的，该合同成立。

三、案例分析

（一）旅行社经营中的法律关系

旅行社的经营活动，主要会涉及两重法律关系：第一重法律关系为民事法律关系，就是旅行社和旅游者之间的民事权利义务关系；第二重法律关系是行政法律关系，主要是有关行政主管部门规范旅行社经营行为所产生的法律关系。当然，有时旅行社偶尔还会涉及刑事法律关系。这两重法律关系互不隶属、互不干涉、并行不悖，行政违法并不必然影响民事法律关系的存在，民事法律关系合法也不意味着行政行为合法。

（二）当地旅行社向旅游者出具发票的性质

虽然《旅游法》规定包价旅游合同必须是书面形式的，不签订书面旅游合同，违反了《旅游法》的强制性规定，可能导致旅游合同关系的消灭。为了弥补由于合同形式的欠缺导致合同关系被认定无效的缺憾，保护善意合同相对人的利益，《合同法》对此做出了补充规定。只要旅游者支付了旅游团款，旅行社也接受了旅游者的旅游团款，不论旅游合同是否为书面形式，也不论法律法规是否对旅游合同形式有强制性规定，旅行社与旅游者之间的合同关系就成立。至于没有签订书面的旅游合同，则由旅游主管部门按照规定，对旅行社实施行政处罚。所以，当地旅行社接受了旅游者的旅游团款，出具了收费凭证，旅行社和旅游者之间的合同关系存在无疑。

（三）旅行社之间如何规范开展业务委托

企业之间是否开展相互委托业务，由旅行社自己决定，这是企业自主经营的主要表现之一。从理论上说，旅行社之间的业务不应受到特别的限制，但由于有《旅游法》《旅行社条例》的规定，旅行社属于特许经营行业，旅行社之间的业务委托并非完全自由，需要附加一定的条件。

按照规定，旅行社的成立，不仅需要工商部门的批准，而且也需要旅游主管部门的特许，经营出境旅游业务，则是需要再次经过旅游主管部门的特许，否则只能经营入境旅游和境内旅游业务。因此，没有经过特许的旅行社经营出境旅游业务，就属于违规行为，但只要旅行社和旅游者之间存在合同关系，尽管旅行社行政违法，也不能就此认为旅行社和旅游者之间的合同关系无效。

因此，旅行社之间的委托经营，最为基本的规则是，同资质的旅行社之间可以委托收客，不同经营资质旅行社之间的委托必须格外注意，否则容易涉嫌违法经营。比如具备出境资质的旅行社可以委托同样具备出境资质的旅行社代为收客，具备境内业务资质的旅行社也可以委托同样具备境内业务资质的网络销售代为收客；具备出境资质的旅行社不可以委托不具备出境资质的旅行社代为收客，不具备出境资质的旅行社不应当接受具备出境资质的旅行社委托代为收客。上述案例中的当地旅行社代组团社收客行为违法。

（四）上述旅行社拒绝承担民事责任的观点是否正确

前文已经提及，只要收取了旅游团款，旅行社和旅游者之间的合同关系成立。由此可以认定，当地旅行社虽然不具备经营出境旅游业务的资质，但和旅游者之间却存在合同关系，旅游者要求当地旅行社承担民事赔偿责任，旅行社拒绝承担的观点是错误的。同时，由于旅游者和具备出境旅游资质的旅行社签订了书面旅游合同，表明和该组团旅行社也确立了旅游合同关系，旅游者也可以要求该旅行社承担民事赔偿责任。

014 合同签订不规范需要对旅游者死亡承担责任吗

一、案例简介

旅游者王先生到旅行社报名参团巴厘岛旅游，除了王先生本人外，他还为另外两位旅游者报名参加同一个团，给旅行社门市部写下全权代表另外两位旅游者报名，但没有出示另外两位旅游者的委托书，也承诺三人身体健康，适合参加旅游。旅游合同签订完毕，旅游费用由王先生一并交纳。旅游团队经香港转机飞赴巴厘岛。在机场提取行李过程中，其中一位旅游者突然倒地，口吐白沫，虽经抢救也未能挽回生命。丧事处理完毕后，家属以旅行社没有得到死者生前的委托，就签订了旅游合同为由，认为旅行社存在过错，要求旅行社给予赔偿。

二、法律规定

1.《旅游法》第五十八条规定，包价旅游合同应当采用书面形式。

2.《侵权责任法》第六条规定，行为人因过错侵害他人民事权益，应当承担侵权责任。

三、案例分析

按照旅行社规范操作，旅游者代表他人参团报名并签订旅游合同，旅行社应当要求代理人出示旅游者本人的委托书，没有旅游者本人的委托，就和代理人签订旅游合同，只要旅游合同签订规范，只要不发生任何纠纷，满足了这两个条件，旅游主管部门也不会追究旅行社的责任。

签订旅游合同的目的，在于事先能够明确双方当事人的权利义务关系，就旅行社而言，必须履行的合同义务是确保全面提供约定的服务，法定义务是保障旅游者人身财产不受不法侵害。前者为严格责任，后者为过错责任。从法定义务角度出发，判断旅行社是否需要承担责任，就要看旅行社、地接社以及履行辅助人在服务中是否存在过失，存在过失，组团旅行社就要承担赔偿责任，不存在过失，旅行社就不承担责任。

在上述案例中，出现了旅游者本人死亡的突发事件，不论责任在谁，通常情况下死者家属一定会和旅行社理论，要求旅行社承担赔偿责任。就事论事，虽然旅游行程已经开始，但旅游者的死亡发生在提取行李的过程中，在这个过程当中，旅行社不存在任何过失，对于旅游者的突然死亡当然不需要承担任何责任。

如果说要承担责任，笔者比较倾向于作为代理人的王先生，是否存在一定的疏忽大意。作为代理人，应当为代理事务负责，王先生大包大揽地替他人签订旅游合同，且表明被代理的旅游者身体适合旅游。如果王先生有所隐瞒，就存在过失，如果王先生实际上不知情，而想当然地填写三人身体都适合旅游，也存在过失。

王先生为他人代理签订旅游合同，是否可以认为是表见代理，也是值得探讨的话题。《合同法》第四十九条规定，行为人没有代理权、超越代理权或者代理权终止后以被代理人名义订立合同，相对人有理由相信行为人有代理权的，该代理行为有效。王先生代表其他旅游者来签订旅游合同，在正常情况下，旅行社当然有理由相信王先生已经接受了其他旅游者的委托，具有代理交款和签订旅游合同的权限。更为关键的是，另外两位旅游者也参加了旅游团，前后比对，也能够证明王先生代理签订合同的行为，符合死亡旅游者生前的意愿。

按照《旅游法》《消费者权益保护法》等法律的规定，当旅游者在旅游途中发生人身权益受损事件时，旅行社要在第一时间实施救助，具体体现为向有关部门求助，比如向医疗部门求助，积极送医，降低旅游者人身损害程度。在这个过程中，不论损害时是旅游者自身原因还是其他原因，旅行社都必须履行救助这个法定义务，否则就要承担相应的责任。所以，发生旅游者人身损害时间时，旅行社除了及时救助外，导游（领队）还要及时取证，写出情况说明，请在场旅游者、有关人员予以证明。

在这个纠纷的处理中，旅游管理部门的职责当然必须履行。首先是民事责任的处理，如果死者家属有投诉，旅游主管部门要受理，但总的原则是，如果家属仅仅就合同签订不规范与旅游者死亡之间提出索赔，这样的要求不合理。因为两者之间没有必然的联系。当然，如果在不谈责任的前提下，旅游主管部门可以要求旅行社予以死者家属一定数量的补偿，毕竟死者是随团旅游，而且旅行社从组团服务中是可以获利的。其次是行政责任的处理。旅游主管部门要及时对旅行社的经营行为进行梳理，看看旅行社的经营是否存在行政违规行为，比如旅游合同签订是否完备，如果旅游合同有缺项，就必须按照《旅行社条例》第五十五条规定实施处罚，即使死者家属没有提及旅行社的行政违法，旅游主管部门也要积极主动介入，防止被死者家属状告旅游主管部门行政不作为。

同时，这个案例对于旅行社和旅游主管部门都有启发：对于旅行社而言，要重视合同意识，在签订旅游合同过程中，要有规范的操作流程，不仅要和旅游者签订旅游合同，还要做到签订旅游合同程序符合规范，比如代表签订合同时，代理人能够出示委托书；未成年人旅游者参团也要监护人的书面同意等。对于旅游主管部门而言，强化旅游市场监管，要从合同抓起，要主动介入旅游市场的监管，防止行政不作为。

015 网络平台发布旅游产品责任分析

一、案例简介

某旅行社在某知名网站发布旅游产品，旅游者通过网络向旅行社预订了旅游线路，并支付了相应的旅游团款。行程结束后，旅游者认为旅行社提供的服务品质不符合约定，漏游了一个景点，住宿的饭店没有星级，旅游者要求旅行社和网络平台共同承担赔偿责任。网络平台声称，平台仅仅提供了平台服务，不是旅游合同的当事人和执行者，拒绝承担赔偿责任。

二、法律规定

1.《消费者权益保护法》第四十四条规定，消费者通过网络交易平台购买商品或者接受服务，其合法权益受到损害的，可以向销售者或者服务者要求赔偿。网络交易平台提供者不能提供销售者或者服务者的真实名称、地址和有效联系方式的，消费者也可以向网络交易平台提供者要求赔偿；网络交易平台提供者作出更有利于消费者的承诺的，应当履行承诺。网络交易平台提供者赔偿后，有权向销售者或者服务者追偿。

网络交易平台提供者明知或者应知销售者或者服务者利用其平台侵害消费者合法权益，未采取必要措施的，依法与该销售者或者服务者承担连带责任。

2.《旅游法》第四十八条规定，通过网络经营旅行社业务的，应当依法取得旅行社业务经营许可，并在其网站主页的显著位置标明其业务经营许可证信息。发布旅游经营信息的网站，应当保证其信息真实、准确。

三、案例分析

（一）旅行社旅游服务产品分类

按照旅行社经营范围划分规定，目前旅行社可以从事包价旅游服务和代办旅游服务两大类服务，相对而言，前者经营范围较为复杂，后者较为单纯。旅行社包价旅游服务包括境内旅游服务、入境旅游服务、出境旅游服务、边境旅游服务和赴台旅游服务等业务。旅行社一经依法成立，就具备了境内旅游服务、入境旅游服务；出境旅游服务、边境旅游服务和赴台旅游服务则为特许经营服务，旅行社取得经营资质后，仍然需要经过审批，才可以经营这些旅游服务业务。包价旅游业务是旅行社的专属业务，不经许可，任何单位和个人不得组织经营包价旅游业务。当前较为流行的自由行服务，由于其经营模式和包价旅游服务相同，大多也属于包价旅游服务范畴。

（二）非旅行社旅游服务产品分类

在旅行社的经营范围中，代办旅游服务业务为其业务之一。同时，由于代办服务业务并不是旅行社的专属业务，只要具备相应的服务资质，不论是旅行社还是相关的服务经营者，都可以根据已经许可的经营资质，为旅游者代办旅游服务业务，比如旅行社可以为旅游者代办购买交通客票、预订客房等，其他服务公司也可以为旅游者办理同样的业务。

（三）网络平台的注意义务

网络平台在为企业提供旅游服务平台时，必须履行下列注意义务：

第一，审查企业经营资质。对于发布包价旅游业务的企业，要审查其是否具备旅行社业务经营许可证和营业执照。如果企业不具备上述经营资质，就不得发布包价旅游服务业务信息。

第二，对于经营特殊包价旅游业务的特别审查。如果旅行社在网络平台上发布出境旅游服务、边境旅游服务和赴台旅游服务等业务，网络平台必须对该旅行社是否具备这些业务的经营范围进行特别审查。因为具备旅行社业务经营许可证，也并不必然意味着该旅行社就可以经营上述业务。

第三，对于不具备旅行社业务经营许可证的企业，即使具备营业执照，也不得发布包价旅游服务业务信息。

第四，对于非旅行社企业发布旅游服务信息，网络平台必须严格掌握一个原则，就是这些企业只可以发布为旅游者代办旅游服务的信息，不可以发布包价旅游服务业务，也不可以发布所谓的自由行服务信息，除非该企业能够证明自由行服务属于代办服务性质。

第五，网络平台必须提供旅行社等企业的真实名称、地址和有效联系方式。

（四）网络平台的责任承担

网络平台应当承担的责任包括两个部分：第一，网络平台属于履行注意义务，将承担相应的责任。第二，按照《消费者权益保护法》规定，网络平台提供者明知或者应知旅行社及其他企业利用其平台侵害消费者合法权益，未采取必要措施的，依法与该销售者或者服务者承担连带责任。

合同履行篇

016 旅行社是否应承担行程调整的不利后果

一、案例简介

旅游者王先生在参团过程中，遇到一件很郁闷的事，就是在行程中，导游随意调整行程，虽然服务项目没有减少，但整个行程乱七八糟的，顺序完全被打乱，向导游提出多次意见，导游也是置之不理。行程结束后，王先生来到旅行社投诉，旅行社质量总监对此不以为然，质量总监告诉王先生，调整旅游顺序是旅行社服务的惯例，而且在旅游合同中已经做出了这样的声明：本公司在保证不减少行程的前提下，保留调整行程的权利。这样的约定表明，旅行社和导游都有调整行程的权利，只要不减少景点就没有任何问题，也没有损害旅游者的权益。王先生对此解释不能接受，转而向旅游主管部门投诉。

二、法律规定

1. 《旅行社条例》第三十三条规定，旅行社及其委派的导游人员和领队人员不得有下列行为：非因不可抗力改变旅游合同安排的行程。

2. 《合同法》第七十七条规定，当事人协商一致，可以变更合同。

3. 《最高人民法院关于审理旅游纠纷案件适用法律若干问题的规定》第六条规定，旅游经营者以格式合同、通知、声明、告示等方式作出对旅游者不公平、不合理的规定，或者减轻、免除其损害旅游者合法权益的责任，旅游者请求依据《消费者权益保护法》第二十四条的规定认定该内容无效的，人民法院应予支持。

三、案例分析

（一）行程调整的含义

按照法律规定，在旅游行程中，导游（领队）应当严格按照旅游合同的约定，为旅游者提供服务，通常情况下不得对旅游行程进行调整，但在实务中，旅游行程调整的现象并不在少数。旅游行程的调整包括两个方面，第一，旅游服务内容的变化。不论是增加旅游服务项目，还是减少旅游服务项目，或者是用某一个旅游服务项目替代另一个旅游服务项目，都属于旅游行程调整范畴。对于这个类型的行程调整，旅行社一般都会认可。第二，在旅游服务项目不减少的情况下，对旅游服务项目的服务顺序进行调整，这样的调整也属于旅游行程调整范畴，但大多数旅行社及其从业人员基本上不会认同，他们认为这样的调整并没有影响旅游者的权益，把这样的调整也视为行程调整，是少见多怪，小题大做。但对照法律规定就可以看出，旅行社的观点是错误的。

（二）导游（领队）的权利义务

在带团过程中，旅游行程调整的发起人和执行者主要是导游（领队），导游（领队）在调整行程中的作用毋庸置疑，这就涉及导游（领队）的权利义务这个话题。在带团过程中，导游（领队）的权利义务是明确的、有限的。导游（领队）的权利，主要表现在其人身权、人格权、休息权不受侵犯，义务则主要表现在按照约定为旅游者提供服务方面，但无论如何，导游（领队）没有擅自调整旅游行程的权利。因为在为旅游者服务中，导游（领队）代表旅行社法人在工作，更多的是执行旅游合同的义务，那种认为导游（领队）可以随意调整行程的观点是错误的。

（三）调整必须征得旅游者的书面同意

旅游行程是旅行社和旅游者的事先约定，最为理想的是不对旅游行程作任何调整，但在一些情况下，旅游行程仍然可以进行调整。第一，导游（领队）和旅游者协商，既可以调整服务项目的顺序，也可以增加旅游服务项目、减少旅游服务项目等，前提是协商一致。第二，在遭遇不可抗力的情况下，导游（领队）必须对旅游行程做出果断调整，降低不可抗力对于旅游者人身财产带来的风险，最大限度地保证旅游服务质量不受太大的影响。第三，在行程中遭遇突发事件，导游（领队）也必须当机立断，调整行程，比如团队遇到交通堵塞，导游（领队）要机动灵活地处置，而不是简单地等待。除此之外，导游（领队）不可以随意调整行程，否则就要承担违约责任。

总之，旅游行程必须得到严格的执行，除非调整行程行为符合法律规定，否则旅行社就要承担违约责任。上述案例中旅行社的解释苍白无力，没有说服力，王先生可以要求旅行社承担违约责任。

017 自由行旅游者与团队同行的性质 及滞留责任承担

一、案例简介

旅游者参加的是韩国自由行，旅行社提供的服务是预订机票、住宿和代办团队签证。虽然旅游者在韩国期间自行安排活动，但应当随团队一同出入境。返程前，领队给旅游者发微信，告知返程航班时间、集合地点和时间，但旅游者没有回应，旅游者后来的解释是没有上网，没有看到微信。领队妥善安排除了该旅游者之外的全团旅游者办理登机手续，并随同全团旅游者进关候机。旅游者抵达机场后，由于语言障碍、行李超重等因素，未能按照原定航班返程，滞留几个小时后，自己购买机票返程。这里涉及两个问题：第一，旅游者是否属于非法滞留？第二，旅游者返程机票应当由谁来承担？

二、法律规定

1. 《旅游法》第十六条规定，出境旅游者不得在境外非法滞留，随团出境的旅游者不得擅自分团、脱团。

2. 《旅游法》第七十条规定，旅行社不履行包价旅游合同义务或者履行合同义务不符合约定的，应当依法承担继续履行、采取补救措施或者赔偿损失等违约责任。

三、案例分析

（一）自由行旅游者与团队同行的性质

旅行社所称的自由行，旅行社提供的服务，就是为旅游者预订机票和酒店，即所谓的"机加酒"服务模式。从理论上说，只要旅行社为旅游者提供了这两项服务，且不存在服务瑕疵，旅行社的服务任务基本完成，至于旅游者在旅游目的地受到的人身财产损害，均和旅行社无关。

上述案例中，虽然旅游者参加的是韩国自由行，但旅游者名单仍然被纳入旅游团队中，因此，从旅游出入境这个角度看，参加自由行的旅游者仍然属于团队客人，依然必须遵守出境旅游团的"团进团出"的基本规则，按照约定时间出入境。这既是旅游者的法定义务，也是旅行社组织团队出境旅游的法定义务。因此，只要被纳入旅游团队名单，不论该旅游者参加的是包价旅游，还是自由行旅游，就是参加了团队旅游，均必须按照规定"团进团出"，没有例外。

（二）旅游者滞留韩国几小时是否为非法滞留

从旅游者滞留韩国的结果看，当然属于非法滞留，因为旅游者没有按照约定的时间返程。但笔者个人的观点是，判断旅游者是否属于非法滞留，更多的要从旅游者的主观愿望来考察：如果旅游者具备主观故意滞留在境外，毫无疑问是非法滞留，但如果旅游者没有主观故意，或者说没有主观恶意，就不能认定为非法滞留。判断的标准在于是主观故意还是客观不能，而不仅仅是行为的结果。从旅游者的主观愿望看，滞留几个小时绝对不是他想要的结果，后经努力也已返回国内也证明了这一点。因此，该旅游者的行为不能简单地和非法滞留画等号。

（三）领队工作是否失职

造成旅游者滞留机场几小时的主要原因，在于领队工作的失职。领队的失职大致可以归纳为两个方面：第一，领队的主观认识有误。从该事件的结果可以推定，在领队的心目中，并没有把自由行旅游者当作团队旅游者来对待。试想，如果团队中的旅游者没有按时抵达机场，领队会如何担忧和焦虑，会采取什么措施来补救。自由行旅游者未能按时抵达，领队却和团队进关候机，可以看出领队不一样的心态。第二，领队的客观服务有误。虽然领队发微信给旅游者，但按照正常的服务流程，应当得到旅游者的明确回复。如果不能得到旅游者的回应，领队的提醒就是无效提醒，没有任何意义。

（四）旅游者是否存在过失

旅游者作为完全民事行为能力人，而且事先也知道返程的基本信息（如果旅游者压根不知道，当时就不会出现在机场），旅游者在返程前也有义务和领队进行联系，进一步确认返程事宜。旅游者没有做好上述确认工作，和被滞留几个小时、后补票返程之间，也存在一定因果关系。因此，旅游者对于滞留事件的发生也应当承担一定的责任。

（五）机票损失如何分担

通过上述分析，可以得出这样的结论，旅游者的滞留，是领队和旅游者的沟通不畅、旅游者的疏忽大意共同作用之下造成的，领队和旅游者都应当为返程机票的额外支出承担责任。当然，领队（旅行社）应当承担主要责任，旅游者承担次要责任。

018 旅行社甩团性质认定及其责任承担分析

一、案例简介

旅游者参加旅行社组织的旅游团，由于地接社和组团社之间为了团款支付发生纠纷，在双方交涉过程中，旅游者在饭店等待前往景区旅游，并不断催促导游赶快出发，导游以等待地接社指令为由继续等待。经过近一小时的交涉，地接社和组团社再次达成协议，导游带领全团旅游者旅游。旅游者以旅行社甩团为由，要求旅行社按照《旅游法》的规定，赔偿总团款三倍的违约责任。旅行社否认甩团，也拒绝按照旅游者的要求承担赔偿责任。

二、法律规定

1. 《合同法》第一百零七条规定，当事人一方不履行合同义务或者履行合同义务不符合约定的，应当承担继续履行、采取补救措施或者赔偿损失等违约责任。

2. 《旅游法》第七十条规定，旅行社具备履行条件，经旅游者要求仍拒绝履行合同，造成旅游者人身损害、滞留等严重后果的，旅游者还可以要求旅行社支付旅游费用一倍以上三倍以下的赔偿金。

三、案例分析

（一）旅行社违约

旅行社服务违约当属无异议。因为按照合同约定，旅行社应当为旅游者提供服务，包括按时出团前往景点旅游。只要旅行社没有按照约定为旅游者提供服务，除非发生了不可抗力或者经过双方协商，否则旅行社就应当为此承担违约责任。对照上述案例不难发现，在整个行程中，旅行社本来是可以按照约定时间出团的，但由于地接社和组团社之间为了团款的支付发生了纠纷，地接社暂停为旅游者服务，损害了旅游者的出游权利，旅行社应当为此承担违约责任。

（二）旅行社不仅违约且甩团

在实务中，旅行社的许多违约行为，比如没有按照约定为旅游者提供住宿、餐饮服务，并不一定是旅行社有意为之，或者说旅行社不一定具备主观故意。但在上述案例中，旅行社的主观故意十分明显。因为地接社具备接待服务能力，旅游者也是多次催促，但地接社就是不提供服务，以旅游者来要挟迫使组团社就范。只要组团社不付款，就不为旅游者服务。直到组团社答应付款，地接社才为旅游者提供服务。地接社这样的行为，就是我们业内所谓的甩团。

（三）旅行社之间付款纠纷不能牺牲旅游者的权益

地接社按照约定要求组团社付款，本是天经地义，组团社按时付款，也是诚信经营的基本要求。组团社和地接社的合作中，不时会因为团款的支付发生纠纷，本属于商业活动中的常态，但旅行社必须明白，由于团款支付而殃及旅游者的行为，对于组团社和地接社都是有百害而无一利。

对于组团社而言，旅游者在旅游目的地所遭受的权益受损，包括违约和侵权，组团社是责任承担的第一人，案例中出现的甩团行为，给旅游者造成的权益损失，必须由组团社承担，组团社承担之后，可以向地接社索赔。由于团款不能按照约定支付造成的纠纷，始作俑者是组团社。组团社不按时支付团款的行为，真的是搬起石头砸了自己的脚，是组团社经营不诚信的直接后果。

对地接社而言，导游拒绝为旅游者提供服务，等同于拒绝履行合同，会受到旅游主管部门的行政处罚。地接社拒绝提供服务，和组团社不按约支付旅游团款，是两个不同的法律关系，两者之间也没有因果关系，地接社的损失也不亚于组团社。

（四）旅游者要求赔偿三倍团款的要求是否合理

首先，旅游者要求组团社承担地接社违约行为的责任合情合理。地接社的违约行为，应当由组团社先行赔偿，然后追究地接社的责任。

其次，旅游者要求组团社赔偿三倍团款的要求不合理。因为按照上述法律的规定，组团社要赔偿三倍团款的条件是：第一，旅行社具备提供服务的条件；

第二，经过旅游者要求仍然拒绝提供服务；第三，造成较为严重的后果，比如由于甩团造成旅游者人身伤害、滞留。只有这三个条件同时具备，缺一不可，旅游者才可以得到一至三倍团款的赔偿。对照上述案例可以看出，前两个条件符合，但没有造成严重后果，即不符合第三个条件。因此，旅游者提出三倍团款的赔偿不符合法律规定。

最后，旅行社应当如何赔偿。如果旅游合同中有关于拒绝履行的约定，则旅行社应当按照约定赔偿，支付违约金。如果没有事先约定，则应该按照旅游者的实际损失来赔偿。当然，损失的举证责任在旅游者，在实务中，旅游者是无法举证损失有多少，法律也没有明确和细致的规定，最后只有通过双方的协商加以解决。

019 旅行社没有接待团队一定是甩团行为吗

一、案例简介

A 旅行社组织了旅游团队，准备交 B 旅行社接待。A 旅行社和 B 旅行社商谈合作意向，最终 A 旅行社和 B 旅行社约定：A 旅行社就团队住宿、餐饮、交通、景点等达成了协议，并得到了 B 旅行社的确认。但在接待费用的支付上，双方存在异议，A 旅行社愿意先付七成，行程结束后再支付剩余费用，B 旅行社则坚持全额现付，且在团队抵达前付清，经过多轮交涉，分歧依旧。在旅游团队出发前一天的傍晚，B 旅行社再次向 A 旅行社发送传真，要求 A 旅行社全额支付团款，否则就无法接待旅游团，A 旅行社没有回应。第二天 A 旅行社如期发团，B 旅行社没有接待。事后 A 旅行社上诉至法院，指责 B 旅行社甩团，要求 B 承担赔偿责任。

二、法律规定

1.《合同法》第十三条规定，当事人订立合同，采取要约、承诺方式。
2.《旅游法》第七十条规定，旅行社具备履行条件，经旅游者要求仍拒绝履行合同，造成旅游者人身损害、滞留等严重后果的，旅游者还可以要求旅行社支付旅游费用一倍以上三倍以下的赔偿金。

三、案例分析

（一）旅行社服务中绝对禁止甩团行为

地接社和组团社之间的突出矛盾之一，就是由于旅游团款的支付等原因，地接社采取甩团和扣团的方式，借助旅游者的不满和投诉，给组团社施加压力，迫使组团社尽快将接待费用支付给地接社。这种行为在《旅游法》颁布实施前时有发生，虽然也经常被妥善解决，但处理并没有法律依据，全凭旅游主管部门的行政协调。《旅游法》颁布后，地接社的甩团行为被法律明确禁止，同时规定了旅行社甩团行为的后果，尤其是甩团造成了滞留等严重后果时，旅行社将承担较为严重的民事责任和行政责任。

（二）甩团行为发生在旅游行程中

旅行社的甩团行为，通常发生在旅游行程中，其构成要件是，旅行社具备为旅游者提供服务的条件和能力，但故意不为旅游者提供服务。甩团一般发生在旅游行程中，主要是因为只有旅游团队尚处于地接社的接待过程中，才会出现所谓的甩团或者扣团现象。如果旅游团队并不在地接社的接待中，地接社想甩团也缺乏现实基础，地接社无团可甩。至于地接社没有按照约定接团，比如由于交通堵塞等原因，旅游团队在机场、码头等待了很长的时间，必须定性为地接社服务的迟延履行，属于违约行为的一种，和具备主观故意的甩团具有不同的性质。

（三）A、B 旅行社之间是否存在法律关系

要讨论 B 旅行社是否具备甩团行为，或者说 A 旅行社对 B 旅行社指责是否有理，首先必须理清 A、B 旅行社之间的法律关系。从上述案例的描述中可以看出，A、B 旅行社之间不存在合同关系，也不存在其他任何法律关系，理由如下：

1. 几个法律概念的含义。要谈合同关系，必须首先掌握要约、承诺、新要约等几个法律概念。根据《合同法》的规定，所谓要约，就是希望和他人订立合同的意思表示。也就是上述案例中 A 旅行社向 B 旅行社发出的传真。所谓承诺，就是受要约人同意要约的意思表示。如果上述案例中 B 旅行社完全接受 A 旅行社的传真内容，即 B 旅行社回复的内容与 A 旅行社的传真内容一致，那么

B 旅行社的回复就是承诺。所谓新要约，就是受要约人对要约的内容做出实质性变更。有关合同标的、数量、质量、价款或者报酬、履行期限、履行地点和方式、违约责任和解决争议方法等的变更，是对要约内容的实质性变更。B 旅行社的回复究竟属于承诺，还是新要约，要结合案例具体研究。

2. A、B 旅行社之间不存在合同关系。从表面上看，A、B 旅行社之间似乎存在某种法律关系，因为两者之间毕竟有过就旅游团队接待存在某些业务往来，但这些业务往来仅仅停留在往来中，并没有建立某种法律关系。因为上述法律已经明确，A、B 旅行社之间要建立委托接待的合同关系，就必须经过要约和承诺两个阶段，否则合同关系就不成立。结合上述法律规定，A 旅行社要求 B 旅行社接待旅游团队，A 旅行社发给 B 旅行社的传真属于要约，而 B 旅行社给 A 的回复并不是承诺。因为 B 旅行社的回复，虽然就住宿、餐饮等事项与 A 旅行社达成了协议，但 B 旅行社有关接待费用支付的回复，与 A 旅行社不一致，而支付接待费用事项属于合同重大事项，B 旅行社的回复与 A 旅行社的要求不一致，直接导致 B 旅行社的回复不是承诺，而是新要约。新要约就需要得到 A 旅行社的进一步协商确认，而 A 旅行社恰恰没有对此进行回复与确认。所以，A、B 旅行社之间的关系，停留在要约和新要约或者说是反要约阶段，而不是要约和承诺阶段。因此，A、B 旅行社之间的合同关系不成立。

既然 A、B 旅行社之间没有法律关系，B 旅行社就没有接待 A 旅行社团队的义务。B 旅行社没有接待 A 旅行社的团队，既不属于甩团行为，也不属于其他违约行为，不需要为 A 旅行社的损失承担任何责任。

020 旅游者在境外是否可以离团单独活动

一、案例简介

旅游者参加出境旅游，签订旅游合同前，旅游者向旅行社提出，希望在境外有一天的自由活动时间，因为他要去拜访老朋友，旅行社没有明确拒绝。到了旅游目的地后，旅游者向领队提出要离团一天，并请领队将护照还给他。领队以团进团出为由，拒绝旅游者离团，也拒绝将护照交给旅游者。旅游者最终没有拜访老朋友，仅仅是在酒店和老朋友见面，返程后向旅行社讨要说法。

二、法律规定

1.《旅游法》第十六条规定，出境旅游者不得在境外非法滞留，随团出境的旅游者不得擅自分团、脱团。入境旅游者不得在境内非法滞留，随团入境的旅游者不得擅自分团、脱团。

2.《中华人民共和国公民出境入境管理法实施细则》第十六条规定，中国公民出境入境的主要证件——中华人民共和国护照和中华人民共和国旅行证由持证人保存、使用。

三、案例分析

（一）出境游中团进团出的基本含义

从我国开始有旅行社组织出境旅游的时候起，旅行社就有一个团进团出概念，但所谓团进团出的含义是模糊不清的，导致许多旅游纠纷的发生。所谓的团进团出，就是指旅游团队出入境时，必须保持全团旅游者同时出入境。同时，按照旅游行程的约定，全团旅游者在境外的旅游活动必须以整团的形式参加活动，旅游者不能在境外离开团队活动。

（二）旅行社是否可以和旅游者约定境外离团

按照一般的理解，只要旅行社旅游者协商一致，旅行社和旅游者就可以将协商的意愿纳入旅游合同中，这就是所谓的合同自由原则。但由于《旅游法》有明确的禁止性规定在前，出境旅游不得擅自分团、脱团，旅行社不可以和旅游者约定在境外分团。即使有这样的约定，由于违反了法律强制性规定，也属于无效范畴。因此，当旅游者提出境外分团的要求时，通常情况下，旅行社应当明确拒绝，而不是似是而非，给旅游者留下想象空间。

（三）法律并没有绝对禁止在境外分团

上述法律明确规定的是，在境外旅游期间不得擅自分团、脱团，但并没有规定，境外旅游期间绝对禁止分团。其实这个规定的含义是，只要有充分的理由，只要不是"擅自"的行为，旅游团旅游者的分团、脱团行为可以被允许。本法条对擅自分团、脱团的禁止是表象，是手段，并不是目的，其实质意义是为了防止旅游者在境外的非法滞留。

（四）境外旅游期间完全的团进团出并不现实

团进团出仅仅是一个一般性的原则规定，在一些特殊情况下，当然可以打破这个规定。例如，在旅游合同约定的自由活动期间，旅游者的活动行程由旅游者自己决定，统一活动既不可能，也无必要。又例如旅游者在境外生病、受伤，不能随团活动，旅游者的分团当然应当被许可，这在出境游实务中并不少见。更为极端的例子是，假如是旅游者不幸死亡，仍然要求旅游者团进团出，岂不是笑话？

（五）护照等身份证件的管理

由团进团出这个话题引申出另一个话题，就是旅游者出境游期间护照的保管。护照等证件是参加出境旅游旅游者的合法身份证明，犹如是境内的身份证。如此一比较，护照等身份证件由谁来保管，就无须多加论证了。一些领队以某个规定为由，要求统一保管旅游者的护照等证件，并不符合法律规定。事实上，如果旅游者真的想滞留不归，领队替旅游者保管护照的作用也非常有限。至于旅游者要求领队统一保管护照，则另当别论。

021 旅行社拒绝孕妇参团旅游行为分析

一、案例简介

张女士怀孕7个月，看到旅行社发布的旅游广告价格很低，在她丈夫的陪同下来到门市报名，门市服务生看到大腹便便的孕妇，就明确拒绝张女士参团。张女士及其丈夫坚持参团，并且做出书面承诺，表示如果在行程中出现孕妇的伤害，和旅行社无关。同时声称如果旅行社拒绝其参团，就是对孕妇的歧视。门市服务生仍然拒绝与其签订旅游合同，被投诉至旅游主管部门。

二、法律规定

1. 《合同法》第三条规定，合同当事人的法律地位平等，一方不得将自己的意志强加给另一方。

2.《合同法》第四条规定，当事人依法享有自愿订立合同的权利，任何单位和个人不得非法干预。

3.《合同法》第五十三条规定，合同中的下列免责条款无效：造成对方人身伤害的。

4.《旅游法》第十五条规定，旅游者购买、接受旅游服务时，应当向旅游经营者如实告知与旅游活动相关的个人健康信息，遵守旅游活动中的安全警示规定。

三、案例分析

（一）旅行社和旅游者具有平等的法律地位

在民事活动中，合同双方当事人的法律地位平等，旅行社和旅游者就是地位平等的当事人，旅游者固然有参加旅游的权利，也有对旅行社做出选择的权利，但最后能否参团成行，取决于和旅行社的协商，不存在谁必须听谁的问题。不能因为旅游者具有消费者的角色，就可以将自己参团愿望强加给旅行社，旅行社就必须无条件地接受旅游者参团。

（二）旅行社拒绝孕妇参团旅游是出于对旅游者安全的考虑

从《旅游法》的规定看，旅游者有申报自己身体状况的义务，旅行社可以根据旅游者的身体、旅游线路的特点，决定是否和旅游者签订旅游合同。也就是说参加旅游团之前，旅游者有申报身体状况的义务，旅行社有决定旅游者是否适合参团的权利。旅行社拒绝孕妇参团，是出于保护旅游者和旅行社双方权益而做出的决定。

（三）旅游者是自身权益最大的保护者

旅游者作为完全民事行为能力人，应当为自己的行为负责，要能够预料得到怀孕 7 个月还参加旅游可能产生的不良后果。孕妇及其丈夫仅仅因为团队旅游价格低，就坚持报名参加旅游，且书面承诺责任自负，其行为本身就不够理性。如果旅游者不能最大限度地保护自己，一旦发生人身伤害，即使得到了赔偿，真正的受害者仍然是旅游者自己。

（四）旅行社是否可以设置参团旅游者的条件

在日益强调保护旅游者权益的当今，旅行社在旅游服务中，是否可以设置一些对于旅游者行为限制的条件，比如谢绝某一类旅游者参团等，例如旅行社组织的孤岛生存活动等。笔者以为，只要是出于更为安全便捷地为旅游者提供服务，只要旅行社设置的条件没有增加旅游者的义务，扩大旅行社的权利，这样的条件设置，并不违反法律规定，上述案例中旅行社谢绝孕妇参团就是其中一例。

（五）身体伤害免责条款的约定不能保护旅行社的权益不受损失

案例中孕妇愿意做出书面承诺，责任自负。一旦孕妇真的出事，这样约定的合法性就要受到质疑；同时，双方一定会为引起孕妇伤害的原因争论不休，而且有时谁是责任主体会有很大的辩论空间，通常情况下，旅行社是难辞其咎。道理很简单，因为旅行社是经营者，需要对旅游者承担更多的安保义务。

总之，孕妇要求参加旅游团旅游，旅行社予以拒绝，是旅行社自主经营的权利，没有违反相关法律规定，孕妇的诉求不应当得到旅游主管部门的支持。

022 原合同与变更后合同不一致
导游如何服务

一、案例简介

旅行社组团前往黄山一日游，旅游合同中约定在黄山山上逗留时间为 6 小时。到达景点后，导游向旅游者介绍上黄山有两种途径：第一，按照原合同约定，徒步登山，比较费时费力；第二，改乘索道，速度快，但要自费索道费用。经过协商，团队中绝大部分旅游者选择乘坐索道，剩余 5 人坚持徒步登山。面对这样的局面，导游犯难了：是陪同徒步旅游者上山，还是和旅游者一道乘坐索道上山。导游做出任何选择也难两全，导游应当如何决断？

二、法律规定

1.《导游服务质量》规定，全陪作为组团社的代表，应自始至终参与旅游团（者）全旅程的活动，负责旅游团（者）移动中各环节的衔接，监督接待计划的实施，协调领队、地陪、司机等旅游接待人员的协作关系。

2.《旅游法》第四十一条规定，导游和领队应当严格执行旅游行程安排，不得擅自变更旅游行程或者中止服务活动。

3.《合同法》第七十七条规定，当事人协商一致，可以变更合同。

三、案例分析

（一）旅游合同变更行为合法

上述案例中，旅游者到达目的地后，经过双方的协商一致，绝大多数旅游者愿意乘坐索道，这样的合同变更为法律所许可。如果合同变更不是通过协商达成的，则另当别论。

（二）变更后的合同是原合同的变更和补充

如果全团所有旅游者都要求乘坐索道，就是对原合同有关徒步上山约定的彻底变更，导游的操作也就不存在难题。关键的问题是，少部分旅游者仍然坚持原合同的约定，这就涉及变更后的合同和原合同的关系。总体来说，由于旅游合同的变更基本上是部分服务环节的变更，原合同和变更后合同的法律地位平等，没有哪个合同更为重要的问题。

（三）导游首先应当尊重原合同的约定

旅行社委派的导游，按照上述法律和标准的规定，导游必须参加旅游者全旅程的活动，必须严格执行旅游行程安排。换句话说，导游执行的旅游行程安排，就是原合同的旅游行程安排，而少数坚持徒步上山旅游者的行程安排，恰恰是原合同的行程安排。既然如此，导游严格执行旅游行程安排，就是遵守原合同的旅游行程安排，随同少数旅游者徒步上山也就顺理成章了。

假如导游没有陪同少数旅游者徒步上山，而是乘坐索道上山，实质上就是对原合同的违反，损害了徒步上山旅游者的权益。如果导游要乘坐索道上山，必须征得少数旅游者的同意。征得少数旅游者的同意，等同于和少数旅游者就原合同的导游服务做出了变更，少数旅游者放弃了徒步上山中的导游服务。

（四）导游必须保护多数旅游者权益而乘坐索道的观点是否合理

一些旅行社和导游认为，因为乘坐索道的为绝大多数旅游者，旅行社应当首先照顾好大多数旅游者，该观点值得商榷。首先，在旅游服务中，所有旅游者的权益必须得到同等的保护，保护旅游者权益的基础是旅游合同，不存在是大多数还是少数的问题。因为每一个个体旅游者的权益都具有独立性，每一个个体旅游者履行了合同义务，应当得到平等的服务权利。其次，有旅行社和导游主张，保护大多数旅游者的权益，符合少数服从多数原则。少数服从多数原则本身没有错，但用错了领域，少数服从多数是民主集中制原则，并不适用于民事权利分配中。

（五）导游必须陪同少数旅游者徒步上山是出于安全的考虑

由于徒步上山时间较长，存在一定安全隐患，对于旅游者的身心都是较大的考验，旅游者需要得到更多的照顾和服务，旅行社和导游对于旅游者必须履行安全保障义务。为了确保旅游者人身财产安全，导游也必须陪同少数旅游者徒步上山。

023 旅行社返程票未落实就发团责任分析

一、案例简介

旅行社组织了旅游者参加旅游，机票委托票务公司办理。出团前旅行社为旅游者购买了机票，但返程机票尚未落实，但旅行社告诉全陪，不要将返程机票尚未落实的信息告诉给旅游者。按照合同约定，旅游者按时踏上了旅途，行程结束后旅游者在全陪的带领下到机场候机，准备返程，全陪才不得不告诉旅游者，返程机票没有买到，只能等待旅行社的通知。旅游者在旅游目的地点滞留两天后才得以返程，旅游者很生气，要求旅行社承担欺诈赔偿责任。

二、法律规定

1.《合同法》第一百零七条规定，当事人一方不履行合同义务或者履行合同义务不符合约定的，应当承担继续履行、采取补救措施或者赔偿损失等违约责任。

2.《最高人民法院关于贯彻执行〈中华人民共和国民法通则〉若干问题的意见》第六十八条规定，一方当事人故意告知对方虚假情况，或者故意隐瞒真实情况，诱使对方当事人作出错误意思表示的，可以认定为欺诈行为。

三、案例分析

（一）旅行社的行为究竟是违约还是欺诈

对于上述纠纷的性质，旅游主管部门存在两种不同的观点：第一种观点，旅行社违约。第二种观点，旅行社欺诈。认为旅行社违约的理由是，虽然旅行社的服务存在重大瑕疵但旅行社没有主观故意，不具备欺诈的构成要件，只能按照旅行社违约来处理。认为旅行社欺诈的理由是，旅行社要求全陪故意隐瞒机票没有买到的事实，旅行社的主观欺骗性明显，应当按照欺诈规定来处理纠纷。双方相持不下，谁也说服不了谁。

（二）笔者同意第一种观点，主要的原因是旅行社欺诈构成要件不足

我们说旅行社不具备欺诈的故意，是因为有几个理由：第一，旅行社在旅游广告和旅游合同中向旅游者承诺，乘坐某个航班前往目的地并返程，这个航班的确存在，并不是旅行社的主观臆造，旅行社既没有隐瞒真相，也没有虚构事实。第二，旅行社的确购买了该航班的单程机票，按照约定将旅游者送达旅游目的地。只是由于机票紧张，没有能够预订到返程航班，致使旅游者不能按时返程。因此，作为合同当事人的旅行社，不具备主观故意，也没有在主观故意之下提供服务，欺诈构成要件不足。

与此同时，虽然旅行社在机票购买方面不具备欺诈的主观故意，且一直在为购买返程机票而努力，尽管最后的努力也没有取得任何效果，从旅游者角度看，似乎认定旅行社欺诈也有一定的道理。因为旅游者作为善意相对人，自始至终都相信旅行社会按照约定提供服务，能够在约定的时间顺利返程，全陪却按照旅行社的要求，一直隐瞒旅行社购票未果的事实，旅游者的确受到了旅行社的欺骗，但仔细推敲，欺骗和欺诈之间不能画等号。

旅行社发布的组团出游信息，本身没有虚构事实或者隐瞒真相。旅游者参加了旅游线路，就坚信航班的确存在，事实上航班也的确客观存在；旅游者也坚信按时返程没有问题，结果却是滞留在旅游目的地。原因是受制于旅行社的业务能力等因素，没有能够购买到约定的返程机票，旅游者受到的损害是旅行社的客观不能，而不是旅行社的主观不能。

旅行社和旅游者建立旅游合同关系，始于旅游者向旅行社交纳旅游团款，而在旅游者交纳旅游团款阶段，旅行社就没有故意欺诈旅游者的必要和可能，而是采取了实实在在的服务行为，如购买机票、预订住宿、餐饮等服务。更何况旅游者实际接受服务的旅游线路的确存在，旅行社并没有欺诈旅游者，而且旅行社一直为返程机票在努力，从客观上也否定了旅行社欺诈故意的存在。

（三）认定欺诈的要点

讨论是否为欺诈行为时，必须特别留意的，是旅行社的主观故意和客观效果，判断欺诈，更多的是从旅行社的主观故意入手，只要主观故意，欺诈的可能性较高，而不是从客观效果上着手，即使具备相同的观看效果，仍然必须从主观出发来判断。因此，不论从旅行社角度看，还是从旅游者的角度看，旅行社的欺诈行为不存在，因为全陪接受旅行社的指令，要求隐瞒返程机票尚未落实的事实，行为固然有错，甚至是可恶。在旅行社是否已经落实返程机票上，旅游者受到了旅行社的欺骗，和旅行社的欺诈仍然具有不同的法律含义。所以，对于上述旅行社和全陪的行为，认定为违约更为妥当，而不能简单地将旅游者的受骗认定为欺诈。

（四）旅行社违约行为责任承担

旅行社的工作失误严重，且不将事情真相告知旅游者，造成了旅游者的滞留，旅游者没有任何过错。因此，旅行社应当承担旅游者滞留期间的所有食宿费用，以及旅游者能够举证的其他相关费用，并承担迟延返程两天给旅游者造成误工费，但旅游者要求旅行社承担欺诈责任，于法无据。同时，该纠纷也给旅行社提了个醒，尤其是在节假日期间，旅行社组团前必须做好充分的准备，对供应商有较强的把控，否则很容易陷入上案例中旅行社类似的尴尬境地。

024 旅游者认为漏游景点应当由谁举证为妥

一、案例简介

旅游者参加旅行社组织的旅游活动，行程结束后，旅游者向旅游主管部门投诉旅行社的服务质量差，其中最令旅游者不满的是，地陪擅自漏游了两个景点。对于漏游景点，地陪当时给出的两个理由是，时间来不及和景点远眺即可，不值得前往游览。组团社则坚持地接社按照约定游览了景点，不存在景点漏游的情况，如果旅游者认为漏游景点，则旅游者需要拿出证据来证明。

二、法律规定

1.《民事诉讼法》第六十四条规定，当事人对自己提出的主张，有责任提供证据。

2.《最高人民法院关于民事诉讼证据的若干规定》第二条规定，当事人对自己提出的诉讼请求所依据的事实或者反驳对方诉讼请求所依据的事实有责任提供证据加以证明。没有证据或者证据不足以证明当事人的事实主张的，由负有举证责任的当事人承担不利后果。

3.《最高人民法院关于民事诉讼证据的若干规定》第五条规定，在合同纠纷案件中，对合同是否履行发生争议的，由负有履行义务的当事人承担举证责任。

三、案例分析

（一）民事纠纷的举证以"谁主张谁举证"为原则

在民事诉讼中，"谁主张谁举证"是一个普遍通行的原则，该原则的基本要求是，当原告提出被告需要承担赔偿责任时，必须提供相应的证据证明，被告违反了合同约定，或者有侵权行为，并且证明原告遭受的损失或者损害，与被告的行为有直接的因果关系，否则原告要求被告承担赔偿责任的请求就得不到法院的支持，原告要承担不利的法律后果。

在旅游服务纠纷的投诉处理阶段，也必须遵守该原则。国家旅游局出台的规章《旅游投诉处理办法》也规定，旅游投诉应当符合"有明确的被投诉人、具体的投诉请求、事实和理由"的条件。该条件的规定，是"谁主张谁举证"原则的具体化表现。因此，在旅游投诉处理的实践中，旅游主管部门也应当要求旅游者在投诉时，必须提供相应的证据，而不是仅仅提出赔偿要求。没有相应证据的支撑，旅游者要求旅游企业承担赔偿责任的要求，往往难以得到支持。

（二）纠纷处理以"举证责任倒置"为例外

"谁主张谁举证"为处理民事纠纷的基本原则，但在民事纠纷的处理中，还有一个原则，那就是"举证责任倒置"，这是"谁主张谁举证"的例外。所谓"举证责任倒置"，基本的要求就是，原告提出了赔偿主张，承担举证责任的主要不是原告，而是被告。被告必须提供证据证明，原告遭受的损失和损害，和被告的行为没有因果关系。如果被告不能举证证明原告损害和被告没有关系，就可以推定被告有责任。

在民事纠纷处理中，"举证责任倒置"不仅是例外，也必须由法律的明确规定，不能由当事人设定。具体到旅游纠纷的处理中，旅游者主张旅行社漏游景点，按理应当由旅游者自己来证明旅行社漏游景点行为的存在。但在上述司法解释明确规定，"对合同是否履行发生争议的，由负有履行义务的当事人承担举证责任"。这就要求在此类纠纷处理中，旅行社负有举证责任。

具体而言，在旅游服务合同中，旅游者的义务主要体现在交纳旅游团款，而旅行社的主要义务是提供约定服务和保障旅游者人身财产安全。旅游景点是否已经游览，本质上就是合同是否已经履行。按照上述规定，旅游景点是否游览，就应当由负有履行义务的当事人旅行社来承担举证责任。如果旅行社不能证明景点已经游览，就要推定旅游者没有享受景点服务。同样，当旅游者提出没有接受餐饮、住宿等服务，举证责任同样由旅行社来承担。

（三）旅游合同约定的景点均为重要景点

在旅游合同中列明的旅游景点，都是重要的旅游景点，是否重要不是由旅行社说了算，而是要由合同来确定，如果不是重要的景点，就不应当被纳入行程中。不论旅行社认为该景点是否有游览的价值，旅行社都必须按照约定带领旅游者游览。除非有证据证明，是旅游者自己主动放弃游览，则是另当别论。游览项目变为车览或者远眺，均为违约的表现。至于时间来不及而漏游景点，更是令人难以信服的托词。

总之，当旅游者提出旅行社漏游景点投诉时，举证责任承担者是旅行社，而不是旅游者自己。如果旅行社不能证明，就可以推定说明，旅行社漏游景点的事实客观存在，旅行社要承担相应的民事责任和行政责任。

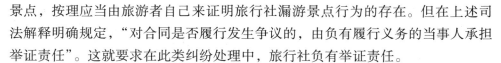

025 旅行社可以放弃对旅游者违约
责任的追究吗

一、案例简介

"十一"黄金周前夕，某旅行社和张先生、李先生两家各9人共18人签订了去云南的旅游合同。旅游合同签订后，旅行社和旅游者各自进行准备工作。

就在出团前两天，张先生家发生了车祸，死亡一人，受伤三人。张先生要求取消行程，解除旅游合同，并愿意按约承担违约责任。考虑到张先生家的不幸，旅行社没有收取张先生一家的违约金，全额返还旅游团款。由于张先生一家已经放弃了旅游行程，旅游团旅游人数不足，旅行社告知李先生取消旅游行程的原因，希望李先生也不追究旅行社的违约责任。李先生则坚持旅行社承担违约责任。在双方协商不成的情况下，李先生向旅游管理部门投诉，要求旅行社承担责任。

二、法律规定

1. 《合同法》第九十三条规定，当事人协商一致，可以解除合同。当事人可以约定一方解除合同的条件。解除合同的条件成就时，解除权人可以解除合同。

2. 《合同法》第九十四条规定，有下列情形之一的，当事人可以解除合同：因不可抗力致使不能实现合同目的。

三、案例分析

（一）旅游合同不得随意解除

根据《合同法》的规定，旅游合同签订后，对旅行社、旅游者具有同等的约束力。旅行社、旅游者都不得轻易违反合同约定，或者解除合同，否则就必须承担违约责任。因此，不论是旅行社，还是张先生、李先生的家人，都应当按照诚实信用原则，积极妥善地履行合同，在获取权利的同时，主动承担相应的义务。

（二）在特定条件下可以解除旅游合同

在旅游者和旅行社协商一致的前提下，旅游合同可以解除；在不可抗力发生导致旅游合同目的不能实现，比如长时间的冰雪天气，导致旅游行程被取消等，旅游合同也可以解除。除此之外，提出旅游合同解除方的当事人就属于违约方，应当承担违约责任。

从纯粹的法律上说，张先生的家庭变故，导致其部分家庭成员不能履行旅游合同，并不是约定或者法定的旅游合同解除条件。如果解除旅游合同，张先生仍然应当按照合同约定，向旅行社按照合同约定支付违约金，旅行社也有权利收取违约金，其行为并无不妥。当然，从纯粹的人情角度说，在这样特殊的

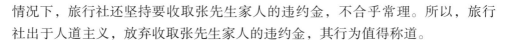

情况下，旅行社还坚持要收取张先生家人的违约金，不合乎常理。所以，旅行社出于人道主义，放弃收取张先生家人的违约金，其行为值得称道。

（三）旅行社应当向李先生支付违约金

旅行社放弃向张先生家人主张违约金的权利，是旅行社和张先生家之间的法律关系。李先生坚持要求旅行社向他们支付违约金，则是另一层法律关系。两个法律关系之间没有因果关系，不能混为一谈。旅行社放弃收取张先生的违约金，并不必然导致李先生放弃向旅行社索要违约金的结果，虽然旅行社放弃索要张先生违约金行为更符合社会大众观感，但我们也不能强行要求李先生放弃对旅行社违约责任的追究，如果李先生愿意放弃追究旅行社的违约责任，则另当别论。

在签订旅游合同时，张先生、李先生已经向旅行社交纳了全额团款，旅行社也已经接受了团款，在旅行社和张先生、李先生的债权债务关系中，张先生、李先生分别是旅游合同的债权人，而旅行社处于债务人的地位。法律规定，权利是可以放弃的，具体而言，旅行社收取张先生的违约金是权利，放弃收取张先生的违约金符合法律规定；而义务则必须履行，具体而言，旅行社向李先生支付违约金是合同义务，是否收取违约金的权利在李先生手里，和旅行社无关。

就违约事件而言，不论张先生家里发生了怎样的变故，不参加团队旅游就是违约行为，其性质不会因为张先生家的变故而改变。相对于张先生，旅行社是债权人，而相对李先生而言，旅行社是债务人。也就是说，旅行社按合同约定，向张先生主张违约金是旅行社的合法权利，也是作为债权人的合法权利。旅行社愿意放弃违约金的追究，应得到尊重。同样，李先生主张旅行社承担违约责任，支付违约金也应当受到法律保护。

总之，旅行社可以放弃张先生的违约责任，但必须向李先生承担违约责任，支付合同约定的违约金。

026 旅行社是否可以要求旅游者签订合同后不得换人

一、案例简介

旅游者张先生参加了某旅行社组织的火车专列旅游团，就在出团前 1 天，由于张先生家中遭遇变故，无法按照约定出团，要求其表弟代替参加旅游团。旅行社以合同已经明确约定，旅游合同签订后就不得换人为由，拒绝了张先生的要求。旅行社被张先生投诉至旅游主管部门。

二、法律规定

1. 《合同法》第八十条规定，债权人转让权利的，应当通知债务人。未经通知，该转让对债务人不发生效力。

2. 《旅游法》第六十四条规定，旅游行程开始前，旅游者可以将包价旅游合同中自身的权利义务转让给第三人，旅行社没有正当理由的不得拒绝，因此增加的费用由旅游者和第三人承担。

三、案例分析

（一）旅游者和旅行社的法律地位不同

在旅游合同关系中，只要参加到旅游行程中接受旅行社的服务，是旅游者签订后的旅游权利。即使按照双方的约定，旅游者的团款尚未全额交付，旅游者参加旅游的权利不受影响。从这个意义上说，旅游者是债权人，旅行社是债务人。

（二）旅游者转让旅游权利程序简单

作为债权人，如果要转让旅游权利，按照《合同法》的规定，只需要通知作为债务人的旅行社就可以，不需要征求旅行社的同意与否。因为有《合同法》的规定在先，旅行社不可以采取约定的方式，限制旅游者转让自己权利。即使旅行社做出如此约定，旅游者也可以不受其约束。

（三）旅游者换人旅游的基本要求

对于《合同法》债权转让的规定，在《旅游法》中得到了细化，明确了操作流程。简单地说，在旅游债权转让中，旅行社要掌握两个基本原则：

1. 旅游者可以要求临时换人参加旅游。这是法律赋予旅游者的基本权利，否则有限制旅游者人身权的嫌疑。因为不能换人，就意味着旅游者签订旅游合同后，无论如何必须无条件参加旅游团，要么就是单方解除旅游合同，给旅游者造成损失。上述法律规定已经对此有了明确规定。

2. 旅游者临时换人旅游能否成功取决于具体情况。旅游者可以临时换人参加旅游，并不绝对意味着换人旅游的权利转让一定能够实现。由于旅游团出团线路的远近限制、临近出团时间的限制、产生额外费用是否由谁承担、证照能否办理等因素的制约，临时换人旅游可能出现下列几种情况：

第一，短途旅游，火车专列等对证照要求不高的旅游行程，替换的旅游者和原旅游者性别相同，在此情况下，旅游者临时换人旅游，没有任何障碍，对于旅游者和旅行社都没有任何损失，旅行社没有任何理由拒绝旅游者换人旅游。

第二，短途旅游，火车专列等对于证照要求不高的旅游行程，替换的旅游者和原旅游者性别不同，如果就此产生单房差，旅游者应当承担单房差，因为虽然旅游者有换人旅游的权利，但不能因为换人旅游给旅行社造成额外损失。但实务中双方往往为此起争执，换人旅游并不顺利。

第三，境内长线旅游换人旅游者要承受损失。如果旅行社已经预订了机票，旅游者换人旅游，原来预订的机票不能退换，就必须另外购买机票，机票款应当由旅游者承担；如果出现性别不一致，还可能产生单房差，也需要旅游者来承担。

第四，出境旅游换人旅游有较大的障碍。旅游者报名参团出境旅游，如果旅行社已经进入实质的操作阶段，尤其是旅行社准备工作已经就绪，旅游者临时换人旅游的愿望基本难以实现，因为临时办理护照、签证需要漫长的时间，旅游者还需要为此承担很高的机票款，还可能需要再承担单房差。

总之，旅行社约定旅游者签订合同后不得换人旅游的约定是错误的，但旅游者以债权人随意可以转让旅游权利的观点也存在不足。转让旅游权利不得被剥夺，但最终是否能够实现权利的转让，要根据实际情况而定。

027 旅游者可以转让自己的旅游权利吗

一、案例简介

马先生到旅行社报名参团旅游，旅游团款已经交纳，旅游合同也已经签订。就在马先生等着按时出团时，马先生因母亲突然病重，无法按照约定参加旅游，只能准备取消旅游行程。旅行社建议马先生请另外人员参加团队，就可以减少损失。马先生请他的一位表妹参加旅游，但由于性别不同，旅行社要求在原有已经交纳的旅游团款基础上，再增加500元的单房差，马先生或者他表妹承担都可以。马先生对此不能接受，投诉到旅游主管部门，要求旅行社取消增加单房差的决定。

二、法律规定

1. 《合同法》第八十条规定，债权人转让权利的，应当通知债务人。未经通知，该转让对债务人不发生效力。

2. 《旅游法》第六十四条规定，旅游行程开始前，旅游者可以将包价旅游合同中自身的权利义务转让给第三人，旅行社没有正当理由的不得拒绝，因此增加的费用由旅游者和第三人承担。

三、案例分析

（一）旅游者转让旅游权利，只需要通知旅行社

旅游者交纳了旅游团款，其主要合同义务已经履行完毕，接受旅行社提供的服务，就是旅游者的权利；旅行社收取了旅游者的旅游团款，实现了旅游权利，为旅游者提供约定服务，是旅行社的义务。在这种情况下，旅游者是债权人，旅行社是债务人，根据《合同法》的规定，旅游者转让旅游权利，只需要事先通知旅行社，至于旅行社是否同意并不重要，因为旅游权利的转让不需要征得旅行社的同意，这和旅行社转让合同义务时需要征得旅游者的同意截然不

同。如果旅游者没有事先通知旅行社，旅游者的权利转让对于旅行社不具有约束力，比如旅游者临时决定转让旅游权利，让他的朋友来替代出境旅游，旅游者这样的行为显然不合适，旅行社也无须提供服务。

（二）旅行社不得拒绝旅游者提出旅游权利转让的要求

在旅游行程开始前，由于各种因素的制约，旅游者临时取消行程，必定给旅游者造成较大的经济损失，旅游者转让旅游权利就可以降低经济损失。由于旅行社是债务人，旅游者是债权人，只要旅游者提出旅游权利的转让，旅行社就不得拒绝，这是法律的明确规定。在旅游实务中，由于旅行社不了解法律规定，不清楚债权人和债务人在合同中不同的角色和地位，认定只要旅游者签订了旅游合同，只有旅游者本人参加旅游，其他人都不可以替代，这个观点是错误的。只要条件允许，旅行社就必须尊重旅游者旅游权利转让的要求。

（三）旅行社不得拒绝旅游者的权利转让并不意味着没有条件

旅行社不得拒绝旅游者旅游权利的转让，并不意味着没有任何条件。在实务中，并不是说旅游者提出旅游权利转让，旅行社接受旅游者的权利转让请求，旅游者权利转让就百分之百实现，这是旅行社服务的特殊性所决定的。比如出境旅游中旅游者权利转让就存在相当大的难度，因为出境旅游涉及护照、签证、机票等因素，旅游权利的转让是一个系统工程，没有足够的时间就难以完成。在实务中，即使旅游者愿意承担额外产生的费用，有足够的时间，旅游者权利转让也不一定能够顺利完成，比如是否能够顺利按时获得签证、是否能够买到同一航班的机票等，都是能否实现旅游权利转让的重要制约因素。

（四）旅游权利的转让产生的额外费用应当由旅游者承担

即便旅游者旅游权利的转让能够顺利进行，但旅行社和旅游者之间仍然存在严重分歧，即旅游者旅游权利的转让，产生的额外费用应当由旅行社还是旅游者来承担。这些额外的费用可能包括来回机票更换的费用、火车票更换的费用、签证重新办理的费用、单房差等，尤其是交通费用，往往占据旅游费用中相当的比例，如果要求旅游者来承担，旅游者会找各种借口予以拒绝；旅游者同样难以理解产生的单房差要由旅游者来承担，纠纷由此而来。只有旅游者参加短途游、一日游等线路，旅游权利的转让才可能是最为方便，且基本不产生额外的费用。当然，按照法律规定，由于旅游者权利转让产生的所有额外费用，应当由旅游者自己承担，要求旅行社承担依据不足。

028 购物和自费必须得到旅游者的明确同意

一、案例简介

旅行社组织旅游者参加旅游，导游在行程中向旅游者推荐当地的特色产品和自费项目，绝大多数旅游者表示愿意参加，有少数旅游者沉默以对，既不同意，也不反对。行程结束后，由于旅游者对服务品质不满，连带投诉旅行社强迫旅游者购物和自费。旅行社对此感到很委屈，因为当时许多旅游者是同意的，少数旅游者并没有表示反对。

二、法律规定

1. 《旅游法》第三十五条规定，旅行社组织、接待旅游者，不得指定具体购物场所，不得安排另行付费旅游项目。但是，经双方协商一致或者旅游者要求，且不影响其他旅游者行程安排的除外。

2. 《最高人民法院关于适用〈中华人民共和国民事诉讼法〉的解释》第九十一条规定，人民法院应当依照下列原则确定举证证明责任的承担，但法律另有规定的除外：主张法律关系变更、消灭或者权利受到妨害的当事人，应当对该法律关系变更、消灭或者权利受到妨害的基本事实承担举证证明责任。

三、案例分析

（一）只有旅游者明示同意才可以安排购物和自费

通常情况下，旅游者有时对旅行社安排购物和自费持默许的态度，这样默许大致包含同意和不同意两种含义。产生纠纷后，旅行社会认为旅游者默许就是同意，否则为什么当时不反对；而旅游者则认为，当时的默许并没有同意，只是迫于形势，不能反映自己的真实的意思。旅游者的默许究竟是同意还是不同意，存在很大的辩论空间。

（二）旅行社和旅游者可以对协商结果形式做出选择

在旅行社和旅游者的双方协商中，最为重要的是双方就有关事项的意思表示一致，包括对协商内容和协商形式能够达成一致。由于法律并没有对旅行社和旅游者协商结果的表现形式做出具体规定，旅行社和旅游者可以根据双方的需求对形式做出选择，但有一点是明确的，不同的表现形式肯定产生不同法律后果。

（三）即使是旅游者明示同意也可能存在纠纷的隐患

旅游者的明确同意，包括书面明示同意，也包括口头明示同意，当然还有录音同意、视频同意等方式。这些明示同意的方式都为法律认可，具有同等的法律效力，都可以被旅行社采用。但关键的问题是，一旦旅游者否认口头明示方式的存在，或者拒绝承认录音同意中为本人，旅行社的举证之路将异常艰难，一般来说旅行社难以举证。

（四）确认旅行社和旅游者协商同意购物和自费的最好的方式是书面形式

虽然旅行社可以通过视频、录音等方式，来证明购物和自费是经旅行社和旅游者双方协商的，但视频和录音的短板明显，特别是在法庭上，旅行社必须对于视频和录音的真实性承担举证责任。如果旅行社难以举证，也仍然面临败诉风险，这在以往许多旅游纠纷处理的司法实践中，已经得到反复证明，书面形式为最好的证明形式。

因为在纠纷处理中，只要旅游者坚持购物和自费没有体现自愿原则，按照上述法律和司法解释的规定，证明购物和自费是双方协商一致的责任落在了旅行社身上。如果旅行社不能明确证明购物自费为协商一致的结果，就可以推定购物和自费为强迫，旅行社承担的风险就不言而喻了。

（五）旅行社要强化书面证据意识

其实，不仅仅是购物和自费，而是覆盖了旅游服务的全过程。只要旅游行程有变更，不论是增加还是减少服务项目，或者和组团社（地接社）协商改变行程，旅行社都必须留下双方协商一致的书面证明。如果双方的协商证据不足，就可以推定主张协商一致的一方当事人没经协商就擅自改变行程行为，就要承担责任。

因此，旅行社认为，只要旅游者默许或者不明确反对，旅行社安排购物和自费就没有原则问题。这样的观点同样是错误的。

029 旅行社预订的航班舱位降低标准赔偿分析

一、案例简介

旅游者曾先生夫妇报名参加了旅行社组织的欧洲 10 日游线路，旅游者希望能乘坐商务舱，又额外支付了升舱费 21300 元/人。在旅游合同中，双方约定，旅途中如遇到不可抗力以外的意外情况，因调整造成服务档次降低或活动内容减少，旅行社按《旅行社质量保证金赔偿试行标准》赔偿损失。返程时由于航空公司的原因，导致曾先生乘坐经济舱，航空公司向曾先生退还了 900 欧元。曾先生夫妇认为旅行社应当按照合同约定，退回多收的升舱费并赔偿一倍违约金，总计 1800 欧元。调解未果，旅行社被旅游者告上了法院。

二、法律规定

1. 《旅行社服务质量赔偿标准》第八条规定，旅行社安排的旅游活动及服务档次与合同不符，造成旅游者经济损失的，旅行社应退还旅游者合同金额与实际花费的差额，并支付同额违约金。

2. 《合同法》第一百一十四条规定，约定的违约金低于造成的损失的，当事人可以请求人民法院或者仲裁机构予以增加；约定的违约金过分高于造成的损失的，当事人可以请求人民法院或者仲裁机构予以适当减少。当事人就迟延履行约定违约金的，违约方支付违约金后，还应当履行债务。

三、案例分析

（一）航班升舱的约定是对原有旅游合同的变更

按照原有旅游合同的约定，曾先生夫妇和其他同团的旅游者一样，来回乘坐的舱位为经济舱。曾先生夫妇向旅行社支付了旅游团款，另外经过双方协商，和旅行社达成了升舱为商务舱的约定。这样的约定建立在协商基础之上，是对原旅游合同关于航班舱位服务的变更，已经成为原有旅游合同的一部分，旅行社必须按照约定为旅游者提供商务舱的服务。

（二）航空公司的违约等同于旅行社的违约

在旅行社服务中，需要有多家服务供应商的参与和配合，并为旅游者提供直接的服务，才能全面地向旅游者履行旅游合同约定的义务，离开了服务供应商的服务支撑，旅行社的服务将举步维艰。航空公司就是作为交通服务的供应商，承担着代旅行社为旅游者提供服务的重任。

由于旅行社在旅游合同中向旅游者做出承诺，将为旅游者提供各项约定的服务，因此，在通常情况下，不论服务提供者是谁，最后的结果只要是旅游者没有得到约定的服务，旅行社都必须承担违约责任。所以，服务供应商没有按照约定向旅游者提供服务，哪怕旅行社和服务供应商双方事先已经约定如何承担责任，这样的约定还是不能对抗旅游者，不能成为旅行社逃避责任的借口，旅行社仍然必须为此承担违约责任，仍然是违约责任承担的第一责任人。因此，当航空公司没有为曾先生提供商务舱，而是继续提供经济舱服务时，虽然直接提供服务的是航空公司，违约者为航空公司，但航空公司的违约后果，还是应当由旅行社来承担。

（三）如何看待航空公司向旅游者的退款行为

由于航空公司的失误，造成曾先生无法按照约定乘坐商务舱，航空公司在第一时间做出了反应，将商务舱和经济舱之间的差价退还给旅游者曾先生。虽然差价由航空公司直接退还，但随之而来的问题是，差价究竟应当仅仅认定为是航空公司的退款，还是应当认定为旅行社的退款。这里就存在较大的争议，法律后果也截然不同。

笔者以为，差价退还的行为，既可以看成是航空公司的行为，也可以看成是旅行社的行为，但归根结底是旅行社的行为。由于购买机票实行实名制，旅游者购买了机票，就等同于旅游者和航空公司建立了直接的运输合同关系，航空公司应当按照合同约定为旅游者提供服务，工作出现失误时，基于两者之间的合同关系，理应向旅游者退还差价。除此之外，旅游者和航空公司之所以能够建立运输合同关系，得益于旅行社的预订服务，得益于包价旅游合同关系的存在。按照合同相对性原理，旅行社成为旅游者经济损失责任承担的第一人，因此，航空公司的退款行为，理应视为旅行社的退款行为。

（四）如何理解航空公司退款性质

航空公司向旅游者退还的 900 欧元，是商务舱和经济舱之间的差价，这个差价也是旅游者曾先生遭受的直接经济损失。而按照《旅行社服务质量赔偿标准》第八条的规定，旅行社安排的旅游活动及服务档次与合同不符，造成旅游者经济损失的，旅行社应退还旅游者合同金额与实际花费的差额，并支付同额违约金。所以，旅行社需要赔偿的是直接经济损失，外加同倍违约金。

由于旅游者已经拿到了商务舱和经济舱之间的差价，不论该直接经济损失的退还来自航空公司还是旅行社，旅游者乘坐航班时遭受的直接经济损失已经得到等额的弥补。所以，旅游者要求旅行社按照上述赔偿标准，再承担直接经济损失，这样的要求就不符合法律规定。如果旅行社再次向旅游者曾先生退还900欧元的差价，旅游者就属于不当得利。同时，由于同倍违约金的约定已经被纳入旅游合同中，旅行社必须支付同倍违约金给旅游者曾先生。

（五）旅行社是否可以拒付同倍违约金

向旅游者支付违约金，既是按照约定承担责任的表现，也是旅行社信守承诺的表现，所以，旅行社必须按照约定向曾先生支付同倍违约金。如果旅行社觉得违约金支付得过高，很冤枉，法律也赋予了旅行社的救济渠道，即旅行社可以提出违约金过高、请求人民法院降低违约金赔付的标准。只要旅行社有足够的理由，就能够得到法院的支持，同样可以降低违约金赔偿的数额。

030 旅游者被目的地国家拒绝入境责任的承担

一、案例简介

一对夫妻旅游者参加旅行社组织的东南亚国家旅游，旅行社按照约定为旅游者办理了旅游签证。旅游者抵达旅游目的地后，当地移民署拒绝该夫妇入境，旅游者被迫返程。回到国内后，旅游者要求旅行社退还全额旅游团款，理由是由于旅行社未能给予担保，导致旅游者被取消在目的地国家的入境资格，旅游目的也无法实现。旅行社认为已经按照流程提供服务，为旅游者办妥了旅游签证，旅游者被拒绝入境和旅行社无关，只愿意退还尚未发生的费用。双方各执己见，要求旅游主管部门给出说法。

二、法律规定

1.《合同法》第一百零七条规定，当事人一方不履行合同义务或者履行合同义务不符合约定的，应当承担继续履行、采取补救措施或者赔偿损失等违约责任。

2.《合同法》第一百一十七条规定，因不可抗力不能履行合同的，根据不可抗力的影响，部分或者全部免除责任，但法律另有规定的除外。

三、案例分析

（一）旅行社是否有为旅游者担保的义务

旅游者要求旅行社全额退还团款的理由，是旅行社没有为旅游者担保。旅游者的观点就涉及旅行社的服务义务，是否包含了为出境游旅游者担保的义务。不论从《合同法》还是《旅游法》及相关出入境法律规定看，旅行社都没有为旅游者担保的义务。因此，旅游者赋予旅行社的担保义务缺乏依据。同时，旅游者提出旅行社的担保义务，是在被拒绝入境的事件发生后，也没有实质意义。

（二）旅行社在出境旅游服务中的特别义务

境内旅游和出境旅游的主要区别之一，除了免签的旅游目的地之外，就是出境旅游必须办理签证或者签注。在为旅游者办理签证或者签注时，旅行社要履行两个义务，第一个义务是详细告知办理签证或者签注需要的资料；第二个义务就是履行程序上而非实质上的审查义务，检查旅游者是否按照要求提供了相关资料，对于旅游者提供的资料是真是假，旅行社不具备审查的能力和义务。当然，普通人都可以看出旅游者提供了假材料，旅行社则必须加以审核和鉴别。至于旅游者能否按期获得签证或者签注，则不是旅行社所承诺和决定的范围。

（三）移民署拒绝旅游者入境属于政府行为

按照一般的解释，不可抗力是指不能预见、不能避免的客观情况。不可抗力是天然的免责条件，遭遇不可抗力时，即使给合同当事人造成了损害，对方当事人不需要为不可抗力造成的损害承担赔偿责任。按照通常的解释，不可抗力既包括天气等自然因素，也包括游行、战争、政府行为等人为因素。所以，旅游目的地国家的移民署拒绝旅游者入境，肯定有其特殊的理由，一般情况下应当与旅游签证无关。即使与旅游签证有关，责任也不在旅行社。如果是落地签的旅游者被拒绝入境，旅行社则要承担资料提供不存在过错的举证责任，举证不力，就存在承担责任的可能性。

（四）旅游者提出的赔偿请求应当如何处理

通过上述分析，可以得出的结论是，旅游者要求旅行社退还全额团款缺乏法律支撑。按照《旅游法》等法律的规定，旅行社应当扣除实际已经发生的费用后，将剩余旅游团款退还给旅游者即可。

法律明确规定旅行社应当退还剩余费用，理论上的规定是清晰的，但关键的问题是，旅行社在退还剩余费用时，将会遭遇如何举证实际费用已经发生的难题。当旅行社告诉旅游者，某些费用已经实际发生时，旅行社应当承担举证责任，如果旅行社对于已经实际发生的费用举证不了，即使这些费用真的已经发生，旅行社仍然不能扣除。

（五）旅行社举证责任的难点

由于旅行社在经营中费用支付存在一些特殊性，在旅游服务中，有些实际发生的费用旅行社可以提供有可说服人的凭证，如机票等，有些实际发生的费用，旅行社则难以提供可说服人的凭证，比如旅行社主张境外的住宿不可退、餐饮不可退等，而且由于旅游目的地国家和地区的情况不同，扣除费用的规则不尽相同；同时企业之间的交易凭证要成为有说服力的证据，还必须公证和认证，程序复杂、时间漫长。

总之，上述纠纷的处理中，旅行社不需要为旅游者的被拒绝入境承担责任，这是明确的，也是有据可查的，但在退还尚未发生的费用时，如何说服旅游者接受旅行社的退款方案，才是旅行社的难题。

031 公共交通包含包机、专列等交通工具吗

一、案例简介

丁先生参加的旅游团乘坐旅行社的包机出境旅游，整个行程的服务质量符合合同约定，丁先生等比较满意，就在丁先生等准备返程时，领队告诉他们，由于航空公司的原因，包机被推迟6小时，旅行社愿意在飞机起飞前再组织旅

游者就近旅游。等到丁先生等赶到机场，再次推迟 2 小时起飞，丁先生等到家已是凌晨 5 点多，疲惫不堪。丁先生等要求旅行社赔偿经济损失，旅行社认为是交通部门的原因造成飞机推迟起飞，旅行社没有责任，丁先生等不能接受旅行社的解释，继而投诉至旅游主管部门。

二、法律规定

1. 《旅游法》第七十一条规定，由于公共交通经营者的原因造成旅游者人身损害、财产损失的，由公共交通经营者依法承担赔偿责任，旅行社应当协助旅游者向公共交通经营者索赔。

2. 《最高人民法院关于审理旅游纠纷案件适用法律若干问题的规定》第十八条规定，因飞机、火车、班轮、城际客运班车等公共客运交通工具延误，导致合同不能按照约定履行，旅游者请求旅游经营者退还未实际发生的费用的，人民法院应予支持。合同另有约定的除外。

三、案例分析

从最高人民法院的司法解释到《旅游法》，对于旅行社民事责任的承担都做出了相应的划分，减轻了旅行社部分责任，其中公共交通对于旅行社免责即为一例。但有些旅行社想当然地认为，旅行社的包机、专列也属于公共交通，这样的理解显然是错误的。

（一）何谓公共交通

所谓公共交通，是向不特定人群开放的交通工具，只要有剩余交通票，不特定的人都可以购买该交通票，如正常航班、高铁等交通工具，只要乘客凭借身份证明，都可以向民航、铁路售票处购买所需的机票或者火车票，对于购买交通客票的乘客，没有特别的限制。这就是所谓的公共交通。

（二）为什么包机、专列不属于公共交通

旅行社的包机或者专列，是旅行社事先通过约定，向民航、铁路等部门整体购买该交通工具的承运权，然后由旅行社再次向旅游者销售。假如不通过向旅行社报名参团旅游，普通公众是无法购买到这些客票，也不能乘坐这些交通工具。因此，旅行社的包机、专列等不属于公共交通范畴。

（三）《旅游法》关于公共交通免责的规定

考虑到公共交通对于旅行社而言具有不可控的特点，要求旅行社承担由公

共交通造成旅游者损害的责任，显然超出了公平的范畴，所以《旅游法》予以明确的规定。例如，旅游者托运的行李丢失或者损坏，赔偿主体在公共交通部门，如民航，发现损害后，导游领队协助办理赔偿申请等，然后经常向交通部门询问赔偿情况。这样的操作模式在司法解释和《旅游法》出台前，是不可想象的，大大减轻了旅行社的经营压力和风险。

（四）公共交通造成旅游者时间延误的处理

旅游者参团旅游非常讲究时效性，时间延误就意味着旅游服务项目的减少或者压缩，直接损害旅游者的权益。由于公共交通的原因，导致旅游行程延误，应当如何承担责任。上述最高人民法院的司法解释第十八条已经做出了规定，公共交通造成旅游团队的行程延误，旅行社不可以被追究违约责任，只需要向旅游者退还未发生的费用。例如航班延误，导致北京长城景点被取消，旅行社只需要退还景区门票、市内交通、导游服务费等费用，不需要再赔偿。

（五）旅行社包机、专列责任的承担

假如包机、专列出现违约，没有按照约定时间把旅游者运送到旅游目的地，旅行社应当承担违约责任。相对于旅游合同中旅行社和旅游者而言，航空公司、铁路等属于旅游合同的第三人，第三人违约，要由其中一方当事人承担责任。如包机、专列的延误，旅行社不仅要向旅游者退还景点的相关费用，承担违约责任，还必须为延误的时间承担责任，然后可以向包机、专列所在公司追偿。

与公共交通相比，旅行社组织包机、专列旅游，就有很大的风险，因为包机、专列往往不属于正常的航班和火车，而是有点类似于临时加班机和加班火车，和正常航班、火车相比，包机、专列出发时间随时调整是常态，火车专列的停靠点也是经常调整，旅行社缺乏对于包机、专列强有力的控制力。这样的状况，对于旅游者而言打乱了旅游计划，无法游览预订的景点；而对于旅行社而言，往往是措手不及，随之而来的就是承担赔偿责任。

总是，由于旅行社安排的包机不属于公共交通，丁先生等可以要求旅行社承担航班延误的法律责任，旅行社不得以任何理由拒绝。

032 包机被约定为公共交通对旅行社
有意义吗

一、案例简介

旅游者参加了旅行社组织的出境旅游，旅行社使用的交通工具是包机，在旅游合同中，旅行社把包机纳入了公共交通范畴。当包机出现延误，旅游者要求旅行社赔偿时，旅行社以《旅游法》规定为由，拒绝承担赔偿责任。旅游者觉得不能接受，向旅游主管部门投诉。

二、法律规定

1.《旅游法》第七十一条规定，由于地接社、履行辅助人的原因导致违约的，由组团社承担责任；组团社承担责任后可以向地接社、履行辅助人追偿。

由于地接社、履行辅助人的原因造成旅游者人身损害、财产损失的，旅游者可以要求地接社、履行辅助人承担赔偿责任，也可以要求组团社承担赔偿责任；组团社承担责任后可以向地接社、履行辅助人追偿。但是，由于公共交通经营者的原因造成旅游者人身损害、财产损失的，由公共交通经营者依法承担赔偿责任，旅行社应当协助旅游者向公共交通经营者索赔。

2.《侵权责任法》第六条规定，行为人因过错侵害他人民事权益，应当承担侵权责任。

三、案例分析

（一）《旅游法》有关公共交通责任承担的规定

从该法条的规定看，不论是违约责任还是侵权责任的追究，只要组团社、地接社、履行辅助人的原因，导致旅游者权益受损，旅游者都可以要求组团社概括承受，组团社不得拒绝。笔者一直以为，这是《旅游法》课以组团社最为严厉的责任承担规定，简单地说，就是组团社为其服务供应商的行为负责，要为旅游者权益负责到底。这样的规定与我国法律规定大致相符，但有突破，尤其是在侵权责任承担方面。

在该法条对组团社赋予严格的责任承担义务的同时，明确了由于公共交通的原因，给旅游者造成的人身财产损害，应当由公共交通经营者承担，旅行社仅有协助旅游者向公共交通的经营者索赔的义务。这也为旅行社责任承担减轻提供了法律依据。所以，该法条在对组团社课以重责的同时，给旅行社减轻了不小的压力。

（二）公共交通的含义

据百度百科解释，广义而言，公共运输包括民航、铁路、公路、水运等交通方式；狭义的公共交通是指城市范围内定线运营的公共汽车及轨道交通、渡轮、索道等交通方式。但无论哪种解释，公共交通都是人们日常出行的主要方式。

公共交通具有公共性，即所有符合条件的自然人，可以根据自己的需求，支付相应的费用（少数有免费），接受公共交通经营者提供的服务。通常情况下，公共交通对不特定的自然人均保持开放，比如有合法的身份证明，就可以购买机票、动车票等，公共交通的经营者不会为消费者设定条件。

（三）包机的含义

据百度百科解释，包机是指根据公共航空运输企业与包机人所签订的包机合同而进行的点与点之间的不定期飞行，包括普通包机飞行、专机飞行、急救包机飞行、旅游包机飞行等。是相对于班机运输的，是指不定期开航的、不定航线、不定始发站、不定目的港、不定途经站的飞机运输。

旅游包机中，是旅游经营者，如组团社等经营者，事先和航空公司签订包机合同，整体承包该飞机的使用权，然后将机位出售给参加旅游团的旅游者。出售包机产品的是旅行社，即使是以航空公司的名义售票，也是该航空公司代旅行社售票，因为包机期间包机的使用权，已由航空公司转让给旅行社了。在这样的情况下，包机仅仅为特定的旅游者服务，只为参加了旅游团的旅游者服务，对于其他旅游者、其他消费者不开放。

（四）包机被约定为公共交通是否有意义

旅行社之所以要在旅游合同中，把包机约定为公共交通，首先是研究了《旅游法》上述规定，认为只要把包机约定为公共交通，就可以降低旅行社包机的经营风险。如果出现包机延误或者取消，组团社就可以不承担赔偿责任，只需要协助旅游者向航空公司索赔。那么，旅行社把包机约定为公共交通，是否能够规避经营包机的经营风险，或者说，旅行社这样的操作是否有意义？

答案是否定的。因为不论旅行社和旅游者如何约定，最为关键的问题是，包机的性质并不因为旅行社和旅游者之间的约定而改变，包机依然是包机，其性质不会变为公共交通。所以，旅行社把包机约定为公共交通，没有任何实质意义。

033 小飞机是否为公共交通引发的责任承担

一、案例简介

据媒体报道，2013 年 10 月 6 日凌晨 2 点，马里亚纳群岛联邦 STARMARI-ANS 航空公司一架从天宁岛飞往塞班岛、航程约 15 分钟的 7 座小飞机，起飞后不久坠落。机上除飞行员外 6 名乘客全部是中国旅游者，事故造成 2 死 4 伤的悲剧，其中 3 名来自浙江。遇难者张小姐的父母状告杭州某旅行社，要求索赔女儿的死亡赔偿金、精神损害抚慰金、被抚养人生活费等共计 231 万多元。

二、法律规定

《旅游法》第七十一条规定，由于地接社、履行辅助人的原因造成旅游者人身损害、财产损失的，旅游者可以要求地接社、履行辅助人承担赔偿责任，也可以要求组团社承担赔偿责任；组团社承担责任后可以向地接社、履行辅助人追偿。

三、案例分析

由于公共交通经营者的原因造成旅游者人身损害、财产损失的，由公共交通经营者依法承担赔偿责任，旅行社应当协助旅游者向公共交通经营者索赔。

从上述法条可以看出，如果是地接社和履行辅助人的原因造成旅游者人身损害、财产损失的，旅游者可以做出选择，既可以要求侵权人直接承担赔偿责任，也可以要求组团社承担赔偿责任。但如果造成旅游者人身财产损害的是公共交通的经营者，由公共交通经营者依法承担赔偿责任，旅行社的义务仅仅是应当协助旅游者向公共交通经营者索赔，旅行社不承担赔偿责任。

张小姐的不幸罹难，对于张小姐的家人，尤其是父母的伤害和打击不言而喻，但涉及旅行社的责任承担，还得归于理性的分析。

死者家属起诉杭州旅行社的现实考虑：基于跨境诉讼艰难的事实，死者家属坚持起诉杭州的旅行社，因为他们也尝试过向失事飞机所在的航空公司发起索赔诉讼，但是发现美国的诉讼过程非常复杂，而且要花费的时间至少三五年。这样的诉讼令家属实在难以承受。

死者家属起诉杭州旅行社的法律考虑：死者家属认为，失事小飞机是一种观光服务，不属于公共交通。当地居民往返天宁岛和塞班岛之间，基本都坐轮船，小飞机机票较贵，一般外地旅游者才会选择。所以，失事小飞机并非公共交通，更多的是作为一种观光和旅游服务。

死者家属的现实考虑可以理解，跨国漫长的诉讼程序与高昂的诉讼费用，是一般家庭所难以承受的，而且每一次的收集证据、指控和开庭，对于家属都是一种折磨。选择对组团社的诉讼是理想的途径。死者家属的法律考虑，本人以为难以得到法律的支持。

笔者以为，仅仅因为当地居民往返天宁岛和塞班岛之间，基本都坐轮船，小飞机机票较贵，一般外地旅游者才会选择。由此得出失事小飞机并非公共交通，更多的是作为一种观光和旅游服务的结论，得不到法律的支持。理由如下：

（1）所谓公共交通，就是指对不特定人员开放的交通工具，只要乘坐人持有相应证件，支付费用，不论本地人还是外地人，都可以乘坐该交通工具，和票价是贵还是便宜没有关系，和当地人是否选择乘坐也没有关系。仅仅以当地人的选择为判断是否为公共交通显然不妥。

（2）如果小飞机设备落后，存在安全隐患，则是航空公司没有尽到安全保障义务，是另一个概念，死者家属可以直接起诉航空公司。当然，如果死者家属能够证明，旅行社明知该小飞机不安全，存在重大安全隐患，仍然为旅游者安排这样的飞机，旅行社就需要承担相应的责任。

总之，死者家属的境遇令人同情，但认为小飞机不是公共交通，要求旅行社承担赔偿责任，有违法律规定。旅行社不需要承担赔偿责任，但应当做好相关协助工作，并应当给予死者家属一定数量的经济补偿。

034 火车专列中途解除旅游合同责任如何承担

一、案例简介

暑假期间，某省会城市的旅行社组织火车专列，远赴哈尔滨旅游。按照旅游合同约定，旅游专列为非空调列车。旅游目的地为哈尔滨，但列车行驶到河南境内时，旅游者得知列车不会在哈尔滨停留，而是长春。当列车行驶到山海关站时，部分老年旅游者不肯随团继续旅游，不得已，旅行社和他们解除了旅游合同，旅行社退还旅游者全额旅游团款。一百多名老人滞留在车站，后由旅行社安排住宿。旅行社以时间匆忙为由，拒绝为旅游者购买返程车票。

二、法律规定

1.《旅游法》第六十五条规定，旅游行程结束前，旅游者解除合同的，组团社应当在扣除必要的费用后，将余款退还旅游者。

2.《旅游法》第六十八条规定，旅游行程中解除合同的，旅行社应当协助旅游者返回出发地或者旅游者指定的合理地点。由于旅行社或者履行辅助人的原因导致合同解除的，返程费用由旅行社承担。

3.《旅游法》第七十九条规定，旅游经营者组织、接待老年人、未成年人、残疾人等旅游者，应当采取相应的安全保障措施。

三、案例分析

（一）火车专列为非公共交通

《旅游专列运输管理办法》第二条规定，旅游专列是指由旅行社或单位（以下简称包车人）要求临时开行并往返全部包用的旅客列车。根据此项规定可以推定，火车专列为旅行社包租使用，对未参加旅行社组织出游的市民不售票。所以，当火车专列的服务与合同约定不符时，诸如时间延误、设施不完善、更改旅游目的地甚至是临时取消专列等，旅行社就必须根据合同相对性原理，向旅游者承担违约责任，或者根据《侵权责任法》和《旅游法》的规定，向旅游者承担侵权责任。

尽管旅行社对于旅游者损害的发生不一定有过错，尽管旅行社很多时候也无力和铁路部门较真，但火车专列作为旅游服务供应商所造成的损害，首先应当由旅行社来概括承担。旅行社承担责任后，可以向铁路部门追偿，至于是否能够追偿成功，则是旅行社和铁路部门之间的法律纠纷，不能把旅行社向旅游者做出赔偿的法律关系混为一谈。

（二）旅游者可以在旅游途中解除旅游合同

在上述《旅游法》的规定中已经明确，旅游者在行程开始前和旅游行程中，都有和旅行社解除旅游合同的权利，这就是所谓的旅游者任意解除权，因为是否参加旅游、是否解除旅游合同都可以由旅游者自己决定，这也是法律赋予旅游者的一种特殊权利。上述案例中，由于火车专列的改道，导致旅游者中途提出和旅行社解除旅游合同，这正是旅游者行驶任意解除权的表现，表明旅行社和旅游者之间的合同关系的消亡。

旅游合同解除后，就涉及旅游团款如何退还的问题。按照法律规定，旅行社应当扣除已经发生的合理的费用，将剩余旅游团款退还给旅游者。旅行社必须特别注意，所谓已经发生的且合理的费用，应当由旅行社来举证，如果举证不够充分，旅行社就不能扣除费用。当然，在上述纠纷中，旅行社没有扣除旅游者的任何费用，全额返还了旅游团款，这样操作没有法律障碍。因为本来旅行社可以根据法律规定扣除旅游者部分团款，这是旅行社的权利，旅行社可以放弃自己的权利，这也是旅行社权衡利弊后的结果。

（三）旅游者中途解除旅游合同，旅行社仍然必须履行后合同义务

旅游者主动和旅行社解除旅游合同，说明两者之间的旅游合同关系就此消亡。按照法律规定，旅游者和旅行社解除合同后，虽然合同关系不存在，但并不意味旅行社的合同义务的彻底结束。旅行社还必须履行相应的协助义务，这就是所谓的后合同义务，旅行社千万不能认为合同已经解除，旅游者的一切行为和旅行社无关。

根据相关法律规定，旅行社有义务协助旅游者返回出发地或者旅游者指定的合理地点。因此，如果旅游者提出返回出发地，或者希望从山海关前往哈尔

滨，旅行社都有协助的义务。这些协助义务具体体现在：第一，帮助旅游者购买车票、机票等，让旅游者尽快离开山海关，返回出发地；第二，如果旅游者继续前往哈尔滨，旅行社除了协助旅游者购买车票外，还必须协助旅游者预订哈尔滨的住宿等。尤其是火车专列以中老年旅游者为主要对象，旅行社需要履行更为全面的安全保障义务。

（四）解除旅游合同后，旅游者票款由旅游者承担还是旅行社承担

这又是一个较为棘手的话题，虽然旅游者并未就此向旅行社提出，但仍然有展开讨论的价值。按照上述法律规定，由于旅行社或者履行辅助人的原因导致合同解除的，返程费用由旅行社承担。这就涉及旅游者合同解除，是否为旅行社的服务步骤所导致，如果是旅行社（包括供应商）的原因，返程费用由旅行社承担；如果不是旅行社（供应商）的原因，返程费用就应当由旅游者自己承担。

一种观点认为，旅游者自己愿意解除旅游合同，当然应当由旅游者自己承担返程费用。另一种观点认为，由于旅行社安排的专列临时改变旅游目的地，由哈尔滨变为长春，旅游者解除旅游合同的原因是旅行社违约在先，导致旅游者的旅游目的不能实现，旅游者解除旅游合同的责任在旅行社，返程费用应当由旅行社承担。笔者比较倾向于后一种观点，旅行社应当承担旅游者返程费用。

（五）旅行社服务存在的瑕疵

旅行社在此次火车专列服务中，存在几个明显的服务瑕疵：第一，旅行社没有包租有空调的火车专列。《旅游列车运输管理办法》第六条规定，旅游专列的车辆应尽量使用新型空调车。使用新型空调车时，服务设施和服务标准不低于"品牌旅客列车管理办法"规定的标准。虽然该管理办法没有强制规定旅行社必须包租空调列车，但结合专列服务对象和专列运行的季节，旅行社在组织火车专列时，应当首选空调专列，而不是包租普通列车。

第二，旅行社不包租空调列车的理由不成立。旅行社强调，由于旅游价格较低的原因，无法包租空调列车。从单纯的市场行为来看，旅行社的观点似乎有一定的道理，而且旅行社按照约定，提供了非空调的专列服务，本身没有过错，但从服务效果和服务安全来说，旅行社却存在瑕疵和不足。因为火车专列运行的时间在夏天，旅游者以中老年人为主，确保旅游者人身安全是旅行社的首要任务。从确保旅游者人身安全角度说，旅行社包租非空调列车，给旅游者人身安全留下隐患。同时，旅行社拒绝为旅游者提供购买火车票等协助义务，也是旅行社存在的服务瑕疵。

总之，旅游者可以要求旅行社承担返程票款费用，旅行社可以扣除旅游者解除合同已经发生的必要费用，这是两个不同的法律关系，应当区别对待。

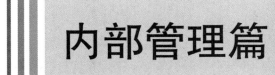

内部管理篇

035 旅行社可以向旅游者收取 出境游保证金吗

一、案例简介

旅游者常先生向旅游主管部门咨询：他和旅行社签订出境旅游合同后，业务员打电话给他，要求他除了旅游团款外，还必须向旅行社交纳5万元的保证金，防止他滞留在境外，不按时回国。常先生认为自己肯定按时回国，不需要再交纳保证金了，但业务员坚持必须交纳，否则就不能参团旅游，这让常先生感到不解。常先生的困惑是，旅行社的行为是否合法？旅游主管部门是否有这样的规定？

二、法律规定

1.《旅游法》第十六条规定，出境旅游者不得在境外非法滞留，随团出境的旅游者不得擅自分团、脱团。

2.《担保法》第二条规定，在借贷、买卖、货物运输、加工承揽等经济活动中，债权人需要以担保方式保障其债权实现的，可以依照本法规定设定担保。

三、案例分析

（一）出境游保证金溯源

近年来，极少数旅游者假借出境旅游的机会滞留他国不归，给我国和旅游目的地国家及地区带来各种问题。为了防止我国公民在境外滞留不归，旅游目的地国家和地区通过对地接社和我国组团社采取经济和行政处罚等手段，我国政府和组团社也采取相应的措施，遏制旅游者滞留不归现象的发生。所谓出境游保证金，是指国内组团旅行社在组织旅游者出境旅游时，为了防止旅游者滞留不归行为，要求旅游者在出团前向组团旅行社交纳一定数量的现金作为担保。

旅游者交纳的这些现金即为出境游保证金。

（二）境外组团社的要求

旅游目的地国家和地区要求地接社严格按照行程为旅游者提供服务，如果发生旅游者滞留不归的情况，首先对地接社进行经济处罚，甚至取消接待我国公民旅游的权利；其次是会根据情节对我国组团社采取相应的处罚措施，如暂停或者永久停止该组团社办理签证手续等措施。只要发生旅游者滞留不归的情况，不论对于地接社还是组团社，其直接和间接的损失是旅行社难以承受的。为了强化组团社对旅游者背景资料的审核，防止和杜绝旅游者滞留不归现象的发生，地接社要求组团社做出承诺，一旦有旅游者滞留不归，组团社就将给予地接社经济赔偿。组团社为了规避自己直接承受各种损失，也只能将此潜在的风险直接转嫁给旅游者。这就是组团社向旅游者收取出境游保证金最根本的原因。

（三）出境游保证金的收取

从理论上说，法律也明确规定旅游者不可以滞留不归，旅游目的地国家和地区对组团社也有同样要求，境外地接社和组团社之间也有协议，组团社自然会加强对出境游旅游者背景资料的审核，组团社只能对那些可能滞留不归的旅游者收取保证金。因为滞留不归境外的旅游者毕竟只占据旅游者的极少数，组团社向所有出境游旅游者收取保证金不妥，但由于组团社只能进行书面审核，对于旅游者参团旅游的目的难以明察，稳妥起见，组团社向所有出境游参团旅游者收取保证金。总之，是外国政府和我国政府的经济处罚和行政制裁直接催生了出境游保证金的产生。

（四）收取出境游保证金的依据何在

旅游者参加旅行社组织的出境旅游，严禁滞留不归，这是法律的明确规定。旅游者参团旅游，其行为实质上就是与旅行社之间发生的民事法律关系。根据《民法通则》《合同法》等民事法律关系的规定，只要民事主体在平等自愿的前提下，双方就任何民事活动所达成协议，只要该协议不违反法律法规强制性规定，其民事行为都将受到法律的保护。而在民事法律规定中，没有哪一部法律明文规定出境游保证金为非法，按照"法无明令禁止即可为"的原理，只要组团社在组团招徕过程中，明确告知有关出境游保证金的相关事项，并在充分协商的基础上，和旅游者达成协议，组团社的行为就属于合法范畴。

在旅游服务合同关系中，旅游者和旅行社互为债权人债务人，只要旅游者和组团社签订出境旅游合同后，即使旅游者已经全额交纳了旅游团费，旅游者必须承担如期回国的义务。该义务既是旅游者必须对国家承担的义务，也是必须对组团社承担的义务，虽然该义务在旅游合同中并没有得到书面约定。因为旅游者不如期返回国内，不仅境外地接社将承担经济和行政责任，组团社同样将遭受经济和行政的处罚，组团社完全有理由要求出境游旅游者为其如期返回提供担保，这与《担保法》的规定不谋而合。可见，组团社向旅游者收取保证金的行为完全合法，其行为应当受到我国法律的保护。

总之，组团社可以向旅游者收取出境游保证金，以保证其债权的实现，但必须在签订旅游合同时明确告知，在收取和退还出境游保证金中不得从中获利，更不能损害旅游者的合法权益。

036 业务员扣押保证金的责任承担分析

一、案例简介

旅行社业务员在组织出境旅游时，要求旅游者每人交纳 5 万元出境游保证金，并且汇入其个人账户，承诺行程结束后半个月内返还。行程结束后，旅游者按照业务员的承诺，要求其返还保证金，业务员以各种理由拖延，包括旅行社欠业务员奖金等，旅游者找到旅行社负责人，要求退还保证金，旅行社负责人说这是业务员的个人行为，旅游者必须向业务员交涉，旅行社不承担责任。

二、法律规定

1. 《民法通则》第四十三条规定，企业法人对它的法定代表人和其他工作人员的经营活动，承担民事责任。

2. 《合同法》第五十条规定，法人或者其他组织的法定代表人、负责人超越权限订立的合同，除相对人知道或者应当知道其超越权限的以外，该代表行为有效。

三、案例分析

（一）旅行社是否可以向旅游者收取出境游保证金

向旅游者收取出境游保证金，是旅行社业界和旅游者一直争论不休的话题，旅行社坚持要收，因为保证金是防止旅游者滞留不归的好办法；旅游者认为不应当收，因为收保证金增加了旅游者的压力。

旅行社究竟是否可以收保证金，到目前为止，法律没有明确规定，按照"法无明令禁止即可为"的原则，旅行社向旅游者收取保证金的行为不违法，但在实务操作中必须掌握几个原则：第一，根据出境游的实际需求，而不是覆盖出境游所有目的地，适当收取保证金，而不是无限制收取。第二，双方协商确定数额原则。第三，既可现金出资，也可抵押。第四，严格管理保证金的收取和退还。

（二）业务员的行为后果由旅行社承担

业务员在为旅行社组织旅游业务时，给旅行社带来两个后果，一个是有利后果，一个是不利后果。前者给旅行社带来经济效益和社会效益，旅行社当然乐意承受，在为旅行社带来利益的同时，业务员也可能为旅行社带来不利的后果，如超出旅行社的授权，随意向旅游者做出服务承诺和赔偿承诺，旅游者要求旅行社兑现承诺。按照上述法律规定，只要业务员在其工作期间产生的后果，不论后果有利于旅行社，还是不利于给旅行社造成损失，旅行社都必须概括承受，不能只想得到利益，逃避责任。

（三）旅游者是善意相对人

旅行社必须承担业务员的不利后果，还有一个重要因素，就是旅游者为善意相对人。旅游者和业务员素不相识，但旅游者之所以和业务员签订旅游合同，向业务员支付旅游团款和保证金，是基于对旅行社的信任，对业务员为旅行社代表的认可，在业务员要求他们把保证金汇入其个人账户时，旅游者有充分的理由相信，这是旅行社的操作模式和流程，业务员的行为代表了旅行社负责人的行为。所以，在整个合同关系建立过程中，旅游者主观上没有任何过错，其权益应当受到保护。除非出现旅游者和业务员联手，谋划以非法手段占有旅行社法人的财物，旅游者的保证金不仅可能难以返还，而且还涉嫌犯罪，应当被追究行政甚至是刑事责任。

（四）旅行社管理流程有疏漏

业务员以个人的名义向旅游者收取保证金，是旅行社重业务、疏管理的结果。许多旅行社十分重视业务的拓展，这个观点本身没有错，但旅行社往往疏于内部管理，只要业务员组团能力出色，一切都好商量，甚至是放任业务员不规范行为，直到业务员给旅行社带来麻烦。

总之，业务员可以向旅游者收取保证金，但应当按照约定及时返还。如果业务员拒绝返还或者拖延返还，旅行社负责人应当及时返还。旅行社不能以与业务员有约定在先，或者业务员没有旅行社的授权，属于擅自行为等理由，拒绝承担返还责任。

037 业务员辞职是否可以免去旅行社的责任

一、案例简介

业务员组织旅游者参加旅游团，和旅游者签订旅游合同，收取旅游团款3000元，但没有及时上交财务。此后，由于业务员工作出现纰漏，旅行社给予了处罚，业务员辞职离开了旅行社，旅行社对于业务员之前的组团行为并不知晓。业务员辞职后，没有其他业务员和旅游者对接，导致旅游者没有参团旅游，旅游者要求旅行社退还旅游团款，并赔偿直接损失，旅行社以业务员已经辞职为由，拒绝承担责任。

二、法律规定

1.《民法通则》第四十三条规定，企业法人对它的法定代表人和其他工作人员的经营活动，承担民事责任。

2.《合同法》第四十九条规定，行为人没有代理权、超越代理权或者代理权终止后以被代理人名义订立合同，相对人有理由相信行为人有代理权的，该代理行为有效。

三、案例分析

（一）业务员的组团行为属于职务行为

业务员之所以能够以旅行社的名义开展业务，因为业务员的组团行为并不是业务员个人行为，是得到了旅行社法人的授权，是以旅行社法人的名义对外组团，是代表旅行社的职务行为。

当然，在日常的操作中，旅行社未必给业务员所谓的明确授权，而且对业务员的管理好像也较为松懈，但旅行社是有对业务员组团行为支撑和服务的具体行为，比如给业务员发放工资和奖金，为业务员提供旅行社的空白发票、空白旅游合同、银行账号等，表明业务员的组团行为，事先得到了旅行社认可和首肯。因此，无论业务员是否得到旅行社的书面授权，都应当被认定是职务行为。

（二）旅行社应当为职务行为负责

既然业务员的行为是职务行为，旅行社必须为业务员的行为负责也就顺理成章了。这里还必须明确一个问题，虽然旅行社对业务员有业务的授权范围，但业务员的某个具体组团行为没有得到旅行社的授权，或者超出了旅行社的授权范围，比如业务员内授权仅仅为国内火车专列组团，在实际组团时顺带开展组织出境旅游业务，或者旅行社不具备赴台游资质，旅行社也没有授权业务员招徕台湾游业务，业务员也组织台湾游业务。

在这些情况下，只要旅游者有理由相信业务员的行为是职务行为，所产生的民事法律后果仍然应当由旅行社承担，即业务员的行为给旅游者造成损失，旅行社应当承担赔偿责任。至于业务员超出经营范围招徕旅游者的行为，如果的确没有得到旅行社的事先授权，旅行社不需要为此承担行政责任。

（三）劳动关系和旅游合同关系各自独立

劳动关系和旅游合同关系都属于合同关系，但业务员的辞职，属于和旅行社之间的劳动关系的转换，业务员和旅行社之间劳动关系的解除，并不能影响到旅游者和旅行社之间合同关系的继续有效。理由有二：第一，业务员是在工作期限内，和旅游者建立的旅游合同关系，而当时的情形是，业务员代表旅行社的行为；第二，劳动关系和旅游合同关系是两个独立的互不干涉的、也互不隶属的法律关系，劳动关系的解除和旅游合同关系的有效之间没有任何关联性。所以，不论业务员辞职与否，并不影响旅游者对旅行社民事责任承担的主张。

（四）旅游者的合法权益必须得到维护

在旅游合同关系中，旅游者是善意相对人，对业务员的认可是基于对旅行社的认可和信任，否则旅游者不可能和业务员签订旅游合同、交纳旅游团款。所以，不论出于何种原因，只要业务员或者旅行社的行为给旅游者权益造成损害，旅行社都应当为此承担赔偿责任。业务员的辞职，也应不影响到旅行社责任的承担，旅行社向旅游者赔偿后，可以向业务员追偿。

总之，上述案例中业务员向旅游者收取的 3000 元团款，如果业务员不能及时返还给旅游者，就应当由旅行社向旅游者退还。如果旅游者可以举证还存在相关损失，旅行社必须一并予以赔偿。

038 分支机构违规应由旅行社法人担责

一、案例简介

旅行社与其设立的门市部书面约定权利义务：经营必须按照法律法规的规定进行，同时，门市部必须为自己的行为负责，如果门市部损害旅游者权益，造成的后果由门市部全权负责，旅行社法人概不负责。当门市部与旅游者的服务纠纷得不到妥善解决时，旅游者找到旅行社负责人，要求其承担责任，旅行社责人以有合同约定为由拒绝承担责任，旅游者不能接受负责人的解释。

二、法律规定

1.《公司法》第十四条规定，公司可以设立分公司。设立分公司，应当向公司登记机关申请登记，领取营业执照。分公司不具有法人资格，其民事责任由公司承担。

2.《旅行社条例实施细则》第十八条规定，旅行社分社（简称分社，下同）及旅行社服务网点（简称服务网点，下同），不具有法人资格，以设立分社、服务网点的旅行社（简称设立社，下同）的名义从事《条例》规定的经营活动，其经营活动的责任和后果由设立社承担。

三、案例分析

（一）旅行社和分支机构的关系

旅行社出于拓展业务的需要，在本地或者异地设立分社、门市部等分支机构。这些分支机构都不具备法人资质，不存在独立承担责任的主体资格，仅仅是以旅行社的名义对外经营和收客。所以，旅行社在获得分支机构给其带来的利益的同时，也必须为分支机构工作失误承担不利后果。

（二）旅行社可以和分支机构约定权利义务

旅行社设立分支机构，涉及对分支机构管理的方方面面，旅行社和分支机构约定权利义务，就是强化对分支机构管理的表现之一。旅行社当然可以和分支机构约定双方的权利义务，并对于分支机构可能出现的各种纠纷和矛盾设定处理规则，防止分支机构出现超范围经营、降低服务品质等违法行为的发生。

（三）旅行社和分支机构的约定不能对抗善意第三人

旅行社虽然可以和分支机构约定权利义务、经营规则，以约束分支机构的经营行为，但旅行社和分支机构的约定，不能对抗善意第三人，即旅游者。因为在旅行社和分支机构的约定中，合同双方当事人分别为旅行社和分支机构，旅行社是否和分支机构约定权利义务、约定了怎样的权利义务，旅游者在参团旅游时并不知情。所以，旅行社和分支机构的约定，不能约束旅游者的维权行为，旅行社也不能以事先和分支机构有约定为由，拒绝承担赔偿责任。

（四）旅行社必须为分支机构承担民事责任

按照上述法律规定，由于分支机构不具备法人资质，民事责任的第一承担者为旅行社法人。旅行社法人以各种理由规避民事责任的承担，都违反了法律规定，也损害了旅游者的合法权益。不过，在民事责任承担的实务中，分支机构和旅游者发生纠纷时，绝大多数时候，旅行社法人并不知晓，因为只要错在分支机构，且在分支机构的承受范围内，分支机构会与旅游者达成协议。尽管如此，分支机构向旅游者赔偿的行为，本质上仍然应当被认定是旅行社法人的行为。

（五）旅行社还必须为分支机构承担行政责任

旅行社除了应当为分支机构的行为承担民事责任外，假如分支机构的经营行为违反了相关行政法律法规的规定，旅行社还必须为分支机构的行为负责。比如，分支机构代为旅行社收客，没有和旅游者签订书面的旅游合同，按照《旅行社条例》的规定，旅游主管部门应当按照规定，对旅行社实施行政处罚。

当然，如果旅行社在异地设立的分支机构违法，分支机构所在地的旅游主管部门也可以对分支机构实施行政处罚；如果处罚可能涉及吊销旅行社业务经营许可证，则要由旅行社注册地的旅游主管部门对旅行社实施行政处罚。

总之，旅行社法人拒绝为分支机构承担责任的观点是错误的。

039 旅行社如何应对出境游保证金管理问题

一、案例简介

金先生参加旅行社组织的出境旅游，旅行社提出要求金先生在旅游团款之外，再交纳每人 8 万元的出境游保证金。金先生按照旅行社的要求交纳了保证金，但保证金汇入业务员个人账户中，当时金先生问业务员，为何不汇入旅行社的账户中，业务员的回答是，汇入公司账户也可以，但返还时程序很多，会比较麻烦。回国后，金先生催促业务员退还保证金，业务员往往是顾左右而言他，经过金先生多次讨要和投诉，总算在一年之后拿到了业务员退还的保证金。

二、规律规定

1. 《合同法》第四条规定，当事人依法享有自愿订立合同的权利，任何单位和个人不得非法干预。

2. 《合同法》第四十九条规定，行为人没有代理权、超越代理权或者代理权终止后以被代理人名义订立合同，相对人有理由相信行为人有代理权的，该代理行为有效。

三、案例分析

（一）出境游保证金管理中存在的问题

1. 出境游保证金直接汇入业务员个人账户。由于出境旅游业务的销售和招徕具有一定的灵活性和独立性，出境中心的业务员，特别是一些兼职业务员，在招徕业务时往往单兵作战，组团社负责人较为关注业务的增长而疏忽对相关事宜的管理。一些业务员在组团的同时，要求旅游者将保证金直接汇入个人账户，由业务员自由支配；许多旅游者对业务员的话深信不疑，认为是组团社的操作程序，按照业务员的要求汇款，为业务员个人掌握。业务员直接向旅游者收取保证金，将给组团社带来较大的风险，因为业务员在销售组团属于职务行为，其法律后果应当由组团社法人承担。

2. 保证金被挪用，成为组团社的流动资金。保证金收取在旅游者出团前，而退还保证金在旅游者如期返回后，保证金的收取和退还有一个时间差，许多组团社发现，自从开始向旅游者收取保证金后，组团社将保证金挪作流动资金，流动资金短缺的现象得到了一定程度的缓解。挪用保证金已经成为许多组团社的"常规"操作，但隐患也不言而喻。

3. 旅游者滞留后保证金处置缺乏制度。旅游者不能如期返回，组团社可以从保证金中扣除相关违约金，但由于缺乏对保证金管理的统一标准，组团社根据各自的情况处置保证金，特别是当组团社支付给地接社违约金仍有余款时，组团社有了更大的处理空间，甚至直接将余款纳入组团社的小金库，被组团社据为己有。

4. 组团社与旅游者缺乏保证金书面协议。组团社在经营过程中，存在诸多制约因素，其中签证是最令组团社头疼的因素。尽管仔细审核，严格把关，但组团社仍然无法确定旅游者是否会被领事馆拒签，也无法判断办好签证的确切时间。有鉴于此，通常的情况是，组团社和旅游者签订旅游合同的时间往往在出团前，甚至是在机场，组团社与旅游者之间几乎没有收取保证金的书面合同。在实务中，时常发生组团社机票已确认、旅游者临时拒绝交纳保证金的纠纷，组团社甚为尴尬。

5. 极个别组团社假借收取保证金非法牟利。极个别组团社违反国家法律规定，有意和偷渡客联手，组织不法分子假借因私出境旅游的渠道，行组织非法偷渡勾当。这些组团社借机向不法分子收取高额"保证金"，不法分子也心甘情愿交纳"保证金"，双方心照不宣，共谋损害国家利益。

（二）出境游保证金管理的对策和建议

1. 加强对出境游保证金的管理。组团社必须建立健全保证金管理制度，与专职和兼职业务员签订书面合同，明确双方的权利和义务，特别约定保证金必须纳入组团社管理，从制度上规范业务员销售组团行为；同时建立出境游保证金专款账户，确保保证金及时足额进入组团社账户，统一管理，不把保证金纳入流动资金，以便向旅游者按时足额退还保证金。

发生旅游者境外滞留不归情况后，及时将违约金支付给境外地接社，如果有剩余保证金，组团社不得以要滞留不归旅游者承担间接损失为由，克扣保证金差额，也不得私分，而应当将剩余部分交由旅游者在国内亲属处理。至于滞留旅游者返回后向组团社索要保证金，组团社可以向旅游者出示已向境外支付的违约金凭证，委婉拒绝旅游者的要求。

2. 加强对出境游保证金书面协议的管理。组团社必须与旅游者签订书面协议。虽然组团社较为重视出境游保证金的收取，但较为漠视收取出境游保证金的程序与规范，最为突出的表现就是，组团社业务员在组团中，往往与旅游者达成"君子协定"，不重视和旅游者签订收取保证金书面协议，口头协议代替书面协议。如果旅游合同履行不顺利，旅游者是否交纳保证金、应当交纳多少保证金的纠纷随之而来。由于组团社未与旅游者签订书面协议，在解决纠纷时难以提供相关证据，为快速维权带来意想不到的障碍和困难。

规范出境游保证金协议内容。虽然按照法律规定组团社可以向旅游者收取保证金，但组团社必须和旅游者签订规范的书面协议，明确告知旅游者相关事宜，如保证金收取的数额、时间、形式、交纳地点和退还时间。如果组团社没有履行告知义务，或者履行告知义务不清晰，或者组团社业务员违规操作，旅游者可以拒绝交纳保证金，组团社也不可以此为由拒绝旅游者参加团，否则组团社将承担相应的法律责任。

040 合同格式条款约定不明后果分析

一、案例简介

某组团社组织旅游者华东4晚5日游，旅游合同对于住宿的约定是：全程三星。由于市中心的饭店客房紧俏，且房价高，各地的地接社把饭店均安排在郊区，旅游团每到一地，几乎都要乘坐1个多小时的旅游车才能到达饭店，旅游者对此已经向组团社和地接社表达了强烈的不满，要求在行程的最后一站可以安排在市中心住宿。当旅游团到达该市后，再次被安排在郊区住宿，有旅游者拒绝上车，地接社以安排在郊区并没有违约为由，不接受旅游者的要求。经过长时间的交涉，部分旅游者忍无可忍，拒绝入住饭店，自己在市中心一家三星级饭店开房入住，要求地接社支付房费，地接社没有满足旅游者提出的要求，旅游者拒绝按时返程。

二、法律规定

1. 《消费者权益保护法》第二十六条规定，经营者不得以格式条款、通知、声明、店堂告示等方式，作出排除或者限制消费者权利、减轻或者免除经营者责任、加重消费者责任等对消费者不公平、不合理的规定，不得利用格式条款并借助技术手段强制交易。格式条款、通知、声明、店堂告示等含有前款所列内容的，其内容无效。

2. 《合同法》第三十九条规定，格式条款是当事人为了重复使用而预先拟定，并在订立合同时未与对方协商的条款。

3. 《合同法》第四十条规定，格式条款具有本法第五十二条和第五十三条规定情形的，或者提供格式条款一方免除其责任、加重对方责任、排除对方主要权利的，该条款无效。

三、案例分析

（一）何为格式条款

所谓格式条款，是指当事人为了重复使用而预先拟定并在订立合同时未与对方协商的条款。在旅行社服务中，旅游合同内容中同样存在格式条款。旅行社与旅游者签订的旅游合同中，大致有两种类型：第一，旅游合同和旅游行程都是由旅行社自己制定完成，在此情况下，旅行社提供的旅游合同属于格式条款范畴；第二，旅行社使用的旅游合同由有关管理部门制定，旅游行程由旅行社自己制定，在此情况下，旅游合同属于推荐文本范畴。

通常情况下，旅游行程均由旅行社自己制作，属于格式条款范畴，而且旅行社和旅游者之间权利义务的约定，主要体现在旅游行程中，比如旅游者的吃、住、行、游等服务要素的标准和档次，都在旅游行程中得到最为直接的反映。旅游行程权利义务内容，事先由旅行社设定，一般不能协商调整，尤其是针对散客市场时，如果旅行社随时调整权利义务的约定，散客组团将难以实施，这也是旅行社服务的特点所决定的。旅行社在经营包团服务时，倒是存在旅游者

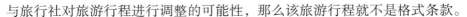

与旅行社对旅游行程进行调整的可能性，那么该旅游行程就不是格式条款。

格式条款的使用本身没有法律障碍，关键的问题是要解决两个问题。问题之一，是权利义务分配的对等。特别是义务分配必须对等，应该考虑双方义务或者责任承担的对等，比如违约责任的承担必须对等，权利的设定也要大致相当，不能把权利赋予旅行社，而把义务强加给旅游者。问题之二，是权利义务的明晰。旅行社服务的特点之一，就是旅行社在收客时，对许多服务供应商的确定基本处于意向状态，旅游者权利义务的确定也存在真空地带，如何使格式条款的内容做到明明白白，是旅行社必须解决的难题。

（二）"全程三星"的约定是否合乎规范

旅游合同对于权利义务的约定，既直接关系到旅行社经营的规范性，也关乎旅行社和旅游者自身合法权益的保护。"全程三星""准三星"或者"相当于三星"的表述，依然是目前旅行社对于饭店约定的主要方式，这样的表述，究竟是否规范，主要是看现有法律法规的规定。

从法律法规的规定看，上述旅行社对于饭店标准的约定存在瑕疵较为明显。按照诚实信用原则，旅行社不仅应当告知旅游者住宿饭店的标准，而且还必须告知该饭店名称及位置，即合同约定的饭店既要有标准，更要有名称。如果饭店尚未取得星级标准，只需要确定饭店名称即可。只有这样的约定才符合上述法律的规定。

我们以"全程三星"的约定为例。"全程三星"的确已经说明，旅游者在旅游服务过程中住宿的饭店为三星级标准，但没有具体标明三星级饭店所在的地理位置，旅行社不论提供市区还是郊区的饭店、新建的饭店还是老旧的饭店，只要该饭店是三星级，似乎旅行社的服务就是按约提供的。但就旅游者的权益而言，住宿在市区或者郊区、新建饭店或者老旧饭店，虽然是同一星级，但旅游者的舒适度和便捷度相去甚远。因此，即使是约定"全程三星"，旅游者权益的实现尚存很大变数，仍然属于权利义务约定不明的范畴。至于所谓的"准三星"或者"相当于三星"的约定，则更是无从谈起，因为这样的表述缺乏科学依据，在星级饭店评定的标准中，没有所谓的"准三星"或者"相当于三星"，而且这样的表述，本身就没有可比性，既不科学，又没有操作性。尽管在实务中，旅游者往往会要求旅行社注明饭店相当于几星级的要求，旅行社也是这样操作的。

（三）格式条款约定不明的处理规定

《合同法》和《旅行社条例》关于格式条款约定不明的规定，基本内容一致。按照法律规定，只要旅游合同的格式条款中，出现了对格式条款的理解发生争议、对格式条款有两种以上解释、格式条款和非格式条款不一致三种情形中的任何一种，都要按照有利于非格式条款提供方的利益做出解释。结合本文案例，站在各自不同的角度，旅行社和旅游者对于住宿饭店的看法，均有其合理性，双方的理解都是对的，但当旅行社和旅游者就三星级饭店的地理位置发生争议时，由于有关住宿标准的格式条款提供者为旅行社，应当做出有利于旅游者的解释。也就是说，旅行社和旅游者为应当在郊区还是在市区三星级饭店住宿发生争议时，只要旅游者提出要求在市区任何一家三星级饭店住宿都不过分，旅游者要求旅行社承担市区三星级饭店的住宿费用合理。

在实务操作中，旅行社总是一厢情愿地认为，合同约定不能过于明确，需要一定的模糊性。如果合同中的权利义务约定过于明确，就意味着旅行社没有闪展腾挪的余地，在服务中处于劣势。通过上述分析可以清楚地看到，格式条款权利义务约定不明，不仅不能维护旅行社的权益，结果可能恰恰相反，一些旅游者利用格式条款的约定不明，临时向旅行社提出要求，旅行社往往难以应对，并且还要为此承担相应损失。过往的事实表明，旅行社的上述观点是错误的，许多旅行社为此付出过沉重的代价。只有旅行社做到明明白白服务，事先清晰明白地约定权利义务，清楚明了地约定在给予旅行社自己约束的同时，也给旅游者维权中所谓的"漫天要价"设置了法律上的障碍，这对于旅行社合法权益也是非常有力且有效的保障。

另外，对于旅游者拒绝返程的行为，无须再作更多的解释和说明。根据法律的规定，旅游者的行为人为扩大了损失，扩大的损失部分，应当由旅游者自己承担。因为归根结底，旅行社的违约和旅游者拒绝返程，不存在因果关系。

041 转团拼团时是否应当明确告知旅行社的名称

一、案例简介

旅游者参加 A 旅行社组织的旅游团，和 A 旅行社签订了书面包价旅游合同。由于 A 旅行社组织的旅游者人数未达到预期，A 旅行社将旅游者转团给 B 旅行社。当旅游者抵达机场时，得知 A 旅行社不再组团，而是将旅游者集体转团给 B 旅行社组织。考虑到已经准备停当，旅游者随 B 旅行社继续行程。行程结束后，旅游者对 A 旅行社转团提出异议。A 旅行社出示了旅游者签字的旅游合同，人数不足时转团的内容已经被纳入合同中。尽管如此，旅游者依然认为 A 旅行社应当事先告知转团的 B 旅行社的名称，A 旅行社认为自己没有违规。

二、法律规定

1. 《旅游法》第六十三条规定，因未达到约定人数不能出团的，组团社经征得旅游者书面同意，可以委托其他旅行社履行合同。组团社对旅游者承担责任，受委托的旅行社对组团社承担责任。旅游者不同意的，可以解除合同。

2. 《旅游法》第六十条规定，旅行社依照本法规定将包价旅游合同中的接待业务委托给地接社履行的，应当在包价旅游合同中载明地接社的基本信息。

三、案例分析

（一）转团拼团的含义

转团，指由于未达到约定成团人数不能出团，旅行社征得旅游者书面同意，在行程开始前将旅游者转至其他旅行社所组的旅游团队履行合同的行为。拼团，指旅行社在保证所承诺的服务内容和标准不变的前提下，在签订合同时经旅游者同意，与其他旅行社招徕的旅游者拼成一个团，统一安排旅游服务的行为。

（二）转团拼团概念的来源

转团拼团是旅行社行业内流行的概念，直接来源于国家旅游局和国家工商行政管理总局联合推荐的旅游合同文本。由于旅行社组织旅游者后，组团社无法按照合同约定为旅游者提供服务，为了确保旅游合同得以继续履行，组团社采取变通的方式，将已经组织的旅游者让位于其他旅行社提供服务。

（三）转团拼团之间存在的异同

两者的相同之处，就是组团社组织了团队后，由于组团人数、经营需要等各种原因，组团社最终将旅游者转给其他组团旅行社，由其他组团社组织旅游者旅游。两者的不同之处，主要是组团社将旅游者转给其他旅行社原因不同。

转团是由于组团社组织的旅游者人数不足，组团社原本的出发点是希望自己组团，但由于人数不足才不得不转团。拼团则是由于组团社在组团时，就准备将自己组团的旅游者转给其他旅行社，组团社自己组团出游的主观意愿并不强。同时，转团的经营行为在上述《旅游法》的规定中得到了肯定，而拼团的经营行为尚未得到法律的明确认可。

（四）转团拼团是否必须注明受让旅行社的名称，法律尚未明确规定

在目前的旅游合同的约定中，仅仅是征求旅游者意见，是否同意被转团拼团。但至于将旅游者转团拼团给哪一家旅行社，组团旅行社没有明确告知旅游者，法律也没有做出强制性的要求。针对上述案例中旅游者的质疑，合理与否，现实中存在不同的理解。

从旅行社角度看，因为法律没有明确规定，必须告知受让旅行社的名称信息，旅行社仅仅征求旅游者是否同意转团就足够。从旅游者角度说，旅游者参团之所以选择 A 旅行社，而不是 B 旅行社，因为旅游者信任 A 旅行社，而对 B 旅行社毫不了解。为了保障旅游者的合法权益，组团社在转团时，理应需要将受让旅行社的名称等信息告知旅游者。

笔者基本同意旅游者的观点。理由有二：第一，旅游者选择 A 旅行社参团，是建立在旅游者对于 A 旅行社了解和信任的基础上，可以说，没有信任就没有选择。第二，旅行社在履行合同义务时，诚实信用原则必须一以贯之。既然要将旅游者转团拼团，旅行社就有明确告知的义务，而不仅仅是就转团拼团本身予以告知。

（五）转团拼团不仅需要告知受让旅行社名称，还必须告知地接社信息

由于转团拼团是旅行社行业的操作习惯，但不是法律意义上的合同转让。转团拼团后并不解除原有旅游合同，而是在原有的合同关系、合同主体不变的基础上，由另外组团社承担相关的服务。因此，作为组团社，有需要转团拼团时，在征得旅游者同意的基础上，不仅仅需要告知受让旅行社的名称，还必须按照规定，详细告知地接社的信息。

042 旅行社转团、拼团性质认定及责任承担

一、案例简介

旅行社和旅游者签订旅游合同后，由于组织的旅游者人数不足以成团，旅行社按照合同约定，将旅游者转团给另外一家旅行社。旅游行程中的服务和约定不一致，旅游者要求组团社承担违约责任，向旅游者支付约定的违约金。组团社认为团队已经转让，和组团社没有关系，旅游者如果有赔偿请求，应当向实际提供服务的旅行社提出。经过一段时间的交涉，旅游者要求赔偿事宜仍然悬而未决，只得向旅游主管部门投诉。

二、法律规定

1. 《合同法》第八十四条规定，债务人将合同的义务全部或者部分转移给第三人的，应当经债权人同意。

2. 《合同法》第六十五条规定，当事人约定由第三人向债权人履行债务的，第三人不履行债务或者履行债务不符合约定，债务人应当向债权人承担违约责任。

三、案例分析

从上一案例有关转团和拼团的定义看，所谓的转团或者拼团，是行业术语，并非法律概念。产生旅行社转团和拼团的原因有所不同，但两者之间存在一些共同特点。组团社和旅游者签订了旅游合同，约定了双方的权利义务，但组团社并不真正为旅游者提供实际的服务，而是将服务义务交由合同之外的第三人，即另外一家组团社组织，但旅游者和旅行社的旅游合同关系依然存在。

对于旅行社的转团和拼团性质认定，既关系到旅游者权利的保护，也关系到旅行社的责任承担，对于旅行社和旅游者双方都具有重要意义。

第一，转团和拼团不属于合同转让范畴。从形式上看，旅行社将为旅游者

提供服务的任务转交给合同之外的第三人，有点类似于合同转让的情形。但按照法律规定，如果转团和拼团属于合同转让的话，在征得旅游者的同意后，旅游者必须和让与旅行社解除旅游合同，并与受让旅行社重新签订书面旅游合同。在旅行社的转团或者拼团中，虽然需要征得旅游者的同意，但旅行社和旅游者签订的旅游合同始终没有解除，所以，旅行社的转团或者拼团，并不属于旅游合同的转让。

第二，转团和拼团的实质就是旅行社和旅游者约定由第三人向旅游者履行债务。不论是转团还是拼团，旅行社首先征得旅游者同意，将为旅游者提供服务的合同义务交由第三人（实际提供服务的旅行社）来履行。简单地说，就是虽然组团社已经和旅游者签订了旅游合同，但在实际操作中全面履行合同义务有一定的困难，于是组团社找了另外一家旅行社作为帮工，帮助组团社来完成合同约定的服务工作。

实际提供服务的旅行社角色较为尴尬，一方面，虽然该旅行社是实际服务提供者，但和旅游者之间不存在合同关系，不具备完整的合同主体地位；另一方面，该旅行社又是实际提供服务的主体，它的一举一动和旅游者及组团社的利益息息相关。

组团社是民事赔偿的第一责任人。虽然有转团或者拼团行为的发生，但在转团或者拼团中，组团社在合同关系中的主体地位没有丝毫改变。既如此，组团社作为第一责任人，应当向旅游者做出赔偿就不难理解了。组团社承担赔偿责任后，可以向实际提供服务的旅行社追偿。

043 旅行社擅自转团赔偿时如何认定旅游费用总额

一、案例简介

旅游者和 A 旅行社签订了包价旅游合同，旅游者按照 A 旅行社的通知，抵达机场后被安排登机，但在登机时提供服务的是 B 旅行社，旅游者向旅行社送机人员提出质疑，送机人员告诉他实际是由 B 旅行社负责提供服务。旅游者觉得旅游服务还可以，但仍然要求 A 旅行社按照《旅行社服务质量赔偿标准》进行赔偿。在具体商谈赔偿事宜时，旅游者认为旅游费用除了在门市交纳的团款外，还应当包括行程中的自费和购物费用。旅行社认为旅游者的要求不合理，因为旅行社不是擅自转团；如果旅游者不接受转团事实，可以解除旅游合同；自费和购物费用也不应当被纳入旅游费用之内。

二、法律规定

1. 《旅游法》第七十条规定，旅行社不履行包价旅游合同义务或者履行合同义务不符合约定的，应当依法承担继续履行、采取补救措施或者赔偿损失等违约责任；造成旅游者人身损害、财产损失的，应当依法承担赔偿责任。

2. 《旅行社服务质量赔偿标准》第五条规定，旅行社未经旅游者同意，擅自将旅游者转团、拼团的，旅行社应向旅游者支付旅游费用总额 25% 的违约金。解除合同的，还应向未随团出行的旅游者全额退还预付旅游费用，向已随团出行的旅游者退还未实际发生的旅游费用。

三、案例分析

（一）旅行社擅自转团行为的认定

旅行社擅自转团，重点在"擅自"，是旅行社的单方行为，而非旅行社和旅游者的双方协商。因此，认定旅行社是否为擅自转团，必须考虑两个因素：第一，只要没有事先和旅游者协商，旅行社单独决定转团；第二，即使是双方事先协商，但未征得旅游者的同意，仍然是旅行社的单方行为。只要符合上述这两个条件，就可以认定为旅行社的行为为擅自转团。至于旅游者知悉旅行社擅自转团的时间节点，并不是问题的关键，旅游者是在出团前、行程中还是行程结束后获悉旅行社的擅自转团，不影响旅行社擅自转团的性质。

（二）旅游者为什么不愿意轻易转团

旅游者选择某家旅行社参团，是出于对该旅行社而不是别家旅行社的认可和信任，也就是说，旅游者选择行为其中包含着信赖利益，不到万不得已，旅游者当然不愿意旅行社转团。同时，旅行社的转团，实质上就是合同义务的让与，按照法律的规定，旅行社的转团必须经过旅游者的同意，是为了确保旅游者权利的不受损害。另外，案例中旅行社认为如果旅游者不愿意，可以解除旅游合同的说法牵强，因为是否要解除合同，主动权在旅游者，不能说旅游者不解除旅游合同，就表示认可旅行社的擅自转团。多数旅游者要参加一次旅游活动，必须事先做很多的准备工作，旅游者不会简单地因为转团就解除旅游合同。

（三）旅游费用总额的构成

所谓旅游费用总额，其实就是我们经常说的旅游团款。旅游费用总额构成之所以重要，主要原因是，按照国家旅游局的赔偿标准，旅行社擅自转团的赔偿额度和旅游费用总额有直接的关系，总额越大，赔偿的额度也就越大。一般来说，旅游者参加旅游团队，整个支出的费用，主要由出团前在门市交纳的旅游费用（团款）、自费项目费用、购物费用和其他费用组成，这些费用是否构成我们所称的旅游费用，需要做具体的分析。

1. 旅游者在门市交纳的旅游费用，包括在门市交纳的自费项目费用，旅行社都出具了收费凭证，当然是旅游费用总额的一部分，旅行社对此应当不会持有不同的观点。

2. 旅游行程中旅游者交纳的自费项目费用，是否为旅游费用总额的一部分，要看具体情况。如果是导游或者领队向旅游者收取了自费项目费用，即使旅行社没有授权导游和领队安排自费项目，不论该导游属于组团社还是地接社，也不论领队是否为组团社委派，导游和领队的行为是职务行为，当然代表了组团旅行社的行为。导游或者领队收取自费项目费用，和在旅行社门市收取的费用性质相同，这样的自费项目费用应当被纳入旅游费用总额中。如果自费项目的费用由旅游者直接向服务单位支付，则不属于旅游费用总额范畴，当然实务中这样的情形较少。

3. 旅游者的购物费用，不论旅游者在购物店的购物支出，还是在超市等场所的购物消费，以及其他费用支出，如果买矿泉水等，由于旅游者和商家直接发生了买卖合同关系，费用直接支付给商家，也不应当被纳入旅游费用总额中。

总之，上述案例中，旅游者认为旅游费用除了在门市交纳的团款外，还应当包括行程中的自费项目费用的要求合理，旅行社应当按照旅游费用总额的25％的标准，向旅游者做出赔偿。

044 旅行社可以设立旅游者黑名单吗

一、案例简介

旅游者参加旅行社组织的台湾游，由于门市服务生和旅游者沟通的问题，旅游者和旅行社发生了较为严重的冲突，旅行社还为此报警。事后，旅游者广发投诉信，要求旅行社给予高额赔偿，并要求上级部门对旅行社及旅游主管部门进行行政处罚和处分。经过多次调解不能达成一致，旅游者一直坚持上访，在旅游者的软磨硬泡下，旅行社违心支付了高昂的赔偿。该事件在旅行社业内引起了很大震动，许多旅行社将该旅游者纳入黑名单中，只要该旅游者来报名，旅行社就会以机位满予以拒绝。旅游者又向旅游主管部门投诉，要求旅行社解除对他的旅游限制。

二、法律规定

1. 《合同法》第六条规定，当事人行使权利、履行义务应当遵循诚实信用原则。

2. 《消费者权益保护法》第十六条规定，经营者向消费者提供商品或者服务，应当恪守社会公德，诚信经营，保障消费者的合法权益；不得设定不公平、不合理的交易条件，不得强制交易。

3. 《旅游法》第十四条规定，旅游者在旅游活动中或者在解决纠纷时，不得损害当地居民的合法权益，不得干扰他人的旅游活动，不得损害旅游经营者和旅游从业人员的合法权益。

三、案例分析

所谓旅游者黑名单，就是指一些旅游者被纳入不受旅行社欢迎的名单之中，这就是所谓的旅游者黑名单。只要这些旅游者到旅行社报名，旅行社就会以各种理由予以委婉拒绝。虽然设立旅游者黑名单的旅行社为极少数，被纳入黑名单的旅游者更是少之又少，但旅游者黑名单作为一种社会现象客观存在。

（一）旅游者和旅行社的法律地位平等

根据《合同法》第三条规定，合同当事人的法律地位平等，一方不得将自己的意志强加给另一方。也就是说，在旅游者参加旅行社组织的旅游活动全过程中，两者之间的法律地位平等。既然如此，旅行社和旅游者双方在经营活动中，相互之间不得强迫对方，旅行社不得强迫旅游者参加旅游活动，同样，旅游者也不能强迫旅行社提供服务。《消费者权益保护法》第四条也有类似的规定。

（二）旅行社是否设立黑名单是企业自主行为

旅行社作为市场经济的主体，如何开展旅游服务，应当由旅行社自主决定，他人不得干预。旅行社从自己的经营需要出发，设立旅游者黑名单，其实也是旅行社内部经营和管理的问题，旅行社当然可以这样做，但旅行社设立黑名单，不得违反法律法规强制性规定，如《消费者权益保护法》就规定，经营者不得设定不公平、不合理的交易条件，旅行社设立黑名单的原因、条件，是否属于设立了不公平、不合理的交易条件，需要论证。如果是，就不可设立，如果不是，旅行社的行为就不违法。同时，即使被旅行社纳入黑名单，旅游者的旅游权利并没有被剥夺，旅游者可以通过其他途径，比如自由行等方式，参与到旅游活动中。

（三）旅行社设立黑名单不得违反下列基本原则

1. 设立黑名单不得具有歧视性质。旅行社不得按照职业、年龄、身体健康程度等情形，分别将老年人、未成年人、教师、残疾人等纳入旅游黑名单中。

2. 旅游主管部门不得因为旅游者维权要求高就发布旅游者黑名单。旅游主管部门要做的是规范企业的经营行为，引导旅游者理性消费和维权。作为行业维权组织的旅游行业协会，可以将旅游者维权要求高的情况在业内通报，但直接发布旅游者黑名单也不合适。

3. 旅行社事后发现，被纳入黑名单的旅游者已经和旅行社达成了旅游协议，除非有充分的理由，不得随意解除旅游合同。否则就涉嫌拒绝旅游合同，拒绝履行旅游合同，不仅仅是擅自解除旅游合同那样简单，不仅要承担违约责任，还可能被追究行政责任。

（四）旅游者被纳入所谓的黑名单，旅游者自己也需要反思

旅行社作为一个企业，会不断开展市场促销，鼓励市民参加自己组织的旅游活动，但为什么对于个别市民会想方设法将之拒之门外。尽管不排除旅行社自身的原因，但可以肯定的是，造成旅行社设立黑名单的主要原因，是由于旅游者的维权行为过于激烈，要价过高，旅行社难以承受，导致旅行社抱着惹不起躲得起的心理，宁可放弃这些旅游者市场。

不可否认的是，在旅游服务纠纷处理中，的确存在极少数旅游者动机不良，行程结束后，总是以各种理由，要求旅行社退还全额团款甚至是几倍于团款的赔偿，又提供不出强有力的损害事实和证据的现象。旅游者借助行政、舆论等社会压力，通过死缠烂打的方式，迫使旅行社同意高额赔偿。事实上，这些旅游者的维权行为违法，从中获得不当得利。如果旅行社设立的黑名单仅仅针对这些旅游者，事出有因，可以理解，也不违反法律强制性规定。

045 旅游行程推迟要求提高机票价格是否合理

一、案例简介

春节前夕，A 旅行社向 B 旅行社订购了出境旅游线路，在 QQ 上确认了参团人数、服务标准、旅游团款等内容，并约定了出团时间。过了几天，B 旅行社告诉 A 旅行社团队必须推迟一天，行程不变。经 A 旅行社和旅游者协商，旅游者表示同意。行程结束后，B 旅行社和 A 旅行社结账，要求 A 旅行社支付的旅游团款从每人 5300 元提高至每人 6500 元，理由是行程推迟后，机票价格上涨了 1000 多元。A 旅行社要求按照原价格支付，B 旅行社坚持提价，双方各执己见，互不相让。

二、法律规定

1.《合同法》第七十七条规定，当事人协商一致，可以变更合同。

2.《合同法》第七十八条规定，当事人对合同变更的内容约定不明确的，推定为未变更。

三、案例分析

（一）合同对双方当事人具有约束力

按照法律规定，合同签订后，对合同双方当事人具有约束力。通常情况下，非经合同当事人协商一致，不得擅自解除合同，或者对合同内容进行改变。不论是旅行社之间签订的合作合同，还是旅行社和旅游者之间签订的包价旅游合同，当事人都必须遵守这样的基本原则。任何一方违反这一原则，都会为此承担违约责任。

（二）合同变更是旅游服务的常态

虽然说合同签订后不得擅自解除或者改变，但合同签订后，并不绝对禁止解除合同和变更合同，在旅游服务的实务中，甚至可以说解除合同和变更合同时有发生，已经成为旅游服务中的常态。在上述案例中，A 旅行社和 B 旅行社就旅游团队合作事宜达成了协议，后经 B 旅行社、A 旅行社及旅游者的三方协商一致，将旅游行程推迟一天，就是合作合同和旅游合同变更的结果。

（三）合同变更应当明确变更的内容

按照法律规定，合同变更就是经过合同双方当事人的协商，对合同内容进行调整，增加或者减少服务项目、提高或者降低服务标准、增加或者减少服务价格、推迟或者提前旅游行程等，均在合同变更的范畴之内。只要双方当事人协商一致，上述内容都可以调整和改变。B 旅行社要求 A 旅行社延期出团，得到了 A 旅行社的响应，表明双方就出团延期 1 天达成了协议。调整或者改变后的合同，相当于合同双方当事人之间重新签订了一份合同，对合同当事人具有同等的约束力。

（四）A 旅行社可以拒绝 B 旅行社提出的增加旅游团款的要求

从上述的案例可以得出结论，B 旅行社和 A 旅行社在协商合同变更时，提出的要求仅仅是行程推迟 1 天，并没有对原有合同中有关服务标准、服务内容和旅游团款做出任何协商，也没有提出要求变更。所以，在变更后的合同中，几乎包含了 B 旅行社和 A 旅行社之间签订的原有合同所有内容，只是将出团日期做出了调整而已。可以这么说，变更后的合同和原有合同相比，仅仅是出团时间有变化，其他均保持不变，包括服务价格的约定也是照旧。同时，《合同法》第七十八条规定，即使 B 旅行社希望对服务价格做出变更，提高服务价格，只要双方没有最后敲定确认，有关服务价格仍然处于约定不明的状态，也

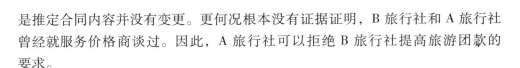

是推定合同内容并没有变更。更何况根本没有证据证明，B 旅行社和 A 旅行社曾经就服务价格商谈过。因此，A 旅行社可以拒绝 B 旅行社提高旅游团款的要求。

（五）旅行社应当增强的两种意识

从许多旅游纠纷看，一些旅行社普遍缺乏两种意识：第一，合同意识。不论是旅行社之间的合作，还是组织旅游者参加旅游团，旅行社在签订合同时，应当将双方的权利义务完整地体现在合同中，并以书面形式固定下来。上述 B 旅行社之所以不能向 A 旅行社提出增加团款的要求，因为没有证据证明增加团款的要求已经达成协议。第二，诚信意识。B 旅行社提出 A 旅行社必须增加团款，A 旅行社不同意，并产生分歧。其原因不外乎要么是 A 旅行社不诚信，要么是 B 旅行社不诚信。假如 B 旅行社事先没有和 A 旅行社达成协议，事后单方要求 A 旅行社增加团款，是 B 旅行社不诚信。如果当时双方达成了增加团款的口头协议，事后 A 旅行社不承认，就是 A 旅行社诚信不够。只要旅行社提高了这两个意识，许多纠纷就不会产生，即使产生了纠纷，解决起来也不需要费太大的周折。

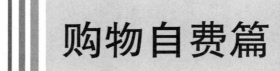

购物自费篇

046 为什么说《旅游法》没有禁止旅游购物和自费

一、案例简介

李先生参加了旅游团后，第一件事情就是到旅游主管部门投诉旅行社。据李先生认为，在旅游行程中，旅行社的服务还不错，但遗憾的是，旅行社安排了三个购物服务，虽然他本人没有购物，但所了解的是，《旅游法》颁布以后，旅行社的服务禁止安排旅游购物了，所以旅游主管部门应当对旅行社进行处罚。经过旅游主管部门反复耐心的解释，李先生不再提出异议。

二、法律规定

1. 《旅游法》第三十五条规定，旅行社组织、接待旅游者，不得指定具体购物场所，不得安排另行付费旅游项目。但是，经双方协商一致或者旅游者要求，且不影响其他旅游者行程安排的除外。

2. 《合同法》第七十七条规定，当事人协商一致，可以变更合同。

三、案例分析

《旅游法》颁布后，由于对于《旅游法》的认识不到位，业界及社会大众在不知不觉中形成了一个错误的概念：旅行社服务不再可以安排旅游购物和自费。事实上，只要研读《旅游法》第三十五条及其相关规定，我们不仅得不出这样的错误结论，相反，只要旅行社严格按照规定操作，旅游购物和自费依然被有条件允许。

（一）《旅游法》禁止购物和自费的范围

《旅游法》所禁止的旅游购物和自费，是指旅行社在组织接待时事先指定的旅游购物和安排自费，也就是说，旅行社在刊登旅游广告时，将旅游购物和自费纳入其中，向旅游者推荐旅游线路；或者旅行社在和旅游者签订旅游合同时，在旅游行程单中指定旅游购物和自费，旅游者要么接受旅游购物和自费，要么放弃在旅行社报名参团。在这两种情况下的旅游购物和自费，的确被《旅游法》所禁止。但纵观《旅游法》及其相关法律法规，并没有绝对禁止旅游购物和自费的法律规定。

（二）旅游购物和自费必须满足的条件

在旅行社的服务中，只要满足以下两个条件，旅行社就可以安排旅游购物和自费；第一，旅行社和旅游者双方协商。不论是旅游购物还是自费，也不论是旅行社还是旅游者首先提出旅游购物和自费，其实质就是双方的协商一致。只要双方协商一致，旅行社和旅游者都可以对旅游合同进行变更。第二，不影响其他旅游者的行程安排。旅行社安排旅游购物和自费时，理想的状态是全团所有旅游者都参加旅游购物和自费。如果是团队中有少数旅游者不愿意参加旅游购物和自费，旅行社及其导游（领队）就必须对这些没有参加旅游购物和自费的旅游者做出妥善的安排。

（三）何时开始旅游购物和自费的协商

何时协商旅游购物和自费，法律对此并没有明确的规定，严格地说，只要双方有合同变更的意愿，旅行社和旅游者随时随地可以对旅游购物和自费进行协商。在旅行社操作的实务中，双方协商的具体时间大致在三个阶段：第一，旅行社和旅游者签订了旅游合同后，双方在协商的基础上，再通过签订另纸书面补充协议的形式，来确认双方有关旅游购物和自费的协商结果。第二，在旅游合同签订后至行程开始前，旅行社也可以和旅游者协商。第三，在旅游行程中，由导游（领队）和旅游者协商，对旅游合同进行变更，安排旅游购物和自费。

（四）旅行社和旅游者协商面临的难题

旅行社和旅游者另行协商安排旅游购物和自费，对于包团而言，应当没有很大的难度，旅行社只要和包团的组织者事先协商，要求安排旅游购物和自费，并不存在很大的问题。而对于散客拼团而言，旅行社的操作就有一定的难度。因为为了保证团队行程更为顺畅，最为理想的结果是，确保全团旅游者都能和旅行社签订旅游购物或者自费的补充协议，否则就有影响其他旅游者行程安排的可能性。同时，对于晚上的自费项目而言，只要旅行社先将不参加自费活动的旅游者送回酒店，然后组织其他旅游者前往自费，应当不存在太大的难度。

047 为什么旅游购物和自费不能纳入旅游行程单中

一、案例简介

张先生准备参加旅游团，到了旅行社的门市才发现，旅行社把旅游购物和自费已经直接纳入旅游行程单中，旅游者无法选择和协商，要参加旅游线路，就必须无条件地接受这样的旅游行程单。张先生向旅游主管部门咨询：按照《旅游法》的规定，旅游购物和自费不可以被旅行社纳入旅游行程单中，旅行社的如此操作模式是否合乎《旅游法》的规定？

二、法律规定

1.《旅游法》第三十五条规定，旅行社组织、接待旅游者，不得指定具体购物场所，不得安排另行付费旅游项目。但是，经双方协商一致或者旅游者要求，且不影响其他旅游者行程安排的除外。

2.《合同法》第三条规定，合同当事人的法律地位平等，一方不得将自己的意志强加给另一方。

三、案例分析

《旅游法》颁布一段时间以来，旅行社组织旅游者旅游活动时，不再有旅游购物和自费服务，经过短暂的调整后，旅行社的操作模式回到了从前。国家旅游局和国家工商行政管理总局发布的推荐旅游合同文本中，对旅游购物和自费做出了严格的规定，具体表现在旅游购物和自费必须以另纸合同的形式出现，而不是被直接纳入旅游行程中。

（一）观点分歧所在

按照《旅游法》第三十五条的规定，在购物和自费项目的服务中，旅行社不能在旅游广告中出现旅游购物和自费内容，如果旅行社这样做，就涉嫌指定购物和自费项目，这个观点没有异议，只有共识。但是，对于旅游购物和自费是否能够直接进入旅游行程单，就存在正反两个不同的观点。

在坚持将旅游购物和自费直接纳入旅游行程单中的人士看来，这样做并没有违反法律规定。因为从理论上说，即使旅行社将旅游购物和自费直接纳入旅游行程单中，在签订旅游合同时，旅游者完全可以和旅行社协商，决定是否参加旅游购物和自费。

上述观点貌似有理，但有一个关键要素被忽略，即旅行社的旅游行程单是格式条款。所谓格式条款，是指当事人为了重复使用而预先拟定并在订立合同时未与对方协商的条款。也就是说，旅游行程单的制定，旅行社事先并没有和旅游者协商，当事人在订立合同时不必协商的格式条款具有不变性、附合性。在订立合同过程中，提供格式条款一方并不与对方就格式条款的内容进行协商，格式条款的内容是不能改变的。

因此，在旅游合同的签订过程中，旅游者要参加旅游团，要么同意格式条款的全部内容，并与旅行社订立合同，或是拒绝接受格式条款的内容，不与旅行社订立合同。不论是何种情况，旅游者都不可能与旅行社协商修改格式条款的内容。而在实务中，很少有案例证明，旅行社提供的旅游行程单被协商改变的，尤其是散客拼团中，旅游行程单一定是不可改变的，否则旅游团无法顺利履行。

（二）法律特别关注旅行社指定旅游购物和自费

由于之前旅游购物和自费已经成为旅游纠纷热点，为社会大众所诟病，《旅游法》特别强调旅行社不可以指定旅游购物和自费项目。纵观《旅游法》全文，对于旅游活动的相关要素，诸如吃、住、游等，都没有做出不可以指定的规定，也就是说，旅行社指定住宿饭店、餐饮服务等，只要得到旅游者的事先确认即可，并不需要由旅行社和旅游者双方的协商，从另一个侧面也说明，为什么《旅游法》特别关注旅游购物和自费，旅游购物和自费项目的安排必须得到充分的协商，以另纸补充协议的形式存在，而不是直接纳入旅游行程单中。

《旅游法》有关旅游购物和自费的规定，印证了"上帝给你关了一扇门，同时又为你开了一扇窗"的古语，只要通过旅行社和旅游者的双方协商，且不影响其他旅游者的行程，旅行社完全可以安排旅游购物和自费，只是在提供旅游购物和自费服务时，增加了一些技术难度而已。

(三) 旅行社必须转型

旅行社对于旅游购物和自费感兴趣仅仅是表，而对于从旅游购物和自费中获得利益才是里。如果旅行社不能从购物和自费中得到回扣等利益，旅行社对于旅游购物和自费也就索然无味了。

对于旅行社而言，最为可怕的是，许多旅行社面对当前日益变化的市场经营环境，似乎没有意识到转型升级的重要性，仍然抱着多年的经营模式和习惯，热衷于通过旅游购物自费获取回扣，维持旅行社的生存。事实上，旅行社面对的难题至少有：互联网的冲击、旅游者旅游方式选择的多元化、中央国八条的规定，影响最小的才是《旅游法》的颁布实施。如果旅行社的经营理念不改变，经营模式不调整，才是旅行社最为致命的软肋。

048 旅游者在行程中购物都应由旅行社负责吗

一、案例简介

傅先生参加旅游团，在旅游景点的一个商场内，对一件玉石工艺品发生兴趣，后经与店主讨价还价后，以5000元成交。返程后交由当地鉴定中心进行鉴定，得出的结论是为普通石头，不是美玉。傅先生把工艺品交给旅行社，要求旅行社退还5000元货款，理由是他参加了旅游团，旅行社就必须为他的购物行为负责，而且《旅游法》也已经做出了明确的规定。傅先生的理解是否正确？提出退还全额购物费用的主张是否有法律的支持？

二、法律规定

1.《旅游法》第三十五条规定，旅行社组织、接待旅游者，不得指定具体购物场所，不得安排另行付费旅游项目。但是，经双方协商一致或者旅游者要求，且不影响其他旅游者行程安排的除外。发生违反前两款规定情形的，旅游者有权在旅游行程结束后三十日内，要求旅行社为其办理退货并先行垫付退货货款，或者退还另行付费旅游项目的费用。

2.《民法通则》第十一条规定，十八周岁以上的公民是成年人，具有完全民事行为能力，可以独立进行民事活动，是完全民事行为能力人。

三、案例分析

（一）旅游者在行程中购物分类

旅游者在旅游行程中是否购物、购物多少，都是旅游者的自由，是旅游者个人判断和选择的结果。在旅游行程中的购物，大致可以分为两类：第一类是经过旅行社和旅游者协商后安排的购物。在这类旅游购物中，如果程序和服务不到位，违反了相关法律规定，旅行社要为此承担民事和行政责任。第二类是旅游者在自由活动或者游览过程的购物活动，这类购物活动和旅行社的安排就没有直接的关系。不能因为随团旅游，也不能因为《旅游法》明确了购物责任，旅游者就要求旅行社承担有关购物的所有的责任。

（二）旅行社安排购物要协商

旅行社安排旅游购物，必须和旅游者协商，并且旅游购物不得被纳入旅游行程中，而是以补充合同形式出现，签订旅游购物合同应当在旅游合同签订完毕之后，到旅游行程结束之前。核心是旅行社和旅游者的协商一致，否则就是强迫购物，就违反了上述《旅游法》的规定。

（三）旅行社安排购物必须诚信

旅行社的诚信，首先体现在安排购物商场必须由合法资质，在工商部门注册备案。其次是旅游商场商品质量达到相关标准，不出售假冒伪商品。再次是商场经营人员不虚假宣传，不误导旅游者购物。至于商品的价格，只要符合明码标价原则，可以由购物商场自行定价，不做强行规定。

（四）旅行社强迫购物的后果

旅行社强迫或者变相强迫旅游者购物，应当承担民事责任和行政责任。从民事责任方面看，只要有强迫购物，旅行社必须无条件退还旅游者的购物费用；从行政责任方面看，由旅游主管部门责令改正，没收违法所得，责令停业整顿，并处三万元以上三十万元以下罚款；违法所得三十万元以上的，并处违法所得一倍以上五倍以下罚款；情节严重的，吊销旅行社业务经营许可证；对直接负责的主管人员和其他直接责任人员，没收违法所得，处二千元以上二万元以下罚款，并暂扣或者吊销导游证、领队证。

（五）旅游者在哪些场合购物和旅行社无关

总的原则是，只要不是旅行社和旅游者协商后安排的购物商场，旅游者的购物和旅行社就没有关系。如旅游者在高速服务区的购物就和旅行社无关，因为服务区的商场并不针对特定的旅游团，而是针对所有途经的乘客；如旅游者在餐馆内或者餐馆附近的商场购物，和旅行社也无关；比如旅游者在景区内的商场购物，和旅行社没有关系；再比如旅游者在旅游目的地的百货公司或者超市购物，和旅行社也没有关系。

在这些购物活动中，由于购物行为完全由旅游者自己主导，并不是《旅游法》第三十五条中所涵盖的旅游购物。只要导游在旅游者购物时不存在误导和欺骗的行为，旅游者认为这些商场的商品价格高，或者质量差，要求旅行社退还购物费用，都缺乏法律依据，即使要求旅行社协助退货，旅行社也可以委婉拒绝。

049 团队中个别旅游者可以不参加自费项目吗

一、案例简介

旅行社组织了 24 名旅游者参加出境旅游，在行前说明会上，旅行社告知大家在境外必须参加自费消费 1000 元，一位老年旅游者提出异议，旅行社告诉他，如果不愿参加也可以。在境外旅游期间，地陪要求每人交纳自费项目，这位老年旅游者拒绝，其他旅游者参加自费项目。在此期间，老人坐在大巴车上等候，驾驶员打开空调，和他聊天。由于其他旅游者参加自费时间长，一个行程内的项目被取消。行程结束后，老年旅游者以强迫消费为由，提出赔偿要求：全额团款退还；书面赔礼道歉；赔偿精神损害等。旅行社认为多数旅游者都同意参加自费，旅游者不得提出赔偿要求。

二、法律规定

1. 《旅游法》第三十五条规定，旅行社组织、接待旅游者，不得指定具体购物场所，不得安排另行付费旅游项目。但是，经双方协商一致或者旅游者要求，且不影响其他旅游者行程安排的除外。

2. 《合同法》第七十七条规定，当事人协商一致，可以变更合同。法律、行政法规规定变更合同应当办理批准、登记等手续的，依照其规定。

三、案例分析

（一）判断旅游购物和自费合法性的标准

按照《旅游法》《合同法》等法律的规定，旅行社安排购物和自费必须满足两个前提：第一，是旅行社和旅游者协商一致，或者由旅游者主动提出需要购物和自费。第二，如果同团有旅游者不愿意参加购物和自费，旅行社应当妥善安排，不影响这些未参加购物和自费旅游者的行程。这两个条件缺一不可，否则就可以认定旅行社安排的购物和自费不符合法律规定。

（二）老年旅游者提出强迫自费，需要由旅行社来举证

当旅游者提出在旅游行程中遭遇强迫购物和自费时，根据《最高人民法院关于适用〈中华人民共和国民事诉讼法〉的解释》第九十一条确立的举证责任分配原则，旅行社必须承担举证责任，来证明安排的购物和自费源自协商一致。而不是按照谁主张谁举证的原则，要求旅游者承担旅行社强迫消费的举证责任。如果旅行社不能举证协商一致，就可以推定旅行社强迫购物和自费。

在上述案例中，如果旅行社有强迫参加自费项目的行为被证实，但老年旅游者最终并没有参加自费项目，虽然旅行社有强迫自费的行为，服务质量也有瑕疵，但并未对该老年旅游者的权益造成实质的损害，老年旅游者不得就所谓的旅行社强迫自费行为要求赔偿。旅行社的赔礼道歉足以弥补旅游者所遭受的不快。因为没有损失就没有赔偿，是纠纷处理的一般原则。

同时，旅行社还需要承担的举证责任是，旅行社已经妥善安排了这位老年旅游者，并没有影响该老年旅游者的行程。即老年旅游者提出旅行社擅自漏游了一个项目，旅行社必须证明没有漏游项目，或者证明虽然有一个项目漏游，但责任不在旅行社，也不是由于安排自费项目时间过长，该项目被迫取消，而是由于某些客观原因所造成。如果旅行社不能提供有说服力的证明，就说明旅

游者投诉旅行社擅自漏游项目的情形客观存在，旅行社就需要承担相应的民事和行政责任。

（三）旅行社认为大多数旅游者愿意参加自费项目，老年旅游者不得提出赔偿要求的观点是错误的

首先，老年旅游者和其他旅游者一样，向旅行社交纳了旅游团款，即使老年旅游者没有直接和旅行社签订旅游合同，或者旅游合同的签订是委托其他人完成的，都不影响老年旅游者和旅行社之间存在的合同关系。其次，旅游合同的本质，就是确定双方的权利义务关系。这些权利义务是私权，受到法律保护，权利的实现和放弃必须由合同当事人自己确定，而不得由他人代为行使，除非得到了权利人的授权。

所以，旅游团队虽然是组织形式，但旅游者各自的权利并不因此消失，或者由某个人来决定他人的旅游权利。旅游团其他旅游者参加自费，并不意味着老年旅游者必须参加自费，也不意味着其他旅游者参加自费，就可以损害未参加自费的老年旅游者的权益。旅游者个人的权利实现，和少数服从多数的民主集中制不能混为一谈。因此，老年旅游者要求赔偿的主张本身合法。

（四）上述案例中老年旅游者主张的赔偿权利以缺乏法律依据的居多

即使老年旅游者投诉内容属实，老年旅游者提出的赔偿主张，除了要求书面赔礼道歉之外，基本上都难以得到满足。在旅游纠纷的处理中，旅游者往往要求全额团款退还、赔偿精神损害等要求。按照民事赔偿补偿性原则的规定，旅行社可以全额补偿旅游者的经济损失，但没有退还全额团款一说，除非旅行社有欺诈行为。同时，违约责任不支持精神损害赔偿也非常明确。

总之，如果老年旅游者投诉内容属实，旅游主管部门必须要求旅行社承担漏游项目的民事和行政责任，并要求旅行社对旅游者在大巴逗留的时间浪费做出补偿。

050 纯玩团就不可以有旅游购物和自费了吗

一、案例简介

某旅行社刊登广告，声称组织纯玩团，行程中不再安排旅游购物活动，也不安排自费项目。章女士交纳了较高的旅游团款，按时参加了该旅游团。在实际的旅游行程中，地陪并没有像组团社广告宣称的那样，仍然向旅游者推荐旅游购物，推荐后效果并不明显，就明确要求每一位旅游者必须参加购物，否则就停止后续的服务。章女士无奈参加了旅游购物，在结束行程后，要求组团社承担违约责任，并按照合同约定承担赔偿责任。

二、法律规定

1.《旅游法》第三十五条规定，旅行社组织、接待旅游者，不得指定具体购物场所，不得安排另行付费旅游项目。但是，经双方协商一致或者旅游者要求，且不影响其他旅游者行程安排的除外。

2.《合同法》第一百零七条规定，当事人一方不履行合同义务或者履行合同义务不符合约定的，应当承担继续履行、采取补救措施或者赔偿损失等违约责任。

三、案例分析

纯玩团是否可以增加购物和自费话题的提出，似乎很是荒谬，既然是纯玩团，就意味着在旅游行程中，除了严格执行旅游合同外，保障旅游者参加景区的游览活动，不再有额外的旅游购物和自费安排。这样的理解是否准确值得探讨。

（一）旅游法律法规没有简单地禁止旅游购物和自费

截至目前，我国的法律法规，包括《旅游法》都没有禁止旅游购物和自费，法律所禁止的是强迫购物和强迫自费。只要通过双方协商，协商的内容没有违反法律强制性规定，都可以进行各项民事活动，当然也包括旅游购物和自费。

（二）旅行社不得在行程中建议增加旅游购物和自费

所谓的纯玩团，首先是在旅行社组织的旅游线路中，没有购物和自费的安排，整个行程以游玩为主；其次，在整个旅游行程中，旅行社不再主动向旅游者提出或者提议，增加旅游购物和自费，因为这是旅行社事先对于旅游者承诺。该承诺在旅行社的广告中和旅游合同中都已体现，旅行社在行程中再向旅游者提议增加购物和自费，就是对自己承诺的违反。这是纯玩团和一般团队有关旅游购物和自费操作最为本质的区别。

（三）旅游者可以向旅行社提出增加购物和自费

旅游购物和自费活动，出资方是旅游者，利益最直接的相关者是旅游者，旅游者可以根据自己的需求参加纯玩团，是对旅行社提供的产品选择的结果，并没有违反法律禁止性规定。虽然参加了纯玩团，但并没有因此约束旅游者选择参加旅游购物和自费的权利，只要旅游者愿意并和旅行社协商，就可以参加购物和自费。

（四）旅行社在旅游者选择购物和自费中的注意事项

首先，旅行社不能误导、诱导甚至是威逼利诱旅游者参加旅游购物和自费，体现旅游者的自主选择权。其次，对于旅游者选择的购物和自费，旅行社必须诚信以待，不能弄虚作假。再次，要确保旅游者的人身财产安全，尤其是自费项目。旅行社不能因为是自费项目，就认为可以拒绝为旅游者提供安全保障。最后，旅行社不能从中收取回扣（这是旅行社最难做到的，也是旅行社愿意组织购物和自费的原动力）。

（五）参加购物和自费必须有双方的书面约定

纯玩团增加旅游购物和自费，本质上仍然是旅游合同变更，旅行社应当与旅游者签订书面的变更合同。在书面合同中要特别强调，旅游购物和自费由旅游者提出，而不是旅行社提出，然后要强调经过双方协商。旅行社在合同中还需要和旅游者约定，旅行社为旅游购物和自费提供服务的必要支出由旅游者承担，并妥善安排没有参加旅游购物和自费的旅游者。

因此，不能简单地说，纯玩团可以有旅游购物和自费，还是绝对禁止旅游购物和自费，而是应当按照法律规定的要求，结合纯玩团的实际，只要旅游者提出需要旅游购物和自费，旅行社就应当妥善合理地安排旅游购物和自费。

051 为什么自费被取消后旅行社仍然需要承担责任

一、案例简介

据媒体报道，《旅游法》实施后，重庆谭先生等参加了旅行社组织的希腊＋德法意瑞 15 日游。他们的旅游合同附件中将"法国塞纳河游船、凡尔赛宫、夜游巴黎等 7 个项目，瑞士琉森湖游船、铁士力雪山等 4 个项目，意大利比萨斜塔、贡多拉游船等 5 个项目，德国莱茵河游船"等共计 17 个项目，约定为本次旅游的另行付费项目。在实际操作中，领队不同意安排谭先生等参加原约定的另行付费项目。行程结束后，谭先生等旅游者提出要求"补游"，这些自费项目的费用包括：往返机票费用（8000 元）、住宿费（1845 元）、餐费（410 元）、签证费（1000 元）、交通费（2460 元）、误工费（870 元）等，合计每人 14585 元。协商破裂后，谭先生向人民法院提起民事诉讼。

二、法律规定

1. 《最高人民法院关于审理旅游纠纷案件适用法律若干问题的规定》第十七条规定，旅游经营者违反合同约定，有擅自改变旅游行程、遗漏旅游景点、减少旅游服务项目、降低旅游服务标准等行为，旅游者请求旅游经营者赔偿未完成约定旅游服务项目等合理费用的，人民法院应予支持。

2. 《合同法》第一百零七条规定，当事人一方不履行合同义务或者履行合同义务不符合约定的，应当承担继续履行、采取补救措施或者赔偿损失等违约责任。

3. 《旅游法》第七十条规定，旅行社不履行包价旅游合同义务或者履行合同义务不符合约定的，应当依法承担继续履行、采取补救措施或者赔偿损失等违约责任；造成旅游者人身损害、财产损失的，应当依法承担赔偿责任。旅行社具备履行条件，经旅游者要求仍拒绝履行合同，造成旅游者人身损害、滞留等严重后果的，旅游者还可以要求旅行社支付旅游费用一倍以上三倍以下的赔偿金。

三、案例分析

（一）纳入合同中的自费项目性质如何认定

所谓自费项目，就是旅游者和旅行社约定交纳旅游服务费用方式的不同，自费项目费用的交纳，一般有两种方式：第一种方式，在旅行社门市签订旅游合同时，就自费项目内容再行约定，费用直接交给组团社，或者约定费用交给地陪，甚至直接交给服务供应商。第二种方式，在旅游行程中，由旅游者和导游领队自行协商约定，自费项目的费用交给导游领队。交纳费用方式的不同，时间的先后，仅仅是交费方式的不同，都不影响自费项目合同的成立和生效。只要有约定，自费项目就不可以随意取消，擅自取消自费项目与擅自取消合同约定的行程，具有同等性质，承担的法律后果也应当相同。

旅游合同是一个较为宽泛的概念，就民事部分来说，只要双方就旅游权利义务达成协议，不论该协议是口头的、书面的、电子数据的还是其他形式的，都是旅游合同的形式。旅游合同书当然是旅游合同，旅游行程单、温馨提示等也是旅游合同的主要组成部分，这些有形可见的合同形式，只要双方签字确认，对双方当事人都有约束力，不得随意违反，更不能随意取消，否则，违约方就要承担违约责任。

因此，在旅游合同的附件中约定了自费项目，只要旅游者和旅行社双方签字确认，或者旅游合同书中明确，旅游附件作为旅游合同的组成部分，或者即使没有双方的签字确认，但是旅行社和旅游者仍然认可，旅游附件是旅游合同的组成部分。在这种情况下，旅游合同附件约定的自费项目，等同于旅游合同本身的约定，旅行社和旅游者都不得违反，即旅行社有义务为旅游者的自费项目提供服务，旅游者也必须按照约定参加自费项目。在上述案件中，旅行社擅自取消自费项目，显然是违反了旅游合同的约定，应当为此承担违约赔偿责任。

（二）旅行社拒绝自费项目的理由是否成立

在历年来旅游投诉和诉讼的受理中，矛盾焦点是旅游购物和自费，是旅游者认为旅游购物和自费过多，或者是被强迫旅游购物和自费。而这次的诉讼焦点，竟然是旅游者为了自费项目被取消而来，这个现象本身就很有意思。故此被媒体称为《旅游法》实施后的旅游第一案。

据报道，旅行社最终拒绝为旅游者提供自费项目服务，主要的原因是，领队认为《旅游法》于2013年10月1日正式实施，国家旅游局已经通知，团队返程时间在10月1日以后的旅游团，均需按《旅游法》的相关规定运作团队。事件发生后，有关旅行社向部分旅游者表示了歉意，承认对《旅游法》的理解有误。

旅行社拒绝为旅游者提供自费项目服务的理由是否成立？上述关于自费项目的性质分析，已经明确旅行社拒绝服务的理由不成立。旅行社之所以会擅自取消自费项目，核心的问题有两点：

第一，旅行社对于自费项目的性质认识有误。在许多旅行社眼里，自费项目并不是旅游合同的组成部分，是处于附属地位，甚至会通过少数服从多数的方式，来决定是否参加合同已经约定的自费项目。似乎是否为自费项目服务，完全由旅行社主导，和旅游者没有关系。这是旅行社认识上的问题。

第二，旅行社对于《旅游法》的误解。《旅游法》颁布以来，一直有一个强烈的声音在媒体反复出现，2013年10月1日以后，旅行社服务不再包括旅游购物和自费服务了。旅行社也是人云亦云，没有认真研究《旅游法》第三十五条的含义。其实，包括《旅游法》在内的所有法律法规，从来没有禁止旅游购物和自费，《旅游法》规范了旅游购物和自费，为购物和自费设置了一些条件而已。旅行社要为没有领会《旅游法》的精髓付出代价。

（三）旅行社应当承担的法律后果

1. 民事责任。旅行社面临的民事责任，主要是对旅游者做出经济赔偿。和这个案例相似的，就是2007年上海基层法院也判决过一个所谓"补游"的纠纷，所不同的是，上海案例中旅行社拒绝的两个景点服务是合同中的常规项目，旅游者现场要求旅行社提供服务被拒绝。诉讼的结果是，旅行社赔偿给旅游者的赔偿总额是2400元，而旅游团款总计是4400元，赔偿额度为总团款的54.55%。

结合我国法律规定，首先，旅行社拒绝提供自费项目的行为属于违约的性质，是毫无疑问的，不需要再争议。其次，旅游者提出的补游也是不合适的，虽然旅游者没有提出补游这个概念，但其赔偿请求等同于补游。再次，《最高人民法院关于审理旅游纠纷案件适用法律若干问题的规定》第十七条明确规定，旅游经营者违反合同约定，旅游者请求旅游经营者赔偿未完成约定旅游服务项目等合理费用的，人民法院应予支持。

关键的问题之一，是法官如何理解"合理费用"，给了法官一个较大的自由裁量空间。国家旅游局的有关规定也参照了这个类似的表述。但无论如何，旅行社的赔偿额度不会低，旅行社原有的门票双倍赔偿的观念肯定不合时宜，法官一方面要考虑到补游的不现实与不可行，另一方面要考虑到旅游者的实际损失，如果再次旅游必须支出的费用，可能会要求旅行社承担的费用包括：来回机票等交通、住宿、门票、餐饮、签证等费用，这个费用以团队游形式计算，而不是散客游形式计算，这些费用应当是被看成是所谓的"合理费用"，但不至于高于旅游者交纳的旅游团款，最后结果当然要等待法院的判决。

关键问题之二，是对《旅游法》第七十条规定的理解。如果法官认为旅行社具备履行条件，经过旅游者请求仍然拒绝，给旅游者造成了滞留（旅游者诉状中提及滞留），赔偿金就会高于旅游者的诉求，原告律师到时候按照该规定变更诉讼请求也难说。当然，笔者不赞同旅游者滞留这个观点。这里所谓滞留，有特定的含义，是指团队行程按照约定应当结束，但由于旅行社的直接原因，导致旅游者不能按时返程。这个才是真正的滞留，该团队不存在这个现象，因此，不是团队的滞留，是服务的瑕疵。

2. 行政责任。在法院判决赔偿的同时，旅游主管部门要根据法律法规的规定，对旅行社服务行为的正当性予以审查，对于旅行社经营中存在的所有违法违规行为予以行政处罚，不论旅游者是否投诉和举报。旅游主管部门审查几个方面的内容：

首先，书面旅游合同是否签订？旅游合同签订是否规范？从报道中可以看出，书面旅游合同显然是签订了，但旅游合同内容是否完备和规范需要得到印证。如果书面旅游合同缺项，不完备，旅游主管部门应当根据《旅行社条例》第五十五条的规定予以行政处罚。

其次，旅游合同的转让是否征得旅游者的书面同意？旅行社转让旅游者，让其他旅行社履行包价旅游合同义务，必须征得旅游者的书面同意。重庆旅行社组团，最终由北京一家旅行社操作，是典型的旅游合同转让。如果没有征得旅游者的书面同意，旅游主管部门必须按照《旅游法》第一百条的规定，对旅行社予以行政处罚。同时如果旅行社没有征得旅游者的同意，擅自转让旅游者，根据国家旅游局《旅行社服务质量赔偿标准》第五条的规定，旅行社未经旅游者同意，擅自将旅游者转团、拼团的，旅行社应向旅游者支付旅游费用总额

25％的违约金。

最后，旅游者反映的擅自取消自费项目是否属实？上文已经论述，擅自取消自费项目属于违约行为，需要承担擅自取消合同约定项目同等的法律责任。如果旅行社擅自取消自费项目行为属实，旅游主管部门必须根据《旅游法》第一百条的规定，对旅行社实施行政处罚。

052 旅行社是否可以组织购物一日游

一、案例简介

一些旅行社向旅游主管部门咨询：由于《旅游法》禁止将旅游购物纳入旅游行程中，旅行社常规组织的购物游线路是否可以再继续进行，旅行社一直是举棋不定，弃之可惜，食之焦虑。希望得到旅游主管部门的明确说法。

二、法律规定

1.《合同法》第四条规定，当事人依法享有自愿订立合同的权利，任何单位和个人不得非法干预。

2.《旅游法》第三十五条规定，旅行社组织、接待旅游者，不得指定具体购物场所，不得安排另行付费旅游项目。但是，经双方协商一致或者旅游者要求，且不影响其他旅游者行程安排的除外。

三、案例分析

（一）购物一日游的内涵

按照字面理解，旅行社安排的所谓购物一日游，旅行社除了为当地市民提供交通服务外，还要为市民提供购物服务甚至是导游服务，总之，旅行社要为市民提供全方位的服务。而按照目前旅行社操作的购物一日游模式，并不是真正意义上的购物一日游，而是旅行社根据自身条件，结合当地市民的需求，为当地市民前往某个购物场所提供相关的服务，和购物游没有直接的关联性。旅行社为当地市民提供定期的交通服务，将当地市民从居住地送到购物商场所在地，至于市民是否购物、购物多少、商品质量、购物纠纷等，都是由市民和商家协商决定，和旅行社没有任何关系。

最为典型的是浙江省旅行社提供的义乌购物一日游、海宁皮革城购物一日游、诸暨的珍珠购物一日游，无不如此，旅行社提供的服务仅仅是交通工具，旅行社和当地市民约定前往购物目的地的时间和地点、返回出发地的时间和地点。因此，旅行社在购物一日游中起到的作用，为当地市民提供来回接送的单项服务。但由于当地市民是冲着购物商场而去，购物目的明确，旅行社的服务为购物商场提供了商机，商场会为旅行社提供一些资金的赞助和奖励。

（二）购物一日游的合同关系

既然是旅行社为当地市民提供交通服务，并不涉及其他，旅行社和当地市民之间形成了较为清晰的单项委托服务合同关系，而不是包价旅游合同关系。因而，旅行社对于当地市民承担的义务和责任就较为简单。

1. 旅行社应当承担的义务。既然旅行社提供的是单项服务，就必须对于单项服务本身进行监控。在所谓购物一日游中，旅行社应当承担的义务，就是对于旅游车和驾驶人员资质的审核，比如对于旅游车的营运资质、年检资质、车辆保险、驾驶员资质等有严格的书面审核，确保旅行社履行安全保障义务。只要做到了这些，旅行社也就大致尽到了义务。同时，旅行社还必须对商场的合法资质进行审查。至于旅行社是否有义务提醒市民谨慎购物等，并不是旅行社的法定义务，为市民做一些适当提醒也未尝不可。

2. 旅行社应当承担的责任。单项委托服务，要求旅行社就单项服务承担责任，即只要旅行社提供的交通工具运行良好，驾驶员严格按照规定开车，不损害市民的权益即可，市民在购物期间的行为及权益受损和旅行社无关。如市民在购物商场的整个行程、购物行为、是否购买了假冒伪劣商品、价格是否合适、市民在购物商场是否有纠纷等，都在旅行社提供的服务范围之外，和旅行社没有关系。只要旅行社按照约定提供并履行了来回交通服务，旅行社的任务即告完成，也就完整履行了合同约定的义务。

（三）旅行社旅游广告的发布注意事项

旅行社在媒体发布所谓购物一日游广告时应当特别慎重，不能随意将这样的活动命名为"购物一日游"。旅行社发布公告时，以提供定期交通工具前往某个目的地的广告为宜。因为旅行社提供的实际服务为单项委托，但如果发布的广告为购物一日游，从广告的直观效果看，旅行社组织的是包价旅游，而不是单项服务。如果是这样，旅行社就必须为市民在所谓的购物一日游整个过程中损害承担责任，只要市民能够证明旅行社提供的车辆、商场的软硬件服务等存在瑕疵或者过失。旅行社就有承担赔偿责任的风险。

总之，旅行社可以组织所谓的购物一日游，但旅行社必须特别注意广告的发布，广告标题必须与其实际提供的服务内容相匹配，才能避免旅行社承担莫名的责任，必须引起旅行社业界的注意。

053 商品质量低劣应当由谁承担举证责任

一、案例简介

李女士参加旅游团，在其他旅游者购物气氛的感染下，也积极加入到旅游购物中，先后购买了金器、玉石等贵重物品。一年后发现所购商品质量低劣，要求旅行社退货，旅行社以时间过长、商品质量没有鉴定为由拒绝。李女士要求旅游主管部门给个说法。

二、法律规定

1. 《消费者权益保护法》第九条规定，消费者享有自主选择商品或者服务的权利。

2. 《民事诉讼法》第六十四条规定，当事人对自己提出的主张，有责任提供证据。

三、案例分析

与旅游商品价格高投诉一样，经常有旅游者为旅游商品质量而投诉。旅游者投诉商家所售商品假冒伪劣，要求旅行社赔偿或者退货。从法律角度看，旅游者要求旅行社退货的行为，事实上是一个很复杂的法律问题。

（一）法律规定不明确

截至目前，我国国家层面的法律法规尚未对旅行社在旅游购物纠纷中承担的角色做出明确定位，也就是说，假如商家出售的商品属于假冒伪劣，旅行社是否应当承担责任、承担多大的责任都没有规定。仅仅因为旅行社带领旅游者前往购物，就把假冒伪劣商品与旅行社联系在一起显失公平，除非旅行社与商家联手欺骗旅游者。有些地方性法规规章却有明确规定，商家出售假冒伪劣商品，旅行社负有先行赔偿或者协助退货的义务。

（二）假冒伪劣需要权威鉴定

一些旅游者经常会说，我的金器或者玉石是经过某专家或者老师傅看过，他们说是假的，所以要求旅行社退货。其实，单凭专业人士个人判断，很难得出权威的结论，这样的证据没有任何法律效力。如果旅游者提出商品的质量有问题，按照"谁主张谁举证"原则，是否为假冒伪劣商品，应当由旅游者提供相应证据，即旅游者提供国家认可的权威鉴定部门的鉴定意见，来证明商品是否属于假冒伪劣，否则就是举证不能，旅游者将承担不利于自己的后果。

（三）旅游者必须保存正规的购买凭证

旅游者购买商品，必须保留相关的购物凭证，以证明该商品的确是从这家而不是另一家商家购买，购物凭证是旅游者和商家买卖合同的重要依据。如果没有购物凭证，只要商家不认可，旅游者要求商家退货的理由就不成立。因此，旅游者要维权，首先必须保留购物凭证，而事实上有许多旅游者对此并不关注，甚至没有向商家索要购物凭证，导致维权时证据不足，在受理投诉中经常遇到此类旅游者，最后只能自认倒霉。

（四）购物凭证必须填写规范

旅游者向商家索要购物凭证，只是保护自身权益的第一步，如果仅仅只有购物凭证，也不能完全解决维权的关键。旅游者不仅需要索要购物凭证，还必须要求商家完整清晰地填写购物凭证。有些商家出示的凭证要么语焉不详，要么含糊其辞，比如只是填写"金器""玉石"，甚至是"工艺品"等。商品名称如此填写，对于旅游者的维权毫无意义，因为只要该商品是金器、玉石，旅游者就不能提出任何异议。所以，商品的品名、品质、等级都应当有详细的文字说明，否则对旅游者不利。

（五）旅行社的注意事项

虽然法律没有规定旅行社的退货义务，但旅行社还是应当做好一些服务工作。同时，既然商家是旅行社和旅游者协商确定，且由旅行社带入商场，旅行社仍然应当承担一定的义务，比如旅行社有选择合法且信誉较好的商家的义务，如果旅行社和商家联手欺骗旅游者，旅行社就不仅仅需要承担退货的责任。旅行社还应当与商家签订书面合同，明确商家的权利义务，约定如果商品质量低下，商家允许旅游者退货，给旅游者造成损失的，还要承担赔偿责任。

054 商品价格高是否可以成为旅游者退货的理由

一、案例简介

王先生到旅游主管部门投诉，要求旅行社帮他把旅游购物商场购买的商品退掉，理由很简单，就是他买了商品后，发现同类商品在别的商场价格更低，他觉得吃亏了。这个商场是旅行社带他去的，旅行社就应当负责。由于和旅行社协商退货不成，就要求旅游主管部门介入，责成旅行社帮助退货。旅游者提出的要求到底是否合理？

二、法律规定

《价格法》第十三条规定，经营者销售、收购商品和提供服务，应当按照政府价格主管部门的规定明码标价，注明商品的品名、产地、规格、等级、计价单位、价格或者服务的项目、收费标准等有关情况。经营者不得在标价之外加价出售商品，不得收取任何未予标明的费用。

三、案例分析

此类投诉常常发生在老年旅游者身上，旅行社有时实在难以摆脱旅游者的纠缠，最后不得不做出妥协。旅行社当然可以灵活处理，但从法律层面说，仅仅因为价格高，要求旅行社帮助退货缺乏依据。

（一）《价格法》的规定

我国价格规范分为三大类，即政府定价、政府指导价和市场调节价，旅游行业价格属于市场调节价范畴，旅游企业可以根据自身经营需要和市场需求，自主决定服务价格，例如旅行社线路的价格、饭店客房价格、餐饮价格、旅游商品价格等，都实行市场调节价。所以，只要是市场调节价的商品，即使在同一城市，同类商品的价格无法整齐划一，必定有高低之分，这本身属于正常现象。

（二）价格主管部门监管商场制定价格的行为，但不针对价格高低本身

商家制定商品价格，做到明码标价，将商品的相关信息，包括商品的品名、产地、规格、等级、计价单位、价格或者服务的项目、收费标准等有关情况事先明确告知旅游者，由旅游者自主决定是否购买商品、自助选择商品，商家就不存在过错。至于商品价格的多与少，高或者低，都由商家自己根据经营需要自行确定，是完全的企业经营行为。同时，这是一个物质相对丰富的买方市场，商家会根据市场需求确定价格。如果商家不明码标价，其行为就违反了相关的法律，应当由价格主管部门进行查处。

（三）商家不可以强迫旅游者购物

旅游购物的实质，就是旅游者和商家之间形成了买卖合同关系，经过旅游者和商家的协商和谈判，最后由旅游者决定是否购买商品、购买多少商品。这些行为都是旅游者和商家的自觉自愿行为，符合法律规定，其买卖行为受法律保护。如果商家强迫旅游者购物，则另当别论，商家不仅要退还旅游者的购物款项，赔偿旅游者的经济损失，并要受到相关部门的行政处罚。

（四）旅游者要为自己的买卖行为负责

旅游者作为完全民事行为能力人，要为自己的行为负责任，包括旅游行程中的购物行为和其他消费行为。旅游者是否购买商品是出于旅游者的自我判断，既不能因为别的旅游者购买了商品，自己就跃跃欲试，冲动购物，也不能因为看到别的商场有同类商品，且价格较低，就要求退货。商品是否真的属于同类、旅游者的比较是否科学、两个商家的经营成本是否相同等问题，都不是能够简单类比的。即使两个商家可以做类比，商品的价格也未必应当千篇一律。旅游者以价格不一为由要求退货，与法律有关民事行为能力的规定不相吻合。

（五）旅行社是否应当协助退货

旅行社带旅游者购物，是基于旅游合同的约定或者旅游合同的变更，是旅

行社和旅游者协商一致的产物。如果商家经营资质齐全、没有强迫旅游者购物、没有价格欺诈，旅游者和商家之间的买卖合同和旅行社无关。在此前提下，我们认为，仅仅是因为旅游者觉得价格高，旅行社没有帮助旅游者退货的义务，因为旅游者要求退货的理由不充分。当然，商家诚信经营、规范经营是减少购物纠纷发生的一个关键所在。

055 旅游者认为强迫消费，为什么需要旅行社承担举证责任

一、案例简介

张先生参加了某旅行社组织的出境旅游团，行程结束后立即到旅游主管部门投诉旅行社强迫自费。旅游主管部门要求旅行社提供证据，证明强迫自费不存在，否则将承担民事责任。旅行社积极配合旅游主管部门调查核实的同时提出疑问，按照"谁主张谁举证"原则，既然旅游者提出强迫自费的主张，为什么不是旅游者而是旅行社需要证明没有强迫自费的举证责任呢？

二、法律规定

1.《合同法》第八条规定，依法成立的合同，对当事人具有法律约束力。当事人应当按照约定履行自己的义务，不得擅自变更或者解除合同。依法成立的合同，受法律保护。

2.《合同法》第七十七条规定，当事人协商一致，可以变更合同。

3.《最高人民法院关于民事诉讼证据的若干规定》第五条规定，在合同纠纷案件中，主张合同关系成立并生效的一方当事人对合同订立和生效的事实承担举证责任；主张合同关系变更、解除、终止、撤销的一方当事人对引起合同关系变动的事实承担举证责任。

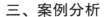

三、案例分析

在民事纠纷处理中，"谁主张谁举证"是人人皆知的原则，在旅游纠纷的处理中也不例外。通常情况下，旅游者向旅游主管部门投诉，如旅行社降低服务标准等，要求旅行社承担赔偿责任，旅游者需要向旅游主管部门提供相应证据，否则旅游者承担不利后果，该投诉主张难以得到支持。但在一些特殊情况下，旅游者提出投诉请求后，并不需要提供强有力的证据，而证明责任反而要由旅行社承担，有点类似于举证责任倒置，上述案例出现的情况即为一例。举证责任如此分配，依据何在？如此分配举证责任，是否对旅行社不公平？

（一）自费项目的性质

旅游行程中增加自费项目，不外乎两种方式，一种是经过旅行社和旅游者双方协商，对原有旅游合同做出变更，即对原旅游合同中约定的服务内容做出调整，这种方式是法律所许可的。另一种方式，旅行社强迫或者变相强迫旅游者参加自费项目，这种方式被法律所禁止。不论是何种方式，结果都是原旅游合同的约定和实际服务内容不一致，协商一致的为合同变更，另一种情形就是强迫消费。

按照《旅游法》《合同法》等相关规定，旅游合同一经签订，旅行社和旅游者双方当事人必须严格合同约定，履行各自的义务、实现各自的权利，合同内容需要做出变更和调整的，必须经过双方的协商一致。旅游行程中增加或者减少的服务项目，都应当在双方当事人协商一致的基础上进行，否则擅自变更或者调整的一方将承担法律责任。

（二）举证责任的承担

张先生提出旅行社强迫旅游者自费的主张，就是强调参加自费项目是旅行社的擅自行为，而不是双方协商一致的结果，该行为不是对旅游合同内容的变更；而旅行社则认为，旅游者参加自费项目，出于旅游者和旅行社协商，是旅游合同内容的变更，并不是旅行社强迫的结果。

因此，这里就涉及举证责任承担的问题。究竟是由旅行社来承担举证责任，还是由旅游者来承担举证责任，关系到各自权利的保护。对照上述法律规定，既然旅行社认为旅游者参加自费项目是处于双方协商一致的结果，实质上就是旅行社主张旅游合同关系变更，旅行社对引起旅游合同关系变动的事实承担举证责任，而不是由旅游者来举证旅行社强迫自费行为。虽然该主张是旅游者提出的，假如旅行社不能提供证明自费项目是协商一致的结果，就推定旅行社强迫旅游者参加自费项目，旅行社就必须退还旅游者交纳的自费项目的费用，并承担相关行政责任。

（三）旅行社如何做好举证工作

既然强迫消费的举证责任应当由旅行社来承担，旅行社在日常操作中，就必须做好以下工作。首先，旅行社要强化合同意识。对从业人员，尤其是对导游领队人员进行教育培训，将遵守合同约定意识灌输于旅游服务全过程，防止随意变更合同行为的发生。其次，旅行社要强化证据意识。如果旅游行程需要做出调整，旅行社要事先征得旅游者的书面同意，而不是口头同意，很多反面案例告诉我们，口头约定同意的最后结果是旅行社赔钱，因为仅仅有口头约定，旅行社的举证将十分困难。如果不能得到旅游者的书面同意，旅游合同就不能变更，旅行社必须严格按照合同约定提供服务，否则一旦产生纠纷，旅行社难逃责任。

056 旅行社取消购物项目责任承担分析

一、案例简介

旅游者参加旅行社组织的欧洲游，按照合同约定，整个旅游行程中只安排了在巴黎"老佛爷"商店购物。由于安排自费项目、交通堵塞等原因，导致"老佛爷"商店购物项目被取消，旅游者原有的购物计划落空，就要求旅行社承担违约责任，并承担由于没有购物带来的各种综合损失。旅行社愿意按照合同的约定，承担总团款5%的违约金，对于旅游者所谓的其他综合损失不予赔偿。旅游者向旅游主管部门投诉，继续其赔偿主张。

二、法律规定

1.《合同法》第一百一十三条规定，当事人一方不履行合同义务或者履行合同义务不符合约定，给对方造成损失的，损失赔偿额应当相当于因违约所造成的损失，包括合同履行后可以获得的利益，但不得超过违反合同一方订立合同时预见到或者应当预见到的因违反合同可能造成的损失。

2.《合同法》第一百一十四条规定，约定的违约金低于造成的损失的，当事人可以请求人民法院或者仲裁机构予以增加；约定的违约金过分高于造成的损失的，当事人可以请求人民法院或者仲裁机构予以适当减少。当事人就迟延履行约定违约金的，违约方支付违约金后，还应当履行债务。

三、案例分析

（一）投诉购物项目被取消的很罕见

在历年的旅游投诉中，大多数离不开购物自费两方面的内容。旅游者基本会抱怨旅行社强迫或者变相强迫旅游者购物自费，或者是抱怨购物自费过多，在行程汇总能够不参加购物自费或者少参加购物自费，是绝大多数旅游者的愿望。上述案例的特殊性在于，巴黎"老佛爷"名声在外，对中国旅游者有较大的吸引力，旅游者在该商店购物，已经成为欧洲游的惯例，旅游者出团前对此就有期待。

（二）旅行社取消购物项目属于违约

经过双方协商而确定的购物商店，是旅游合同的组成部分，是旅行社为旅游者提供的服务项目之一。在正常情况下，旅行社应当按照合同约定提供购物服务，把旅游者带到约定旅游商店，除非发生了不可抗力等特殊情况，或者经过双方协商一致，可以改变或者取消旅游购物项目。所以，由于旅行社安排自费项目等原因，导致购物项目被取消，旅行社应当承担违约责任，并按照违约金的约定，向旅游者赔偿总团款5%的违约金。

（三）旅游者要求赔偿损失必须承担举证责任

从案例介绍看，5%违约金的赔偿，无法满足旅游者的要求，因为旅游者的期望是旅行社赔偿综合损失。站在旅游者的角度，可以理解赔偿要求，毕竟购物是旅游计划中重要的一环，但根据谁主张谁举证的原则，旅游者应当提出综合损失的具体数额，而且提供具体的事实和依据。这对旅游者来说是不可能做到的事情。因此，在纠纷处理中，即使旅游者有权益损失，但只要旅游者不能举证具体化的损失，旅游者要求赔偿的主张就难以得到支持。

（四）在上述案例中旅游者无法举证损失的存在

按照法律规定，旅游者能够主张的赔偿权利，必须是旅行社给旅游者造成的直接经济损失。在案例中，旅游者购物项目被取消，导致旅游者购物计划落空，虽然旅行社违约，但可以肯定的是，没有旅游购物，旅游者的权益损失很难计算。所以，旅行社这个违约行为，并没有给旅游者造成直接的经济损失，旅游者要求赔偿经济损失没有依据。当然，旅游者主张的所谓综合损失，也和法律上所说的直接经济损失没有关联性，也很难得到法律的支持。

（五）旅行社是否需要给予旅游者补偿

结论是不需要再给予旅游者经济补偿。因为旅游合同已经对擅自取消旅游服务项目做出了违约金的约定，旅行社只需要向旅游者赔偿违约金，这样既可以弥补旅游者的损失，也可以给旅行社教训。按照法律规定，如果违约金过低，不足以弥补旅游者的损失，旅游者可以向仲裁机构或者法院主张提高违约金数量。但关键的问题是，旅行社支付违约金后，旅游者又无法举证综合损失的具体数额，也就无法证明损失高于违约金。在这种情况下，旅行社就不需要再承担额外的赔偿责任，也无须再向旅游者做出补偿。

057 旅行社需要为旅游者自费项目
伤害担责吗

一、案例简介

旅游者胡女士参加旅行社组织的旅游团，在旅游目的地，导游向旅游者推荐自费项目，其中自费骑马项目得到了许多旅游者的青睐。在推荐该自费项目时，导游建议 60 岁以上的旅游者不要参加。虽然胡女士已经超过 60 岁，但胡女士兴致不减，积极要求参加。在尝试骑马过程中马受惊，未成年马童未能及时妥善处理，致使胡女士跌落马下受伤。胡女士被及时送医治疗，马场承担了大部分费用。胡女士返程后继续治疗，要求组团社承担医疗费用。组团社以骑马为自费项目为由拒绝赔偿，被胡女士投诉至旅游主管部门。

二、法律规定

1.《消费者权益保护法》第十八条规定，经营者应当保证其提供的商品或者服务符合保障人身、财产安全的要求。对可能危及人身、财产安全的商品和服务，应当向消费者作出真实的说明和明确的警示，并说明和标明正确使用商品或者接受服务的方法以及防止危害发生的方法。

2.《旅游法》第七十条规定，由于旅游者自身原因导致包价旅游合同不能履行或者不能按照约定履行，或者造成旅游者人身损害、财产损失的，旅行社不承担责任。

三、案例分析

（一）自费项目的性质

在团队旅游服务中，自费项目是经常被提及的一个话题。自费项目本身不存在好与坏的问题，只要是旅行社和旅游者双方协商一致的自费项目，就是合法的服务项目，反之则违法。显然，自费项目合法与否的前提，是自费项目是否经由旅行社和旅游者的协商一致。因此，凡是经由协商的自费项目，就是对原有旅游合同内容的变更，是在原合同的基础上增加了几个服务项目而已。当然，自费项目必须符合我国法律和道德要求，否则即使双方自愿协商，组织者和参与者也可能受到法律的制裁。

（二）自费项目的收费模式

自费项目的收费方式和收费时间，和原合同服务项目的收费略有不同。按照规范的操作方式，自费项目的收费时间主要集中在两个阶段，第一个阶段是门市报名的时候，旅行社签订旅游合同且收取旅游团款后，再向旅游者推荐自费项目，由旅游者自愿选择，并支付费用（当然，在实务操作中，不少旅行社是将自费项目纳入正常项目中，直接成为旅游合同的一部分，自费项目费用的收取并不分开）。第二个阶段是在旅游行程中，经旅行社和旅游者双方协商一致，同意后由全陪、地陪或者领队代为收取。

（三）自费项目和原合同服务项目的地位没有本质的区别

虽然自费项目的收费模式和合同内服务项目有所不同，这是自费项目和原合同服务项目唯一的区别，但收费方式和收费时间的不同并不能改变自费项目的性质。只要是协商一致的自费项目，和原合同服务项目具有同等的地位，也是变更后旅游合同的重要组成部分。因此，自费项目应当被视为旅游合同中的服务项目，并不因为是自费与否，就改变了自费项目的性质和地位，旅行社对于旅游者参加自费项目负有同等的合同义务和安保义务。

（四）安保义务仍然是旅行社及其履行辅助人的法定义务

安全保障义务是法律赋予旅行社的法定义务，该法定义务首先保证旅行社提供的旅游产品和线路必须安全。自费骑马项目有人力不可控的因素存在，是一个存在一定安全隐患的服务项目，旅行社推荐骑马自费项目时，必须对产品的安全性有更为严格的评估，确保自费项目安全性在可靠的掌控范围内。案例中未成年马童提供服务，使得安全隐患更为突出和明显，说明案例中的骑马项目不够安全。

（五）胡女士本人也应当承担一定的责任

作为成年人的胡女士，明知自己年纪已大，且在旅行社提醒不要参加该自费项目时，仍然坚持参加骑马的自费项目，虽然跌落马下受伤首先是自费项目的产品和服务存在问题，但胡女士在选择自费项目时的过于自信和任性，也是造成该伤害的原因之一。假如胡女士听取了旅行社的建议，没有选择骑马的自费项目，结果如何不言自明。得出如此结论，并不是要指责胡女士，而只是想说明，虽然每一个人都有言行自由，但每一个人要为自己的行为负责，也要承担不利于自己的后果。

总之，在上述纠纷的处理中，旅行社要为履行辅助人的行为负责，也就是为马场提供的服务负责，只要马场服务不合乎规范，组团社就必须为此承担责任。因此，组团社应当为此承担主要责任，事后是否追究马场，决定权在组团社。同时，胡女士也应当承担次要责任，因为旅行社的提醒未被胡女士采纳，是导致胡女士伤害的另一个原因。

058 旅游者无条件退货真的无条件吗

一、案例简介

王小姐向旅游主管部门投诉，反映旅行社不信守承诺，在合理期限内不为她办理退货手续。经过了解，王小姐的确要求旅行社帮助其退货，因为购物商场可六个月无条件退货，但王小姐的商品磨损较为严重，无法退货。所以，商

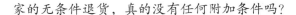

家的无条件退货，真的没有任何附加条件吗？

二、法律规定

1.《合同法》第六条规定，当事人行使权利、履行义务应当遵循诚实信用原则。

2.《民事诉讼法》第十三条规定，当事人有权在法律规定的范围内处分自己的民事权利和诉讼权利。

三、案例分析

（一）无条件退货的含义

所谓无条件退货，并不是法律规定，而是一些商家为了吸引旅游者前来购物的促销手段，如香港地区等，针对团队旅游者做出的特别承诺。只要在一定期限内，只要旅游者对所购商品不满意，就可以"无条件"退货。旅游购物无条件退货，是商家对旅游者的承诺，表明对所售商品品质的自信，其出发点是鼓励旅游者大胆放心购物，而不是真的希望旅游者反复退货。所以，无条件退货是商家一种态度、一种保证、一种促销手段、一种营销策略。而这些所谓无条件退货，并不是真的绝对无条件，旅游者需要退货，仍然需要办理相关手续。

（二）无条件退货并不是绝对无条件

旅游者要退还所购的商品并不是人们想象的那样简单，可以不附带任何条件，随意要求商家退货。商家所说的无条件是相对的，不是绝对的，要退货当然还是有条件。以香港团队旅游为例，所谓的无条件退货，至少还需要满足以下几个条件，旅游者才能顺利退货：

1. 旅游者必须在一定的期限内提出退货。商家承诺六个月内可以无条件退货，本质上是商家提出的附条件合同，只有满足这个条件，商家的承诺才可以兑现。因此，旅游者如果对所购商品不满意，必须在购买之日起六个月内提出退货的请求，超过期限的，商家概不受理。如果旅游者坚持提出退货，商家受理，实际上就是损害了商家的正当利益。

2. 旅游者必须确保商品不影响第二次销售。也就是说，旅游者不能损害所购商品的质量，例如商品没有被磨损等，如果商品被旅游者消耗或者损坏，就不能提出退货要求。同时，商家还要求商品外包装完好无损，这也是不影响第二次销售的组成部分。因为商家不可能为旅游者的行为埋单，旅游者所退商品，商家还会用于出售。

3. 旅游者必须提供购货凭证。购货凭证是旅游者与商家存在买卖合同关系的重要凭证，所购商品本身并不能说明与特定的商家有合同关系。因此，旅游者必须提供所购商品的购物凭证，证明该商品出自这个商家，否则商家也不会受理。这就要求旅游者在购物时，一定要向商家索要购物凭证，为日后商品维修和维权做好基础性的工作。

4. 可能还涉及一些费用。旅游者要退货，可能会相应产生一些费用。如果旅游者通过刷卡购物，由于有刷卡手续费的产生，商家就会要求旅游者来承担；如果商品有损耗，商家就会要求旅游者承担一定额度的损耗费等。只要商家合情合理地提出，旅游者就不能拒绝。

（三）旅游者应善意地利用退货规则

旅游者在慎重购物，尤其是慎重选购贵重物品的同时，要善意地利用无条件退货的规定，而不能利用规则钻空子。如妥善保管和使用所购商品，属于自己使用不当造成的损失，不能要求商家退货；超过期限的商品也不能退货等。旅游者自身有过错或者疏忽，达不到无条件退货的条件而强行要求退货，就属于非善意。

（四）导游领队必须履行职责

除了旅游行前会的说明外，在带领旅游者参加购物时，导游领队有义务告诉旅游者无条件购物的要求，不能简单地告诉旅游者，在香港等地购物不满意就可以无条件退货，而是要向旅游者解释退货的条件。如果没有详尽地做出说明，就有误导旅游者购物之嫌。

059 为什么旅行社举证以书面形式最为合适

一、案例简介

林先生全家参加了旅行社组织的出境旅游，在旅游行程中的服务总体还可以，唯独导游不断地向他们推荐自费项目，要求他们必须参加每人1000元的自费项目，这让李先生很反感。虽然最后每人只参加了500元的自费项目，但并非出自李先生等人的意愿，回到家里后，李先生还是向旅游主管部门投诉，要求旅行社退还自费项目的费用。旅行社回应说，林先生并没有反对参加自费，要求退款依据不足，林先生要求旅行社出示他同意参加自费项目的证据，旅行社说只有口头协议。

二、法律规定

1. 《合同法》第七十七条规定，当事人协商一致，可以变更合同。

2. 《旅游法》第三十五条规定，旅行社组织、接待旅游者，不得指定具体购物场所，不得安排另行付费旅游项目。但是，经双方协商一致或者旅游者要求，且不影响其他旅游者行程安排的除外。

3. 《最高人民法院关于民事诉讼证据的若干规定》第五条规定，在合同纠纷案件中，主张合同关系成立并生效的一方当事人对合同订立和生效的事实承担举证责任；主张合同关系变更、解除、终止、撤销的一方当事人对引起合同关系变动的事实承担举证责任。

三、案例分析

（一）协商与否成为核心

自费项目的增加、购物店的增加，或者其他服务项目的增减，这是旅行社服务中经常出现的现象，不能简单地说这种现象好还是不好，对还是不对，关键要看旅游行程和服务变动的程序是否合法，提出变动的一方是否诚信。只要是旅行社和旅游者双方协商一致，旅游合同变更就符合法律规定，应当受到法律的保护。相反，如果不经双方协商，是旅行社或者旅游者单方行为，属于擅自行为，就不符合法律规定，擅自变动的一方应当对产生的后果承担责任。

（二）协商一致的表现形式

按照《合同法》的一般规定，签订合同、合同变更的形式既可以是书面形式，也可以是口头形式和其他形式，《旅游法》仅仅要求包价旅游合同是书面形式。因此，从理论上说，旅行社和旅游者就自费项目、购物等达成新的协议，可以根据需求，采用书面形式或者口头形式，并不是说书面形式是唯一的形式。我们认为旅行社增加自费和购物时，采用书面形式最为合适，主要是因为旅游者就增加自费和购物投诉后，如果不是书面形式，旅行社举证会很困难，面临不利后果。

（三）是否擅自增加自费项目的举证方为旅行社

按照《最高人民法院关于民事诉讼证据的若干规定》第五条的规定，当旅游者提出旅行社擅自增加自费项目，强迫旅游者消费时，举证责任方是旅行社。旅行社提供证据证明，增加自费项目是出自双方的协商，而不是旅行社的擅自行为。如果旅行社不能充分证明增加自费项目是协商一致的结果，就可以反推旅行社强迫旅游者参加自费项目。这样的结果是旅行社难以承受的：全额退还旅游者交纳的自费项目费用；违法的旅行社接受旅游主管部门的行政处罚。

（四）为什么说书面形式最合适

书面形式最适合作为证据，证明旅行社增加自费项目、购物店，或者增加服务项目，是经与旅游者协商的，不是旅行社的单方擅自行为，最主要的原因是，书面证据的有形性可以直接呈现出来。而不像口头那样，一方当事人不承认有过协商，另一方当事人就无计可施，这是我们旅行社服务纠纷处理时常看到的一幕。所以，为了确保旅游投诉处理的效率，尤其是为了保障合同当事人双方的合法权益，当旅游服务项目有变动时，应当采用书面形式，固定旅行社和旅游者协商的结果，而不仅仅是靠口头的君子协定。

（五）纸质书面形式最为简便高效

毫无疑问，纸质形式是传统的书面形式，但随着科技的进步，书面形式的外延和内涵都有了质的飞跃。现在所谓的书面形式，不仅包含纸质的书面形式，还包含了以电子合同为代表的电子数据形式，如录音、录像等形式。从处理纠纷便捷高效性看，纸质形式仍然是最为直观高效的形式，比电子合同、录像、录音仍然具有较多的优势，采用电子数据形式，需要一定的时间和精力来解决实名论证的问题。因此，选择纸质形式，对于处理纠纷，仍然是最为优选的方式之一。

060 如何全面准确理解《旅游法》第三十五条规定

一、案例简介

《旅游法》颁布以来，旅行社对于第三十五条多持批评和抵触的态度，甚至认为该法条的实施，将导致旅行社出现无购物、无自费和无小费的"三无产品"。不断有旅行社向旅游主管部门请示，希望能够对《旅游法》第三十五条给予明确解释，制定操作规程和办法，以便旅行社在组接团中贯彻《旅游法》的规定，防止出现误解，给旅行社权益造成损害。

二、法律规定

1. 《旅游法》第三十五条规定，旅行社不得以不合理的低价组织旅游活动，诱骗旅游者，并通过安排购物或者另行付费旅游项目获取回扣等不正当利益。

旅行社组织、接待旅游者，不得指定具体购物场所，不得安排另行付费旅游项目。但是，经双方协商一致或者旅游者要求，且不影响其他旅游者行程安排的除外。

发生违反前两款规定情形的，旅游者有权在旅游行程结束后三十日内，要求旅行社为其办理退货并先行垫付退货货款，或者退还另行付费旅游项目的费用。

2. 《合同法》第六条规定，当事人行使权利、履行义务应当遵循诚实信用原则。

三、案例分析

（一）本法条的核心要求

对本法条的理解和解释，有各种不同的意见和声音，但有一点是共同的，即本条的核心，是禁止旅行社低价竞争的经营模式继续蔓延。

1. 旅行社不得组织低价团。除了本法条，《旅行社条例》对此早有类似的规定，每年的市场秩序整治低价也是首当其冲，本法条的规定无非是重申而已。旅行社应当诚信服务和收费，采取诱骗旅游者参团的方式总是错的。只要有低价的理由，能够为低价找到合理的解释，如低价的尾单，即是所谓合理的低价，而不是简单的恶意低价竞争，法律并没有禁止。

2. 如何认定不合理的低价。有旅行社质疑，既然法律规定有不合理的低价，也就意味着有合理的低价。那么，什么是合理的低价就成了不能回避的话题。事实上，合理的低价不仅存在，而且合法。以旅行社组织火车专列为例加以说明。旅行社组织千人的火车专列，经过测算，只要向前600名旅游者每人收取4000元，旅行社就可以全额收回专列成本，从第601名旅游者开始，旅行社就可以赚取利润。所以，从第601名旅游者开始，即使收取的团费每人只有2000元，甚至最后的20名旅游者每人只收取了50元团款，这样的低价收费仍然合理，就是所谓的合理的低价。因此，旅行社的收费是否合理、是否属于合理的低价，主要是旅行社组团定价时是否善意，看该产品整体是否给旅行社带来直接的利润，而不是看单个收费的高低。符合这样的条件，就是合理的低价，否则就是不合理的低价。

3. 回扣违法。回扣违法毫无异议。按照《反不正当竞争法》第八条的规定，经营者不得采用财物或者其他手段进行贿赂以销售或者购买商品。在账外暗中给予对方单位或者个人回扣的，以行贿论处；对方单位或者个人在账外暗中收受回扣的，以受贿论处。从该法条的规定不难看出，只要符合账外暗中的条件，给予回扣的一方就涉嫌行贿，接受回扣的一方就是受贿。具体而言，购物商场、自费景点给予旅行社、导游领队、司机的好处费、人头费、辛苦费等，由于属于账外暗中进行的范畴，就是回扣，应当予以打击。

4. 旅行社组织接待旅游者不得指定购物和自费。《旅行社条例》规定，如果行程中有购物和自费项目，旅行社应当在旅游合同中事先告知，并对购物时间和商场名称做出约定；对于自费项目要由旅游者事先选择。在此基础上，《旅游法》则明确，旅行社组织、接待时不能安排购物和自费，这是《旅游法》对《旅行社条例》相关规定的重大调整，应当以《旅游法》的规定为准。

5. 安排旅游购物和自费的条件。尽管《旅游法》规定旅行社组织接待不能指定安排购物和自费，但仍然给旅行社留下了两个活口，在一定条件下，旅游者的购物和自费依然可以实施：经过旅行社和旅游者协商，仍然可以组织旅游者购物和自费；旅游者主动提出要购物和自费，经与旅行社协商，也可以组织旅游者购物和自费。但这样的安排不能影响其他旅游者的权益，如团队中绝大部分旅游者愿意购物和自费，只有极少数旅游者不愿意，旅行社必须妥善安排，不能把不参加购物自费的旅游者晾在一边。如果发生这样的情况，就属于影响其他旅游者行程安排，旅行社的行为违法。

（二）旅行社如何规范操作购物和自费

1. 旅行社在旅游广告中不可以出现购物和自费的内容。不论是平面媒体广告，还是电子科技广告，旅行社不得将购物和自费内容纳入其中，否则就涉嫌组织招徕阶段指定购物和自费，违反了上述规定。

2. 旅行社旅游合同中不可以出现购物和自费的内容。旅游合同一般会包括合同文本、旅游行程单和注意事项等内容，旅行社能够提供给旅游者的合同文本或者旅游行程单中，不可以有购物和自费的内容，否则可以认定为是旅行社组织旅游者时，就指定了购物和自费，与《旅游法》的规定不符。

3. 旅行社在门市可以签订补充协议确定购物和自费内容。旅游者和旅行社签订了旅游合同后，旅行社可以额外提供有关购物和自费的补充协议，对购物和自费进行约定。这样的操作模式没有违反《旅游法》的规定，但操作必须确保所有的旅游者愿意和旅行社签订补充协议，否则就会出现影响其他旅游者行程安排的情形。

4. 导游（领队）在行程中和旅游者协商购物和自费。在行程中安排购物和自费，旅行社有两种操作模式可以选择：第一，旅行社和导游（领队）约定，将协商权限全部下放给导游（领队），旅行社承担责任后，由导游（领队）概括承担；第二，旅行社要求导游（领队）协商前先报告旅行社，征得旅行社的同意后才实施合同变更。当然，不论何种模式，第一责任人都是旅行社。

5. 旅行社事先告知和承诺。在旅行社和旅游者签订补充协议之前，旅行社应当就购物次数、商场名称、购物时间、主要商品等内容做出明确的告知，同时也要对自费项目名称、价格、自费项目主要内容进行告知。在购物方面的承诺是，购物商场资质合法，明码标价，不强迫购物，不设定最低消费，不收取回扣。在自费方面的承诺是，自费项目事先告知旅游者，不强迫消费，打包价格低于单个项目的总价，单个项目价格不超过门市价，不收取回扣。提醒旅游者慎重购物，自愿选择自费项目。

6. 退还购物和自费款项的前提。如果旅行社以不合理的低价组织旅游活动，诱骗旅游者，并通过安排购物或者另行付费旅游项目获取回扣等不正当利益，或者如果旅行社、导游领队不能证明购物或者自费是出于双方协商或旅游者主动提出，就必须在旅游行程结束后三十日内，为旅游者办理退货并先行垫付退货货款、退还自费项目的费用。这样的结果，对旅行社而言是难以承受的，可见规范购物和自费对于旅行社而言，具有何等重要的意义。

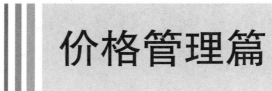

价格管理篇

061 旅行社可以自行决定服务价格吗

一、案例简介

某两家旅行社在组织海岛旅游时，由于该海岛淡旺季较为明显，旺季船票供应紧张，淡季旅游者很少，旅行社事先和航运公司签约，约定以年为单位向航运公司切位，然后向旅游者出售船票加酒店产品。有旅游者在夏季参加旅行社组织的海岛游服务时，通过酒店了解到，旅行社支付给酒店的费用为150元，而旅行社向其出售的酒店价格为450元，旅游者认为旅行社是暴利，应当退还差价，旅游主管部门应当对其实施行政处罚。

二、法律依据

1.《价格法》第十三条规定，经营者销售、收购商品和提供服务，应当按照政府价格主管部门的规定明码标价，注明商品的品名、产地、规格、等级、计价单位、价格或者服务的项目、收费标准等有关情况。

2.《价格违法行为行政处罚规定》第二条规定，县级以上各级人民政府价格主管部门依法对价格活动进行监督检查，并决定对价格违法行为的行政处罚。

三、案例分析

（一）旅行社可以自行决定服务价格

根据《价格法》的规定，旅行社的服务价格属于市场调节价范畴，旅行社可以根据市场的需求和价格成本构成，自行决定服务价格。所以，旅行社为了组织团队服务的需求，事先和船运公司签约，向船运公司全年切位，然后制定价格，打包向旅游者出售，其行为就是在市场调节价范围内运作，符合法律规定。

（二）旅行社出售旅游服务，必须明码标价

旅行社和船运公司协商切位，和酒店协商价格，是旅行社的内部运作。旅行社对外出售海岛旅游服务最为重要的原则之一，就是必须在出售服务时，明确告知旅游者服务构成、档次、品质等，同时必须明确告知旅游者服务价格。服务价格不能含糊不清，也不能途中任意加价。

（三）旅游服务的达成必须是双方协商一致

旅行社推出旅游服务时，在明码标价的基础上，必须和旅游者协商一致。也就是说在协商中达成有关服务线路、价格、出团时间等事项的一致，而不是强迫对方接受。在民法上，旅行社和旅游者属于平等的民事主体，不存在谁高于谁的问题，在整个民事服务中都必须遵循平等协商的原则，旅行社不能强迫旅游者接受旅游服务，旅游者也不得要求旅行社按照其单方意愿提供服务。

（四）旅行社组织海岛游是否存在所谓的暴利

在上述案例中，旅游者坚持旅行社的酒店服务存在暴利。按照百度百科的说法，所谓暴利，是指生产者、经营者获取超过合理利润幅度的行为。旅游者认为旅行社暴利，仅仅从其个人获得的信息看，当旅游者得知旅行社的酒店成本为 150 元，而销售价格为 450 元，旅游者心理不平衡可以理解，但旅游者的观点并不全面。因为旅行社和船运公司、酒店的合同约定为全年，旅行社指定服务价格的依据是全年的经营情况，全年海岛旅游者流量极不均衡，旅行社必须以全年的销售为统筹，以全年的经营状况作分析才较为客观。

（五）旅游主管部门不是所谓旅行社暴利行为的监管主体

我们姑且不论旅行社经营是否存在暴利，根据我国法律规定，对于企业的价格违法行为，监管主体为县级以上物价主管部门。在《旅游法》《旅行社条例》等旅游行业法律法规中，除了极个别的规定外，较少涉及对旅游服务价格的专门规定。换句话说，通常情况下，对旅游服务价格的监管，其主体是物价主管部门，而不是旅游主管部门。旅游主管部门接到此类投诉，除了旅游法律法规有明确规定的，应当移交给当地物价主管部门处理。

062 旅游者是否可以要求旅行社退还差价

一、案例简介

徐先生在旅游途中发现，同一个团队中他交纳的旅游团款最高，有些旅游者比他的价格低了900元，徐先生在整个旅游期间特别郁闷，在行程中就要求导游退还差价，因为在徐先生看来，他得到的服务和同团其他旅游者没有什么两样。但导游要他返回后和组团社交涉，因为收费的是组团社，和地接社没有关系。他行程结束后立即找组团社，要求退还旅游差价900元，结果是组团社拒绝了他的要求。问题是，旅行社是否有权拒绝旅游者退还差价的要求？或者说旅行社是否有义务确保同一旅游团价格整齐划一？

二、法律规定

1. 《价格法》第十一条规定，经营者进行价格活动，享有下列权利：自主制定属于市场调节的价格。

2. 《价格法》第十三条规定，经营者销售、收购商品和提供服务，应当按照政府价格主管部门的规定明码标价，注明商品的品名、产地、规格、等级、计价单位、价格或者服务的项目、收费标准等有关情况。

三、案例分析

徐先生的投诉，是旅游主管部门经常遇到的旅游投诉之一。旅游者要求组团社退还"差价"的理由是，和其他旅游者交流后得知，唯独他的旅游价格最高，旅游者认为在这个行程中，面对同样的团队、同样的线路，旅游价格就必须统一，而且他也没有得到旅行社特殊的服务，不能接受所谓的同团不同价，所以要求组团社退还"差价"。旅行社有时迫于压力，极不情愿地退款，有些旅行社不愿退款，但又说不出理由。因此，是否必须退款成了旅行社的纠结所在。这样的"差价"到底是否需要退还，需要从以下几个方面看：

（一）旅游者的感受

旅游者参加旅游时，面对同样的线路、同样的服务，本能地认为服务价格应当是一致的。而当知道自己交纳的旅游团款较高时，旅游者心理不平衡也可以理解。但可以理解，并不代表合理，只要旅游者稍作思考就能明白，在日常生活中，同样的产品、同样的服务，支付不同价格的现象比比皆是，只不过是旅游者在这些消费过程中没有比较的机会，不能发现而已。旅游者以此为由要求商家退还所谓的"差价"基本属于合情不合理。

（二）同团不同价的原因

同团不同价存在于组团社组的团队中，散客拼团更是如此。让旅游者产生退款念头的原因，一方面是旅行社的经营特点，因为旅行社的服务价格属于市场调节价，旅行社可以根据经营状况确定服务价格；另一方面旅游者受计划经济的影响和简单的比较。虽然改革开放三十多年，但整齐划一的计划经济影响仍在，许多旅游者，特别是老年旅游者本能地认为旅行社的价格应当一致，当同样产品和服务价格不一致时，旅游者就不能接受。同时，简单的比较直接促成纠纷的产生，可以说是比较惹的祸。

（三）相关法律的规定

《价格法》规定经营者必须明码标价，只要旅行社在旅游者报名参团时，明确地告知旅游价格和服务构成，旅行社的收费行为就不违法。至于旅行社如何定价、定价多少，旅行社可以自行确定。从法律规定看，只要旅行社的服务价格符合三个规定：第一，旅行社的收费没有高于广告价；第二，旅行社在收费时事先告知，明码标价；第三，旅行社的收费没有强迫旅游者。只要符合这三个条件，旅行社就不必退还所谓的差价。如果旅行社愿意退还，那是旅行社自愿放弃收费的权利。

（四）不能有年龄、职业的价格歧视

现在还是有一些旅行社，对于一些特殊群体要额外加价，如老年人参团，就要在广告价格外再收取费用，所谓收取老年费等。这是旅行社年龄歧视的具体表现，应当受到旅游主管部门的查处。当然，如果旅行社给予老年旅游者特殊服务，旅行社可以与老年旅游者就服务费用进行协商，如为老年旅游者提供轮椅，只要双方协商，旅行社当然可以额外收费。

（五）理想的模式

虽然只要旅行社的服务符合法律规定，旅行社就不必退还所谓的差价，但

毕竟这样的现象给旅游者不舒服，也为投诉的产生埋下伏笔。因此，作为组团社，最为理想的收费方式，还是尽可能保持团队收费的一致，尤其是组团社委托其他旅行社收客时，对代理社的收费要适当控制，不能任由他们随意定价，防止价格差距过于悬殊。这既是收费问题，也是管理问题。

总之，只要旅行社明码标价，没有欺诈和强迫消费，旅游者就不可以要求退还所谓的差价。

063 退团团费全损约定的有效性分析

一、案例简介

某旅行社借助网络平台发布旅游产品，明确说明只要签订了旅游合同，并交纳了旅游团款，不论出于何种原因，旅游者不得退团。如果旅游者要求退团，旅游者交纳的旅游团款全损，旅行社概不退回剩余费用。胡先生报名参团后取消行程，要求退还剩余费用，旅行社以事先已经明确告知为由，拒绝退还剩余费用，被投诉至旅游主管部门。

二、法律规定

1. 《消费者权益保护法》第二十六条规定，经营者不得以格式条款、通知、声明、店堂告示等方式，作出排除或者限制消费者权利、减轻或者免除经营者责任、加重消费者责任等对消费者不公平、不合理的规定，不得利用格式条款并借助技术手段强制交易。格式条款、通知、声明、店堂告示等含有前款所列内容的，其内容无效。

2. 《旅游法》第六十五条规定，旅游行程结束前，旅游者解除合同的，组团社应当在扣除必要的费用后，将余款退还旅游者。

三、案例分析

（一）事先告知必须符合的条件

上述案例中旅行社的告知虽然是事先告知旅游者，但履行事先的告知义务，仅仅是条件之一，类似于服务收费中的明码标价。事先告知，并不意味着该行为的合法。旅行社要做到服务和经营的规范，除了事先告知外，还必须确保告知的内容合法。我们也可以将事先告知理解为形式，将具体的告知理解为内容，也就是必须做到形式和内容的统一，两者相辅相成，缺一不可。

（二）上述事先告知缺乏合法性

旅行社告知退团团费全损，这样规定的特点，就是剥夺了旅游者的权利，加重了旅游者的义务，同时为旅行社设置了获得额外权利的条件。这样条款的设定，恰恰符合《合同法》和《消费者权益保护法》相关禁止性条款范畴，就是人们通常所说的霸王条款，应当被认定为无效。这样的告知，不论是在事先还是事后，由于其告知内容违法，对于旅游者都没有约束力。因此，旅行社的事先告知，并不能从法律意义上为旅行社退团团款全损规定解套，必须从实质正义上加以理解。

（三）旅游者解除合同的处理

首先，旅游者有和旅行社签约参团的自由，也有单方解除旅游合同的自由，尽管单方解除旅游合同需要承担法律责任，但并不因此可以认为旅游者没有该自由，否则旅游合同的签订与卖身契无异。其次，旅游者虽然有单方解除旅游合同的自由，但必须为此自由承担法律后果，也就是说旅游者必须为此承担法律责任，旅游者必须赔偿旅行社的实际损失。所以，《旅游法》对此有明确的规定，旅行社扣除实际损失，然后把剩余款项归还给旅游者。特别必须注意的是该法条的用词，组团社"应当"在扣除必要的费用后，将余款退还旅游者，就是说，退还旅游者的剩余款项是法律赋予旅行社的法定义务，不得因为旅行社和旅游者的约定，或者旅行社的单方声明，旅游者就丧失了主张归还剩余款项的权利。

（四）由此可以推及旅行社相关告知的有效性

在旅行社旅游广告、旅游行程、注意事项中，我们经常会发现，旅行社发布的格式条款中，时常蕴含着霸王条款的意味。如在保证不减少景点的前提下，具有调整行程顺序的权利；旅行社对旅游者在旅游行程中发生的人身伤害、财产损失概不负责；旅游者离团必须征求旅行社的同意，并支付离团费。诸如此类，皆为具有霸王色彩的格式条款。对照上述法律规定可以得知，旅行社虽然煞费苦心，希望借助事先告知来规避经营风险，最后结果依然是徒劳。

总之，在上述案例纠纷中，不论旅行社是否事先告知说明，只要该告知说明内容违反法律规定，该告知说明均归于无效。所以，上述旅行社必须按照规定，提供旅行社的实际损失凭证，扣除已经发生的实际损失，剩余款项退还给旅游者。

064 网络发布 468 元旅游产品纠纷责任分析

一、案例简介

近日有媒体报道，成都赵先生在去哪儿网站看到成都中青旅提供的 468 元成都赴清迈五天四夜游包价旅游线路，出团时间为 9 月 30 日，赵先生预订了该线路，并立即付款。赵先生提供的交易截图显示，通过提交订单、付款成功后，订单目前的状态是"等待消费"。第二天，旅行社电话通知赵先生退款，理由是行程取消，赵先生不接受旅行社的解释。赵先生上网查询，发现 468 元的线路已经下架，取而代之的是 4680 元的线路。媒体记者电话采访旅行社，旅行社的解释是，第一，价格录入错误，原本价格为 4680 元，少输了一个零；第二，9 月 30 日成不了团。旅行社的回应是：赵先生下单后，仍然是处于"等待消费"状态，没有旅行社的验证，也不会生效。网站客服也认为，"等待消费"意味着还没有达成合同。

二、法律规定

1.《合同法》第三十六条规定，法律、行政法规规定或者当事人约定采用书面形式订立合同，当事人未采用书面形式但一方已经履行主要义务，对方接受的，该合同成立。

2.《最高人民法院关于贯彻执行〈中华人民共和国民法通则〉若干问题的

意见》第六十八条规定，一方当事人故意告知对方虚假情况，或者故意隐瞒真实情况，诱使对方当事人作出错误意思表示的，可以认定为欺诈行为。

三、案例分析

（一）旅行社的取消订单的行为违反了合同约定

不论是价格输入错误，还是真的成不了团，旅行社取消了旅游者预订的旅游线路，都是违反合同约定的行为，旅行社都应当按照法律法规承担相应的责任。

（二）旅行社认为"等待消费"的状态合同不成立、不生效，该观点是否符合法律规定

按照旅行社和网站的逻辑，虽然旅游者已经交纳了旅游团款，但由于目前尚处于"等待消费"的状态，该旅游合同实质上要么是不成立，要么是不生效。如果合同不成立，或者合同不生效，就表明旅游者和旅行社之间不存在合同关系。既然如此，旅行社可以随时退还旅游者的旅游团款，且不需要承担任何责任。

要谈论旅游合同是否生效，必须先回答旅游合同是否成立的问题。旅游合同是否成立，主要看旅行社和旅游者之间是否完成了要约和承诺的两个阶段。如果旅行社和旅游者之间完成了要约和承诺的阶段，合同就成立，反之，则合同不成立。在通常情况下，旅游合同成立的同时，立即生效，除非存在法律规定的几种不生效条件，但在上述案例中，不存在合同不生效的条件。

旅行社在网站上发布旅游产品，并且比较详细地介绍了产品的组成，这样的旅游广告就具备了要约的性质，旅游者阅读并接受了旅行社的要约内容，按照要求支付了旅游团款，网站或者旅行社也已经接受旅游团款，按照上述《合同法》的规定，即使没有签订书面旅游合同，只要旅游者支付了团款，网站或者旅行社接受了旅游团款，旅游者和旅行社之间的旅游合同关系成立且生效。如果旅行社坚持认为合同不成立或者不生效，就必须证明旅游者支付旅游团款的行为为要约，而不是承诺，或者证明合同不生效的事实客观存在。

因此，上述案例中，旅游者和旅行社之间不仅具备旅游合同关系，而且旅游合同已经生效。旅行社和网站以"等待消费"状态为由，拒绝承认旅游合同已经成立且生效的观点，与法律规定不相符。如果旅行社以《旅游法》要求旅游合同必须是书面形式为由抗辩，依然不足以说明什么问题，因为《旅游法》

关于旅游合同书面形式的规定，也是出于行政法的要求，并不影响民事法律关系的存在。

（三）旅游价格输入失误是工作失误，不能简单地被认定为价格欺诈

旅行社在输入价格时，少输了一个零，价格由 4680 元变为 468 元，是旅行社的工作失误。旅行社因此单方要求解除旅游合同的行为，的确给旅游者出游带来困扰，但不能简单地认为旅行社价格欺诈。因为对于欺诈，法律上有较为严格的规定。只要旅行社承认工作失误，同时提供诸如本旅行社以及成都当地旅行社同样线路的价格，以证明 468 元五天四晚成都至清迈线路并不存在，从而推定旅行社是工作失误，而不具备欺诈的主观故意。当然，如果旅行社具有主观故意，则要按照《消费者权益保护法》的规定，承担退一赔二的赔偿责任。

（四）旅行社应当如何承担赔偿责任

旅行社承担赔偿责任，主要有两种方式：第一种方式，就是旅行社按照事先的约定赔偿违约金，但有一点是明确的，违约金的赔偿必须是事先约定。第二种方式，就是旅游者来举证，由于旅行社的违约，给旅游者造成的实际损失，旅行社按照实际损失予以赔偿。如果旅行社愿意遵守承诺，按照 468 元的价格，继续为旅游者提供原有约定的服务，法律也不禁止，而且在生活中也不乏这样的案例。当然，如果不是这样的操作，纠纷也不会产生。

065 旅行社处理"尾单"属于不合理低价吗

一、案例简介

旅游者季先生参加旅游团旅游，支付的旅游团款为 3000 元，而在同一团队中，有一个旅游者的旅游团款只支付了 1500 元，线路和服务完全相同。季先生向该旅游者打听缘由，该旅游者的解释是购买了旅游"尾单"，得到了实惠。季先生想要知道，《旅游法》不是禁止低价竞争吗？旅行社处理"尾单"合理吗？

二、法律规定

1.《旅游法》第三十五条规定，旅行社不得以不合理的低价组织旅游活动，诱骗旅游者，并通过安排购物或者另行付费旅游项目获取回扣等不正当利益。

2.《反不正当竞争法》第十一条规定，经营者不得以排挤竞争对手为目的，以低于成本的价格销售商品。有下列情形之一的，不属于不正当竞争行为：处理有效期限即将到期的商品或者其他积压的商品。

三、案例分析

（一）何为"尾单"

按照百度百科的解释，所谓"尾单"，是指因生产量过大（超出客户要求数量）或海关原因剩余、滞留的部分，以及生产环节中出现轻微瑕疵部分的统称。服务行业尾单，主要是指存在于服务行业的尾单，典型代表如：酒店尾单、旅游尾单、度假尾单等，因商家提供的服务能力是固定的，其付出的成本与卖出的服务数量没有太大的关系，每多卖出一份服务，其利润就能增长一份，故服务行业尾单与一般正常购买的服务没有任何异样，不存在区别，只是销售价格会比原有价格降低。

（二）旅行社是否可以出售"尾单"

由于"尾单"是旅行社推出正常旅游线路后，在出团前仍然没有销售完毕的产品，旅行社为了尽可能在同一团队中获得更多利润，将尚未出售的产品以较低的价格向旅游者推销，即使"尾单"的价格低于成本价，是旅行社灵活处理即将到期产品的策略，而不是低价倾销，既不违反《旅游法》，也不违反《反不正当竞争法》的规定。

（四）旅行社不得假借"尾单"之名出售线路

"尾单"线路价格普遍低于市场价，对于旅游者有较大的吸引力，而且旅行社处理"尾单"也不违法，旅行社是否可以假借"尾单"之名，行低价竞争之实呢？答案显然是否定的。如果旅行社仅仅看中"尾单"的营销形式，把正常的旅游线路都包装成"尾单"产品，会受到旅游主管部门和工商主管部门的查处。

（五）如何判断是"尾单"，而不是低价竞争

如果旅行社推出的旅游线路，虽然冠以"尾单"的名义，而事实上是偷换

概念，开展低价竞争。只要有关部门对具体的旅游产品价格构成进行检查，要求旅行社提供确凿证据证明，旅游线路的价格是有利可图的，而不是产品一经推出，就已经是低于成本价了。旅行社能够给出充分的理由，再低的价格也属于合理，如果旅行社给不出合理的解释，旅行社的低价竞争就成立。

（六）"尾单"产品品质不能降低

旅行社出售"尾单"后，不能因为价格较低，给予购买"尾单"的旅游者以特殊待遇，提供的服务标准低于同团旅游者，在行程中要求购买"尾单"的旅游者额外消费。旅行社要确保购买"尾单"的旅游者得到同团旅游者同等的服务待遇。

（七）"尾单"处理成为常态可能带来的危害

"尾单"服务实际上是一把"双刃剑"，在提高旅行社的销售率，为旅行社获得利润的同时，也吊足了一些旅游者胃口。这些旅游者抓住旅行社经常有"尾单"出售的特点，总是在最后一刻下单，这样固然可以提高旅行社"尾单"的销售效率，但同时又可能降低正常的销售率。因此，"尾单"销售应当是旅行社销售的副产品，而不是主产品。

066 "一元钱"组织旅游之孰是孰非

所谓"一元钱"组织旅游，是对所谓的低价旅游服务模式的泛指。社会大众对于低价旅游服务的争论已久，且有愈演愈烈的趋势。这种争论，没有将低价竞争放置在整个旅游大环境下看待，而是简单地将低价竞争与服务品质低下画等号，继而推导出低价竞争是服务品质低下的万恶之源。笔者总的看法是，对于低价竞争性质的判断，必须先看法律法规的授权，把握旅游市场的需求和实际，然后才可以谈是否需要监管、如何监管的问题。

一、有关法律法规规定

1. 《旅游法》第三十五条规定，旅行社不得以不合理的低价组织旅游活动，诱骗旅游者，并通过安排购物或者另行付费旅游项目获取回扣等不正当利益。

2.《旅行社条例》第二十七条规定，旅行社不得以低于旅游成本的报价招徕旅游者。未经旅游者同意，旅行社不得在旅游合同约定之外提供其他有偿服务。

3.《价格法》第六条规定，商品价格和服务价格，除依照本法第十八条规定适用政府指导价或者政府定价外，实行市场调节价，由经营者依照本法自主制定。

4.《价格法》第十四条规定，经营者不得有下列不正当价格行为：

相互串通，操纵市场价格，损害其他经营者或者消费者的合法权益；

利用虚假的或者使人误解的价格手段，诱骗消费者或者其他经营者与其进行交易。

5.《价格法》第十三条规定，经营者销售、收购商品和提供服务，应当按照政府价格主管部门的规定明码标价，注明商品的品名、产地、规格、等级、计价单位、价格或者服务的项目、收费标准等有关情况。

6.《反不正当竞争法》第十一条规定，经营者不得以排挤竞争对手为目的，以低于成本的价格销售商品。

二、价格监管的立法宗旨

上述法律法规，是目前我国对与旅游服务价格最为权威的法律规定。从上述法律法规的规定不难看出，不论是旅游行业的法律，还是《价格法》等一般法律，对于服务价格的监管，侧重在以下三个方面：

第一，监管的对象是"不合理低价"。法律并没有不问青红皂白地认定，所有的低价服务均违法，没有把所有的低价服务一棍子打死。也就是说，只要经营者能够给出低价竞争的合理解释，经营者的低价服务就应当被允许，甚至被鼓励和支持，比如"尾单"的销售，完全可能是低价，甚至是低价至难以想象。因为消费者在经营者的低价服务中，得到了真正的实惠，何乐而不为。

第二，经营者确定服务价格时，主观上是恶意的还是善意的。只要确定价格时经营者主观上是善意的，不论价格的高与低，为法律法规所许可。如果经营者在确定价格时主观上是恶意的，主管部门要打击的是经营者主观恶意条件下的低价，且在服务实践中违反事先承诺，导致服务品质低下的行为。主观善意还是恶意的重要标志，就是经营者是否以低价为诱饵，提供劣质的产品和服务，强迫消费者第二次消费，甚至是第三次消费。

第三，价格监管的重点是价格行为，而不是价格的高与低。从我国价格体系看，服务价格基本上属于市场调节价范畴，经营者可以根据自身经营实际和市场需求来确定服务。只要经营者制定的价格遵循明码标价的原则，其行为都为法律认可。单纯监管价格的高还是低并没有太大的意义，因为在服务实践中，价格高的服务被消费者投诉，价格低的服务消费者满意较高的现象并不在少数。

三、如何认定不合理低价

1. 旅行社不得组织不合理低价团。对比上述法律法规的规定看，《旅游法》强调的是旅行社不得以不合理的低价组织旅游活动，《旅行社条例》则强调不得以低于旅游成本的报价招徕旅游者，两个规定的区别还是较为明显。前者强调的是不合理低价，后者强调的是低于成本价；前者的表述是留有余地的，只要有低价的理由，能够为低价找到合理的解释，法律并不简单地禁止，后者的规定十分严格，只要是低于成本价招徕旅游者就是违法，没有例外情况。

2. 不合理低价的认定。有旅行社质疑，既然法律规定有不合理的低价，也就意味着有合理的低价。事实上，合理的低价不仅存在，而且合法。

以旅行社组织火车专列为例加以说明。旅行社组织千人的火车专列，经过测算，只要向前 600 名旅游者每人收取 4000 元，旅行社就可以全额收回专列成本，从第 601 名旅游者开始，旅行社就可以赚取利润。所以，从第 601 名旅游者开始，即使收取的团费每人只有 2000 元，甚至最后的 20 名旅游者每人只收取了 50 元团款。如果不综合考虑，就可以简单地认为，旅行社涉嫌以不合理低价组团，但事实上，这样的低价收费仍然合理，就是所谓的合理的低价。

因此，旅行社的收费是否合理、是否属于合理的低价，主要是旅行社组团定价时是否善意，看该产品整体设计是否能给旅行社带来直接的利润，而不是仅仅以单个旅游者收费的高低。符合这样的条件，就是合理的低价，否则就是不合理的低价。

四、旅游主管部门对于低价行为实施监管的构成要件

要对低价组团的旅行社实施行政监管，旅行社的行为必须同时满足三个要件，缺一不可：

1. 旅行社有不合理低价组织旅游活动行为。上文已经对此有较为详细的探

讨，不再赘述。特别需要强调的一点，就是旅行社如果真的愿意以低价组织旅游活动，且能够按照诚实信用原则，为旅游者提供约定服务，旅行社的行为就没有必要被过多地指责。

2. 诱骗旅游者。就是旅行社及其从业人员在旅游服务中，引诱或欺骗旅游者参加购物或者自费项目。旅行社低价组织旅游活动仅仅是引子，诱骗旅游者再次消费，才是旅行社低价组织旅游活动能够持续进行的手段。如果旅行社不诱骗旅游者的再次消费，也不强迫旅游者再次消费，完全按照旅游合同约定提供服务，旅行社低价组织旅游活动的行为，不仅不应当受到指责和批评，反而应当受到提倡和赞同。因为旅行社是真正让利于旅游者，是一种惠民行为，有何不可？

3. 旅行社及其从业人员收取回扣。一些旅行社之所以能够以低价组织旅游，就是以低价为引子，以诱骗或者强迫为手段，实现收取回扣为目的，环环相扣，互为因果，形成了完整的利益链。事实上，只要切断旅行社及其从业人员收取回扣的利益链，就能够从源头上解决问题。旅行社无法从回扣中得到利益补偿，诱骗或者强迫旅游者再次消费就失去了动力，就能够促成旅游价格的理性回归。当然，由于回扣提供行为的隐秘性，要彻底斩断回扣的利益链，需要相关部门的共同努力，且常抓不懈，方能见效。

总之，只要旅行社明码标价，没有诱骗或者强迫旅游者消费，旅行社及其从业人员没有从中收取回扣等不正当利益，旅行社以再低的价格组团，都合情合理合法。

五、旅行社低价组团旅游行为的监管

1. 对签订旅游合同的监管。按照《旅游法》的规定，旅行社组织包价旅游，必须和旅游者签订书面旅游合同。包价旅游合同是旅行社和旅游者双方权利义务的重要载体，不论旅游价格是多少，旅行社和旅游者必须就旅游服务的具体内容达成协议，并以书面形式表现出来。导致旅游服务品质降低的重要原因之一，就是没有签订书面的旅游合同，或者书面旅游合同内容不完备，发生纠纷后说不清楚，不利于保护双方的合法权益。

如果旅行社没有和旅游者签订书面旅游合同，或者签订的书面旅游合同不符合要求，按照《旅行社条例》第五十五条的规定加以处罚。

2. 对不合理低价的监管。（1）如果旅游主管部门认定旅行社以不合理低价组织旅游活动，诱骗旅游者，并通过安排购物或者另行付费旅游项目获取回扣等不正当利益，要件齐全，证据确凿，才能按照《旅游法》第九十八条的规定实施行政处罚。（2）如果旅行社组织团队仅仅是低价，但没有后续的诱骗和收取回扣等行为，旅游主管部门不可以按照此规定进行行政处罚，因为仅仅是低价竞争，不属于旅游主管部门的管辖范围。旅游主管部门如果认为旅行社涉嫌低价竞争的，可以将案件移交给工商主管部门或者价格主管部门，由它们对旅行社实施行政处罚。（3）如果旅行社能够证明该低价属于合理的范畴，旅游主管部门不可以对旅行社实施行政处罚。但如果旅行社诱骗旅游者消费，且获得回扣等不正当利益，不论旅行社的服务价格是否合理，也应当受到相关主管部门的行政处罚。

3. 对履行旅游合同的监管。履行旅游合同，就是旅行社按照事先约定，兑现承诺的过程，也是旅游者合同权利实现的重要渠道。对于旅行社履行旅游合同的监管，旅游主管部门必须主要针对旅行社是否违反旅游合同约定、是否拒绝履行合同义务、是否诱骗或者强迫旅游者消费、是否收取回扣等行为而展开。如果旅行社存在上述问题，一经查获，就应当按照《旅游法》第一百条或者按照《旅行社条例》第五十九条的规定，对旅行社实施行政处罚。对于不属于旅游主管部门监管范畴的违法行为，及时交给有关主管部门处理。

另外，对旅游者消费行为的引导，是减少和避免恶性低价竞争的重要途径之一。旅游低价服务之所以大行其道，原因之一是我国旅游者的消费心理不成熟。许多旅游者选择旅行社组织的旅游团，最为重要的指标是价格，只要有低价的旅游广告发布，一定会有旅游者蜂拥而来的情形发生。

成熟的旅游市场，不仅需要强力的监管、诚信的服务，还需要理性的选择。旅行社可以提供丰富多彩、价格不一的线路，旅游者根据自己的需求选择产品，并能够得到旅游合同约定的服务。

要解决旅游者"出团前比价格，行程中比品质"的消费现状，需要旅游主管部门的引导和培育，需要旅游经营者的诚信和善意，还需要旅游者自身的不断学习和完善，在全社会营造理性消费氛围。

067 导游小费合法化法律依据分析

一、话题的再次提出

有关导游小费的合法化，已经不止一次成为大众话题中心。随着国家旅游局、人力资源和社会保障部、中华全国总工会联合颁布了《关于进一步加强导游劳动权益保障的指导意见》之后，导游小费合法化的话题再次引起了旅行社业界和社会的关注。

二、法律规定和政策

1. 《导游人员管理条例》第十五条规定：导游人员不得以明示或者暗示的方式向旅游者索要小费。

2. 《关于进一步加强导游劳动权益保障的指导意见》要求，旅行社要尽快建立健全针对导游的职业技能、专业素质、旅游者评价、从业贡献为主要测评内容的导游绩效奖励制度，探索建立基于旅游者自愿支付的对导游优质服务的奖励机制。

三、小费的原始含义

世界各地特别是西方国家的服务行业较为通行的小费制度，源于18世纪英国伦敦。那时，当地酒店的餐桌上一般都摆着写有"To Insure Promptness"（保证服务迅速）的碗。顾客落座后，将少量零钱放入碗中，就会得到服务人员迅速而周到的服务。后来，这种做法演变成为感谢服务人员而付给的报酬。上面几个英文单词的头一个字母联起来，就成了"Tip"（小费）。

从业界的角度看，所谓导游小费，通常包括境内旅游小费、入境旅游小费和出境旅游小费，在实际操作中，虽然出境旅游小费存在这样或者那样的技术问题，但基本上为我国的出境旅游者所接受。入境旅游小费也不存在问题，只要导游、门童、行李员等服务人员给旅游者提供了较为满意的服务，入境旅游者会给服务人员小费。至于境内旅游是否可以收取小费，一直较为敏感，主管部门多半采取回避的态度。

四、导游收取小费究竟是否合法

1. 奖励机制的实质。上述规范性文件中提到的，"探索建立基于旅游者自愿支付的对导游优质服务的奖励机制"，虽然没有使用"小费"这个字眼，也许是出于对国情方面的考虑，而选择使用了更为柔软、空间更大的"奖励"一词，使得有关部门和大众更容易接受，但究其实质，这个所谓的奖励，就是指向旅游者给予导游小费等物质利益的奖励。从法律意义上说，三部委出台的意见，仅仅属于规范性文件的范畴，是一种指导意见，不具备法律规定的特征。

2. 导游收取小费设有前置条件。在我国法律法规中，涉及服务人员收取小费的规定，仅仅体现在《导游人员管理条例》中。该条例仅明确规定，导游人员不得以明示或者暗示的方式向旅游者索要小费。从法条的规定来看，法规只是禁止导游向旅游者索要小费，不论索要是采取明示方式，还是暗示方式。总之，索要小费就是不对，但对于其他方式给予导游小费合法与否，则语焉不详。

有一点是明确的，旅游者自愿给予导游小费，法律法规并没有明令禁止。对于民事行为是否可行，应当按照"法无明令禁止即可为"的原则来处理。只要法律法规没有明确禁止，公民、法人就可以从事任何民事行为。换句话说，只要法律法规没有禁止旅游者自愿给予导游小费行为，也没有禁止导游收取旅游者自愿给予的小费，旅游者自愿给予导游小费、导游收取小费的行为就不违法，不应当受到法律的制裁，也不应当受到包括旅游主管部门在内的行政部门的干预。即人们通常所说的双方自愿，不上法院。

虽然如此，导游收取旅游者自愿给予的小费，还有一个问题必须注意。就是当导游收取的旅游者自愿给予的小费超过一定的额度，导游就应当按照税务法律法规的规定，向当地税务部门交纳个人所得税，否则就有偷税漏税嫌疑。

3. 没有按照规定收取小费的后果。导游没有按照规定收取小费，就可能承担双重的行政责任。第一，导游索要小费，一经查实，由旅游行政部门责令改正，处1000元以上3万元以下的罚款；有违法所得的，并处没收违法所得；情节严重的，由省、自治区、直辖市人民政府旅游行政部门吊销导游证并予以公告；对委派该导游人员的旅行社给予警告直至责令停业整顿。第二，导游收取的小费超过一定额度而不主动交纳个人所得税，同样也会受到税务主管部门的行政处罚。

总之，我国法律法规从来没有禁止过导游收取旅游者自愿给予的小费，在一定条件下导游收取旅游者自愿给予的小费行为不违法。

068 旅行社要求退团旅游者补偿损失合理吗

一、案例简介

据日前媒体报道，西安旅游者参加了某旅行社门店推荐的750元四飞云南6日游线路，航班为西安往返昆明，昆明往返芒市。就在准备出团前的一周，旅游者脚趾骨折，电话告诉旅行社无法参团，希望能够退还部分费用。旅游者按照旅行社的要求办理了相关的退团手续，等待旅行社的退款通知。几天后，旅游者接到旅行社的通知，不是退还团款，而是要求旅游者补偿旅行社500元的经济损失。旅游者百思不得其解，明明是自己按照旅行社的要求交了团款，自己不参加旅游团，旅行社总得退还团款，为何还需要补偿旅行社的损失呢？

二、法律规定

1.《合同法》第一百零七条规定，当事人一方不履行合同义务或者履行合同义务不符合约定的，应当承担继续履行、采取补救措施或者赔偿损失等违约责任。

2.《旅游法》第三十五条规定，旅行社不得以不合理的低价组织旅游活动，诱骗旅游者，并通过安排购物或者另行付费旅游项目获取回扣等不正当利益。

3.《旅游法》第六十五条规定，旅游行程结束前，旅游者解除合同的，组团社应当在扣除必要的费用后，将余款退还旅游者。

三、案例分析

（一）旅行社要求退团旅游者承担违约责任要求合理

参加旅行社组织的旅游，是一种双方协商一致的行为，更是一种民事行为。旅游合同签订完毕后，旅行社和旅游者都必须按照合同的约定，履行各自的义务，实现各自的权利，权利义务互为表里、互为因果。在旅游合同中，旅游者作为一方当事人，除了交纳旅游团款的主合同义务外，还必须履行按约定参加旅游的附随义务。当旅游者对主合同义务和附随义务有违反时，就需要承担相应的违约责任。

在旅游合同的履行中，不可抗力是旅行社和旅游者双方解除旅游合同的法定免责条件，当然旅行社和旅游者也可以通过协商约定解除旅游合同的免责条件。在上述案例中，旅游者脚趾骨折，不能参加约定的旅游团，虽非旅游者的主观故意，也令人同情，但既不属于不可抗力，事先也没有约定，旅游者脚趾骨折不能参团，不能成为免除旅游者责任的借口。所以，旅行社可以按照违约金的约定，要求旅游者承担违约责任，也可以出示真实可信的损失凭证，要求旅游者承担赔偿责任。

（二）旅行社要求退团旅游者补偿损失属于无理要求

既然旅行社可以按照约定或者已经发生的实际损失，要求旅游者承担违约责任。按照正常的逻辑，旅行社应当按照法律规定，出示真实可信的损失凭证后，举证旅游者不参团旅游导致的已实际发生的费用，扣除这些费用，然后退还旅游者剩余费用，这才是一个合理的处理纠纷流程。

旅行社如果按照正常模式操作，要求旅游者承担违约责任，既能保护自己的合法权益不受损失，同时还可以避免纠纷的产生，何乐而不为。旅行社之所以不愿意按照正常流程操作，归根结底是旅行社无法如此操作，更为深层次的原因，就是旅行社在组织这样的旅游团队时，向旅游者收取的旅游团款不仅不足以抵扣团队的实际支出，而且是实际的经营成本远远高于收取的团款，收支严重失衡。当旅游者提出退团时，旅行社不仅不能赚钱，还会亏钱，顺着旅行社的思路，要求旅游者向旅行社补偿损失也就不值得大惊小怪了。就事论事，旅行社向退团旅游者收取损失补偿，貌似有理，实则无理，旅行社的思路经不起推敲。

1. 旅游者参团前可以随时退团。通常情况下，旅游者和旅行社签订了旅游合同，就会按时参加旅行社组织的旅游团，但旅行社的经营实践告诉我们，旅游合同的签订，并不意味着旅游者不参团的行为绝对不发生。由于不可抗力、旅游者的主客观原因，都可能直接导致旅游合同的解除，更何况《旅游法》还赋予旅游者行前的任意解除权。如果旅游者签订旅游合同后不得解除旅游合同，旅游者就必须参加旅游团，就变相限制了旅游者的人身自由，这是法律不能容许的。

2. 旅游线路和价格由旅行社事先确定，旅游者没有参与权。作为旅游服务的经营者，旅行社应当对提供的产品和服务价格构成有清醒的判断，通常的情况是，经营收入应当高于经营成本，才能够获得合理的利润，才能确保旅行社持续性地开展正常的经营活动。即便是为了让利于旅游者，经营收入也必须和经营成本大致相当。如果是低于成本经营，一般来说要么是为了取得社会效益，要么就是居心不良。

3. 旅行社的经营风险应当由旅行社自己承担。从旅行社的后期处理纠纷的表现看，旅行社提供的旅游线路，旅游团款的收入低于旅行社的经营成本，当旅游者提出退团要求时，旅行社有损失是必然的。就旅行社的表现而言，我们基本可以推断，该团为低于成本的旅游团。同时，旅行社在和旅游者签订旅游合同时，没有事先告知说明，也没有对合同解除做出明确约定，旅游者对此种操作模式不了解，当然就不能理解不参团还需要补偿旅行社的说法。所以，旅游者不参团的行为，如果真的给旅行社造成了损失，也是旅行社应当承担的经营风险，应当由旅行社自己承担，而不能转嫁给旅游者。

（三）旅游者选择参加旅游团队需要性思考

总体来说，我国的法律对消费者做出的限制性规定并不多，更多的是侧重于对消费者的保护，对旅游者的约束也是如此。法律如此规定并没有错，因为相比之下，旅游者是弱势群体的特征依然明显，还是需要有法律的特别明确的保护。但有一点必须明确，虽然法律如此设定，但并不是说旅游者就可以为所欲为，就可以不受任何法律的限制，就可以不为自己的违约行为承担责任，更不是说旅游者任何的行为都必须无条件地得到保护。在强调旅游者权益必须受到法律保护的同时，有必要特别关注民事行为能力的概念，旅游者作为完全民事行为能力人，也必须为自己的行为负责。

1. 旅游者要为自己的选择行为负责。我们反复强调，旅游者是自己利益的最大保护者和维护者，面对纷繁复杂的旅游市场，面对眼花缭乱的旅游线路，面对高低不一的旅游价格，需要旅游者的理性选择。面对同样的旅游线路，由于服务档次、品质、季节的不同，旅游价格也是千变万化，旅游者必须根据自己的需求和承受能力，做出理性的选择。

在上述案例中，750元可以享受四飞6日的云南游线路，对于这样的线路，除非有旅行社的特别让利，不需要什么高深的研究，也不需要多高的智商，只要按照生活常识来判断，就可以得出这样的线路必须谨慎选择的结论，天上不会掉馅饼的道理大家都懂，但面对低价诱惑时，不少人会情不自禁地参与其中。在我们的旅游服务现实中，对于这样的旅游线路，不少市民趋之若鹜，踊跃报名。

可以武断地说，这种现象的出现和存在，并不会在短时间内消亡，在今后相当长的一个时期内，这样的旅游线路还会有市场，如此局面的存在和延续，固然有旅行社的原因，也与旅游者的消费理念有极大的关系。对旅游者而言，同样需要反思，如果简单地把责任全部推给旅行社，并不符合客观现实。没有旅游者的积极呼应，即使旅行社花再多的人力财力推广此类旅游线路，恐怕最后还是劳而无功，这种旅游线路会被淘汰，自然退出旅游市场的竞争中。

2. 旅游者要为自己的选择后果负责。我们强调旅游者的慎重选择，是因为旅游者自己的自愿选择，对后续的服务和纠纷处理至关重要。因为只要旅游者做出了选择，和旅行社签订了旅游合同，就表明旅游者和旅行社建立了合同关系。在旅游合同签订到旅游合同的变更、履行、终止的整个过程中，都必须按照合同约定来实现各自的权利，履行各自的义务。因此，旅游者在对旅游线路做出选择后，就必须承受选择的后果。

我们所说的低价团，就是指旅游团款低于经营成本的旅游团，旅游者除了得到旅行社提供的最为基本的服务外，旅游者很难得到所谓的品质服务。通常的低价团操作，往往会以购物和自费作为团队成行的基础。在旅游合同的约定中，旅行社会和旅游者约定，必须参加较多的购物和自费，如果旅行社事先能够做到明码标价的话，旅游合同中就会出现大量的购物，或者变相的购物活动，旅游者会花大量的时间和财力在购物和自费上，游览景点少、重量级景点少且游览时间短。这是低价团的总体特点。

如果有旅游合同约定在先，对于旅行社这样的服务安排，旅游者必须泰然处之，坦然接受，而不能有抱怨和抵触。旅游者不能因为购物多，就认为旅游团是购物团，不能因为没有吃到可口的饭菜，就要求旅行社赔偿餐饮损失，因为旅行社和旅游者在合同中已经达成了购物和自费的约定，餐饮服务也仅仅是吃饱而已，旅行社和旅游者都必须遵守。况且，遵守合同约定是旅行社和旅游者的共同义务，只要旅行社的操作没有违反法律规定和合同约定。同时，参加低价旅游团的旅游者，不仅很难得到较有品质的服务，在旅游服务中较少体会到精神享受，而且还可能承受强迫购物、强迫自费的后果，导游对购物、自费不积极的旅游者恶言相向，甚至是羞辱旅游者的案例不在少数。当然，旅行社和导游这样的行为违法。

3．如果旅行社在合同中不设立不公平的条款，服务品质在合同中事先明确约定，在行程中能够信守承诺提供服务，不强迫购物和自费，即使旅行社提供的服务品质不尽如人意，这样的行为符合法律规定，依然应当得到法律的保护。道理很简单，只要做到明明白白消费，不强迫不欺骗，旅游者应当接受这样的服务，因为一分钱一分货。旅游者不能出团前比哪家旅行社价格低，行程中却比哪家旅行社服务品质好。旅游者如果抱着这种想法参加旅游团出游，不是幼稚，就是贪心，是消费不理性的表现。

（四）关于旅行社低价组织旅游团的思考

由于旅行社服务价格属于市场调节价，旅行社可以根据市场经营状况和竞争需求，确定旅游线路和服务的价格。而成熟的旅游市场的标志，就是同样的旅游线路和服务，可以有不同类型的价格构成，旅行社应当按照市场经济的运行模式来确定旅游价格。同时，旅游者根据自己的需求，选择合适的旅游线路，而不仅仅把价格作为唯一的选择标准。只要旅行社在价格行为中贯彻明码标价原则，履行合同中遵循诚实信用精神，至于旅游线路和服务的价格是高还是低，应当由市场本身来调节，而不是通过行政干预来实现。

按照合同约定和法律规定，既然旅行社和旅游者签订了旅游合同，旅行社就应当按照约定为旅游者提供服务，不论是购物的多少、自费的多少，旅游者一般也必须按照约定，前往商场购物和参加自费项目。对于旅行社而言，就是必须按照约定为旅游者提供全面的服务，不缺斤短两，也不强迫消费，遵循商业服务的基本规则和原则。

目前，许多旅行社组织低价旅游活动，基本上是一种赌博行为，是一种钓鱼的行为。旅行社根据过往经验及经营成本，事先设定旅游者必须购物的最低费用和自费的最低费用，然后以低价吸引旅游者参团，从旅游者的购物和自费中得到经济补偿，进而获得利润，以维持低价团队的运行。或者直接将经营成本转嫁给导游，由导游组织安排旅游团队的购物和自费。带团为旅游者服务，就是导游负债经营的开始，所以旅游者不愿意购物、自费，或者购物、自费达不到导游的预期，导游就会和旅游者发生冲突，诸如嘲笑、羞辱旅游者等现象，在近年来的被曝光的案例中屡见不鲜。

（五）旅游主管部门应当有所作为

上述案例中的 750 元旅游线路，是否为低价团，需要旅游主管部门作具体的调查核实，不能随意下结论，尽管从生活常识上加以判断，该旅游线路为低价团无疑。接到此类旅游投诉，旅游主管部门在妥善处理旅游纠纷的同时，必须对旅行社的经营是否行政违法进行调查，旅行社也有义务向旅游主管部门提供和旅游者签订的旅游合同，向旅游主管部门详尽说明旅游线路的经营成本，750元的成本构成，是否有供应商给予特殊优惠等情况。

如果旅行社不能提供旅游线路的详细价格构成，或者提供的证据不足以证明经营成本低于750元，旅游主管部门可以初步认定旅行社涉嫌低价竞争，在作深入调查核实的基础上，按照《旅游法》的规定，对旅行社实施行政处罚。

069 旅行社是否可以向旅游者收取离团费

一、案例简介

两名旅游者和旅行社签订合同参加日本旅游，第二天，旅游者提出由于身体不适，希望在酒店休息，导游要求旅游者交纳4000元离团费。旅游者返程后投诉，要求旅行社退还离团费，旅行社出示了旅游者自愿交纳离团费的协议，旅游者在协议上签字，且提供了自愿交离团费的录音，旅行社坚决不予退还。最后，旅游者将旅行社投诉至旅游主管部门，请求旅游主管部门主持公道。

二、法律规定

1.《合同法》第五十四条规定，下列合同，当事人一方有权请求人民法院或者仲裁机构变更或者撤销：在订立合同时显失公平的。

2.《价格法》第二条规定，在中华人民共和国境内发生的价格行为，适用本法。本法所称价格包括商品价格和服务价格。商品价格是指各类有形产品和无形资产的价格。服务价格是指各类有偿服务的收费。

三、案例分析

旅行社服务中，一些业内普遍认为合理的收费，诸如老年费、教师费、离团费等，但在旅游者看来，这些在旅游团款之外收取的费用，是年龄歧视、职业歧视的表现，即使旅游者支付了这些费用，事后也可能会投诉，要求旅行社返还这些费用。而旅行社会以各种理由，拒绝旅游者退还费用的要求，纠纷因此而起。这些额外费用的收取，是否符合法律规定，就成为能否收费的基础。

（一）这些额外费用产生的原因

旅行社之所以会向旅游者收取这些额外费用，总的原因是合同约定的旅游团费偏低，甚至是低于成本，即开启了所谓的"零负团费"经营模式。旅行社作为自负盈亏的企业，获利当然是第一要务。但由于收取旅游团款较低，这些在旅行社看来较为特殊的旅游者群体，或者是消费能力不足，或者是不愿意在旅行社指定的商场购物，或者是不愿意参加自费，旅行社按照常规提供服务一定会亏本；旅游者在行程中不随团参加旅游，旅行社就失去了旅游者购物和自费的机会。在这种情况下，旅行社就想出了对这些特殊群体收取额外费用的办法。

（二）收取旅游团款之外的离团费缺乏法律依据

上述旅行社声称，收取离团费得到了旅游者的同意，是双方协商一致的结果，是旅行社和旅游者之间真实意思表示，而且旅游者已经签字认可，还有自愿支付离团费的录音为证，这也是双方签订的一份合同。从表面上看，旅行社的说法有道理，但究其实质，旅行社的观点值得商榷：

1. 旅游者不参加旅游行为的性质。要谈旅游者不参加旅游行为的性质，首先必须讨论旅游者的权利义务。在旅游合同中，旅游者的主要合同义务，是按照约定支付旅游团款，当然还有相关的协助义务，而旅游者的主要权利是获得和旅行社的事先约定的各项服务。也就是说，接受旅行社提供的吃、住、游等服务，是旅游者在旅游合同中的权利。根据基本的法律原理，义务必须履行，权利可以放弃。旅游者离团不参加旅游，就是不接受旅行社提供的服务，是旅游者放弃旅游权利的具体表现。

旅游者放弃旅游的权利，是任何公民和法人无法阻挡的，也是不需要附加额外条件的。即使按照我国法律要求，或者按照境外旅游目的地的规定，旅游团队必须整团参加旅游活动，这也是行政法律法规的规定，也不能成为旅行社向旅游者收取离团费的理由。更何况是旅游者身体不适，在此情况下还要向旅游者收取离团费，不仅不符合法律规定，也不符合基本的人文关怀。因此，旅行社要向旅游者收取离团费缺乏依据。

2. 旅行社收取旅游者的费用，是基于为旅游者提供了服务。旅行社之所以能够向旅游者收取旅游团款，旅游者之所以心甘情愿向旅行社支付旅游团款，最为基本的原因是旅行社向旅游者提供了服务。所以上述《价格法》就明确规定，服务价格是指各类有偿服务的收费，但在旅游者提出由于身体不适，不参团旅游，旅游者在离团期间，不需要旅行社提供任何服务。按照法律的规定，既然没有提供服务，旅行社就失去了向旅游者收取费用的基础，不论该费用是离团费还是其他费用。事实上，按照民商法的基本要求，旅行社还应当退还旅游者放弃旅游期间尚未发生的费用，而不是向旅游者收取费用。

3. 向旅游者收取离团费显失公平。在没有为旅游者提供任何服务的前提下，还向旅游者收取离团费，违反了诚实信用原则，对旅游者明显不公平。虽然旅游者已经签字认可离团费的支付，也有愿意支付离团费的录音为证，即使这样的自愿是旅游者的真实意思表示，旅游者回国后反悔，要求旅行社返还离团费，也符合法律的规定。因为上述法律已经规定，只要在签订合同时存在显失公平的情形，旅游者可以请求仲裁机构或者法院变更或者撤销该合同。法律之所以这样规定，就是要公平地保护双方当事人的合法权益。更何况旅游者的签字可能并不代表旅游者的真实意思表示，人在他乡，是不得已而为之。

也有人会对上述结论提出质疑，认为只要旅游者签字认可，旅行社和旅游者达成的支付离团费协议应当有效，因为合同法的基本原则就是自愿原则。其实，这样质疑过于强调合同自由的原则，在现代合同法的适用中，世界各国都在强调合同自由的同时，也对合同自由做出了种种限制，我国合同法也是如此。在强调合同自由的同时，设定了对合同自由的限制条件，违反了这些限制性条款，即使合同是自愿签订的，合同的有效性也大打折扣，比如违反法律强制性规定的合同、存在重大误解的合同、显失公平的合同、以合法形式掩盖非法目的的合同等，都会被认为是无效合同或者是可变更可撤销合同。离团费合同就属于显失公平的合同。

（三）收取旅游团款之外的费用的前提

同一个团队的旅游者，可以由于是讨价还价等因素的制约，出现同团不同价的正常现象，通常情况下，一般不可以出现在合同价格之外再收取额外费用的情形，但在一些特殊情况下，依然可以向旅游者收取额外的服务费用，如老年旅游者参加旅游，要求旅行社委派一个导游单独为其服务，旅行社当然可以和旅游者协商，在合同之外向旅游者再收取服务费用；旅游者要求旅行社为其提供轮椅服务，额外收费也是有根有据。经过旅行社和旅游者的协商，参加自费项目的额外收费。总之，只要有额外的服务，旅行社就可以向旅游者收取额外的费用。

070 特殊群体旅游者收费纠纷分析

所谓的特殊群体，在旅行社服务中并没有明确的概念，从旅行社的操作中，至少三类人群可以被归纳到旅行社服务中的特殊群体，即老年人、未成年人、教师，因为在旅行社看来，这三类人群，要么就是没有消费能力，要么就是有消费能力，但在行程中不愿意参加旅行社指定的消费。总之，这些群体对于旅行社而言无利可图。

一、案例简介

旅游者对旅行社发布的某条旅游线路信息很有兴趣，兴冲冲地来到旅行社的门市，要求参加该旅游活动。门市工作人员输入旅游者的身份信息后，要求旅游者在广告价格之外，还必须再交纳 300 元团款，旅游者问其理由，回答是老年人参加该线路，必须额外交钱，因为老年旅游者的消费能力差，收取的 300 元是为了弥补旅行社的亏损。旅游者不能接受旅行社的说法，投诉至旅游主管部门。

二、法律规定

1. 《最高人民法院关于审理旅游纠纷案例适用法律若干问题的规定》第二十三条规定，旅游者要求旅游经营者返还下列费用的，人民法院应予支持：

（1）因拒绝旅游经营者安排的购物活动或者另行付费的项目被增收的费用；

（2）在同一旅游行程中，旅游经营者提供相同服务，因旅游者的年龄、职业等差异而增收的费用。

2. 《旅行社条例实施细则》第三十三条规定，在签订旅游合同时，旅行社不得要求旅游者必须参加旅行社安排的购物活动或者需要旅游者另行付费的旅游项目。同一旅游团队中，旅行社不得由于下列因素，提出与其他旅游者不同的合同事项：

（1）旅游者拒绝参加旅行社安排的购物活动或者需要旅游者另行付费的旅游项目的；

（2）旅游者存在的年龄或者职业上的差异。但旅行社提供了与其他旅游者相比更多的服务，或者旅游者主动要求的除外。

三、案例分析

（一）特殊群体收费的形式

1. 最为典型的就是上述案例形式。旅行社的旅游广告价格明确，但等到了旅行社所谓的特殊群体报名时，旅行社要求这些旅游者交纳额外的旅游团款，而接受的旅游服务与其他旅游者没有什么不同。

2. 要求在行程中必须支出一定数额的消费。虽然没有在签订旅游合同时要求旅游者交纳额外团款，但在合同中或者口头约定，旅游者在行程中必须有最低消费，如果旅游者不参与最低消费，服务品质难以保障。

3. 未成年旅游者的收费最为奇特。首先，旅行社自己设定未成年人标准，一些旅行社明确 22 岁以下人员均为未成年人，明显违反我国法律规定；其次，旅行社向所谓的未成年人收取全额团款，但不提供床位。

（二）特殊群体收费的本质

旅行社目前的特殊群体收费，本质上是一种歧视，是针对不同旅游者的年龄、职业、身份给予不同的收费待遇。这样的待遇并不是给予某种程度的优惠，而是加收费用，这与我国的法律规定和文化传统均有较大的反差。在我国法律的规定中，老年人、未成年人、教师等群体，在接受某些社会服务时，往往会给予优惠；在我国的文化传统中，照顾老弱病残是中华民族传统美德。不论从法律还是从传统看，对于旅行社所谓的特殊群体，只有提供更多的照顾，而不能提出额外的要求。

（三）特殊群体收费纠纷的处理

我们所说的旅行社对特殊群体的收费，本质上是歧视，这个结论的得出，是基于通常情况之下，旅行社向特殊群体额外收费，没有正当的理由，仅仅是因为旅游者的年龄、职业和身份等。正如上述案例中的收费。在此情况下，旅行社不得向旅游者提出上述要求，如果坚持收取，旅游主管部门必须责令整改，退还已经收取的额外团款，并根据法律规定给予行政处罚。

如果旅行社在行程中为旅游者提供了额外服务，不论是否为特殊群体旅游者，旅行社都是可以根据双方的协商，向旅游者收取费用。比如旅游者家属提出，要为老年旅游者提供轮椅服务，旅行社当然可以向旅游者家属提出额外收费的要求，具体价格双方协商。同样，如果有旅游者提出要住单间，旅行社可以理直气壮地要求旅游者补足单房差。

总之，不能简单地说，向旅游者额外收费正确与否，要看具体情况。没有理由的额外收费就是歧视或者强迫收费，应当被查处；有理由的额外收费就是正当收费，没有法律上的障碍。

071 免费不能成为旅行社规避行政责任的借口

一、案例简介

某旅行社组织社区老年人去北京旅游，旅行社承诺免费参加，到了北京后，全陪要求每一位老年人交纳自费项目 1000 元，否则就不再提供相应的服务。行程结束后，老年人投诉至当地旅游主管部门，在调查核实时，旅行社承认投诉事实，当旅游主管部门要对旅行社实施行政处罚时，旅行社提出异议，认为免费旅游不应当受到行政处罚。

二、案例分析

现在有少数旅行社为了规避《旅游法》《旅行社条例》等规定的约束，采取一些自认为聪明的办法，如以免费旅游为借口，免除旅游者部分费用（如来回交通费等），组织旅游者参加某些线路的旅游。到了旅游目的地后让旅游者参加自费项目和购物，以相关企业的返佣获取利润。如果有投诉发生，旅行社以

免费旅游为由，拒绝旅游管理部门监管，也拒绝向旅游者赔偿。

（一）收费与否，是民事行为

按照《价格法》的规定，旅行社向旅游者收取旅游费用，是旅行社行使权利的主要表现之一，只要旅行社按照规定，诚实守信，明码标价，向旅游者收取服务费用都是正当的。如果旅行社为了获得社会效益，或者承担社会责任，免除或者降低旅游服务费用，是旅行社的企业行为，值得提倡，但没有法律规定旅行社必须如此操作。总之，旅行社向旅游者是否收费、收费多少，应当由旅行社和旅游者协商而定，其性质属于旅行社的民事行为。

（二）监管与否，是行政行为

旅游主管部门对旅游市场的监管，是法律法规赋予的法定义务和职责，是否行使监管义务，不是由旅游主管部门自己决定，而是由法律法规规定，即监管旅游市场秩序的主动权在法律，而不在旅游主管部门。如果法律赋予了旅游主管部门监管职责，旅游主管部门不监管、乱监管，都违背了法律的初衷。

（三）监管对象，是服务行为

《旅游法》《旅行社条例》所要规范的，是旅行社组团行为、服务行为，这是旅游主管部门的监管对象和任务，而不是旅行社是否免费。免费与收费，仅仅是旅行社的收费方式不同，也是旅行社的自主经营行为之一，免费并不能改变旅行社组团的性质。旅行社以免费为借口拒绝监管，是偷换概念。

按照规定，旅行社组团就必须与旅游者签订书面旅游合同，如果所谓的免费旅游团没有签订书面合同，或者签订的书面合同不符合《旅游法》《旅行社条例》的相关规定，旅游管理部门可以对旅行社处以行政处罚。同样，对于行程中强迫购物、强迫自费行为，管理部门也要按照规定处罚。

（四）免费旅游，是放弃权利

免费旅游，是旅行社放弃了权利，但其服务义务不能被同时免除。既然免费不能改变旅行社组团的性质，旅行社就应当按照团队提供服务。即使是免费旅游，旅行社出团前也会与旅游者有约定，哪怕这个约定是口头的，旅行社按照约定履行合同的义务，同时还必须履行安全保障义务，确保旅游行程中旅游者人身财产安全。只要旅行社没有履行合同义务，或者没有履行安全保障义务，给旅游者造成损失，旅行社还是应当承担赔偿责任，这与是否免费没有太大的关系。

因此，上述案例中，旅行社以免费旅游为由，拒绝接受旅游主管部门的行政处罚缺乏依据。

072 免费是否可以成为旅行社免责的理由

一、案例简介

某旅行社为了吸引当地市民的眼球，提高社会知名度，在当地大做广告，宣布将组织老年旅游者前往北京旅游，但同时声称由于是免费旅游，在旅游期间出现的漏游景点等行为不予赔偿，对于旅游者的伤害旅行社只有协助义务，但没有赔偿责任。当地旅游主管部门前去查处，旅行社辩解说，因为是免费旅游，可以免除旅行社的责任。旅行社的说法是否有法可依？

二、案例分析

（一）免费旅游没有从本质上改变权利义务关系

旅行社组织旅游者参加旅游，不论该团队是收费还是免费，作为旅游合同双方当事人，旅行社和旅游者之间的权利义务依然存在。没有因为旅行社免费服务，旅行社的义务随之被免除，也没有因为旅行社是收费服务，又无缘无故地增加了新的义务。无论免费与否，旅行社的义务都不曾减少或者增加。

1. 旅行社的权利：旅行社有权向旅游者收取旅游团款。旅行社有自主收取团款的权利，收取的团款不能高于广告价格，是否优惠由旅行社决定，收取团款后出具正规凭证。旅行社的义务：旅行社按照约定向旅游者提供服务，同时还必须履行安全保障义务，如果旅行社违反合同约定或者有侵权行为，要承担法律责任。

2. 旅游者的权利：得到合同约定的各项服务，合同变更应当得到旅游者的同意，人身财产安全必须得到保障，还有相应的赔偿权利。旅游者的义务：主要义务是按照约定交纳团款，按时参加旅游的协助义务；其行为给旅行社造成损失，也应当承担赔偿责任。

（二）权利可以放弃，义务必须履行

按照法律规定，合同双方当事人都必须认真履行约定或者规定的义务，义务不能随意放弃，而权利是否需要得到实现，则由权利人自己决定，既可以获得，也可以放弃。简而言之，权利可以放弃，义务必须履行。

1. 收取旅游团款本是旅行社的权利，旅行社放弃旅游团款的收取是其自主行为，只要旅行社自己认为合适就没有不妥；而旅行社为旅游者提供服务、保证旅游者人身财产安全是义务，必须严格履行，旅行社不能放弃。所以说，旅行社组织免费旅游，不影响旅游合同的性质，也不能因此而降低或者减少旅行社的各种义务。

2. 按照规定，旅行社组团就必须与旅游者签订书面旅游合同，免费旅游团也不例外，《旅游法》并没有规定，免费旅游就可以不签订书面旅游合同。如果所谓的免费旅游团没有签订书面合同，或者签订的书面合同不符合法律法规的规定，旅游主管部门可以对旅行社处以行政处罚。

3. 免费旅游期间，旅行社的服务仍然按照合同约定进行，尤其是不能以免费旅游为借口，强迫或者变相强迫旅游者参加自费、购物活动。旅行社不能认为旅游者得到了免费旅游，就理所当然地必须参加购物和自费。对于行程中强迫购物、强迫自费行为，旅游主管部门也要按照规定对旅行社实施处罚。

（三）旅行社免费组织旅游，旅游者权益受损是否可以要求旅行社赔偿

旅行社按照诚实守信原则，组织老年旅游者免费游北京，本无可厚非，既然免费不能改变旅行社组团的性质，旅行社就应当按照团队提供服务。即使是免费旅游，旅行社出团前也会与旅游者有约定，哪怕这个约定是口头的，旅行社按照约定履行合同的义务，同时还必须履行安全保障义务，确保旅游行程中旅游者人身财产安全。只要旅行社没有履行合同义务，或者没有履行安全保障义务，给旅游者造成损失，还是应当承担赔偿责任，这和是否免费没有必然的联系。

总之，旅行社可以根据自己的实际需要，组织旅游者免费旅游，但免费旅游不能成为强迫购物和自费的理由，更不能成为免除赔偿责任的理由。

073 老年旅游者参团是否可以要求退还门票

一、案例简介

老年旅游者参加旅行社组织的旅游团，在行程中发现和其他旅游者团款相差无几，在景点收票处出示了老年证免费入场。返程后要求旅行社退还门票优惠，旅行社以包价旅游合同服务不具体单列费用为由，拒绝退还门票。老年旅游者向旅游主管部门投诉，要求退还门票，其理由是法律规定可以享受，权利被旅行社剥夺；旅行社则再次强调包价旅游合同的特点，拒绝返还。两者的观点似乎都有道理，难以抉择。

二、法律规定

1. 《老年人权益保障法》第五十八条规定，博物馆、美术馆、科技馆、纪念馆、公共图书馆、文化馆、影剧院、体育场馆、公园、旅游景点等场所，应当对老年人免费或者优惠开放。

2. 《旅游法》第一百一十一条规定，包价旅游合同，是指旅行社预先安排行程，提供或者通过履行辅助人提供交通、住宿、餐饮、游览、导游或者领队等两项以上旅游服务，旅游者以总价支付旅游费用的合同。

三、案例分析

（一）法律规定给予老年旅游者优惠范围

根据法律规定，这里所谓的老年旅游者，是指 60 周岁以上的老年旅游者。也就是说，凡是 60 周岁以上的老年人，在旅游活动中都可以享受的一定门票优惠。许多地方性法规规章又对老年人做出细分，按照 60 周岁以上和 70 周岁以上两个不同年龄档次，分别给予不同的优惠幅度。同时消除了本地旅游者和外地旅游者之间的界限，一视同仁地给予优惠。

（二）老年旅游者优惠的具体办法

《老年人权益保障法》有关老年人优惠的规定，是一个富有弹性的规定，仅仅规定给予老年人免费或者优惠，没有采取"一刀切"的办法。具体是优惠还是免费，则由当地政府结合实际再确定。在旅游服务中，凡是国有性质的旅游景点，全国较为普遍实施的原则是，60 周岁以上的老年旅游者给予一定的优惠，优惠多少由景点自行决定，70 周岁以上的老年旅游者则以门票全免居多。

有一点必须特别注意，虽然上述法律没有明确规定给予优惠或者全免的景点必须是国有性质，但许多地方性法规基本都确定了优惠主体为国有性质的景点。至于民营性质的旅游景点，虽然也会给予老年人优惠，但给予老年旅游者优惠的主动权在旅游景点自身，法律没有干预，也没有做出具体的强制性的规定。如果民营性质的景点不给予老年旅游者门票优惠，有关部门也不能理直气壮地要求，景点给予老年旅游者优惠或者全免。

（三）老年旅游者获得优惠是法定权利

不论是获得优惠还是全免，是法律赋予老年旅游者的权利。权利主体可以放弃权利，但权利通常不可以被剥夺。具体而言，老年旅游者可以放弃旅游景点的优惠，购买门票进入景点，但景点不可以拒绝给予符合优惠条件的老年旅游者门票优惠。老年旅游者是参加旅行社组织的旅游团出游，还是自行前往景点游览，仅仅是老年旅游者对出游方式的自愿选择，并不影响和阻碍享受门票优惠权利的实现。老年旅游者参团旅游当然可以继续享受优惠的权利，旅行社以包价旅游合同性质为由，拒绝退还门票的理由不成立。

（四）旅行社组织老年旅游者参团如何处理门票优惠问题

由于老年旅游者门票优惠是旅游者的法定权利，旅行社不可以任何理由限制或者剥夺老年旅游者的优惠权利，但老年旅游者可以自愿放弃享受优惠的权利。旅行社在组团时，首先需要对于如何应对老年旅游者的优惠规定制定相对应的预案；其次需要对门票优惠规定有一个全面的了解：需要了解当地有关老年旅游者门票的优惠规定，并掌握旅游目的地有关老年旅游者优惠的规定。

如果两地规定相同，旅行社可以事先向老年旅游者解释旅行社服务的特点、旅游服务价格的组成等内容，希望老年旅游者能够按照普通旅游者标准支付旅游团款。如果老年旅游者拒绝旅行社的解释，仍然要求享受门票优惠，旅行社在收费时，就必须按照旅游目的地的优惠规定和标准，给予老年旅游者优惠。如果两地的门票优惠规定不一致，则需要按照旅游目的地的规定和标准，给予老年旅游者门票优惠。

（五）包价旅游合同和门票优惠不矛盾

包价旅游合同的特点之一，就是旅游者以总价方式向组团旅行社支付旅游费用，这仅仅是支付旅游团款的方式，总价支付只是说明旅行社不需要向旅游者列出服务明细，诸如房费、餐费、门票等的具体费用构成，但并不意味着老年旅游者能够享受的优惠权利就此消失，两者不是非此即彼的不能共存的关系。因此，包价旅游不能成为对抗老年旅游者门票优惠的理由。

所以，只要旅行社事先没有向老年旅游者做出有关门票优惠的解释，老年旅游者没有明确表示放弃门票优惠的权利，返程后要求旅行社退还门票优惠，旅行社应当予以退还。

074 网络平台如何收取旅游者的旅游团款为妥

一、案例简介

旅行社借助某网站销售旅游线路，张先生在某网络平台看中某条旅游线路，经过咨询决定参加该线路。张先生按照网站的要求，将旅游团款直接支付给网站，网站也出具了注明为"旅游费"的发票。后因旅行社的原因取消旅游行程，网站及时将信息传达给张先生，张先生要求网站承担违约责任。网站认为张先生应当直接向旅行社主张违约责任，而不是向它主张权利；旅行社则认为既没有和张先生签订旅游合同，也没有收取张先生的旅游团款，和张先生没有合同关系，也拒不承担违约责任。张先生不知道向谁主张权利。

二、法律规定

1.《合同法》第三十六条规定，法律、行政法规规定或者当事人约定采用书面形式订立合同，当事人未采用书面形式但一方已经履行主要义务，对方接受的，该合同成立。

2.《合同法》第四百零二条规定，受托人以自己的名义，在委托人的授权范围内与第三人订立的合同，第三人在订立合同时知道受托人与委托人之间的代理关系的，该合同直接约束委托人和第三人，但有确切证据证明该合同只约束受托人和第三人的除外。

三、案例分析

（一）首先理顺旅游合同关系

1. 纠纷的基本事实是：张先生向网站交纳旅游团款，网站收取了旅游团款，且出具了发票是旅游合同一方当事人；旅行社是旅游线路的发布者和实际操作者，但和张先生之间没有任何直接的交易关系。

2. 判断旅游合同关系是否成立的基本依据。判断旅游合同是否成立，基本上从两个方面着手：

第一，是否签订旅游合同。《旅游法》和《旅行社条例》都要求，旅行社在提供包价旅游服务时，必须和旅游者签订书面的旅游合同（包括纸质的包价旅游合同和电子的包价旅游合同）。如果有书面的包价旅游合同，就清楚地表明了和旅游者签订包价旅游合同的当事人，为旅游合同的另一方当事人。但在上述纠纷中没有书面包价旅游合同。

第二，主要的权利义务是否实现和履行。在旅行社服务中，对于旅游者而言，最为重要的合同义务是交纳旅游团款，旅行社最为重要的合同权利是收取旅游团款。如果最为重要的权利义务关系得以实现和履行，表明支付团款和收取团款之间的当事人为旅游合同的双方当事人，该合同关系成立。这个观点可以从法律规定汇总得到印证。

因此，张先生向网站支付了旅游团款，网站收取了旅游团款，重要的凭证就是旅游发票，尽管张先生和网站并没有签订书面的旅游合同。网站擅自解除旅游合同，没有按照约定为张先生提供服务，网站应当承担违约责任。

（二）相关建议

不可否认的事实是，在这个纠纷的处理中，网站事实上是替旅行社背了黑锅，网站向张先生赔偿后，可以向提供线路的旅行社主张权利。除此之外，网站在经营中是否能够规避类似旅游纠纷带来的风险，也是值得网络平台的思考。笔者向此类网站提出两个建议：

1. 网络平台应当和旅行社签订委托合同，明确双方的权利义务，防止上述旅游纠纷发生后，消除旅游者主张权利的障碍，由旅行社直接面对旅游者，而不是经过网络平台的处理，然后再向旅行社要求弥补损失。因为对于旅游纠纷的处理，旅行社比网络平台有更为丰富的经验，更为重要的是，此类纠纷的主体本来就是旅行社和旅游者，而非网络平台。

2. 更为重要的是，网络平台在向旅游者提供发票时，必须明确注明"为某旅行社代收旅游团款"的字样。这样的注解表明，网络平台仅仅是旅游团款的代收人，真正收取旅游团款的是旅行社，让旅游者清楚地知道网络平台和旅行社之间的代理关系，打通了旅游者和旅行社之间的连接。

通常情况下，网络平台不说明代理人的身份，网络平台收取旅游团款后就是旅游合同的当事人，但只要能够说明身份，就不是旅游合同的当事人，仅仅是代理而已。正如我们在银行购买了长途车票，如果长途客车班次被取消，我们不会向银行追究责任，而是向长途汽车运输公司主张赔偿权利，是同样一个道理。

按照《合同法》第四百零二条的规定，网络平台作为受托人，即使和旅游者签订了合同，只要网络平台向旅游者告知网络平台和旅行社之间的委托关系，网络平台和旅游者之间签订的旅游合同也直接约束旅行社和旅游者，与网络平台没有直接的关系，更何况在实务操作中，网络平台并不会和旅游者直接签订旅游合同。可见，网络平台在代旅行社向旅游者收取旅游团款时，明确说明和旅行社之间的委托关系是何等重要。

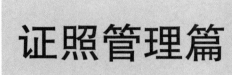

证照管理篇

075 签证迟延导致行程取消的责任承担分析

一、案例简介

旅游者参加旅行社组织的欧洲游，按照旅行社的要求，旅游者提前一天抵达出发地，第二天前往机场时得知，全团签证已经办妥，唯独该旅游者的签证必须延后一天发放。经旅行社和旅游者的协商一致，行程取消，旅行社退还全额旅游团款，并承担了旅游者的全部食宿费用。旅游者要求旅行社按照合同约定，承担总团款20%的违约金。旅行社认为在该事件中没有过错，且已经承担了旅游者的全部损失，就不应当再承担违约责任。双方为此产生了分歧。

二、法律规定

1.《合同法》第一百二十一条规定，当事人一方因第三人的原因造成违约的，应当向对方承担违约责任。当事人一方和第三人之间的纠纷，依照法律规定或者按照约定解决。

2.《合同法》第一百一十四条规定，当事人可以约定一方违约时应当根据违约情况向对方支付一定数额的违约金，也可以约定因违约产生的损失赔偿额的计算方法。

三、案例分析

（一）旅行社在该事件中不存在过错

签证是否发放、何时发放，决定权在使领馆，旅行社所能够做的，就是按照使领馆的要求，向旅游者收集各种签证资料，并及时向使领馆提交。只要旅行社向使领馆提供的资料符合使领馆的要求，旅行社的任务即告完成。在上述案例中，旅行社的操作中规中矩，不存在任何过失，全团签证如期发放，唯独一个旅游者的签证迟延一天，且也发放，从侧面可以证明旅行社不存在过错。

（二）使领馆的过失是否应当由旅行社承担

答案是肯定的。由于使领馆的原因，该旅游者签证迟延一天，导致行程被取消，旅游者权益受到了损害。虽然旅行社没有任何过错，但根据合同相对性的原理，旅行社和旅游者是合同双方当事人，旅行社既然向旅游者承诺了出团时间，除非发生不可抗力，或者经过旅行社和旅游者的协商，旅行社就必须按照约定为旅游者提供服务。如果旅行社不能兑现承诺，旅游者行程被取消，虽然旅行社没有过错，但旅行社仍然必须为此承担责任。合同相对性原理导致的法律后果是，旅行社为使领馆承担责任，似乎对旅行社也不公平，但假如要求旅游者直接向使领馆主张权利，对旅游者也不公平。

（三）旅行社是否可以向使领馆主张权利

答案也是肯定的，旅行社当然可以向使领馆主张权利，法律也是这样规定的。旅行社和使领馆之间权利义务的平衡，则应由旅行社向使领馆提出交涉，这也是《合同法》第一百二十一条规定在旅游服务纠纷处理中的应用。但在实务中，旅行社不可能为此向使领馆主张自己的权利，原因大致有二：原因之一是，旅行社和使领馆事实上存在地位不平等的现实，即使使领馆工作失误，旅行社无法向其主张权利；原因之二是，旅行社要向使领馆主张权利，必须要由旅行社举证使领馆工作的失误，这对于旅行社也是不可能完成的工作。有鉴于此，即使使领馆存在工作失误，旅行社也不可能也没有办法向使领馆主张权利，所有损失一般都会由旅行社自己承担，或者和旅游者协商解决。

（四）旅行社是否应当支付违约金

答案依然是肯定的。按照上述法律的规定，旅行社和旅游者为了确保旅游行程顺利开展，旅游合同约定得到全面实施，防止当事人违约行为的发生，同时为快速解决旅游纠纷，旅行社和旅游者可以就违约行为设定一定数量的违约金。一方当事人违约，违约的当事人必须按照约定支付违约金。违约金的特点是，关注违约行为是否发生，而不关注违约行为是否给对方造成了损失。也就是说，不论是否给对方当事人造成损失，只要有违约行为，违约方就必须向对方当事人支付违约金。因此，旅行社应当按照约定，向旅游者支付总团款20%的违约金。如果旅行社认为违约金过高，对于旅行社不公平，旅行社可以要求仲裁机构或者人民法院降低违约金。

（五）旅行社是否应当给自己操作留有时间余地

答案还是肯定的。从上述案例看，虽然旅行社的操作没有问题，旅行社似乎也吃了亏，为此承担了损失。但我们不妨从另一个角度思考，是否可以得出旅行社的操作过于紧凑，没有给自己留有足够的时间的结论。假如旅行社的操作稍有余地，即使使领馆的签证晚出一天，也不至于造成这样的纠纷，也不会给旅行社和旅游者造成损失和遗憾。在过往的纠纷中，此类案例时有发生，应当引起旅行社的重视。

076 签证出错旅游者可以要求出境游补出境游吗

一、案例简介

某公司20名员工和旅行社签订旅游合同，前往新加坡、马来西亚和香港旅游，旅游团从上海准备出关时，边检人员发现旅游者的新加坡入境签证已经过期，旅游团被迫滞留在上海机场。领队向组团社报告情况，同时和旅游者协商，旅行社提出可以解除旅游合同，旅游者则要求，不论采取什么措施，都必须继续完成旅游行程。旅游者提出从广州出境，行程和原合同恰好相反（此后被旅游者指责为"行程倒走"的原因所在），但更改后的行程服务档次和标准不变。经过旅行社的努力，两天后办好了签证，旅游团从广州出境，顺利完成了旅游行程，但行程比原计划延后两天。行程结束后，旅游者认为旅行社存在严重的质量违约，有欺诈行为，向旅游管理部门投诉，其赔偿请求是："出境游补出境游。"免费组织旅游者再次出境旅游，以补偿旅游者遭受的所有损失。

二、法律规定

1. 《合同法》第七十七条规定，当事人协商一致，可以变更合同。

2. 《合同法》第一百一十三条规定，当事人一方不履行合同义务或者履行合同义务不符合约定，给对方造成损失的，损失赔偿额应当相当于因违约所造成的损失，包括合同履行后可以获得的利益，但不得超过违反合同一方订立合同时预见到或者应当预见到的因违反合同可能造成的损失。

三、案例分析

（一）造成签证过期的原因

造成旅游者签证出错的原因有两种可能：第一种可能，旅行社向使领馆提供的材料有误，申请团队需要的签证日期出错，使领馆按照旅行社提供的材料要求给予签证。第二种可能，旅行社提供的材料准确，是使领馆的差错，导致签证日期有误。

（二）旅行社存在违约行为

首先应当明确，旅游团队行程受阻，旅行社负有不可推卸的责任。不论是何种原因造成签证过期，最后责任承担者应当是旅行社，因为旅行社有提供准确材料和审核签证的职责。既然旅行社没有履行审核职责，或者审核不严，旅行社就必须为此承担全部的违约责任。

（三）旅行社是否存在欺诈

从案例中可以看出，旅游者出境游团队未能按时出团，是旅行社的业务员工作疏忽所致，但不存在主观故意和恶意。旅行社也是到了机场边检处时，才知道签证过期，旅行社没有虚构事实，也没有隐瞒真相。旅游者不能按时出团，并没有给旅行社带来利益，相反给旅行社造成了很大的经济损失，因而不存在欺诈行为。

（四）所谓"行程倒走"是否应当指责合适

在确定旅行社违约的前提下，被旅游者指责的"行程倒走"应当受到法律保护。当旅游团队出境受限时，旅行社提出解除旅游合同，旅游者坚持出境旅游行程，并和旅行社达成了调整行程的协议，所谓"行程倒走"完全是旅行社与旅游者协商一致的结果。旅游行程变更后，服务标准和档次也没有受到影响，旅游者的权益也没有受到损失。同时，我国相关法律的规定，违约责任的承担方式有继续履行、采取补救措施、赔偿损失、支付违约金和定金等方式，当旅行社出现违约行为时，根据当时当地具备的条件，可以适用不同的责任承担方式。旅行社和旅游者双方共同采取了补救措施，促成了旅游行程的完成，基本维护了旅游者的权益，应当得到肯定。

（五）"出境游补出境游"要求是否合适

民事纠纷的救济适用补偿性原则。旅行社的违约行为给旅游者造成了损失，要么根据违约金的约定进行赔偿，要么是旅游者来举证，旅行社的违约行为给旅游者造成了多大的损失，然后由旅行社做出赔偿。上述案例中，旅行社给旅游者造成的直接损失，是延后两天回国。延后两天回国，就要求旅行社再次组织出境游作为补偿，显然旅游者从中获得的利益，超出了旅游者的实际损失，旅游者的主张不应当得到支持。同时，既然是双方协商后对原合同进行了变更，旅游者作为具有完全民事行为能力人，应对合同变更可能带来的不便有充分的思想准备。

总之，由于旅行社没有检查签证的有效期，导致旅游者迟延两天返程，但这个迟延返程的结果是旅游者在上海就可以预料得到的，鉴于旅行社违约在先，应当给予旅游者适当补偿。

077 护照出错是旅游者扩大损失的理由吗

一、案例简介

杭州陈先生夫妇参加旅行社组织的出境旅游，出发地为上海浦东机场，就在准备前往机场时，旅行社发现陈先生的妻子护照照片有误，旅行社立即给出解决方案，陈先生妻子留下，陈先生继续行程，陈先生妻子可以在方便的时间参加同样的旅游线路，线路价格涨价，旅游者不需要支付增加的费用；如果线路降价，旅行社退还差价。陈先生夫妇不同意，陈先生妻子提出要随团去上海直接闯关出境，旅行社及时报告上海机场边检。到了机场，陈先生见妻子不能参团旅游，也拒绝出境。旅行社为他们购买了返程的大巴车票，陈先生自己打车回到杭州，并要求旅行社报销出租费。

二、法律规定

1.《合同法》第一百零七条规定，当事人一方不履行合同义务或者履行合同义务不符合约定的，应当承担继续履行、采取补救措施或者赔偿损失等违约责任。

2.《合同法》第一百一十九条规定，当事人一方违约后，对方应当采取适当措施防止损失的扩大；没有采取适当措施致使损失扩大的，不得就扩大的损失要求赔偿。当事人因防止损失扩大而支出的合理费用，由违约方承担。

3.《合同法》第一百一十三条规定，当事人一方不履行合同义务或者履行合同义务不符合约定，给对方造成损失的，损失赔偿额应当相当于因违约所造成的损失，包括合同履行后可以获得的利益，但不得超过违反合同一方订立合同时预见到或者应当预见到的因违反合同可能造成的损失。

三、案例分析

（一）护照照片出错等同于旅行社的过错

在出境旅游服务中，最为重要的一个环节是办理护照和签证，这也是出境旅游和境内旅游最大的区别所在。在这个环节中，旅行社直接能做的，是按照公安部门和外国使领馆的要求，向旅游者收取旅游者个人资料并上交相关部门。护照能否办理好、能否办出签证，都超出了旅行社的能力范围，旅行社唯一能够做的，就是对于旅游者个人资料的审核和证照的验收，即使是公安部门或者使领馆的工作疏忽，最终责任的承担者是旅行社，旅行社无法向出错的部门追偿，这是旅行社的尴尬，也是旅行社所必须承受的。上述案例中也是如此，旅行社就错在没有对旅游者的证照进行严格查验，导致旅游者行程受阻。

（二）旅行社的过错产生的后果

旅行社对陈先生妻子护照疏于审验，导致她不能按照约定前往目的地旅游，旅行社的过错不用回避，必须承担因此产生的损失。值得肯定的是，旅行社得知陈先生妻子想闯关出境旅游时，及时向边检部门报告，阻止了陈先生妻子鲁莽的行为。旅行社应当为此承担的损失有，陈先生妻子为了报名参加旅游团支出的交通费用、提供个人资料需要请假造成的误工费，但不包括办理护照的费用、为旅游购买的衣物食品的费用，也不包括旅游期间可能损失的商业利益、为旅游请假三天或者五天的经济损失等。总之一句话，旅行社要赔偿陈先生妻子的损失，就是她在这次旅游前所有的直接经济损失。当然，旅行社在事发时提出了积极的赔偿方案，切实可行，但仍然不为旅游者接受。

（三）旅游者扩大的损失

在本案例中，陈先生夫妇扩大的损失包括几个方面：第一，当陈先生妻子不能如期出境旅游时，陈先生同时放弃出境旅游，陈先生的行为扩大了损失，应当视同为陈先生主动放弃了出境旅游的机会。从法律角度上说，当陈先生妻子不能出境旅游时，陈先生完全可以继续旅游行程，不可以擅自取消行程，否则就是陈先生自己承担后果。从人情角度上说，陈先生夫妇参加旅游，最后需要陈先生和妻子分开行程，一般人都难以接受。第二，在前往机场前，旅行社已经发现陈先生妻子护照有问题，并且要求她取消行程，陈先生妻子从上海返回杭州的交通费用应当由她自己承担；陈先生擅自取消行程，和他妻子一同返回杭州的交通费当然也要由陈先生自己承担。按理说，旅行社可以协助陈先生夫妇从上海返回杭州，但没有必要为他们支付交通费用。第三，陈先生夫妇没有接受旅行社安排的交通，自己打的返回杭州，的士费用也是人为扩大的损失。这些是陈先生夫妇人为扩大的损失，和旅行社的违约不存在关联性，全部应当陈先生夫妇自己承担。

078 证件出错旅行社能够鼓动旅游者出境吗

一、案例简介

某旅行社组织 47 名旅游者赴港澳游，该团领队在机场核对旅游者证件时，发现旅游者张女士证件实为同一城市另一女旅游者的证件，除了姓名外，照片和出生时间都与本人不符。领队非但没有及时劝阻张女士取消行程，反而告诉张女士，香港海关审查不严，只要稍微装扮就可以顺利入境，并安排张女士购买假发等。张女士在通海时被香港移民局查获，以涉嫌"持非本人有效证件企图入境罪"被拘禁 20 余天后，香港法庭开庭审理。法庭认为，旅游者张女士持他人证件过境违反了香港法律，但由于她本人不存在不良动机，不构成犯罪，予以当庭释放。张女士返回后将旅行社告上法庭，请求法院判令包括精神损害在内的民事赔偿。

二、法律规定

1. 《民法通则》第九条规定，公民从出生时起到死亡时止，具有民事权利能力，依法享有民事权利，承担民事义务。

2.《民法通则》第十一条规定，十八周岁以上的公民是成年人，具有完全民事行为能力，可以独立进行民事活动，是完全民事行为能力人。

3.《侵权责任法》第二十二条规定，侵害他人人身权益，造成他人严重精神损害的，被侵权人可以请求精神损害赔偿。

三、案例分析

（一）在这起纠纷中，旅行社的过错明显

旅行社的过错主要集中在三个方面：

1. 没有提前核对旅游者证件。在旅游者证件的办理和核对过程中，旅行社对证件的审核至少有几个步骤，首先是要递交准确的旅游者个人信息资料，这里讲的审核是程序性的审核，对旅游者个人信息内容的审核是初步的，因为旅行社没有能力对内容进行实质性的审核能力。其次是在旅游者签证（签注）办理完毕后，对签证（签注）有效性进行核对。最后是领队在证件移交过程中对证件的立即审核，而不是等到机场码头时再核对。

2. 发现旅游者证件有误时，必须立即停止旅游者的行程。任何国家和地区的出入境，都有严格的规定和程序，任何人不得利用假冒证件出入境，作为旅行社领队这样的专业人士，对此应该心知肚明。所以，解除和旅游者的旅游合同，承担相应的赔偿责任，是旅行社最好的选择。

3. 旅行社领队惧怕承担赔偿责任，不仅没有劝阻旅游者取消旅游行程，反而是盲目鼓动旅游者继续旅游行程，还帮助旅游者乔装打扮，试图蒙混过关，更是错上加错，直接导致旅游者被香港拘禁20余天，造成了严重的后果。应当说，旅行社对于旅游者被香港拘禁20余天负有不可推卸的责任。

（二）旅游者本身是否存在错误

旅游者证件出错，责任在旅行社，尤其是在旅行社鼓动其继续行程时，旅游者是否一味听从旅行社的指引，而缺乏自己应有的主见呢？在旅游服务中，旅游者经常以参加旅游团为由，不问青红皂白，不问是非曲直，只要有任何损害发生，都要求旅行社承担责任，这样的观点是否站得住脚，是值得进一步探讨的。旅行社固然需要为旅游者提供各种服务，但旅游者接受服务时，必须要有自己的是非判断，不能把所有的责任推给旅行社。因为旅游者是完全民事行为能力人，必须具备基本的法律知识，对于假扮其他旅游者出入境，在任何国

家和地区都是被禁止的。

（三）旅游者是否可以主张精神损害赔偿

出境旅游原本令人期待，给人带来愉悦和放松，但是突如其来的牢狱之灾，让张女士失去人身自由，并遭受精神折磨，按照《侵权责任法》的规定，造成张女士严重精神损害，张女士当然可以向旅行社主张精神损害赔偿。除此之外，张女士还可以向旅行社主张误工费等损失赔偿。经过法院判决，张女士大部分赔偿请求得到了法院的支持。这样的判决，对于旅行社是深刻教训，对于旅游者也是如此。

079 签证办妥前旅行社买机票造成损失的承担分析

一、案例简介

旅游者参加旅行社组织的美加游，旅行社办妥了全团的美国签证，告诉全团旅游者，只要美国签证办理好以后，加拿大的签证就没有问题了，所以请大家交纳机票款，先把机票确定。虽然尚未签订旅游合同，全团旅游者仍然按照旅行社的要求，先交纳了机票款，等待着团队的出发。其中有位旅游者女儿定居加拿大，最后该旅游者被加拿大使馆拒签，产生了机票损失。旅行社认为机票损失应当由旅游者承担，旅游者则认为机票损失由旅行社承担，双方互不相让。

二、法律规定

1.《合同法》第六十条规定，当事人应当按照约定全面履行自己的义务。

2.《合同法》第一百零七条规定，当事人一方不履行合同义务或者履行合同义务不符合约定的，应当承担继续履行、采取补救措施或者赔偿损失等违约责任。

三、案例分析

（一）旅行社和旅游者之间的合同关系成立

在上述旅游纠纷中，虽然旅行社向旅游者收取机票费用时，并没有和旅游者签订书面的旅游合同，旅游者也仅仅交纳了机票款，而不是全额旅游团款，但根据《合同法》的相关规定，只要旅游者向旅行社履行了主要义务，即交纳了旅游费用，旅行社接受了旅游费用，旅行社和旅游者之间的旅游合同成立，双方形成了出境旅游服务合同关系。尽管最后由于旅游者被加拿大使馆拒签，旅游合同最终归于无效，旅游行程也被迫取消，但旅行社和旅游者之间存在合同关系是不容置疑的。所以，旅行社和旅游者在服务过程中出现的纠纷，就必须按照《合同法》等规定来处理。

（二）出境旅游合同是附生效条件的合同

按照《合同法》的规定，合同的成立和生效，是两个不同的概念，合同成立了并不意味着合同必然生效，合同生效必须符合相关的法律规定；但生效的合同一定是合同关系成立的，如果说合同生效了，但合同尚未成立，是不可想象的。

通常情况下，境内旅游合同成立后立即生效，签订旅游合同时间和旅游合同生效时间一致，因为境内旅游合同的成立和生效不存在法律上的障碍。出境旅游服务中，旅游合同关系的成立，并不导致旅游合同的必然生效，因为和境内旅游相比，出境旅游合同最终是否生效，除了符合我国法律规定的条件外，还取决于旅游签证是否能够顺利办理。旅行社对于旅游签证的办理没有任何的决策权，只有配合的义务，按照使领馆的要求收集旅游者的基本材料和数据，提供给使领馆，最后由使领馆确定是否给某个具体的旅游者发放签证。

也可以说，旅行社和旅游者签订的出境旅游合同，是效力待定的旅游合同，旅游合同是否生效，就是要确保该旅游合同完全具备生效的条件。也就是说，出境旅游合同的生效与否，要等到旅游签证是否顺利办理时才能确定，而不仅仅是旅游合同的签订。在签证顺利办理前，谁都无法百分之百地确信，旅游签证办理毫无问题。如果旅游签证能够顺利办理，旅游合同成立并生效；如果旅游签证不能顺利办理，旅游合同成立了但没有生效，旅游合同就必须解除。这就是出境旅游和境内旅游服务中存在的最大不同，旅行社对此需要有清醒的认识，不能仅凭过往的经验，向旅游者做出承诺。

在提供出境旅游服务时，旅行社必须向旅游者做出明确的事先说明，除了要求旅游者提供齐全真实的个人资料外，应当将旅游签证办理中存在的风险明确告知旅游者，如旅游签证存在拒签的概率，并对拒签的后果及其处理给出明确的方案，如拒签后除不能随团出境旅游、旅游合同必须解除之外，旅游者交纳的签证受理费无法退还等。而不是像上述案例中旅行社的业务员那样，对于加拿大的旅游签证轻易做出承诺。所以，旅行社的随意承诺，事先没有明确告知，是导致该纠纷的原因之一。

（三）出境旅游服务模式有待完善

在出境旅游服务中，由于绝大多数的旅游签证能够顺利办理，旅行社为了确保服务能够顺利开展，通常会采取提前预订服务供应商的做法，一方面可以确保服务的早日落实，另一方面由于提前预订，旅行社可以从服务供应商手里拿到更优惠的折扣。旅行社这样的服务模式本身没有问题，但这样的经营和服务模式，必须和出境旅游服务的特点相结合，而不是仅仅为了利润的获取，忽视出境旅游服务的风险。

前文已经详尽介绍了旅游签证办理中隐含的风险、出境旅游合同具有效力待定的性质，就意味着旅行社提前向服务供应商的预订服务存在一定的风险。旅行社对此应当有足够的思想准备，并采取相关措施，防止发生上述纠纷。如果旅行社仅凭经验和通常模式进行服务，出现拒签、旅游合同不得不被解除情形时，由旅行社的经营模式产生的风险，就必须应当由旅行社自己来承担，而不能将责任推给旅游者。

（四）旅游纠纷的处理

在上述纠纷中，由于旅游者完全按照旅行社的要求，提供了出境旅游需要的资料，交纳了机票款，旅游者没有任何过错，而旅行社的过错明显。旅行社的过于自信是造成机票损失的原因，旅行社要求旅游者承担机票款的要求，既不符合法律规定，也不符合常理，旅行社必须退还旅游者交纳的全额机票款。假如旅游者向旅行社提出赔偿要求，旅行社还必须承担由于合同解除给旅游者造成的所有直接经济损失，比如旅游者前往旅行社报名等的交通费用、时间损失赔偿等。

080 旅游签证被拒签后责任承担分析

一、案例简介

4月16日，旅行社将旅游者胡先生的旅游签证所需资料递交给使领馆，4月26日胡先生被拒签，5月2日旅行社通知胡先生被拒签，但此时胡先生已经前往北京，准备乘坐5月3日的航班前往旅游目的地。得知情况后，胡先生返回，要求旅行社承担从家乡前往北京的交通和住宿费用，旅行社认为是使领馆的错，自己没有任何过错，拒绝向胡先生做出赔偿。

二、法律规定

1.《合同法》第六条规定，当事人行使权利、履行义务应当遵循诚实信用原则。

2.《合同法》第六十条规定，当事人应当按照约定全面履行自己的义务。当事人应当遵循诚实信用原则，根据合同的性质、目的和交易习惯履行通知、协助、保密等义务。

3.《旅游法》第六条规定，国家建立健全旅游服务标准和市场规则，禁止行业垄断和地区垄断。旅游经营者应当诚信经营，公平竞争，承担社会责任，为旅游者提供安全、健康、卫生、方便的旅游服务。

三、案例分析

（一）处理此类旅游服务纠纷，缺乏明确的法律规定

上述引用的法律条文，是一般交易行为都必须遵循的基本原则，在缺乏明确法律规定的时候，可以引用基本原理来处理旅游纠纷。

（二）诚实信用原则的基本要求

当事人在市场活动中应讲信用，恪守诺言，诚实不欺，在追求自己利益的同时不损害他人和社会利益，要求民事主体在民事活动中维持双方的利益以及

当事人利益与社会利益的平衡。

（三）上述案例中，胡先生的要求是否合理

或者说，旅行社拒绝承担赔偿责任是否有依据。笔者以为，胡先生的要求合理，主要理由有：

第一，在整个旅游服务过程中，胡先生没有任何过错，从提交签证资料，到提前一天从家乡前往北京，准备乘坐飞机出境，均按照旅行社的要求，既符合合同约定，又符合生活常识。

第二，从使领馆拒签时间到旅行社通知胡先生拒签之间，存在很大的时间落差。如果是旅行社没有及时到使领馆领取签证，导致时间延误，造成胡先生前往北京，产生差旅费，当然是旅行社的责任；如果旅行社领取签证后，没有及时通知胡先生，导致上述后果的发生，责任也在旅行社。总之，旅行社是该纠纷的责任承担主体应当没有异议。

第三，在旅游合同纠纷中，旅行社应当明白合同相对性原理的含义。所谓合同相对性，按照《合同法》第一百二十一条的规定，当事人一方因第三人的原因造成违约的，应当向对方承担违约责任。当事人一方和第三人之间的纠纷，依照法律规定或者按照约定解决。也就是说，通常情况下，只要旅行社没有按照约定提供服务，即使过错方不是旅行社，是第三人，如使领馆，旅行社也必须为此承担责任。

（四）旅游签证是否能顺利取得具有不确定性

因为旅游签证是否能够顺利取得，一方面，依赖旅行社业务的熟练程度，即旅行社对于使领馆需要的签证资料掌握的情况，对于签证的取得具有很大的作用。另一方面，旅游签证的发放毕竟是外国使领馆的主权行为，旅行社无法干预。因此，旅游签订是否顺利取得，并不是旅行社所能够完全左右的，因此，为了避免旅游签证拒签引起的纠纷，旅行社必须做好以下几件事情：

第一，旅行社需要能够熟练掌握旅游签证的知识。确保旅行社能够一次性向旅游者收取的签证资料，而且收取的签证资料齐全有效，而不是多次反复收取资料，这是降低签证被拒最为有效的手段和方法。

第二，事先和旅游者说明情况并约定各种情况的处理。由于签证发放的主动权在使领馆，旅游者交纳了旅游团款，签订了旅游合同，提交了签证资料，并不能百分之百地获得签证。因此，旅行社在旅游者交纳旅游团款时，有必要和旅游者约定签证被拒的责任和费用的承担。防止纠纷出现后纠纷难以快速处理。

081 对护照的审核仅仅是旅行社的义务吗

一、案例简介

杨女士和女儿（未成年人）预订春节期间赴东南亚旅游，1 月 10 日把护照交给当地一家旅行社，由旅行社办理签证。杨女士提供给旅行社的护照上注明，护照有效期至当年的 1 月 11 日，也就是杨女士上交护照给旅行社的第二天。旅行社业务员在接收护照时没有仔细核对，令人惊讶的是，旅游者的签证居然被如期办理出来。按照合同约定，杨女士和女儿乘坐航班抵达该国边境，在入关时被该国移民部门拒绝入境，理由是杨女士的护照已经过期。杨女士气冲冲地回到家里，立即向旅游主管部门投诉，要求旅行社赔偿全部损失。

二、服务标准

《旅行社出境旅游服务质量》要求，组团社应按照合同约定协助旅游者办理出境旅游证件。旅游者已取得旅游证件的，组团社应认真查验其有效期并妥善保管，以确保证件在受控状态下交接和使用。

三、案例分析

（一）关于办理签证的通行规则

许多国家为避免发生外国旅游者因护照过期滞留本国的情况，要求入境外国人的护照有效期必须超过 6 个月。如果不满足该条件，旅游签证将被拒绝，持有此类护照的旅游者就会被旅游目的地国遣返，航空公司负责把旅游者运回来。因此一些航空公司会拒绝这样的旅游者登机。所以，办理签证必须在护照到期前 6 个月，是许多国家的通行做法。

（二）审核旅游者证件是旅行社的义务

旅行社对旅游者个人信息及证件的审核，实际就是旅行社履行注意义务的具体表现。为了确保出境旅游顺利开展，旅游者必须取得旅游目的地国家的签证，旅行社对旅游者个人信息资料的程序性审核十分重要。同时，当旅游者获得签证时，由于证件的控制人是旅行社，旅行社就必须对护照和签证等进行全面审验。因为在证照办理过程中，证照的照片、有效期、完整性都可能被破坏，如果这些环节没有严格把控，即使有证照，也依然存在旅游者不能顺利出入境的问题。

（三）旅游者对自己的证件是否有审核义务

证件的合法性和完整性关系到旅游者的切身利益，因此，为了顺利完成出境旅游活动，旅游者毫无疑问也有对自己证件审核的义务。但这里仍然有可以辩论的空间，就是作为普通消费者，是否具备识别护照有效期的能力、是否具备知晓办理签证的护照有效期必须在 6 个月以上的能力，这些知识和能力，对于许多旅行社的业务员也许是常识，但对于许多旅游者而言，恐怕就不能用一句常识能够解释。

（四）杨女士是否需要承担责任

第一，如果杨女士能够证明是初次出国，出国相关知识缺乏，不知道办理签证的基本规则，在这种情况下，虽然杨女士是完全民事行为能力人，对于护照和签证知识的欠缺，也不足为奇。第二，如果杨女士出境旅游经验较为丰富，对于护照和签证等知识了解较多，不论是何种情形的存在，由于护照在被提交给旅行社的第二天就过期，只要杨女士有审核，这种审核能力不需要专门的知识，普通人一眼就能看明白。杨女士疏于审核自己的护照，就要承担一定的责任。

（五）旅行社是承担责任的主体

不论杨女士是否认真审核自己的护照，也不论杨女士是否具备审核护照的能力，旅行社都应当承担责任，因为旅行社是经营者，不仅应当具备相应的知识，而且也应当具备审核能力。如果我们进一步研究和探讨，旅游目的地国家的使领馆更具审核的责任，但旅行社无法追究使领馆的责任，使领馆的疏忽后果只能由旅行社来承受。

（六）旅行社应当强化证照管理

从旅游纠纷的实务看，证照管理不善已经成为旅游纠纷的重要原因之一，诸如领队遗失旅游者护照、护照破损未被及时发现、签证有效期出错、护照照片出错等，直接影响到是否需要解除旅游合同等。如果旅行社能够在拿到护照时就核对，就可以尽早发现问题，采取措施进行积极弥补，降低旅行社和旅游者的损失。

082 旅游者境外遗失护照责任承担分析

一、案例简介

旅游者跟团出境旅游，抵达境外第二天发现装有三本护照及其他物品的小包遗失，几次寻找未果，只能办理单程旅行证返程。旅游者认为旅行社提供旅游者入住的酒店治安状况混乱，是导致护照等物品遗失的原因。而且根据《合同法》及国家旅游局的《旅行社出境旅游服务质量》的规定，旅行社应当为旅游者妥善保管护照，所以要求旅行社返还已支付的旅游费并赔偿经济损失、精神损失等共计 2 万余元。

二、相关规定

1.《民法通则》第十一条规定，十八周岁以上的公民是成年人，具有完全民事行为能力，可以独立进行民事活动，是完全民事行为能力人。

2.《旅行社出境旅游服务质量》要求，组团社应按照合同约定协助旅游者办理出境旅游证件。旅游者已取得旅游证件的，组团社应认真查验其有效期并妥善保管，以确保证件在受控状态下交接和使用。

三、案例分析

(一) 旅行社预订饭店的注意义务

旅行社直接预订或者通过地接社预订饭店，必须履行注意义务。旅行社的注意义务包括几个方面：

1. 确保所预订的饭店具备合格的经营资质。饭店的经营资质合法与否，必须符合所在地相关法律法规的规定，并取得相应的合法证件。如果旅行社预订的饭店不具备合法经营资质，就表明旅行社没有履行相应的注意义务，旅游者在这样的饭店住宿，造成的人身财产损害，旅行社应当为此承担责任。

2. 确保所预订的饭店具备良好的社会评价。在现实中，有一些饭店虽然具备合法的经营资质，但其管理和服务存在不少瑕疵，社会评价度很低，包括对安全、服务品质的评价很低。在此情况下，即使饭店具备合法经营资质，旅行社也不能为旅游者预订此类饭店，否则也属于没有完全履行注意义务，旅游者在这样的饭店权益受损，旅行社要承担相应的责任。

3. 上述案例中的旅游者要承担举证责任。上述纠纷中，只要旅游者坚持是由于饭店不安全，导致其护照及其小包遗失，在旅行社提供了饭店合法的经营资质后，旅游者就要承担饭店没有履行注意义务的举证责任。显然，这样的要求对于旅游者存在不小的难度，有些为难旅游者的意味，但法律的确如此规定的。

（二）旅游者护照保管的义务人究竟是谁

到目前为止，没有哪一部法律法规明确规定，出境旅游护照如何保管、由谁保管。之所以会出现这样的状况，并不是立法者的疏漏，而是这个问题本来就不是问题。在实务中，护照应当由谁来保管更为符合实际需求，更为符合法律基本原理呢？

我们可以先看公民身份证的保管问题。在日常生活中，公民身份证的保管人应当是谁，是不需要再作规定的。公民身份证一定是由公民本人保管，因为这是生活常识。护照是出境旅游者的唯一合法身份证件，其法律地位等同于境内的公民身份证，由此可以推定，护照的保管人当然是护照持有的旅游者。更何况，如果旅行社强制保管旅游者的护照，本身就是侵权行为。作为完全民事行为能力人的旅游者，自己有义务保管好自己的护照，遗失护照的后果，应当由旅游者自己承担。

（三）如何看待行业标准对于护照管理的要求

上述行业标准要求，"旅游者已取得旅游证件的，组团社应认真查验其有效期并妥善保管，以确保证件在受控状态下交接和使用"。对这句话的不同理解，可能得出不同的结论。按照旅游者的理解，旅游者的护照全程由旅行社保管，包括在境外旅游期间。所以，旅游者的结论是，既然保管护照是旅行社的义务，旅行社没有履行保管义务，护照的遗失，旅行社理所当然要承担责任。

由于出境团队旅游服务，绝大部分旅游者的护照和签证均由旅行社代为办理，在办理护照和签证等手续期间及旅游团队出团前，护照等旅游证件均在旅行社的掌控中，等到出团前再将旅游证件交给旅游者。而对于一些旅游者已经取得了旅游证件的，行业标准予以特别要求，即旅行社要履行查验和控制义务，但这个控制证件义务也仅仅是局限于出团前。而且控制证件是为了能够确保顺利出团，而不是仅仅为了控制证件本身，这也是旅行社服务的基本要求和体现。在旅游行程中，旅游证件仍然需要由旅游者自己保管。

因此，在上述纠纷中，由于旅游者旅游证件的遗失，直接导致旅游者无法继续旅游行程，被迫提前返回，造成如此局面的原因在于旅游者自己，在这个过程中旅行社没有过错，无须承担赔偿责任，旅行社只需要退还旅游者尚未产生的费用即可，不需要给旅游者额外予以赔偿和补偿。

083 旅游者护照挂失被拒出境损失由谁承担

一、案例简介

旅游者参加旅行社组织的出境旅游团，就在旅游者准备出境时，被边检部门拒绝出境，理由是旅游者的护照已经被挂失，理所当然不能继续旅游行程。旅游者认为自己并没有挂失过护照，前往旅行社的门市部，要求旅行社退还全额旅游团款。旅行社以不存在过失为由，拒绝了旅游者的要求。旅游者要求旅游主管部门介入，维护其合法权益。

二、法律规定

1.《旅游法》第七十条规定，由于旅游者自身原因导致包价旅游合同不能履行或者不能按照约定履行，或者造成旅游者人身损害、财产损失的，旅行社不承担责任。

2.《旅游法》第六十五条规定，旅游行程结束前，旅游者解除合同的，组团社应当在扣除必要的费用后，将余款退还旅游者。

三、案例分析

（一）旅游者不能出境和旅行社的工作无关

在组织出境旅游中，旅行社需要承担的一项重要工作，就是按照使领馆的要求，向旅游者收集办理签证需要的相关资料，并按时间规定提供给使领馆，便于获得使领馆的签证许可。至于旅游者是否能够顺利获得签证、是否能够顺利出境、是否能够顺利入境，都不是旅行社的努力所能掌控的，均由有关政府部门来决定，旅行社仅仅需要也只能是做好一些协助工作。

（二）旅行社对于护照的审查义务

就上述案例中的情形看，只要护照保存完好，护照在有效期限内，旅行社就有理由认为旅游者的护照合法有效，旅行社就可以持护照为旅游者办理签证。至于查证护照是否曾经被挂失、是否伪造等，旅行社既不具备这样的法定职责，也不具备这样的能力，作为服务企业的旅行社，能够做到的仅仅是程序性的审查而已，而不是实质审查，不能对旅行社有过于苛求的要求。

（三）旅游者应当为护照挂失造成的后果负责

虽然旅游者自己不承认曾经挂失过自己的护照，但边检部门的记录显示旅游者有过这样的行为，直接造成被拒绝出境的后果。显然，这样的后果应当由旅游者自己承担。理由是：通常情况下，挂失护照是旅游者的自由，但作为完全民事行为能力人的旅游者，应当为挂失护照的行为负责任，也必须承担由此带来的后果。旅游者既然已经挂失了自己的护照，在报名参团时就应当告知旅行社，和旅行社协商及时妥善处理，而不是等到事情发生后，不愿意承担损失。

（四）要求旅游者为后果负责的观点与合同相对性原理是否矛盾

答案是否定的。按照合同相对性的观点，当事人一方因第三人的原因造成违约的，应当向对方承担违约责任。当事人一方和第三人之间的纠纷，依照法律规定或者按照约定解决。如果简单地理解合同相对性精神，好像旅行社需要为旅游者的不能出境承担责任，然后由旅行社向边检部门追究责任。但在上述案例中，关键的问题是，造成旅游者不能出境的第三人，不是普通的民事主体，而是政府行为，因此不能套用合同相对性原理来处理。旅行社既不需要为政府行为承担责任，也不能向边检部门追究责任。

（五）旅行社应当如何处理纠纷

处理此类纠纷，法律的规定是清晰的。如果仅仅从法律的规定出发，处理的原则是：旅行社需要扣除已经发生的费用，将余款退还给旅游者即可。但在实际操作中，由于旅行社要扣除实际损失，旅行社面临的难题是，如何举证证明所谓的实际损失已经发生且完全必要。

除了机票等损失是有据可查的之外，旅行社所谓的已经发生的实际损失，大部分都存在举证困难，甚至是举证不能的状况，在出境旅游同类纠纷的处理中表现尤为突出。因为旅行社所能列出的所谓的实际损失，都是旅行社和履行辅助人之间认定的损失，无法得到第三方的确认，从法律角度看，就缺乏权威性和说服力，因而也失去了正当性。

因此，在处理此类纠纷时，除了扣除那些已经发生的刚性的实际损失外，旅行社应当以诚信为原则，和旅游者协商，合情合理地扣除损失。

084 入台证未办理完毕就出团是否合适

一、案例简介

某旅行社组织旅游者参加港台旅游7日游，在台时间为5天，由于入台旅游配额的问题，旅行社和旅游者双方约定，入台证由旅游者以个人名义申请，旅行社做好协助工作。旅行社组织旅游者在香港旅游期间，绝大部分旅游者的入台证顺利办出，少部分旅游者和领队的入台证由于配额的原因被拒绝了，获得入台证的旅游者继续台湾的行程，无入台证的旅游者随领队返回。到台湾旅游的旅游团，由于缺乏领队的带领，服务质量受到了影响，旅游者返回后，在要求旅行社赔偿的同时，要求旅游主管部门对旅行社进行行政处罚，理由是旅行社没有委派领队随团，违反了《旅游法》的规定。

二、法律规定

1.《旅游法》第三十六条规定，旅行社组织团队出境旅游或者组织、接待团队入境旅游，应当按照规定安排领队或者导游全程陪同。

2.《合同法》第一百零七条规定，当事人一方不履行合同义务或者履行合同义务不符合约定的，应当承担继续履行、采取补救措施或者赔偿损失等违约责任。

二、案例分析

（一）案例中的旅行社是否已经安排领队

从案例中可以看出，旅行社已经为旅游团安排了领队，只是领队在前往台湾前，未能取得入台证而作罢，领队服务中断。这里就必须理解"安排领队"的含义。我们通常所说的安排领队，主要考察旅行社的主观上是否有安排领队的意愿，而不能一味以客观结果为标准。通过案例介绍，旅行社主观上是有安排领队的意愿，且也采取了行动。毫无疑问，旅行社已经安排了领队服务。台湾段行程没有领队服务，不是旅行社主观不愿，而是客观不能。

（二）旅行社存在的服务过失

在本案中，旅行社存在的最大过失，是在旅游者的入台证尚未确认时，就开始了旅游团的行程，这是目前我国许多旅行社操作时存在的最大隐患和问题。入台证办理是否顺利，旅行社心中无数，而是过于自信，怀着侥幸的心理，想当然地认为入台证办理没有任何障碍。当入台证没有达到预期时，没有预案，缺乏应对。同时，由于旅游者在台时间为5天，旅行社是否应当继续为领队申请入台证，稍后赶上旅游团；旅游者从台湾返程时，旅行社是否应当派出领队，在香港迎接旅游者的返回，也是值得探讨的话题。

（三）旅行社是否需要承担行政责任

旅行团在香港段安排了领队，如果不出现由于入台证办理受阻的事件，领队肯定随团参加台湾段的服务。虽然领队未能如约进入台湾提供服务，直接原因在于入台证，旅行社固然负有不可推卸的责任，但其主观愿望并不希望这样的结果发生。而在行政责任的追究中，必须考虑到行为实施者的主观故意和恶意，如果行为实施者没有主观故意或者恶意，就不可以对行为实施者进行行政处罚。所以，对于案例中的旅行社实施行政处罚于法无据。

（四）旅行社应当如何承担责任

在上述案例中，旅行社需要承担的责任，主要是民事赔偿责任。在责任的承担中，主要包括三个方面：第一，旅游者退还未参加台湾游尚未发生的旅游费用；第二，应当退还台湾段领队服务的服务费；第三，承担由于没有领队服务，导致旅游者权益损失的费用。如由于没有领队服务，地接社导游强迫旅游者消费，只要旅游者提出，组团社就应当按照《旅游法》的规定，退还旅游者的消费款项。

085 入台许可证过期责任承担分析

一、案例简介

周女士一家三人准备前往台湾探亲，办完通行证后，于 2014 年 11 月 11 日购买了飞赴台北的往返机票，赴台的时间预定为 2015 年 2 月 22 日，返程时间为 2015 年 3 月 3 日。11 月 13 日，周女士委托旅行社办理"入台许可证"。旅行社为周女士办理了入台证并及时交付，但由于周女士英语不好，没弄明白"发证日期 18 Nov 2014 和本证截止日期 17 Feb 2015"的意思。2 月 20 日，经人提醒后得知入台证已经过期，周女士将旅行社诉至法院，要求旅行社承担赔偿责任。

二、法律规定

1. 《民法通则》第十一条规定，十八周岁以上的公民是成年人，具有完全民事行为能力，可以独立进行民事活动，是完全民事行为能力人。

2. 《旅游法》第七十四条规定，旅行社接受旅游者的委托，为其代订交通、住宿、餐饮、游览、娱乐等旅游服务，收取代办费用的，应当亲自处理委托事务。因旅行社的过错给旅游者造成损失的，旅行社应当承担赔偿责任。

三、案例分析

（一）周女士的过失大

这起纠纷的发生，周女士本人负有不可推卸的责任，尽管周女士一家的遭遇令人同情，但作为完全民事行为能力人的周女士，在这起纠纷中，存在诸多不足：

1. 周女士的操作方式存在一定的风险。因为按照常规的操作，预订机票等准备工作，应当在入台证办理完毕后才启动，否则很可能由于入台证办理迟缓，导致行程迟延，或者被拒绝入台，行程不得不取消的现象发生。而实际上，周女士是先自行订票，后委托办入台证，程序错乱。

2．周女士没有履行告知义务。在委托旅行社办理入台证时，周女士应当如实告知旅行社，他们全家已经做好的准备工作，诸如已经购买了全家的双程机票，并预订了台湾的酒店，告知赴台时间。由于周女士没有履行告知义务，旅行社就应当在最短的时间内，为周女士他们办理了入台证。快速办理的入台证，反而给周女士带来损失。

3．周女士没有履行查验咨询义务。按理，周女士拿到旅行社提供的入台证后，应当对证件等进行查验，但从案例中可以看出，周女士并没有这样做。尤其是周女士不懂英语，在收到旅行社办理的入台证时，必须在查验证件的同时，向旅行社咨询看不懂的英语的意思。发现问题后及时弥补，就不至于造成很大的损失。

4．周女士的不懂不能成为免责的理由。周女士不懂英语，不明白入台证的时间期限，不能成为其免责的理由，也不能成为其将责任推给旅行社的条件。周女士作为成年人，不懂还不问，应当为自己的行为过失承担责任。只要周女士事先咨询，相信旅行社会做出解释和说明。目前机票时间、护照有效期等的设定，均为英语方式，虽然也有人对此表述方式提出了批评。

（二）代办旅游合同的责任

由于旅行社接受周女士的委托，为其办理入台证，也就是说，旅行社的义务，就是按照周女士的要求办理好入台证，没有必要顾及其他。由于周女士没有对旅行社提出特别要求，旅行社也就按照一般的操作，在最短的时间内为周女士办理入台证。这是《合同法》《旅游法》对于代办合同的基本要求。

旅行社在代办合同中的义务，就是按照旅游者的要求，亲自为其办理相关委托事项。只要旅行社按照委托人的委托内容，保质保量地办理了委托事宜，旅行社就履行了服务义务，此后即使发生有损委托人的事件，给委托人造成了损失，和旅行社也没有关系，不应当追究旅行社的责任。上述案例即为例证，旅行社为周女士办理好了入台证，也就履行了合同义务。在我们的日常生活中也是如此，市民委托旅行社预订机票，只要旅行社按照市民的要求预订了机票，等到市民去机场候机时，假如发生了航班取消、航班延误等，均和旅行社没有任何瓜葛。

（三）旅行社服务有待提高

法院最终的判决结果是，旅行社不需要承担赔偿责任。因为从法律层面上看，旅行社和周女士之间仅仅为代办合同关系，旅行社只要按照委托人的委托办理事宜即可，法律也没有强制规定，旅行社必须向张女士问询什么时候赴台探亲的义务，旅行社按照常规操作，在最短的时间内为周女士妥善办理了入台证。但平心而论，从服务层面上看，旅行社的服务的确存在有待提高的空间，在周女士要求旅行社办理入台证时，只要旅行社多问一句，周女士什么时候需要到台湾去，上述问题就可以避免。虽然旅行社的服务瑕疵和张女士的损失不存在因果关系，旅行社也不应当为周女士的损失承担责任，但服务上的要求和法律上的规定存在的落差现象，还是应当引起旅行社的思考。

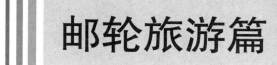

邮轮旅游篇

086 邮轮旅游改道的国际惯例与我国现有法律规定的衔接

一、案例简介

近年来，邮轮旅游已经走进了普通百姓家庭，参加邮轮旅游经常会成为全家总动员的项目，尤其是暑假期间，邮轮旅游尤为火爆。也正由于是暑假期间，台风也是最为活跃的阶段，由于台风等不可抗力的影响，邮轮改道情况不时出现，旅游者和旅行社、邮轮公司发生纠纷，甚至是冲突的现象也是并不少见。最近出现的皇家加勒比"量子号"邮轮改道纠纷，再一次引起了社会，尤其是业内的广泛关注。持续性出现同类问题，就不能简单地就事论事，而是需要从体制上、法律上、理念上等诸多方面加以考察和分析。

二、法律规定

1. 《民法通则》第一百四十二条规定，涉外民事关系的法律适用，依照本章的规定确定。中华人民共和国缔结或者参加的国际条约同中华人民共和国的民事法律有不同规定的，适用国际条约的规定，但中华人民共和国声明保留的条款除外。中华人民共和国法律和中华人民共和国缔结或者参加的国际条约没有规定的，可以适用国际惯例。

2. 《民法通则》第一百五十条规定，依照本章规定适用外国法律或者国际惯例的，不得违背中华人民共和国的社会公共利益。

三、案例分析

旅游者和旅行社、邮轮公司对邮轮改道纠纷的产生及其如何处理，存在巨大的分歧，焦点主要集中在：第一，旅游者质疑，邮轮公司声称的国际惯例是否真的存在。第二，邮轮公司声称的国际惯例，是否适用于在我国的邮轮改道纠纷的处理。第三，邮轮公司、旅行社是否需要就邮轮改道向旅游者做出赔偿？赔偿多少？第四，旅游者是否可以解除邮轮旅游合同？如何退团，应当如何退还已经交纳旅游团款？

（一）国际私法的渊源

要谈论邮轮旅游的经营规则和纠纷处理，除了必须了解所在国和旅游目的地国家的法律法规外，还必然涉及国际私法的相关内容，因为邮轮旅游服务归根结底是属于国际贸易范畴。但很遗憾的是，国际私法和国内法律存在很大的不同，最大的差异是法律效力不尽相同，对相关当事人的约束力有强有弱。就是按照学界通行的说法，国际私法的法律渊源主要包括国际条约和国际惯例。

（二）国际惯例的渊源及效力

在我国，邮轮旅游通常以出境旅游的形式出现，属于国际服务贸易的范畴，国际私法中的国际惯例对邮轮旅游服务贸易的影响力也不容置疑。在国际私法领域中，对于国际私法的渊源基本不存在争议，但作为国际私法重要组成部分的国际惯例的性质、约束力等，仍然存在较大争议。

一般来说，国际惯例由作为通例并经接受为法律的国际习惯和国际贸易惯例组成，前者具有强制性的约束力，不论合同双方当事人是否事先同意，都必须无条件遵守。后者为任意性的规范，必须得到合同双方当事人的约定和同意，才对合同当事人具有约束力。邮轮公司声称的国际惯例，应当属于后者范畴。

（三）国际惯例在我国的适用

对于国际惯例是否可以在我国适用，我国法律持下列基本立场：

1. 肯定国际惯例可以在我国适用。上述法律规定，我国已经缔约的国际条约，即使与我国法律不一致，通常要适用国际条约。我国法律和我国缔结或者参加的国际条约没有规定的，可以适用国际惯例。所以，国际惯例对于我国民事行为有约束力，我国公民和法人都可以遵守。

2. 国际惯例的适用是"可以"，而非必须。也就是说，国际惯例的确是可以适用于我国公民法人的经营贸易行为中，但这样的适用不具备强制性，并不是说只要是国际惯例，我国的公民法人就必须无条件地适用国际惯例。

具体到邮轮旅游服务，即使有根据天气变化调整行程权利的国际惯例，也不意味着我国的旅游业者、旅游者必须无条件服从。国际惯例对于我国旅游业者和旅游者无强制约束力。所以，邮轮公司不能总是高高在上，拿国际惯例来说事，要求我国旅游业者和旅游者完全按照所谓的国际惯例，来约束旅行社和旅游者的行为。

3. 外国法律和国际惯例不得违背我国的社会公共利益，否则无效。

（四）邮轮的性质

邮轮的性质，对邮轮旅游意义重大。邮轮到底是纯粹的交通工具，还是兼具交通工具和旅游服务的功能？邮轮是公共交通，还是非公共交通？对于这些问题，至少在我国学界、业界和旅游者等不同群体中，都存在较大的认同差异，给纠纷的处理增加了难度。笔者的观点如下：

1. 邮轮兼具交通工具和旅游服务功能。客观的事实是，邮轮除了运输旅游者前往目的地的功能外，邮轮本身提供的丰富多彩的服务可以引起旅游者的兴趣，的确有旅游者为邮轮齐全的服务所吸引而参加邮轮旅游的情况存在。尽管如此，邮轮作为交通工具的性质，并不因为邮轮上的服务设施齐备而减弱，邮轮具备的娱乐服务功能是一般海上纯交通工具所不能比拟的。因此，邮轮兼具交通工具和旅游服务的功能，两者缺一不可。

2. 邮轮属于非公共交通范畴。截至目前，我国公民想要实现邮轮旅游的愿望，基本的途径是通过旅行社组团，很少有公民可以借助个人的身份，直接参与到在我国启航的邮轮旅游中。由此可以推断，邮轮开放的对象为特定群体，即通过旅行社组织的旅游者，而不是所有社会公民，邮轮经营这样的特征，恰好符合非公共交通的要素。如果邮轮要成为公共交通，就必须对全体社会公民开放，只要公民个人办理好相关证件，支付费用，就可以成为公共交通。

（五）邮轮旅游法律关系

在邮轮旅游服务中，旅游服务关系较为复杂，所产生的法律关系也很复杂。邮轮旅游服务的法律关系大致有如下几种：

1. 旅游者和旅行社之间的关系。由于旅游者和旅行社之间签订了出境包价旅游合同，两者之间存在包价旅游合同关系。从表面上看，旅行社和旅游者之间就是一个简单的出境旅游的包价服务关系，但由于邮轮旅游具备的特殊性，使得旅游者和旅行社之间的合同关系存在不寻常之处。

2. 旅游者和邮轮公司之间的关系。通常情况下，邮轮公司和旅游者之间没有直接的合同关系，邮轮公司仅仅作为包价旅游服务的供应商。同时，如果邮轮公司承担了在停泊港口组织旅游者上岸旅游服务的角色，邮轮公司又具备了组团社的某些功能，岸上旅游服务提供者成了邮轮公司的供应商。邮轮公司是否可以组织我国旅游者上岸旅游，则是另一个法律话题。

3. 旅行社和邮轮公司之间的关系。不论是旅行社向邮轮公司切位，还是直接向邮轮公司包船，旅行社和邮轮公司之间均为代理关系。由邮轮公司在国内的办事处、代理处和旅行社签订代理合同，约定邮轮公司和旅行社之间的权利义务关系，但这些权利义务的约定，对旅游者没有约束力，除非这些约定被纳入出境包价旅游合同中。

4. 收客旅行社和包船旅行社之间的关系。旅行社向上家包船旅行社切位，也是旅行社组织邮轮旅游的一种模式，旅行社之间存在委托代理关系。而对于旅游者来说，收客旅行社就是旅游者的组团社，因为旅游者和收客旅行社签订旅游合同，交纳旅游团款，旅游者和上家旅行社、邮轮公司不存在合同关系。

（六）邮轮改道纠纷产生的原因

1. 两份合同约定内容不一致。上文已经介绍，旅游者要参加邮轮旅游，必须和旅行社签订旅游合同，旅行社和邮轮公司办事处、代表处签订合同。这两份合同都和旅游者的合法权益关系极为密切，但关键的问题是，两份合同的内容并不一致，最为典型的是在邮轮公司和旅行社的合同约定中，明确邮轮公司在不可抗力情况下可以调整行程，且不承担赔偿责任，而在旅行社和旅游者签订的旅游合同中并没有这样的约定。原因是邮轮公司强势，旅行社则处于弱势地位，旅行社无法拒绝邮轮公司提出的条件，否则就不能得到邮轮公司的舱位。

2. 不同时段的邮轮改道产生不同的纠纷。仔细探究就会发现，同样是在不可抗力影响之下，同样是改道，由于在不同时段发生改道，旅游者对邮轮改道有不同的看法和需求：一是旅游行程中，由不可抗力引起的改道；二是行程出发前，由于不可抗力引起的改道。相对而言，由于不可抗力的影响，旅游者对在行程中的改道具有更多的宽容，而对出团前的改道，往往会引起旅游者较多的反弹。因为总体来说，旅游者认为行程中的改道是难以避免，而出团前发生不可抗力，邮轮公司可以选择停航、延迟出团等方式，而不是简单地改变行程。旅游者认为邮轮公司是可以避免旅游者权益受损，但没有采取这样的措施，只是一味地确保邮轮公司自己的权益不受损。

3. 消费理念存在差异。中外理念的差异，是造成邮轮改道产生纠纷的又一原因。在邮轮公司和一些国外旅游者看来，在邮轮上本身就是旅游，又是旅游目的地，并不十分在意邮轮在哪个港口停靠，因为在哪个港口停靠，并不会严重影响参加邮轮旅游的目的，当然这样的理念在国外旅游者中也不是简单地一刀切。而在绝大多数中国旅游者看来，邮轮旅游固然是可以享受邮轮本身带来的愉悦，但依然十分看重停靠的港口，可以踏上港口所在国旅游。

因为许多旅游者认为，旅游目的地和邮轮服务同等重要，我选择的是日本游，旅游目的地就是日本，而不是韩国，也不是中国台湾，如果不能抵达旅游目的地，邮轮服务再好，身心再愉悦，不能抵达约定的港口，并上岸旅游，旅游目的就损失了一大半，就是一大遗憾。所以，参加邮轮旅游的旅游者经常会说，我预订的是日本游，变为韩国游，而韩国我已经去过了，没有必要再去。由于邮轮公司的改道，我的旅游目的没有实现，得到赔偿也是理所当然。这就是中国旅游者的邮轮旅游需求。

这是两种理念的碰撞，不能简单地评价说哪种理念更好、更文明、更有文化。在笔者看来，两者都没有错，或者说两者都对，因为两者都是从各自的角度，对于邮轮旅游的理解，何错之有。解决理念的差异，不能一蹴而就，需要有个漫长的磨合过程。

（七）纠纷处理几个关键点

1. 邮轮公司首先必须举证他们所声称的国际惯例的确存在。按照谁主张谁举证的原则，邮轮公司必须对在不可抗力情况下可以改变航线，且不承担赔偿责任的观点进行举证。不能简单地口头告知，这就是国际惯例。而且邮轮公司必须解释，出团前发生不可抗力，为什么不可以停航或者延期？为什么停航或者延期就不能成为国际惯例？国际惯例应当是公平的，充分考虑到多方当事人利益的平衡，而不仅仅为了经营者单方的利益，不顾消费者的利益。

2. 在我国的国际贸易中可以适用国际惯例。上文已经提及，这里讲的是可以，而非必须。即使邮轮公司能够举证他们所声称的国际惯例的确存在，也不能强迫中国旅游者接受，因为这样的国际惯例对于我国旅游者仅仅是"可以"接受，而不是"必须"接受，国际惯例对旅游者没有强制力。邮轮公司希望这样的国际惯例能够为我国旅游者接受，必须让我国旅游者对此有充分的了解，并自愿接受，而不是简单地以国际惯例为由，要求我国旅游者接受。

面对我国邮轮旅游的消费现状，为了减少因为不可抗力邮轮改道后产生纠纷，有许多工作要做，包括邮轮公司也是如此。邮轮公司不能简单地以为，反正邮轮公司和旅游者没有直接的合同关系，即使出现纠纷，旅游者只能向旅行社主张赔偿，和自己无关。

3. 旅行社必须起到信息的告知作用。旅行社处在旅游者和邮轮公司之间的中间环节，起到的作用是桥梁和中介的作用。而且旅行社和旅游者有直接合同关系，纠纷起来后，邮轮公司可以以与旅游者没有合同关系为由，将旅游者一推了之，而旅行社和旅游者有合同关系，是旅游者权益受损责任的第一承担者。所以，旅行社从中的告知协调的作用和意义非同寻常。

4. 邮轮改道费用需要重新计算和明示。邮轮有充分的理由，必须由日本游改道为韩国游，或者韩国游改道为中国台湾游，邮轮公司的经营成本一定是不一致的。邮轮公司不能只更改旅游行程，而对于旅游费用闭口不谈。邮轮公司必须名列更改前后交通等费用的明细，让旅游者明明白白消费。

5. 建立旅游者退团的处理机制。按照我国法律规定，当不可抗力发生后，双方可以协商变更行程，协商不成可以解除合同。在此情况下，旅行社或者邮轮公司不能简单地说不能退钱，或者由邮轮公司、旅行社单方说了算，而是提供相应的确凿证据，扣除必要的已经发生的费用，退还剩余费用，说服旅游者接受。

（八）邮轮旅游纠纷的根本解决

邮轮旅游在境外已经形成一些经营规模和规则，但对于我国政府、业界和旅游者来说，邮轮旅游是新业态，切实前途看好的新业态，但我们的各项准备，包括法律准备、政府准备、业界准备和旅游者准备都不足，需要有一个逐步的适应过程。虽然如此，笔者以为当务之急，是国家有关部门，诸如国家旅游局、交通运输部、国家海事局、国家工商总局、海关总署等，应当根据我国的法律规定和实际，召集在我国开展邮轮旅游业务的各大邮轮公司，确定在我国经营邮轮旅游业务的基本规则，并出台邮轮公司与旅行社、旅行社与旅游者之间的邮轮旅游合作合同和包价旅游合同，从制度上、根源上规范邮轮公司在我国的经营行为，防止邮轮旅游纠纷的重复发生，妥善解决邮轮旅游纠纷，保护各方当事人的合法权益。

087 邮轮旅游的委托代理合同为何种旅游合同

一、案例简介

旅游者从某网站购买了邮轮票务代理公司提供的邮轮旅游船票，并与票务代理公司签订了邮轮船票的单项委托合同。在委托代理合同中，双方就有关船票事宜达成协议，同时约定了旅游者在邮轮上的相关服务。由于旅游者的原因，未能及时上船，导致旅游者取消了旅游行程。旅游者要求票务公司退还尚未发生的费用，票务代理公司以签订的是委托代理合同为由，断然拒绝了旅游者的要求，导致纠纷的产生。

二、法律规定

1.《旅游法》第一百一十一条规定，包价旅游合同，是指旅行社预先安排行程，提供或者通过履行辅助人提供交通、住宿、餐饮、游览、导游或者领队等两项以上旅游服务，旅游者以总价支付旅游费用的合同。

2.《旅游法》第七十四条规定，旅行社接受旅游者的委托，为其代订交通、住宿、餐饮、游览、娱乐等旅游服务，收取代办费用的，应当亲自处理委托事务。因旅行社的过错给旅游者造成损失的，旅行社应当承担赔偿责任。

三、案例分析

在上述纠纷中，旅游者和票务代理公司签订了委托代理合同，但同时又对邮轮旅游的相关服务做出约定，这样的合同究竟是何种合同，就值得人们思考。从表面上看，既然邮轮票务代理公司和旅游者已经签订了委托代理合同，那就应当属于单项委托合同范畴无疑，但究其实质，这样的委托代理合同，并不是真正意义上的单项委托合同，而是包价旅游合同，是邮轮票务代理公司为了规避《旅游法》等规定，经过法律人士的研究和包装，刻意制作出来的为了规避责任的一份合同。理由如下：

（一）邮轮票务代理公司为旅游者提供的服务超过两项

按照《旅游法》的规定，委托代理合同是旅游服务合同的一种形式，但该合同必须是单项委托的形式，服务内容也不得超过两项。邮轮票务代理公司虽然签订了单向委托合同，但是该公司提供的《出境旅游说明书（会）及本行程出发前确认书》中明确约定，邮轮票务代理公司将为旅游者提供住宿、餐饮、交通和娱乐服务。邮轮票务代理公司为旅游者提供的服务超过了两项，与《旅游法》的规定不符。同时，旅游者的旅游费用以总价形式支付给邮轮票务代理公司，也不符合《旅游法》的规定。

（二）邮轮票务代理公司提供的服务是自己设计和规划的

判断是包价旅游合同还是单项委托合同，超过两项服务固然是一个标准，总价支付也是一个要素，但更为重要且关键的是，要看旅游服务产品的设计者、规划者和落实者为邮轮票务代理公司，还是旅游者本人。显然，在当前的邮轮旅游服务中，旅游产品和线路的设计者、规划者以及落实者，均为邮轮票务代理公司和邮轮公司，旅游者只是被动地接受邮轮票务代理公司提供的服务。换句话说，邮轮旅游服务不是邮轮票务代理公司接受旅游者的委托，而是旅游者按照邮轮票务代理公司的安排接受服务。从中可以得出这样的结论，邮轮票务代理公司虽然和旅游者签订了单项委托合同，但从票务代理公司提供的服务看，该单项委托合同仍然属于包价旅游合同的范畴，仅仅是借用了单项委托合同的名称而已。

（三）邮轮票务代理公司涉嫌超范围经营

这是在上文分析的基础上，自然得出的结论。上述案例中，由于邮轮票务代理公司以单项委托合同的方式和旅游者签订邮轮旅游合同，但实际上从事的却是包价旅游合同服务，而包价旅游服务是旅行社的专属业务，未取得旅行社业务经营许可证，任何单位和个人从事包价旅游服务业务都属于超范围经营。邮轮票务代理公司主业为代理邮轮票务工作，并不包含包价旅游服务的经营范围，却事实上从事包价旅游服务，与其经营范围和工商许可范围不一致，显然超出了邮轮票务代理公司的经营范围，已经涉嫌违法。从我国法律规定看，应当由有关行政部门对其进行行政监管，尽管这样的监管并非轻而易举。

（四）邮轮票务代理公司承担包价旅游合同的责任

虽然票务代理公司涉嫌超范围经营，应当受到有关行政部门的监管，但在这种情况下，并不影响票务代理公司作为包价旅游合同一方当事人应当承担的民事责任。主要原因是，民事责任的承担和行政责任的承担，是两种不同性质的责任，不能混为一谈，即使已经承担了某项责任，也不能成为免除另一个责任的事由。因此，虽然旅游者和票务代理公司之间签订的是委托代理合同，貌似可以免除其责任，但票务代理公司在委托代理合同中，已经就有关服务内容和标准做出了承诺。既然事先有承诺，不论签订何种形式的合同，承诺者应当履行相关的合同义务，只要违反合同约定，承诺者就必须为此承担责任。

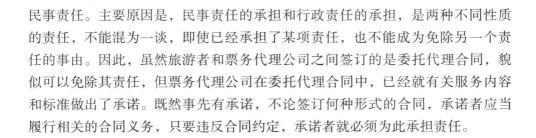

088 邮轮票务代理公司单项委托合同公平性 与合法性分析

一、案例简介

旅游者和邮轮票务代理公司直接签订了邮轮旅游票务单项委托代理合同，合同明确约定了双方的权利义务。在邮轮旅游行程开始前，票务代理公司告知旅游者，邮轮航线需要做适当的调整，旅游者提出异议时，票务代理公司以合同约定在先为由，票务代理公司有权做出调整，所以就拒绝了旅游者任何赔偿要求。旅游者向有关部门投诉，要求票务代理公司按照合同约定提供服务，否则就应当向旅游者做出赔偿。

二、法律规定

1. 《合同法》第四十一条规定，对格式条款的理解发生争议的，应当按通常理解予以解释。对格式条款有两种以上解释的，应当作出不利于提供格式条款一方的解释。格式条款和非格条式款不一致的，应当采用非格式条款。

2. 《消费者权益保护法》第二十六条规定，经营者不得以格式条款、通知、声明、店堂告示等方式，作出排除或者限制消费者权利、减轻或者免除经营者责任、加重消费者责任等对消费者不公平、不合理的规定，不得利用格式条款并借助技术手段强制交易。格式条款、通知、声明、店堂告示等含有前款所列内容的，其内容无效。

三、案例分析

在旅游服务中，旅游经营者往往利用自己的经营和专业优势，在旅游合同中设定一些格式条款，将双方的权利义务做出分配。在这些格式条款中，不乏存在不公平和不合理的约定，也即是人们通常所说的霸王条款。在近些年兴起的邮轮旅游服务中，由于邮轮公司的强势地位，其代理者邮轮票务代理公司充分利用这些优势，在和旅行社、旅游者签订的旅游合同中，将一些不合理不公平甚至是违法的条款纳入合同中，迫使旅行社、旅游者无条件接受。

在邮轮旅游的服务中，在销售邮轮服务过程中，邮轮公司并不直接和旅行社、旅游者打交道，邮轮公司的直接代理人为邮轮票务代理公司，票务公司实质上就是邮轮公司的白手套，是邮轮公司的代言人，和邮轮公司利益休戚相关。邮轮公司之所以不愿意直接和旅行社或者旅游者发生合同关系，而由票务代理公司出面打理，是出于邮轮公司的经营需要。以笔者手中的一份旅游者和邮轮票务代理公司直接签订的邮轮旅游票务单项委托代理合同为例，对这一现象加以分析。

（一）委托代理合同中的违法条款

邮轮公司规定，二十一周岁以下的乘客为未成年人，若未成年人未随父母一起登船出行，必须提供额外证明材料，否则船方可能拒绝其登船。

1. 该条款明显违法了我国的法律，违法性非常明显。我国《民法通则》第十一条规定，十八周岁以上的公民是成年人，具有完全民事行为能力，可以独立进行民事活动，是完全民事行为能力人。十六周岁以上不满十八周岁的公民，以自己的劳动收入为主要生活来源的，视为完全民事行为能力人。

也就是说，自然人年龄在十八周岁以上，或者十六周岁以上，自己能够养活自己的自然人，都被我国法律视为完全民事行为能力人，即通常所说的成年人。这是我国法律的强制性规定，任何外国政府和法律不能无视我国的法律规定，更何况是国外的邮轮公司。

关于自然人在什么年龄被确定为成年人，各国的法律规定不尽相同，不论邮轮公司所在国法律如何规定，邮轮公司必须无条件遵守我国的法律规定。何况邮轮票务代理公司的注册地在我国境内，不遵守我国法律规定更是不应该。

2. 对于旅游者成年的年龄规定，和旅游者利益有直接的关系。当20岁的旅游者属于未成年人时，旅游者的民事行为大多需要得到监护人的认可和同意，尤其是有较为重大的民事行为时。所以，如果按照合同约定，一个二十周岁的旅游者单独参加邮轮旅游，都可能被邮轮公司拒绝登船，在我国普通百姓眼里，其荒谬性和违法性不言而喻。

（二）委托代理合同中的违法和不公平条款

邮轮公司规定，邮轮公司自身同时提供在各邮轮目的地的上岸观光服务，出行人员可自行报名参加邮轮公司组织的上岸观光产品。除船方原因，旅游者取消观光行程，金额恕不退还。若需更改旅客姓名，将被邮轮公司视作取消旅游行程。

1. 邮轮公司自身同时提供旅游者上岸观光服务，其实质就是邮轮公司组织旅游者上岸观光。这是邮轮票务代理公司在合同中的明确约定，等于不打自招，等同于明确了邮轮公司在组织邮轮旅游者参加了岸上的一日游。邮轮公司通过票务代理公司收取了旅游者的旅游费，在境外旅游目的地组织我国旅游者在境外参加包价旅游服务，这样的组织行为，按照《旅游法》的相关规定，涉嫌超范围经营。同时，票务代理公司明明在组织旅游者参加包价旅游，却要以单项委托合同示人，同样不妥。

2. 由于旅游者自身原因，取消了上岸观光游览，既是旅游者违反合同约定的表现，也是旅游者放弃旅游的权利。尽管如此，邮轮公司必须在扣除已经发生的费用后，将剩余旅游款项退还给旅游者。邮轮公司以旅游者放弃旅游为由，扣除全额旅游团款的行为，显失公平，邮轮公司涉嫌不当得利。

3. 若需更改旅客姓名，将被邮轮公司视作取消旅游行程。这样的约定不仅霸道，而且违法。《旅游法》对旅游者旅游权利的转让持开放态度，只要条件许可，旅游者之间的权利转让，都被法律认可。如果因此增加了费用，则应当由旅游者承担。

（三）委托代理合同中的不公平条款

1. 代理合同约定，因人力不可抗因素、意外事件，或者邮轮公司取消订位、更改航线造成乙方（指票务公司）无法履行代理预订服务，乙方不承担违约责任。在启航前由于包船等原因取消行程，票务公司不承担任何违约责任。

上述约定是将不可抗力、意外事件、人为因素混为一谈，显然不当。在旅游服务纠纷处理中，不可抗力是天然的免责条款，经营者和旅游者都不需要承担赔偿责任。按照我国《旅游法》的规定，经营者尽到注意义务仍然不能避免的意外事件，也可以作为免责条件，但并不能因此得出意外事件也可以免责的结论。但是邮轮公司取消订位、更改航线造成乙方无法履行代理预订服务，就是彻彻底底的违约行为，票务公司无论如何都不可以免责。至于启航前由于包船等原因取消行为，票务公司不承担违约责任的约定，更是缺乏常理。

2. 代理合同约定，甲方（指旅游者）擅自滞留国（境）外，甲方出国前向乙方交纳的滞留违约金 5 万元归乙方。

旅游者参加出境旅游，擅自滞留在境外，应当受到滞留国和我国有关法律的制裁，包括对于旅游者的经济处罚，这些制裁和处罚都是政府的行政行为。与此同时，如果旅游者滞留境外的行为给有关经营者造成经济损失，也应当承担赔偿责任。至于经营者事先和旅游者对于滞留境外行为做出违约金的约定，或者约定旅游者承担损失赔偿的计算方式，也不违反有关法律的强制性规定。但是约定的违约金要适当，违约金的约定不能过高，比如 5 万元违约金的约定，就远远高于邮轮旅游的旅游团款，明显失当。

上述所列邮轮单项委托代理合同中的这些约定，基本上都违反了我国的强制性规定，大多可以被视为无效。

089 旅游者参加邮轮游误点后责任承担分析

一、案例简介

旅游者参加旅行社组织的邮轮旅游，旅行社告知旅游者，12 点前必须抵达上海邮轮码头，并将邮轮领队的联系方式告知了旅游者。旅游者抵达码头后，觉得时间尚早，就到附近游玩，结果错过了下午 4 点钟起航的邮轮。旅游者和旅行社交涉后，旅行社帮助旅游者购买了前往济州的机票，准备在济州登上邮轮，继续旅游行程。当旅游者飞抵济州后得知，邮轮无法靠岸，旅行社再次为旅游者购买机票返回。行程结束后，旅游者要求旅行社退还全额旅游团款，旅行社要求旅游者先承担往返济州的机票款，然后再谈退款的问题。

二、法律规定

1.《合同法》第七十七条规定，当事人协商一致，可以变更合同。

2.《合同法》第六十二条规定，当事人就有关合同内容约定不明确，依照本法第六十一条的规定仍不能确定的，适用下列规定：履行费用的负担不明确的，由履行义务一方负担。

三、案例分析

（一）法律关系的梳理

旅行社和旅游者签订邮轮游包价旅游合同，双方形成包价旅游合同关系。由于旅游者没有按时登上邮轮，是旅游者违约在先，如果旅游者就此返回，旅游合同关系就必须被解除，表明旅行社和旅游者之间合同关系归于消灭。但是，经过双方协商，旅行社为旅游者购买了前往济州的机票，就说明旅游者误点后，双方都愿意采取补救措施，应当视为是对原有旅游合同的变更：原合同约定在上海乘坐邮轮前往济州，变更为旅游者乘坐飞机前往济州，然后乘坐邮轮继续旅游行程。

（二）旅游者未能按时乘坐邮轮的性质及其责任

旅游者应当按照合同约定，按时乘坐邮轮开始旅游行程，是旅游者必须履行的义务。由于旅游者的误点，导致旅游者邮轮行程难以继续，是旅游者违约的结果。因此，旅游者应当为此承担责任。邮轮码头的领队有旅游者的联系方式，有义务检查团队人数，发现旅游者未在集合现场，也有义务及时联系旅游者，督促旅游者登上邮轮。因此，造成旅游者乘坐邮轮误点，旅游者和旅行社均应当承担责任。至于责任承担的大小，笔者倾向于旅游者承担主要责任。

（三）济州来回航班费用的承担

由于旅行社和旅游者在购买机票时，并没有就票款承担达成协议，仅仅是旅行社先买票、先垫资，旅行社以为旅游者会承担，旅游者认为应当是旅行社承担。这种情形属于机票款承担约定不明。按照上述法律规定，既然机票款承担是约定不明，就应当由旅行社承担。理由是在这个合同关系中，旅行社有为旅游者提供服务，包括将旅游者安全顺利送达旅游目的地的义务，旅行社属于义务人，旅行社就有义务支付约定不明的旅行费用，这些费用中可能还包括旅游者在济州必要且合理的食宿费用。

（四）旅游者是否可以要求旅行社退还全额旅游团款

由于旅游者误点，导致无法乘坐邮轮，后经努力也未能继续邮轮行程。在判断旅游者要求退还全额旅游团款时，必须首先考虑到，旅游者乘坐邮轮误点，旅游者自身存在过错这个因素。所以，按照法律规定，旅行社扣除实际已经发生的费用，将余款退还给旅游者。同时还要考虑到造成旅游者误点，旅行社也负有不可推卸的责任，因此在退还余款的基础上，旅行社给予旅游者适当补偿，作为对于自己服务工作失误的责任承担。

（五）该案例给予旅行社的教训和启示

旅行社对于支付往返济州机票款感到很委屈，认为自己花了冤枉钱。其实，造成旅行社被动且多支付费用的原因，在于旅行社自身。如果旅行社工作更加细致一些，在旅游者前往乘坐邮轮期间，能够给予旅游者密切关注和跟踪，也许就不会出现误点的情况，也就不会有后续的纠纷和费用支出；如果旅游者误点后需要继续行程，旅行社当时就应当和旅游者达成有关机票票款承担的明确协议，日后也就不会为谁应当支付机票款发生纠纷。总之，旅行社应当从中吸取教训，改进服务。

090 旅行社未约定取消邮轮旅游
责任的后果分析

一、案例简介

A旅行社和邮轮母港所在地B旅行社约定，代为销售邮轮旅游产品。A旅行社在当地收客十几位，旅游者将团款打入A旅行社负责人个人账户，消费凭证等旅游者返程后再提供。A旅行社和B旅行社、旅游者之间都没有约定违约责任。出团前一天，A旅行社接到通知，由于B旅行社业务员个人原因，未将这些旅游者信息录入，造成旅游者无法按时出团。B旅行社提出的解决方案是，

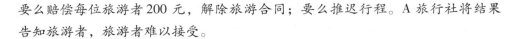

要么赔偿每位旅游者 200 元，解除旅游合同；要么推迟行程。A 旅行社将结果告知旅游者，旅游者难以接受。

二、法律规定

1.《合同法》第一百零七条规定，当事人一方不履行合同义务或者履行合同义务不符合约定的，应当承担继续履行、采取补救措施或者赔偿损失等违约责任。

2.《合同法》第一百一十四条规定，当事人可以约定一方违约时应当根据违约情况向对方支付一定数额的违约金，也可以约定因违约产生的损失赔偿额的计算方法。

三、案例分析

（一）旅行社存在违约行为

从上述案例提供的资料看，不论是 A 旅行社还是 B 旅行社，都和相关的当事人建立了合同关系，即使是没有签订书面合同。由于 B 旅行社先违约，直接导致 A 旅行社违约，最后的结果是旅游者无法按时参加邮轮旅游。因此，B 旅行社应当向 A 旅行社承担违约责任，A 旅行社应当向旅游者承担违约责任。应当明确的是，两个违约责任的承担没有法定的先后顺序，守约方随时可以要求违约方承担违约责任。

（二）违约责任是严格责任

所谓严格责任，简单地说，就是不考虑当事人是否有主观过错，而是以结果是否符合合同约定为标准。《合同法》第一百二十一条规定，当事人一方因第三人的原因造成违约的，应当向对方承担违约责任。当事人一方和第三人之间的纠纷，依照法律规定或者按照约定解决。也就是说，只要 B 旅行社取消了 A 旅行社旅游者出游机会，B 旅行社就必须向 A 旅行社承担违约责任，B 旅行社不能以自己没有过错为由拒绝承担责任。这样的逻辑同样适用 A 旅行社和旅游者之间的关系，A 旅行社必须向旅游者承担违约责任，但旅游者不可以直接向 B 旅行社主张合同权利。

（三）违约责任承担的主要方式

根据《合同法》的规定，违约责任的承担，主要包括继续履行、采取补救措施或者赔偿损失，也可以赔偿事先约定的违约金。在旅游违约纠纷的处理中，通常采用两种方式进行：第一种方式是按照约定赔偿违约金，第二种方式是赔偿由于违约给对方当事人直接经济损失。其他相关违约责任承担的方式，由于旅游合同纠纷的特殊性，在旅游合同纠纷处理中使用较少。

（四）上述案例中是否适用违约金赔偿的方式

回答是不可以。违约金的赔偿方式，必须依赖于合同双方当事人的事先约定，在建立合同关系时，为了防止对方违约，双方当事人可以约定一定数额的违约金。一旦违约行为发生，守约方就可以要求对方支付违约金，不论该违约行为是否给对方造成损失。由于上述案例中没有违约金的事先约定，守约的 A 旅行社不可以向 B 旅行社要求违约金支付，旅游者也不可以要求 A 旅行社承担违约金责任。

（五）上述案例中是否适用赔偿实际损失的方式

回答是肯定的，但实际操作中有较大的难度。按照规定，即使对方有违约行为，守约方要求赔偿实际损失时，实际损失是否存在、实际损失是多少，都必须由守约方承担举证责任。由于旅游合同本身的特殊性，旅行社违约取消了旅游行程，对于旅游者而言，不参加预订的邮轮旅游，实际损失是难以举证的。既然无法举证实际损失，旅游者就不能索赔，结果是直接导致旅游者索赔愿望难以实现。这也是和违约金赔偿的区别所在，因为违约金只谈违约行为，不涉及具体损失，只要有违约行为，不论是否给对方造成损失，都必须支付违约金。

（六）A 旅行社应当吸取的教训

从上述分析不难看出，在这个邮轮纠纷中，最为难受和吃亏的是 A 旅行社。一方面，对于 B 旅行社提出的解决方案，A 旅行社没有强有力的回应措施；另一方面，旅游者提出的解决方案，和 B 旅行社提出的方案一定无法一致，A 旅行社面临着如何应对旅游者要求的难题。核心的问题是，A 旅行社在操作中缺乏合同意识，没有对可能取消旅游行程的处理做出预估，导致一旦纠纷起来后无所适从。这是该纠纷给予所有旅行社的教训和启发。

091 港籍旅游者未携带通行证被拒 上邮轮责任分析

一、案例简介

旅游者（大陆籍）携带未成年儿子（香港籍）参加旅行社组织的邮轮游，当地旅行社向旅游者收取了旅游费用，将旅游费用转账给某邮轮票务代理公司，旅游者和邮轮票务代理公司签订了单项委托代理合同。在出团前，旅游者咨询旅行社，除了携带护照外，是否需要携带通行证，得到了肯定的答复；旅游者继续向邮轮公司咨询，得到的结果是不需要携带通行证。在登陆邮轮时，未成年儿童被拒绝登船，理由是该儿童只携带了香港护照，但没有携带通行证，经过再三协商仍未果，旅游者及其儿子只得取消行程。之后，有关当事人为了如何退还旅游者的旅游费用发生了纠纷。

二、法律规定

1.《旅游法》第一百一十一条规定，包价旅游合同，是指旅行社预先安排行程，提供或者通过履行辅助人提供交通、住宿、餐饮、游览、导游或者领队等两项以上旅游服务，旅游者以总价支付旅游费用的合同。

2.《旅游法》第七十四条规定，旅行社接受旅游者的委托，为其代订交通、住宿、餐饮、游览、娱乐等旅游服务，收取代办费用的，应当亲自处理委托事务。因旅行社的过错给旅游者造成损失的，旅行社应当承担赔偿责任。

3.《合同法》第三十六条规定，法律、行政法规规定或者当事人约定采用书面形式订立合同，当事人未采用书面形式但一方已经履行主要义务，对方接受的，该合同成立。

三、案例分析

（一）邮轮旅游服务中存在的法律关系

和一般的出境团队旅游相比，邮轮旅游服务更具特殊性，法律关系也更为复杂。第一，和旅游者有直接服务合同关系的，可能是旅行社，也可能是邮轮票务代理公司，还有可能是邮轮公司本身，这要看具体的旅游服务合同。第二，旅行社和邮轮票务代理公司存在委托代理合同关系，因为旅行社向邮轮票务代理公司有直接的委托代理关系。第三，旅游者和邮轮存在运输合同关系。邮轮客票有旅游者的姓名等信息，表明邮轮作为交通工具提供者而存在，与旅游者存在运输合同关系。第四，旅游者在游轮上活动，和相关服务经营者存在消费合同关系，也可能与其他服务者有着其他法律关系。第五，邮轮在目的地停泊，既可能是邮轮公司组织旅游者上岸旅游，组织者也可能是旅行社，还有可能是邮轮票务代理公司。这些组织者都可能和旅游者一道，成为旅游合同当事人。

（二）案例中的单项委托合同究竟是何种合同

邮轮票务代理公司和旅游者签订了单项委托代理合同，但这样的单项委托代理合同，并不是真正意义上的单项委托合同，而是包价旅游合同，是邮轮票务代理公司为了规避《旅游法》等规定，经过法律人士的研究和包装，刻意制作出来的为了规避责任的一份合同。理由如下：

1. 邮轮票务代理公司为旅游者提供的服务超过两项。按照《旅游法》的规定，邮轮票务代理公司虽然签订了单向委托合同，但是该公司提供的《出境旅游说明书（会）及本行程出发前确认书》中明确约定，邮轮票务代理公司将为旅游者提供住宿、餐饮、交通和娱乐服务。邮轮票务代理公司为旅游者提供的服务超过了两项。同时，旅游者的旅游费用以总价形式支付给邮轮票务代理公司或者旅行社。

2. 邮轮票务代理公司提供的服务是自己设计和规划的。判断是包价旅游合同还是单项委托合同，超过两项服务固然是一个标准，总价支付也是一个要素，但更为重要且关键的是，要看旅游服务产品的设计者和规划者为邮轮票务代理公司，还是旅游者本人。显然，在邮轮旅游的服务中，产品和线路的设计者和规划者为邮轮票务代理公司，旅游者只是被动地接受邮轮票务代理公司的服务。换句话说，邮轮旅游服务不是邮轮票务代理公司接受旅游者的委托，而是旅游者按照邮轮票务代理公司的安排接受服务。从中可以得出这样的结论，邮轮票务代理公司虽然和旅游者签订了单项委托合同，但究其实质，该单项委托合同仍然属于包价旅游合同的范畴，虽然使用了单项委托合同的形式。

3. 邮轮票务代理公司涉嫌超范围经营。这是在上文分析的基础上，自然得出的结论。上述案例中，由于邮轮票务代理公司以单项委托合同的方式和旅游者签订邮轮旅游合同，但实际上从事的却是包价旅游合同服务，而包价旅游服务是旅行社的专属业务，未取得旅行社业务经营许可证，任何单位和个人从事包价旅游服务业务都属于超范围经营。邮轮票务代理公司主业为代理邮轮票务工作，但事实上却从事包价旅游服务，与其经营范围和工商许可范围不一致，显然超出了邮轮票务代理公司的经营范围，涉嫌违法。

（三）上述案例中纠纷应当如何处理

上述案例中，和旅游者直接有合同关系的主体有，邮轮票务代理公司和旅行社。因为前者和旅游者签订了票务代理的单项委托合同，后者收取了旅游者的邮轮旅游团款，也存在旅游服务合同关系。因此，要处理该旅游纠纷，首先必须明确哪一方当事人存在过错。

1. 旅游者是否存在过错。如果旅游者经常携带儿子参加出境旅游，旅游者就应当知道携带儿子出境旅游需要携带的证件，在此前提下，如果旅游者自己没有履行注意义务，忘记携带通行证，就应当推定旅游者应当承担主要责任。在上述案例中，旅游者对出境旅游并不熟悉，没有理由要求旅游者对携带何种证件有清楚的认识。所以，除非旅行社或者邮轮票务代理公司能够证明，旅游者能够知道港籍人士参团出境旅游必须携带通行证，或者相关服务经营者已经明确告知旅游者，否则旅游者就不存在过错，也就不应当承担责任。

2. 旅行社是否存在过错。旅行社是否存在过错，主要是看旅行社是否履行了必须携带通行证的告知义务，如果旅行社履行了该义务，就不应当承担责任。反之，则要承担责任。对于这个问题，旅行社必须明确一点，旅行社作为专业组织出境旅游的机构，应当对旅游行程相关知识烂熟于心，事先告知旅游者。在现实中，的确也存在旅行社并不知情的情况，但这照样也不能成为免责的理由，即使旅行社不知道，也会被推定为必须知道，否则就要承担责任。至于旅行社业务员说已经口头告知旅游者，旅行社业务员必须对此承担举证责任，证明不了，就推定没有履行告知义务。

3. 邮轮票务代理公司是否存在过错。在邮轮票务代理公司提供给旅游者的《出境旅游说明书（会）及本行程出发前确认书》资料中提示旅游者：请携带本人护照原件以及复印件、身份证原件。这样的提示恰好说明，邮轮票务代理公司要么对于港籍人士参加出境邮轮旅游时，除了携带护照外，必须携带通行证这个规定并不知情，要么是工作疏忽，没有将此项告知义务内容纳入合同中。不论是何种情形，邮轮票务代理公司应当为旅游者被拒绝参加邮轮旅游负责，除非邮轮票务代理公司能够证明事先已经履行了告知义务。

　　总的来说，根据现有资料表明来看，旅游者没有过错，邮轮票务代理公司和旅行社应当共同对旅游者被拒绝参加邮轮一事负责，退还旅游者全额旅游团款，并承担旅游者未参加邮轮旅游而产生的实际损失。

不可抗力篇

092 不可抗力导致包机取消纠纷的处理

一、案例简介

浙江省某市旅行社组织旅游者包机飞往泰国旅游，行程为 5 晚 6 天。由于最近的航空管制，原定今年 8 月 1 日和 2 日的两个包机航班取消，导致前往泰国旅游的旅游者行程比约定的减少两天，已经在泰国旅游的旅游者延迟两天返程。旅行社提出旅游者继续行程，每人补偿 300 元；有部分旅游者提出取消行程，旅行社强调机票费用已经产生，只能退还总团款的 30%，旅游者难以接受。如何处理纠纷就摆在了旅行社和旅游主管部门的面前。

二、法律规定

1. 《旅游法》第六十七条规定，因不可抗力或者旅行社、履行辅助人已尽合理注意义务仍然不能避免的事件，影响旅游行程的，按照下列情形处理：

（1）合同不能继续履行的，旅行社和旅游者均可以解除合同。合同不能完全履行的，旅行社经向旅游者作出说明，可以在合理范围内变更合同；旅游者不同意变更的，可以解除合同。

（2）合同解除的，组团社应当在扣除已向地接社或者履行辅助人支付且不可退还的费用后，将余款退还旅游者；合同变更的，因此增加的费用由旅游者承担，减少的费用退还旅游者。

2. 《合同法》第九十四条规定，有下列情形之一的，当事人可以解除合同：因不可抗力致使不能实现合同目的。

三、案例分析

（一）包机业务的特点

1. 营销上更具风险性。和通常的旅行社业务相比，包机业务更具风险性，主要体现在在一定的期限内，旅行社必须完成足够的收客量。只要能够确保足额收客，单纯的业务风险就降到零。旅行社之所以热衷于包机业务，主要是想通过以量换价的方式，获得较为丰厚的经营利润，但其中的风险是不言而喻的。

2. 时间上更具不确定性。相对而言，营销上的风险可以通过旅行社的主观努力来化解，而航班的准点率就不是旅行社可以左右的。和正常航班相比，包机更具不确定性，包机是在正常航班的夹缝中生存，只有正常航班影响包机的情况，而绝对没有包机影响正常航班情况的发生。

3. 性质上不属于公共交通。所谓的公共交通，就是对不特定人都开放的交通，如正常航班、高铁等交通工具，就是公共交通。而包机、火车专列等，是由旅行社买断使用权，只针对旅游团等特定群体，普通百姓无法参加，故不属于公共交通范畴。

4. 个人信息上包机欠缺。购买正常航班或者高铁，需要有旅游者的个人信息，如旅游者姓名、身份证号码等，同时机票上注明机票价格，而在包机的登机凭证上，有时有旅游者的个人信息，有时是个人信息不全，或者是个人信息与旅游者真实信息不符；机票价格也未按照实际价格标注。

（二）旅行社面临的困境

虽然按照上述法律规定，遇到上述问题时，旅行社和旅游者有多样选择：更改行程、解除合同等，但不论是何种方式，旅行社的权益可以得到保障，但都必须解决一个重要的问题：谁来承担旅行社已经支付的相关费用？尤其是机票费用。

1. 从理论上说，只要按照法律规定，旅行社可以要求旅游者来承担已经发生的费用，旅行社也可以较为从容地证明包机的事实，但旅行社必须解决费用数额的举证难题。上文已经谈到，由于包机业务对于旅游者个人信息要求不严，机票价格可能也未能明确标注，对于旅行社的举证带来困难，即旅行社如何向旅游者说明，费用已经发生，且发生的费用有明确的依据，让人信服。面对一张信息不全、价格不明的登机凭证，旅行社的举证能力并不强，以这样的举证方式来要求旅游者支付损失，是难以服众的。即使旅行社能够证明已经支付给包机公司相关费用，仍然不能说明特定旅游者的费用已经支付给包机公司。这是旅行社在做包机业务出现纠纷后的尴尬。

2. 从实务上说，如果旅行社坚持旅游者必须支付团款的70%，作为包机机票的费用，旅行社可能又陷入另外一个怪圈：旅行社以不合理的低价组团，又触犯了《旅游法》的相关规定，除非旅行社确实能够证明其经营价格的合理

性，否则就要面临旅游主管部门的拷问，

（三）给经营包机旅行社的建议

1. 旅游合同中作出约定。对于非不可抗力的情况下，旅行社取消包机业务，或者旅游者擅自取消旅游行程，应当对承担的违约责任进行事先约定，只要该约定符合公平原则，如果出现旅行社或者旅游者的违约，守约方就可以按照合同约定收取违约金，省去很多口舌之辩。当然，如果是在不可抗力的情况下，违约金的约定方式并不适用，因为在不可抗力的条件下解除合同，旅行社或者旅游者的行为不属于违约，旅行社和旅游者都没有任何过错，不应当承担违约责任。

2. 按照正常航班一样，明确旅游者个人信息和机票价格。这是一个纯粹技术层面的问题，只要旅行社和包机公司事先约定，包机公司就可以按照要求做到，完全没有任何障碍，只是增加了一些劳动成本，这样的操作可以免去上述纠纷中出现的举证难的麻烦。当然，机票上的价格要实事求是，不能为了向旅游者多收机票损失费用，就人为提高机票票面价格，有时效果适得其反。

093 旅行社擅自调整行程后遭遇 不可抗力不能免责

一、案例简介

某旅行社组织了20人去北京旅游。按照行程计划，到达北京的第二天游长城，导游未与旅游者协商，擅自将游长城的行程改为第三天。就在第二天晚上，一场突如其来的大雪使旅游车无法前往长城，为了确保旅游者人身财产安全，游长城计划被迫取消。旅游者返回后，要求旅行社按照规定赔偿三倍的长城门票，旅行社总经理只愿意原价退还长城的门票，但拒绝赔偿，理由是长城被取消是天气原因造成的，属于不可抗力范畴，旅行社服务没有任何过错，所以旅行社不承担赔偿责任，旅行社和旅游者之间的分歧由此产生。

二、法律规定

1.《合同法》第一百一十七条规定，因不可抗力不能履行合同的，根据不可抗力的影响，部分或者全部免除责任，但法律另有规定的除外。当事人迟延履行后发生不可抗力的，不能免除责任。本法所称不可抗力，是指不能预见、不能避免并不能克服的客观情况。

2.《旅游法》第七十条规定，旅行社不履行包价旅游合同义务或者履行合同义务不符合约定的，应当依法承担继续履行、采取补救措施或者赔偿损失等违约责任；造成旅游者人身损害、财产损失的，应当依法承担赔偿责任。

三、案例分析

（一）长城项目被取消是天灾还是人祸

从上述案例的描述中可以看出，长城项目被迫取消，旅游者无法按约登临长城，给旅游者造成了损失，原因并不是天灾（不可抗力），而是人祸。因为按照旅游行程的约定，旅游者抵达北京的第二天，就应当前往长城游览，而导游不经协商，擅自调整了旅游行程，第三天游览长城的计划由于大雪而搁置。假设导游不擅自调整行程，按照旅游行程为旅游者提供服务，即使第二天晚上下大雪，也不会影响旅游者的其他行程。因此，只要导游严格按照旅游行程服务，长城项目就不会被取消，也不会产生后续的纠纷。大雪当然属于不可抗力，但这样的不可抗力和长城游览被取消之间没有因果关系，所以，长城项目被取消是人祸，不是天灾。

（二）如果事先协商调整行程的不同后果

导游按照旅游行程带团是基本原则，但这也并不意味着旅游行程一成不变，如果在旅游过程中，为了旅游行程更为合理、方便，经过导游与旅游者双方的协商，导游变更行程的行为得到了全体旅游者的同意，将原定第二天和第三天的项目调换，同样发生上述景点被迫取消的情况，旅行社也只需要退还景点门票，不需要承担赔偿责任。因为在这种情况下，导游（旅行社）和旅游者对原合同内容的履行顺序做出了协议变更，形成了新的合同关系，旅行社按照新的合约履行义务受法律保护。当然，旅行社应承担举证责任，如果没有有力的证据证明变更得到了旅游者的同意，旅行社仍然应当按照违约责任对旅游者进行赔偿。

（三）如果游长城本来就安排在第三天的不同结果

如果原来的旅游行程中，长城项目被安排第三天游览，最后游览长城的旅游计划的取消，当然是不可抗力造成的后果，旅行社只需要退还景点门票即可，不需要承担赔偿责任。但在这种情况下，还有一种可能有探讨余地，即旅行社是否有义务注意天气变化？不论是组团社还是地接社，只要有团队在旅游行程中，都必须十分关注旅游目的地的天气变化、政治因素等，因为这些情况会严重影响旅游行程的顺利开展，这是作为经营者的旅行社必须履行的注意义务。旅行社不履行这些注意义务，给旅游者造成损失的，即使是不可抗力，旅行社也不能免责。因此，假设北京天气已经预报有大雪，旅行社就应当提前采取防范措施，降低旅游者的损失。

综上所述，旅行社的导游擅自调整行程，导致长城游览计划被取消，是人为因素而不是不可抗力造成的，旅行社不仅要退还景区门票、交通费等，还需要承担赔偿责任。

094 台风期间返程费用规定与约定不一致怎么办

一、案例简介

台风"灿鸿"到来前夕，旅游者参加了旅行社组织的台湾游，返程航班被取消，候补航班尚未确定，旅行社和旅游者双方协商，是等待候补航班，还是另行协调航班尽快返回。全体旅游者商量后要求尽快返回，机票费用由旅游者签字确认自理。旅游者返回后，持原有合同来旅行社，要求旅行社按照原合同约定，与旅游者共同分担返程机票费用。旅行社认为旅游者已经签字确认返程费用自理，不愿意共同分担机票费用。

二、法律规定

1.《消费者权益保护法》第十六条规定，经营者和消费者有约定的，应当按照约定履行义务，但双方的约定不得违背法律、法规的规定。

2.《合同法》第六十条规定，当事人应当按照约定全面履行自己的义务。当事人应当遵循诚实信用原则，根据合同的性质、目的和交易习惯履行通知、协助、保密等义务。

3.《旅游法》第六十七条规定，因不可抗力或者旅行社、履行辅助人已尽合理注意义务仍不能避免的事件，影响旅游行程的，按照下列情形处理：造成旅游者滞留的，旅行社应当采取相应的安置措施。因此增加的食宿费用，由旅游者承担；增加的返程费用，由旅行社与旅游者分担。

三、案例分析

（一）从实务中看，旅游者签订合同时仅仅履行了签字义务

理论上说，旅游者和旅行社签订书面旅游合同，就意味着旅游者对旅游合同全部内容的认可和确认，包括旅游合同文本、旅游行程单和注意事项等全部内容。在实务中，绝大多数旅游者除了对旅游行程单内容较为关注外，对旅游合同文本上的约定内容，事实上并不是很关心，只有等到发生旅游纠纷后，可能会从合同文本中找有利于自己的约定。上述案例也给旅游者一个提醒，签字确认前必须对合同内容仔细阅读，并随身携带旅游合同，以备不时之需。

（二）有关返程费用的新约定是对原有合同约定变更

从案例介绍中可以看出，由于台风即将来临，为了确保旅游者人身财产安全，经过与旅游者协商，达成了旅游者机票费用自理的约定。因为在原有的旅游合同中，有关发生不可抗力之后有关费用的处理已经有明确约定，这个约定经过双方协商之后达成的，性质上是对原有合同约定的变更。就事论事，这样的约定，体现了旅行社和旅游者双方的真实意思表示，真实有效，应当受到法律的保护。

（三）结合原合同的约定看，旅行社违反了诚实信用原则

这里涉及两个关键的问题：第一，既然要对原有合同约定进行协商变更，双方当事人就应当对于原合同约定内容有充分的知晓，才可以对于原合同约定进行变更。在上述纠纷可以推断，旅游者要么就是忘记了原合同的约定，要么就是压根没有看过合同文本。第二，旅行社没有履行提醒和告知义务。从旅游者反悔新的约定，就表明在旅游者和旅行社达成新的约定时，旅行社并没有提醒旅游者原合同关于不可抗力费用处理约定。如果旅行社提醒了，旅游者一定

会要求按照原约定处理。

（四）更为重要的是，新约定违反了《旅游法》的规定

《旅游法》第六十七条已经对发生不可抗力后产生的费用做出了明确规定，只要发生不可抗力，旅行社和旅游者就应当按照此规定协商处理，因为该规定为强制性规定，不得因为双方的约定而废止。因此，按照《消费者权益保护法》第十六条的规定，即使旅游者和旅行社约定在先，只要有法律的明确规定，在旅游纠纷处理中，仍然必须以法律规定为第一选择。

总之，旅游者要求旅行社按照原合同的约定，共同分担返程机票费用的要求合理。至于如何分担返程机票的费用，法律没有明确规定，应当由旅行社和旅游者双方协商确定。

095 台风"灿鸿"影响下旅游者是否可以拒绝返程

一、案例简介

某旅行社负责人反映，该旅行社组织的北京游团队预计 11 日返程，恰逢台风"灿鸿"在浙江登陆期间。由于该台风为超级台风，对按原计划返程的旅游者影响特别大，旅行社希望旅游者能够提前结束旅游行程，取消航班，改乘高铁返回。旅游者以北京天气良好为由，拒绝旅行社的建议，要求按照原计划继续旅游行程。旅行社在劝说无效的情况下，希望按照《旅游法》的规定，解除和旅游者的旅游合同，旅游者也不愿意。

二、法律法规

1.《合同法》第六十条规定，当事人应当按照约定全面履行自己的义务。当事人应当遵循诚实信用原则，根据合同的性质、目的和交易习惯履行通知、协助、保密等义务。

2.《旅游法》第六十七条规定，因不可抗力或者旅行社、履行辅助人已尽合理注意义务仍不能避免的事件，影响旅游行程的，按照下列情形处理：合同不能继续履行的，旅行社和旅游者均可以解除合同。合同不能完全履行的，旅行社经向旅游者做出说明，可以在合理范围内变更合同；旅游者不同意变更的，可以解除合同。

三、案例分析

（一）遭遇不可抗力双方当事人都没有过错

按照《合同法》的规定，所谓的不可抗力，是指不能预见、不能避免并不能克服的客观情况。在旅游服务中，不可抗力是对旅行社和旅游者权益影响最大的因素之一，不可抗力是法定的免责条件。换一句通俗的话来说，在不可抗力事件的处理中，旅行社和旅游者双方都没有错，权益受损都只能自认倒霉，不能强求他人的赔偿，但双方可以本着诚信原则，采取积极措施，尽可能降低损失的发生。

（二）旅游者应当配合旅行社的工作尽快返程

台风"灿鸿"属于不可抗力应当没有异议，在台风期间返程，面临着两个问题：第一，正常的交通运输会被取消，旅游者无法返程；第二，即使旅行社做出变通，返程也将充满安全隐患。为了确保旅游者人身财产的安全，旅行社应当尽快安排旅游者返程。这就需要旅游者的积极配合，正如《合同法》所规定的那样，旅游者具有协助配合的义务。因此，配合旅行社的安排返程，是旅游者的法定义务。但在实务中，旅行社不具备强制旅游者履行配合义务的权力，也就是说旅行社不能采取强制措施，要求旅游者返程，唯一的办法是劝说。

（三）旅游者拒绝返程不得成为旅行社解除合同的理由

对照上述案例可以看出，尽管浙江沿海会受到台风影响，但至少旅游者在北京的旅游活动并没有受到台风的影响，旅游者的旅游还可以顺利开展，不存在"合同不能继续履行"的情形。更何况《旅游法》第六十八条已经明确规定，即使旅游合同解除了，旅行社仍然必须协助旅游者返程。因此，旅行社劝说旅游者返程才是正道。

（四）旅游者拒绝返程导致返程受阻的处理

如果旅游者坚持按照行程继续旅游活动，拒绝提前返程，旅行社及其导游在劝说无果的情况下，应当召集所有旅游者，将可能存在的后果清楚明白地告知旅游者，比如航班、高铁取消，旅游者可能滞留在北京。按照法律规定，滞留期间食宿由旅游者自己承担，返程交通费用由旅行社和旅游者分担；滞留期间给旅游者造成的工作损失，旅行社也不再承担责任。最为理想的是，旅行社能够取得已经履行告知义务的书面证据，由旅游者签字确认。如果不能得到旅游者的确认，退而求其次，旅行社应当作一些录音，以证明旅行社事先已经劝说旅游者返程，并向旅游者告知了利害关系。

（五）旅游者愿意配合旅行社返程的处理

如果旅游者经过旅行社的劝说，愿意提前结束旅游行程，并且改变返程的交通工具。在此情况下，旅行社应当将尚未发生的费用退还给旅游者，其中包括旅行社尚未提供的服务，如城市交通、门票、餐饮等费用，还包括调整交通工具后的差价等。上述案例中的旅游者拒绝了旅行社的解除旅游合同的提议，则是另当别论。况且在此特殊情况下，旅行社提出解除旅游合同的建议，本身是否妥当也值得商榷。

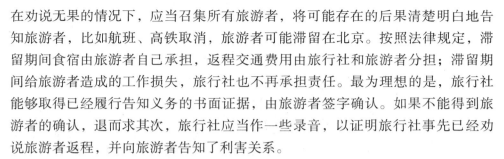

096 不可抗力导致航班取消已进安检旅游者权益受损责任承担

一、案例简介

旅游者顺利完成了国内旅游行程按时返程，安检工作结束后，就在旅游者在等候飞机起飞时，接到取消航班的通知，理由是由于天气原因无法起飞。航空公司给出的解决方案是：要么退还客票费用，要么等到第二天甚至是第三天返程。旅游者则认为是航空公司发现乘客少，擅自取消了航班。尽管如此，旅游者认为旅行社是组织者，理所当然地应当承担全部责任。

二、法律规定

1.《旅游法》第六十七条规定，因不可抗力或者旅行社、履行辅助人已尽合理注意义务仍不能避免的事件，影响旅游行程的，按照下列情形处理：造成旅游者滞留的，旅行社应当采取相应的安置措施。因此增加的食宿费用，由旅游者承担；增加的返程费用，由旅行社与旅游者分担。

2.《旅游法》第七十一条规定，由于公共交通经营者的原因造成旅游者人身损害、财产损失的，由公共交通经营者依法承担赔偿责任，旅行社应当协助旅游者向公共交通经营者索赔。

三、案例分析

（一）不可抗力情况下旅行社应当承担的责任

不可抗力是指不能预见、不能避免并不能克服的客观情况。只要发生了不可抗力，总体来说，旅行社等旅游经营者和旅游者都不应当为此承担赔偿责任，各自受到的权益损害，应当各自承担。所以，《旅游法》在此基础上，对于旅游行程中不可抗力发生后费用的处理做出了明确规定，假如不可抗力导致滞留情况的发生，食宿费用，返程交通费用由旅行社和旅游者分担。

（二）航空公司擅自取消航班旅行社应当承担的责任

如果航空公司擅自取消既定的航班，航空公司显然违反了合同约定，应当承担违约责任，如旅游者的食宿费用、返程交通费用、误工费等直接损失，应当由航空公司承担。在此情况下，按照《旅游法》的规定，旅行社没有直接的经济损失的赔偿责任，但必须协助旅游者向航空公司索赔。

（三）航空公司和旅游者如何举证

按照"谁主张谁举证"的原理，当航空公司主张由于是天气原因导致取消航班，应当由航空公司来举证天气条件不宜飞机起飞的事实。这在我国目前航空公司的工作方面比较粗糙，通常都不会向乘客作进一步的详细的说明，除非是乘客将航空公司告上法院。从旅游者角度看，如果认为是航空公司是出于自身利益考虑，故意取消航班，那么举证责任应当由旅游者承担。不过一般来说，旅游者的举证是难以完成的。总之，在航班延误或者取消时，由于航空公司较为强势，对于旅游者和旅行社来说往往是吃亏。

（四）旅行社如何履行协助义务

在上述纠纷的处理中，如果能够按照法律规定来处理纠纷，不论是由于不可抗力取消航班还是擅自取消航班，旅行社和旅游者权益受损可以降到最低。这里就有一个前提，旅行社对团队旅游者都有协助义务，包括协助妥善安排旅游者和协助旅游者索赔义务。如何积极妥善安置旅游者或者协助旅游者索赔，需要有旅行社人员的努力参与，最适当的人选就是旅行社委派的全陪或者地陪。

（五）旅行社是否应当为旅游者安排全陪

从国家法律层面上说，并没有强制规定国内旅游必须安排全陪或者地陪，绝大多数旅行社都不为长线团安排全陪，除非合同事先有约定。这样操作的结果是，旅游团费有所下降，但需要旅行社协调时就有心无力，旅游者怨恨情绪被放大，当面商谈和远程交流效果一定不一样，孰优孰劣不言自明。因此，为了提升服务品质，便于与旅游者的交流和沟通，委派全陪应当摆到旅行社的议事日程中。

097 不可抗力导致航班取消后车票差价承担分析

一、案例简介

旅行社组织团队前往云南旅游，按照合同约定为双飞行程，返程时由于天气的原因，航班被取消，航空公司退还了机票款，旅游者自行购买了当天的动车票返回。由于机票为折扣票，动车票为全价票，动车票的价格高出机票退款200元，旅游者要求旅行社承担差价，旅行社则认为应当由旅游者自己承担。双方互不相让，争执不下，最后请旅游主管部门做出判断。

二、法律规定

1. 《合同法》第一百一十七条规定，因不可抗力不能履行合同的，根据不可抗力的影响，部分或者全部免除责任，但法律另有规定的除外。当事人迟延履行后发生不可抗力的，不能免除责任。本法所称不可抗力，是指不能预见、不能避免并不能克服的客观情况。

2.《旅游法》第六十七条规定，因不可抗力或者旅行社、履行辅助人已尽合理注意义务仍不能避免的事件，影响旅游行程的，按照下列情形处理：造成旅游者滞留的，旅行社应当采取相应的安置措施。因此增加的食宿费用，由旅游者承担；增加的返程费用，由旅行社与旅游者分担。

三、案例分析

（一）不可抗力的含义

法律已经明确规定，只要是符合不能预见、不能避免并不能克服的客观情况这个条件，就属于不可抗力的范畴。不可抗力是市场经济中法定的免责条款，如果给当事人造成权益损害，对方当事人不需要为此承担法律责任。用一句最通俗易懂的话来说，就是自认倒霉，互不追究。由于天气原因，致使航班的延误、取消等，就是不可抗力导致的后果。面对不可抗力，旅行社或者旅游者需要的是齐心协力、换位思考，降低损失。

（二）不可抗力发生后双方都有确保旅游者尽快返程的义务

不可抗力发生后，作为合同双方当事人的旅行社和旅游者，都有义务采取积极措施，以最快捷、最经济的手段和方式，返回出发地，降低不可抗力给旅行社或者旅游者造成的损失。在上述案例中，由于天气原因航班被取消后，旅行社和旅游者都有义务迅速购买返程票，让旅行社和旅游者由于不可抗力造成的损失降低到最小，这些损失包括不可抗力可能造成旅游者滞留后的食宿费用、返程费用等，不论这些费用是由旅行社还是旅游者承担。因为如果没有发生不可抗力，旅游者就可以按照约定时间返程，食宿等费用就不需要额外支出。这也是诚实信用原则的基本要求。

在上述案例中，航班取消后，按照常理旅行社应当和旅游者协商，尽快购买交通票，让旅游者尽早返程，旅游者却先于旅行社购买了返程的动车票，是旅游者为了避免损失扩大的友善举动，旅游者的行为应当得到肯定。

（三）200元差价如何承担比较合适

案例中动车票和机票退款的200元差价，究竟应当由旅行社还是旅游者承担，法律并没有明确的规定。但参照由于不可抗力导致旅游者滞留后有关费用的处理规定，200元的差价仍然应当由旅行社和旅游者共同分担较为合适。至于按照什么比例来分担，法律也没有量化的规定。对此提出建议，旅行社和旅游者各承担50%，或者旅行社承担60%、旅游者承担40%两种比例和方式，可以作为处理此类费用分担纠纷的借鉴和参考，因为这样的分担比例，基本符合公平原则。

由此引申出另外一个话题，假如200元的差价是由于旅游者购买了动车一等座甚至是商务座所致，就必须根据不同的情况进行具体分析。

情形之一，二等座已经售罄，旅游者希望当天能够返程，购买动车一等座车票。最为理想的是，旅游者应当将情况告知旅行社，并就200元差价的分担事先做出约定，省去事后为费用分担产生的纠纷。

情形之二，二等座已经售罄，没有和旅行社协商，旅游者直接购买了一等座，甚至是商务座，产生了较大的车票差价。笔者以为旅游者应当承担大部分的差价，理由是旅游者接受了较好的服务，根据谁受益谁承担的原理，旅游者理应多承担。同时，旅游者希望尽快返程合情合理，参照《旅游法》六十七条的规定，旅行社承担少部分差价。

情形之三，假如可以购买二等座，旅游者为了更加舒适，在没有协商之前就购买了一等座，或者商务座，所产生的差价应当由旅游者自己承担。因为二等座就可以满足旅游者的基本需求，旅游者应当购买的是二等座，而不是一等座。旅游者自己为了享受更好的服务而购买更高档次的座位，就应当为这个服务支付费用，而不能要求旅行社承担。

098 不可抗力导致后半段机票作废责任承担分析

一、案例简介

旅行社组织旅游者前往印度尼西亚的旅游，旅行社为旅游团购买的机票为杭州至厦门，厦门至雅加达。由于当天起飞前杭州机场遭遇大雾，航班无法正常起飞，延误5小时后飞机才得以起飞。尽管旅行社已经预留了足够的时间，但当旅游团抵达厦门时，航班已经正常起飞，旅行社只得另外购买机票，将旅游者送达旅游目的地。行程结束后，旅行社要求旅游者承担厦门至雅加达部分机票款，旅游者拒绝，旅行社叫屈不已。

二、法律规定

1.《合同法》第八条规定，依法成立的合同，对当事人具有法律约束力。当事人应当按照约定履行自己的义务，不得擅自变更或者解除合同。依法成立的合同，受法律保护。

2.《合同法》第一百一十七条规定，因不可抗力不能履行合同的，根据不可抗力的影响，部分或者全部免除责任，但法律另有规定的除外。当事人迟延履行后发生不可抗力的，不能免除责任。本法所称不可抗力，是指不能预见、不能避免并不能克服的客观情况。

三、案例分析

（一）旅行社和旅游者的权利义务

按照合同约定和法律规定，在旅游合同关系中，旅行社最大的权利是要求旅游者支付旅游团款，旅行社的义务则包括合同义务和法定义务。其中，按照合同约定，将旅游者顺利送达旅游目的地、安全接回旅游出发地，是旅行社的重要合同义务，旅行社应当全面履行这项合同义务。与此相对应的是，旅游者最大的义务是支付团款，权利则是接受旅行社按约提供的服务、人身财产安全得到保障。

（二）不可抗力的作用和意义

不可抗力当然会给出行的旅游者和组织者旅行社带来麻烦和损失，但从法律角度看，在民事活动中，不可抗力的作用和意义，具有双重含义。第一重含义是免除合同双方当事人的赔偿责任，比如由于不可抗力导致减少景点服务，旅行社不需要承担赔偿责任，只需要退还旅游景点门票、退还市内交通费用、导游费等即可。也就是说，由于不可抗力给旅游者造成损失，如减少了在旅游目的地的逗留时间，旅游者不能因为旅游时间减少要求旅行社赔偿；由于不可抗力给旅行社造成的损失，如旅行社增加的和地接社联络的费用，旅行社也不得要求旅游者承担。

虽然不可抗力可以免除合同双方当事人的赔偿责任，但不能因不可抗力可以免除双方当事人的合同约定义务和法定义务，这是不可抗力包含的第二重含义。由于发生了不可抗力，旅游者不可以因此拒绝向旅行社支付旅游团款，因为支付全额旅游团款是旅游者的合同义务。即使旅行社需要退还部分未发生的费用，这和交纳全额旅游团款是两个不同的法律关系。同样，不能由于是不可抗力，就免除了旅行社将旅游者送达旅游目的地的合同义务。因此，虽然发生了不可抗力，不可抗力又没有导致旅游合同目的不能实现，旅行社仍然需要承担尽快将旅游者送达旅游目的地的义务。所以，旅行社必须按照约定，将旅游团旅游者送达雅加达。

（三）厦门至雅加达机票费用是否可以由旅行社和旅游者分担

对于该机票款如何承担，目前法律也没有明确的规定。有人提出，是否可以参照《旅游法》第六十七条的有关规定，由旅行社和旅游者来共同分担。这种观点似乎有一定的道理，但只要仔细推敲，笔者以为不妥，理由如下：

1. 该法条的规定：因不可抗力或者旅行社、履行辅助人已尽合理注意义务仍不能避免的事件，影响旅游行程的，按照下列情形处理：造成旅游者滞留的，旅行社应当采取相应的安置措施。因此增加的食宿费用，由旅游者承担；增加的返程费用，由旅行社与旅游者分担。

2. 该法条适用的范围，在于旅游团旅游者在旅游目的地返程期间遭遇不可抗力的处理，如果不可抗力造成旅游者滞留，返程机票款可以共同分担。而上述案例中，不可抗力是发生在旅游团出发期间，时间点上不吻合，就不能简单地参照适用该法条，也就不适用共同分担的原则。

（四）笔者以为，厦门至雅加达的机票款应当由旅行社独立承担

理由是，不可抗力造成的后果，双方当事人都没有过错，必须双方都承担各自遭受的损失，而且相关的损失已经产生。既然按照合同约定，旅行社把旅游团送达雅加达是合同义务，那么为了履行合同义务而支出的费用，当然由义务人承担。所以，旅行社承担厦门至雅加达的机票款也在情理之中。

099 不可抗力期间旅游者的注意义务

一、案例简介

除夕日下午 3 点多，一位旅游者焦急地反映，他们全家三口在萧山机场，准备前往泰国旅游，但飞机已经飞走，旅行社说要扣除全部损失，剩余的费用还给旅游者。

旅游者一家三口决定前往泰国过年，航班起飞时间是 2 月 6 日中午 12 点，由于 2008 年年初南方遭遇了冰雪天气，旅游者特意提前从衢州赶往机场。按照旅游者的说法，为了能够赶上航班，他们全家 6 点就乘坐班车前往萧山机场，而在平时只需要上午 8 点从衢州出发就绰绰有余，一定能够赶上 12 点的航班。冰雪的阻碍，直到下午 1 点多才到萧山机场，飞机已经起飞。和旅行社协调另外航班也没有结果，最后只能取消行程，但旅行社只能退给旅游者很少的余款，交给旅行社的旅游款项达 18000 多元，旅行社只能退还 1/10 还不到，旅游者难以接受这样的结果。

二、法律规定

1. 《合同法》第一百一十七条规定，不可抗力是指不能预见、不能避免并不能克服的客观情况。

2. 《旅游法》第七十条规定，由于旅游者自身原因导致包价旅游合同不能履行或者不能按照约定履行，或者造成旅游者人身损害、财产损失的，旅行社不承担责任。

三、案例分析

（一）旅游者的疏忽

旅游者不能接受旅行社处理结果的原因有两个：第一，旅游者认为，造成他们没有及时赶上航班的原因是天气，是冰雪天气造成了他们的迟到，在整个过程中旅游者没有过错；第二，旅游者认为，旅游服务应当从萧山机场开始起算，旅行社提供的旅游服务尚未真正发生，却要求旅游者承担尚未发生的服务费用，对旅游者不公平。

客观地说，旅游者第一个理由站不住脚。2008 年南方遭遇了罕见的冰雪天气，当然是属于不可抗力范畴，在各国民法中都是天然的免责条件。但是，旅游者忽视了一个因素，那就是 2008 年的冰雪天气起始于 2008 年的 1 月，到 2 月 6 日已经持续了相当长的一段时间。冰雪天气固然是不可抗力，但对于这三口之家的旅游者而言，2 月 6 日的冰雪天气不属于不可抗力，因为只要事先注意和防范，就完全可以避免赶不上航班事件的发生。

冰雪天气是不可抗力，但冰雪天气对于道路交通的影响，是可以预见、可以避免并且能够克服的，比如说旅游者提前一两天来杭州，就完全可以解决道路交通受阻的问题，而旅游者对冰雪天气影响道路交通的后果估计不足，对于当天能够顺利抵达萧山机场过于自信，导致后续事件的发生。所以，旅游者的放任与自信，没有履行相应的注意义务，是事件发生的直接因素，旅游者应当为此承担后果。

旅游者第二个理由同样也站不住脚。严格地说，旅行社给旅游者的服务始于旅游者的咨询阶段，有些旅游者经过咨询，最后参加了旅游团，有些经过咨询没有参团。当然，仅仅是咨询，旅游者并不需要支付费用，而从旅游者报名参团开始，旅行社的所有服务都是旅游者支付旅游团款的结果，尤其是旅游者登上旅行社安排的交通工具开始，最具意义的旅游服务拉开了序幕。

由于旅游服务必须提前预订和付费，旅游行程尚未开始，旅游费用已经发生，比如旅行社要预订机票、酒店、市内交通等，这些都需要旅行社支付费用，由服务供应商完成，即使没有在预订时立即支付现金，但供应商为旅行社预留服务设施，即使旅游者放弃了接受服务的权利，但损失已经产生。所以，衢州旅游者没有前往泰国旅游，但为他们提供的相应服务还是被浪费了，如机位不会因为你没有享受而临时可以出售，航空公司向旅行社照收不误。因此，即使旅游者没有前往泰国，旅行社要求旅游者支付泰国旅游的费用是合理的。

（二）损失的扣除

旅行社可以扣除已经发生的费用，在扣除费用时，必须注意提供已经发生的费用的证据，如机票等。在实务中，旅行社有时难以举证损失的发生及损失发生的具体数额，即使有证据，其证明力也较弱，难以说服旅游者、调解人员、法官。除机票外，比如境外的损失是否发生，比如酒店客房的损失是否发生、客房需要多少钱、第一天损失发生了，是否意味着以后几天的损失也一并发生等；即使旅行社的服务供应商提供相关证明，损失已经发生，但服务供应商提供的证明可信度有多大也很难说，旅游者的质疑会不会旅行社和服务供应商串通等。

在一些司法案例中，法官对旅游目的地服务供应商提供的证明不予采信，对没有旅游者姓名的机票也不采信，对旅行社汇给供应商的款项中，是否包含特定旅游者的服务费用也持高度的怀疑。所以，对于此类纠纷，旅行社要做好扎实的证据收集工作，否则也可能处于不利地位。

上述案例中，衢州旅游者经过旅行社的耐心解释，接受了旅行社的处理方案，闷闷不乐地返回衢州。

安全管理篇

100 旅行社未履行安全保障义务的后果承担

一、案例简介

张先生（82 岁）向甲旅行社报名参加了某名山二日游，张先生依约参加旅游团前往该景区旅游。由于受到台风"碧利斯"的影响，虽然景区没有闭门谢客，但景区内索道已经停止运营，张先生等旅游者只能徒步登山。导游带领张先生等 26 名旅游者于当日下午 2 时左右开始登山，下午 5 时许，张先生在登石阶过程中突然摔倒在地，不省人事。导游立即拨打求救电话，经医疗部门抢救无效死亡。张先生家属向旅游管理部门投诉，要求旅行社承担责任。旅游管理部门经核实认定，甲旅行社在组团和经营中存在瑕疵：旅行社不能提供证据证明，在组团时已向张先生推荐了意外保险；导游在登山前没有履行相关劝阻和告知义务，也没有向张先生推荐购买景点保险。由于双方对张先生的死因看法截然不同、赔偿数额悬殊，旅游管理部门从中多次协商未果，张先生家属向当地人民法院提起民事诉讼，要求甲旅行社承担 36 万余元经济赔偿。

一审法院经过审理后判令甲旅行社承担 20% 的赔偿责任，家属不服，上诉至二审法院。二审法院认为，甲旅行社无证据证明其服务周到细致，且已采取了防范应急措施，旅行社的疏忽大意与张先生的死亡存在一些因果关系，依法应当承担相应的责任；同时，法院也认为，张先生年逾八旬，独自参加旅游，未能采取必要的自我保护措施，也应当承担一定的责任。二审法院认定，张先生的人身伤害事件，给张先生家属造成共计 32 万元损失，甲旅行社应承担 70% 的赔偿责任，共计 22 万余元。纠纷得到了妥善的解决。

二、法律规定

1.《旅游法》第七十九条规定，旅游经营者组织、接待老年人、未成年人、残疾人等旅游者，应当采取相应的安全保障措施。

2.《消费者权益保护法》第十八条规定，经营者应当保证其提供的商品或

者服务符合保障人身、财产安全的要求。对可能危及人身、财产安全的商品和
服务，应当向消费者作出真实的说明和明确的警示，并说明和标明正确使用商
品或者接受服务的方法以及防止危害发生的方法。

三、案例分析

甲旅行社在台风期间组团，是安全意识松懈的突出表现。在台风多发季节，
旅行社必须时刻关注气象变化，一旦气象部门发布预警，旅行社必须毫不迟疑
地停止组团和发团，以确保旅游者人身财产的安全。而上述甲旅行社对即将到
来的台风缺乏警觉性，为了企业的经济利益，在这种特殊的气候条件下，仍然
组织旅游者前往景区旅游，为日后纠纷埋下了隐患。

导游未能劝阻张先生继续登山旅游，其行为和相关规定不符。景区当时气
候条件较为恶劣，山势较高，路远陡滑，张先生年逾古稀，在此情况下，导游
的义务不仅仅是提醒，而是应当根据张先生的身体条件，劝阻张先生继续登山。
尽管事后导游声称，在准备登山时，他曾经征求过张先生的意见，希望他们几
位老年旅游者放弃登山，但被张先生等拒绝。

按照《旅游法》的规定，旅行社应当提示参加团队旅游的旅游者按照规定
投保人身意外伤害保险。旅行社在与旅游者订立旅游合同时，应当推荐旅游者
购买相关的旅游者个人保险。虽然旅行社声称，他们已经为张先生办理了责任
保险，也已经向张先生推荐旅游意外保险；张先生家属则强调，旅行社并没有
推荐意外保险。同时，景区也为旅游者提供人身意外伤害险，由旅游者自行决
定是否购买，张先生享受免门票优惠，按照景区的规定，也可以单独购买人身
意外伤害险，甲旅行社也不能证明，导游已经向张先生进行了提醒。

虽然张先生年事已高，但作为完全民事行为能力人，孤身一人参加旅游团，
且旅游目的地是地势较高的山岳，其个人疏忽大意，过于自信，也是酿成该事
件不可忽视的因素。据张先生家属介绍，在此之前，张先生报名参加了另外一
个旅游团，由于台风影响，该旅行社取消了行程，张先生转而向甲旅行社报名
参团。这也从另一个侧面说明，对于即将到来的台风，并没有引起张先生本人
及其家属的重视。

保护老年旅游者是法律赋予旅行社的特别义务。"银发一族"旅游者已经成
为一些旅行社的主打市场，我国现有法律法规和标准也没有规定，老年旅游者
出游前必须进行身体检查，旅行社销售人员无法直观判断老年旅游者的健康状

况。一方面旅游必须消耗较之平常更多的能量，另一方面老年旅游者的身体素质相对较弱，两者叠加，老年旅游者发生人身损害事件的概率就较高。庞大的"银发一族"客源市场为旅行社赢得巨大商机的同时，应如何防范经营中的风险，值得每一位旅行社从业人员的深思。

101 旅行社质保金扩大使用范围带来怎样的后果

一、案例简介

孙先生在出境旅游途中，由于自己的疏忽，导致身体受到较为严重伤害。孙先生家里经济条件一般，无力短期内筹到大笔医疗费，孙先生家属希望旅行社给予帮助，或者垫付或者借钱，但旅行社却予以拒绝。因为旅行社认为是孙先生的疏忽导致伤害的发生，旅行社没有任何责任，所以也没有赔偿的责任，也不愿意垫付或者借钱，因为旅行社担心家属的偿还能力和诚信度。孙先生求助旅游主管部门，希望旅行社帮助他们共渡难关。

二、法律规定

1. 《旅行社条例》第十五条规定，有下列情形之一的，旅游行政管理部门可以使用旅行社的质量保证金：旅行社违反旅游合同约定，侵害旅游者合法权益，经旅游行政管理部门查证属实的；旅行社因解散、破产或者其他原因造成旅游者预交旅游费用损失的。

2. 《旅游法》第三十一条规定：旅行社应当按照规定交纳旅游服务质量保证金，用于旅游者权益损害赔偿和垫付旅游者人身安全遇有危险时紧急救助的费用。

三、案例分析

（一）《旅游法》第三十一条的积极意义

本法条立意高远，前瞻性强，不仅扩大了服务质量保证金的使用范围，更主要的是体现了以旅游者为本的精神，对于保护旅游者的合法权益起了积极的作用。在之前的《旅行社条例》有关旅行社质保金的使用范围规定十分明确，适用于旅游服务质量纠纷，但不用于旅游者人身伤害时的紧急救助。

在以往的旅游者人身伤害纠纷处理中，经常会有旅游者抱怨旅行社冷血，即使旅游者伤势危重，需要紧急救援，旅行社也不肯垫付紧急医疗费用，致使旅游者损害的进一步扩大。旅行社则辩称，由于伤害来自旅游者自身的疏忽，旅行社没有任何过错，没有垫付费用的义务，和上述案例中旅行社的解释如出一辙。

在本法条出台前，是否应当为旅游者紧急救助垫付费用，一直也是旅游主管部门的纠结所在。有了本法条的规定，消除了旅游者和旅行社之间的争议，也解除了旅游主管部门的困扰。当然，就本法条而言，并没有排除旅游者及其家属的自救行为，如果旅游者及其家属主动出资，救助人身受到伤害的旅游者，也在情理之中。

在旅游者人身伤害纠纷处理中，如果旅行社及履行辅助人是造成旅游者人身伤害的责任人，通常情况下并不需要使用服务质量保证金，旅行社及履行辅助人都会积极采取措施，及时给予旅游者救助治疗，旅游者的权益能够得到及时的保护，旅游者的人身伤害不会因为旅行社的延误而造成进一步的损失。

如果旅游者的人身伤害原因是旅游者自身的故意或者过失，按照一般的法律规定，在这种情况下，旅游者的人身伤害后果由旅游者自己承担，医疗费也应当由旅游者自己支付，但由于旅游跨地域的特点，当旅游者人身伤害事件发生后，部分旅游者可能无法在短期内筹钱，而救人又是第一要务，为了确保旅游者的损害不再扩大，本法条就规定了旅行社垫付的义务。

（二）旅行社在实务操作中的困境

《旅游法》第三十一条的规定本身没有任何不妥，但关键的问题是，一些此类纠纷显示，旅游者人身伤害后，即使有能力支付医疗费，许多旅游者也不愿出资，旅行社被迫垫付紧急救助医疗费。旅行社垫付了医疗费后，而且事后证明旅行社及履行辅助人没有任何过错，根据法律规定，旅行社可以向旅游者或者其家属索要已经垫付的医疗费用，旅行社是债权人，旅游者为债务人。但在实践中，旅行社向旅游者索要垫付的医疗费时，愿望往往难以达成，特别是旅游者死亡或者伤残后，或者旅游者及其家属没有偿还能力，旅行社索要紧急救助的医疗费会变得更加遥遥无期。

如果旅游者及其家属拒绝偿还旅行社垫付的紧急救助的医疗费用，虽然旅行社可以按照法律规定，通过民事诉讼向旅游者主张权利，但在实际中会遭遇种种困难。一家旅行社曾向笔者诉苦：该旅行社组织了旅游者前往韩国旅游，在机场等候行李时，一位旅游者由于脑血管爆裂，被紧急送往医院救治，旅行社为旅游者垫付的医疗费高达 32 万元，家属拒绝承担任何费用。旅行社不得已向当地法院提起民事诉讼，法院不予受理，五年过去了，没有任何迹象表明旅行社可以要回垫付的医疗费。

与之相关，旅游者人身伤害渡过危险后，旅游者就进入了平稳的治疗期，根据《旅游法》第三十一条的规定，旅行社就没有垫付医疗费用的法定义务。而在实务中，只要旅游者及其家属不愿支付医疗费用，旅行社仍然不得不继续垫付医疗费，直到旅游者能够返回家中。旅行社经常哀叹的是，旅行社不是旅行社，而是无限公司，要为旅游者在旅游行程中出现所有的伤害承担全部责任，对旅行社不公平，也不利于旅行社的经营和发展。

总之，为了防止出现旅行社质保金用于旅游者紧急救助的费用，旅行社就应当强化安全意识，全面履行安全保障义务，降低旅游途中意外事故的发生，就可以不用或者少用旅行社质保金。为了更加体现公平合理，《旅游法》修订时，应当在第三十一条中增加"旅游者获得救助后，紧急救助费用应当根据责任大小分担"等相关内容，既体现了保护旅游者和旅游经营者合法权益的立法宗旨，又有利于快速便捷处理垫付紧急医疗费用纠纷。

102 旅行社订购不合格交通工具责任承担分析

一、案例简介

在旅游旺季，由于旅游车短缺，旅行社向租赁公司租赁了一辆旅游车，用于旅游团队的服务。在服务过程中，因为驾驶员的疏忽导致旅游车侧翻，部分旅游者轻伤，旅行社及时就地送医，所幸没有造成十分严重的后果。旅游者伤愈出院后，以旅行社租用不合格旅游车为由，要求旅行社承担较大的民事赔偿。

二、法律规定

1.《企业法人登记管理条例》第三条规定，申请企业法人登记，经企业法人登记主管机关审核，准予登记注册的，领取《企业法人营业执照》，取得法人资格，其合法权益受国家法律保护。依法需要办理企业法人登记的，未经企业法人登记主管机关核准登记注册，不得从事经营活动。

2.《旅游法》第三十四条规定，旅行社组织旅游活动应当向合格的供应商订购产品和服务。

三、案例分析

（一）何为不合格供应商

按照我国法律规定，所谓合格的供应商，就是具备合法经营资质的供应商。任何单位和个人，如果希望参与到市场经济的经营活动中，首先必须取得营业执照，为自己的经营行为提供法律支撑。获得合法的经营资质后，按照核定的经营范围，为消费者提供服务。所以，所谓的合格的供应商，就是取得营业执照，然后根据营业执照核定的经营范围开展经营活动。

（二）何为合格的交通工具

在旅行社服务中，为旅游者提供的交通工具，诸如民航、铁路、班轮等，一般情况下，其经营资质当然合法，无须怀疑。旅行社为旅游者安排的交通工具中，经营资质可能存在瑕疵的，主要存在于城际交通工具和海上交通工具中：

1. 不具备合法经营资质的城际交通工具。在城际交通工具中，经营资质存在瑕疵的，以自备车和租赁公司的旅游车最为典型。旅行社的自备车、旅行社职工的自备车，或者其他人员的自备车，都是为其业主本人提供服务，都不具备经营资质，显然不得对外经营，但一些旅行社接受小团队时，往往以自备车为旅游者提供服务。

接待旅游团队时，有些旅行社向租赁公司租赁旅游车。虽然租赁公司资质合法，但究其经营范围看，租赁公司只能从事租赁车辆业务，但不得用于直接的接待等经营活动。旅行社从租赁公司租赁车辆，用于接待旅游者，超出了租赁公司的经营范围，其经营资质同样存在瑕疵。

2. 不具备合法经营资质的岛际交通工具。随着海洋旅游的不断升温，岛际交通工具短缺明显，尤其是旅游旺季期间，为了解决燃眉之急，旅行社抱着侥幸心理，将环岛游船用作岛际交通船，将休闲渔船用于岛际交通工具。这些船只的共同特点是，可以在一定范围内经营，但其经营轨迹被严格限定在特定范围内，被用于岛际交通工具超出了其经营的空间范围，具有相当的危险性，旅行社的行为可能会给旅行社及旅游者带来严重后果。

（三）旅行社订购不合格交通工具的原因

首先必须说明的是，不论出于何种原因，都不能成为旅行社订购不合格交通工具的借口，旅行社订购不合格交通工具的行为总是错误的。但我们不得不看到这样一个事实：旅行社希望通过合法的渠道，申办城际交通工具合法资质难度之大不可想象，尤其是小型旅游车辆经营资质的申办，有关部门会以各种借口将旅行社的申请拒之门外，客观上迫使旅行社走各种变通之道。

（四）民事赔偿和行政责任追究为两种不同的法律关系

民事赔偿属于民事法律关系，行政责任追究属于行政法律关系，两者互不隶属，但在纠纷处理的实务中，一些旅游者往往会将两者混为一体，并以行政责任的追究为要挟，迫使旅行社做出让步，以换取最大的利益，旅行社有时也不得不为之让步。其实，旅行社如此操作，一方面是经济利益的受损，另一方面，并不能逃避行政责任的追究，除了赔偿之外，仍然会受到旅游主管部门的行政处罚。

103 旅游团返程中汽车失火责任承担分析

一、案例简介

旅行社组织周边一日游，旅行社租用了长途运输公司车辆。在接近返程目的地时，部分旅游者提前下车。在继续的行程中，旅游者闻到车内有浓烈的汽油味道，旅游者提醒驾驶员注意，驾驶员也已察觉该情况，但驾驶员告诉旅游者不用急，行程马上结束。就在离终点站不足百米时，汽车突然燃烧起来，旅游者砸窗跳下，有一位旅游者脚踝受伤，最后被鉴定为十级伤残。旅游者向旅行社索赔，旅行社以无责为由拒绝承担责任。有关部门鉴定的结论是，起火原因不明。

二、法律规定

1.《旅游法》第七十一条规定，由于地接社、履行辅助人的原因造成旅游者人身损害、财产损失的，旅游者可以要求地接社、履行辅助人承担赔偿责任，也可以要求组团社承担赔偿责任；组团社承担责任后可以向地接社、履行辅助人追偿。

2.《消费者权益保护法》第十八条规定，经营者应当保证其提供的商品或者服务符合保障人身、财产安全的要求。对可能危及人身、财产安全的商品和服务，应当向消费者做出真实的说明和明确警示，并说明和标明正确使用商品或者接受服务的方法以及防止危害发生的方法。

三、案例分析

（一）车辆失火责任性质认定

旅游车辆失火，既可以认定为违约行为，也可以认定为侵权行为。因为旅游车辆没有按照约定，顺顺利利地将旅游者运送到出发地。只要旅游车没有按照约定提供约定的服务，除非发生了不可抗力，导致旅游行程受阻，旅游车辆的行为都可以被认定为违约行为。同时，旅游车辆失火也可以被认定为侵权行为。因为车辆失火，造成了旅游者人身伤害，就是旅游车辆没有履行安全保障义务的结果，旅游车辆当然应当承担侵权责任。

（二）汽车公司应当为此承担责任

汽车公司委派的驾驶员为专业驾驶员，在服务中首先应当体现驾驶技术的专业性。当旅游者提出车内弥漫着汽油味道时，旅游者也提醒驾驶员注意；驾驶员也已经闻到汽油味道，仍然自信地继续驾驶车辆，而不是及时停车检查，导致车辆失火，造成人员损害。这是驾驶员对车辆性能过于自信的结果，从某种程度上说，是驾驶员的放任行为导致失火事件的发生，驾驶员对此负有不可推卸的责任。既然驾驶员是汽车公司的员工，汽车公司也就应当为驾驶员的行为负责，承担起相应的赔偿责任，然后可以向驾驶员追偿。

（三）旅行社要为租赁车辆的服务后果负责

汽车公司和旅行社签订租赁协议，在旅行社使用车辆期间，该车辆或者汽车公司就是旅行社包价旅游服务的履行辅助人，按照旅行社的要求为旅游者提供服务。按照法律规定，履行辅助人代表作为债务人的旅行社，为旅游者提供服务，履行辅助人的行为等同于旅行社的行为，履行辅助人给旅行社带来的有利后果和不利后果，包括履行辅助人的服务为旅行社带来的利润，或者因工作失误给旅行社造成的损失，旅行社都应当概括承受，而不是选择承受，或者仅仅承受利益，拒绝承受责任。

（四）旅游者主张权利时可以做出选择

按照我国法律的规定，案例中的旅游者在具体的索赔过程中，需要根据伤害程度和自己的需求，做出两次选择。

第一次选择，就是根据责任竞合的法律关系做出选择。《合同法》第一百二十二条规定，因当事人一方的违约行为，侵害对方人身、财产权益的，受损害方有权选择依照本法要求其承担违约责任或者依照其他法律要求其承担侵权责任。

按照此项规定，旅游者可以选择是违约之诉，还是侵权之诉，即追究违法行为人的违约责任还是侵权责任。这是法律强制性的规定，旅游者必须选择以违约或者侵权作为赔偿诉求，而不能眉毛胡子一把抓，既要求违法行为人承担违约责任，又要求承担精神损害赔偿，两者不可兼得。

第二次选择，就是选择要求车辆所在企业还是旅行社承担责任。按照上述《旅游法》的规定，旅游者在旅游行程中发生的人身损害、财产损失的，只要旅行社或者履行辅助人服务存在过错，旅游者既可以要求车辆所在企业承担责任，也可以要求组团社概括承受。旅游者在索赔时也必须做出选择，而不是既要车辆所在企业赔偿，然后再向旅行社索赔。旅游者这样的索赔方式和结果，就涉嫌违反补偿性赔偿原则，在赔偿过程中可能获得高于实际损失的赔偿，获取了不当得利。

上述案例中，由于旅行社和汽车公司均为本地企业，旅游者不存在索赔的空间难度，旅游者选择旅行社还是汽车公司作为索赔对象，可能主要是根据对方的赔偿能力而定。在实务中，如果上述纠纷发生在长途旅游线路中，旅游者选择把旅行社作为索赔对象的概率较高，尤其是出境旅游中，免去空间距离给索赔造成的困难。

104 旅行社安排旅游者船舱外就座受伤
的责任承担

一、案例简介

　　旅游者姜先生参加旅行社组织的泰国普吉岛旅游，泰国地陪安排姜先生等一起乘坐一艘小型快艇从外海岛屿返回普吉岛。由于船小人多，地陪安排姜先生和其他几位年轻力壮的旅游者坐在船舱外的船头座位。快艇起航后，风浪很大，旅游者要求地陪让驾驶员降低速度，地陪并未应允。此时一个大浪袭来，姜先生等坐在舱外的旅游者摔倒，姜先生被鉴定为八级伤残，姜先生要求组团社承担赔偿责任，组团社认为事先已经发放了安全告知书，其中载明："乘坐快艇时，由于快艇速度较快，颠簸厉害，我社强烈要求客人必须在快艇后方落座。"因此，组团社已经尽到了安全警示义务，不承担赔偿责任。

二、法律规定

　　1.《消费者权益保护法》第十八条规定，经营者应当保证其提供的商品或者服务符合保障人身、财产安全的要求。对可能危及人身、财产安全的商品和服务，应当向消费者作出真实的说明和明确的警示，并说明和标明正确使用商品或者接受服务的方法以及防止危害发生的方法。

　　2.《旅游法》第七十一条规定，由于地接社、履行辅助人的原因造成旅游者人身损害、财产损失的，旅游者可以要求地接社、履行辅助人承担赔偿责任，也可以要求组团社承担赔偿责任；组团社承担责任后可以向地接社、履行辅助人追偿。

三、案例分析

（一）旅游者在泰国乘坐快艇存在安全隐患

　　在泰国海岛旅游中，乘坐快艇是必备的服务项目之一。由于海洋旅游受气候制约明显，造成旅游者人身伤害事故多发。从旅游投诉的统计数据看，泰国乘坐快艇事故，在泰国旅游纠纷中占据相当的比例。我们从中可以推断，并不能绝对说泰国海岛游不安全，但在泰国乘坐快艇时，存在一定的安全隐患却是事实，旅行社选择快艇服务时，应当采取相当的安全措施，确保旅游者人身安全。

（二）组团社的告知和地接社的安排不一致

正因为在泰国乘坐快艇存在安全隐患，可能对旅游者人身造成伤害，组团社在安全告知书中会强烈要求旅游者在快艇后舱就座。应该说，组团社的告知义务是合适的，也是有益的。但在地接社的实际安排中，姜先生等旅游者却被安排在船舱之外就座，增加了旅游者受到伤害的概率。同时，既然组团社要求旅游者在后舱就座，在地接导游安排座位时，领队应当对地陪的行为予以制止，但事实上领队并没有这么做，领队的失职不言而喻。

（三）旅游者人数超过快艇的承载量说明产品不安全

从上述案例中看，姜先生等几位旅游者被安排在舱外船头就座，就说明两个问题：第一，快艇舱位不足以容纳全部旅游者，安排旅游者在船舱外就座，快艇是否涉嫌超载，这样的安排本身就是问题。第二，稍有生活常识的人都知道，在船头就座，增大了旅游者受到伤害的风险。这两个问题足以说明，旅行社履行安全保障义务不到位，是造成姜先生等旅游者受到伤害的重要原因。同时，如果旅行社继续如此操作，旅游者受到伤害的事故仍然会不断地重复上演。

（四）导游不接受旅游者的提醒和驾驶员的疏忽是事故发生的直接原因

由于风急浪高，姜先生等旅游者已经意识到危险的存在，试图通过导游提醒驾驶员降低快艇的速度。如果导游这样做，驾驶员降低了快艇的速度，该事故完全可以避免，但导游并没有这么做。而且，作为专业人士的快艇驾驶员，在遇到风浪时，即使没有外人的提醒，都应当降低速度，防止人身伤害事故的发生，况且，在泰国普吉岛由于乘坐快艇发生旅游者人身伤害的事故并不鲜见，快艇驾驶员应当引以为戒，但驾驶员就是不降低快艇速度，结果造成姜先生等受到伤害。因此，导游和快艇驾驶员的放任、疏忽和过于自信，共同作用，损害了姜先生等旅游者的权益。

（五）组团社应当全面履行安全保障义务

组团社认为自己没有赔偿责任，主要的理由是已经履行了告知义务，这是旅行社对于安保义务理解的偏差。安全保障义务是一个严谨的系统工程，并不仅仅局限于告知义务，尽管告知义务是安保义务的重要组成部分。即使旅行社已经履行了告知义务，但旅行社还必须保证旅游产品和服务的安全，同时必须采取相关的措施，防止损害的发生和损害的扩大。地接社安排乘坐快艇的旅游者数量超过了快艇的承载量，地接社的安排就不安全；导游和驾驶员的行为表明，他们没有采取有效措施，防止旅游者人身遭受损害事故的发生。所以说，旅行社履行安全保障义务不全面，还是应当承担赔偿责任。

（六）组团社应当为履行辅助人失误承担责任

上述案例中，造成姜先生等旅游者人身伤害的，主要是地接社的安排、领队、地陪和快艇驾驶员的工作失误造成的，组团社本身不一定有非常严重的工作失误，但根据法律规定，类似的人身伤害纠纷，更多的是属于侵权责任范围，姜先生可以直接要求境外侵权人承担赔偿责任，也可以要求组团社概括承担。因此，只要姜先生等旅游者能够举证人身伤害的损失，要求组团社承担全部损失的赔偿责任有法律依据，组团社不得拒绝。

105 驾驶员停车不当旅游者脚踝受伤的责任承担

一、案例简介

旅游者参加出境旅游团，旅游团抵达餐馆时已经天黑，驾驶员恰好将旅游大巴停在一处不平台阶处，一位老年旅游者下车时脚踝被扭受伤，领队立即送客人就医。事后，地接社、大巴司机认为，主要是旅游者自己不小心才导致受伤，理由是其他旅游者并没有受伤，旅游者是成年人，要承担责任，希望旅游者自己先垫付医疗费，回国后向组团社索赔。旅游者坚持是驾驶员需要承担责任，要求赔偿全部医疗费用，并承担回国康复期间的医疗、护理等费用，如果在境外达不成赔偿协议，就拒绝返程。

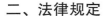

二、法律规定

1. 《消费者权益保护法》第十八条规定，经营者应当保证其提供的商品或者服务符合保障人身、财产安全的要求。对可能危及人身、财产安全的商品和服务，应当向消费者作出真实的说明和明确的警示，并说明和标明正确使用商品或者接受服务的方法以及防止危害发生的方法。

2. 《民法通则》第十一条规定，十八周岁以上的公民是成年人，具有完全民事行为能力，可以独立进行民事活动，是完全民事行为能力人。

三、案例分析

（一）安全保障义务的基本内涵

处理上述纠纷，最为重要的是要明确旅行社安全保障义务的内涵。所谓旅行社的安全保障义务，主要是从服务安全、提示义务和相关措施三个方面来判断。首先，旅游服务必须安全。旅游服务安全，既包括提供的产品符合安全需要，也体现在服务环节必须安全。其次，旅行社必须履行提示、警示等义务。如果产品和服务存在一定安全隐患，旅行社就有事先提示和协助的义务，防止安全隐患演变为现实的伤害事故。最后，旅游者一旦受伤，不论责任是否为旅行社，旅行社应当及时送医。总之，在安全保障义务三个环节中，旅行社的服务只要存在安全漏洞，就必须为此承担相应的责任。

（二）驾驶员没有履行安全保障义务

驾驶员安全平稳地开车，是驾驶员履行安全保障义务的主要方式，除此之外，驾驶员在提供交通服务中，只要关乎旅游者人身财产安全的事项，驾驶员都必须小心翼翼。上述案例中，驾驶员将旅游大巴停在不平台阶之处，尽管不是驾驶员的故意，但一定属于驾驶员的疏忽，驾驶员应当能够预料停车在不平台阶处可能产生的后果，但驾驶员过于自信，认为不会发生伤害事故。且停车时已经天黑，旅游者无法清晰地看到地面状况。因此说，驾驶员的停车不当，与旅游者脚踝受伤存在直接的因果关系。

（三）地陪履行安全保障义务也存在过失

按照通常的做法，旅游大巴停稳后，地陪应当第一个下车，查看周边情况，引导旅游者下车。停车处台阶不平，导游最为妥当的做法是，提醒驾驶员更换停车地点，就可以从根本上消除安全隐患。如果受地面空间的限制，只能停车在不平台阶处，地陪就应当提醒旅游者，注意不平台阶，并给予老年旅游者、未成年旅游者搀扶等协助。这也是地陪必须履行的安全保障义务。

（四）旅游者是否需要承担部分责任

在旅行社看来，旅游者虽然年龄较大，但毕竟仍然是完全民事行为能力人，应当为自己的行为负责。旅游团中的其他旅游者都没有受伤，说明旅游者受伤责任在她自己，旅行社并不需要为此担责。旅行社这样的观点貌似有理，但值得商榷。

旅行社为旅游者提供安全的服务，是旅行社的法定义务，在上述案例中，旅行社没有提供安全的服务在先，就为安全事故的发生埋下了伏笔，其他旅游者没有受伤，并不能必然推定该旅游者受伤和旅行社服务不安全没有关联性，或者也不能推定，该旅游者的受伤就是自己的责任。由于旅行社停车地点不安全，导游也没有及时提醒，加之天黑，旅游者的受伤，和旅游者是否为成年人没有关系，旅游者不需要为自己的受伤承担责任。

（五）旅行社需要为此承担全部责任

既然旅行社的服务和旅游者受伤之间存在因果关系，旅行社需要承担旅游者在境外所有医疗费用的赔偿责任，旅游者返程后的后续治疗费用、护理费也应当由旅行社承担。当然，旅游者以不能达成赔偿协议就拒绝返程，显然是不理性的维权行为。如果真的发生这样不理性的维权行为，旅游者应当自己承担该后果。

106 旅游者意外跌落大桥损害责任的承担

一、案例简介

张小姐夫妇参加旅游团度蜜月。他们参加了当地导游推荐的自费项目，在桂河景区旅游期间，张小姐夫妇在桂河大桥（铁路大桥）上拍摄照片。当张小姐丈夫为其拍照时，张小姐不慎从大桥的枕木间跌下，张小姐后脑着地，被紧急送往当地医院抢救。张小姐的丈夫事后也承认，是张小姐在拍照时大意所致。张小姐不仅手、腿骨折，而且颅内出血。旅行社先行垫付张小姐的医疗费用 8 万余元。张小姐基本痊愈后提出 20 万元的赔偿金。而旅行社提出，张小姐家属应当返还旅行社垫付的医疗费，旅行社会考虑适当的经济补偿。

二、法律规定

1.《旅游法》第七十条规定，由于旅游者自身原因导致包价旅游合同不能履行或者不能按照约定履行，或者造成旅游者人身损害、财产损失的，旅行社不承担责任。

2.《消费者权益保护法》第十八条规定，经营者应当保证其提供的商品或者服务符合保障人身、财产安全的要求。对可能危及人身、财产安全的商品和服务，应当向消费者作出真实的说明和明确的警示，并说明和标明正确使用商品或者接受服务的方法以及防止危害发生的方法。

三、案例分析

旅行社要证明自费项目出自旅游者的协商一致。旅行社应当证明：张小姐参加桂河景区的自费活动项目的确出于自愿，而没有强迫或者变相强迫现象存在。在这个问题上，旅行社必须承担举证责任，旅行社应当出示有说服力的证据，比如旅行社和旅游者之间协商的书面证明。如果旅行社不能出示协商一致的证明，除了会被旅游者家属指责外，还会陷入另一个法律困局：必须承担强迫旅游者参加自费项目引起的民事责任和行政责任。

旅行社要提供自费项目安全的证明。按照法律规定，旅行社向旅游者提供的产品和服务必须是安全的，不论该产品和服务是旅游行程内的，还是旅行社向旅游者推荐的自费项目。如果旅行社不能提供自费项目产品的安全证明，也就可以推定自费项目本身不安全。只要自费项目产品不安全，旅行社就应当为旅游者的伤害承担全部责任。

旅行社要证明已经履行了相关的告知义务。旅行社提供的证据包括：旅游合同中已经将行程中的注意事项纳入其中；旅行社在旅游团的行前会上，领队和地陪在为旅游者提供服务的过程中，包括在前往桂河景区的途中，都已经向旅游者强调了注意人身财产安全，对可能危及旅游者人身、财物安全的事宜，旅行社已经向旅游者作出真实的说明和明确的警示。

旅行社应当证明已经采取了措施防止损害的扩大。张小姐跌下大桥后，旅行社及时将她送往当地医院救治，是旅行社的法定义务。如果旅行社没有履行及时的救治义务，旅行社需要为由于没有及时送医产生的扩大损失承担责任。所以，及时送医救治也需要由旅行社提供证据。

旅行社是否担责取决于旅行社的举证。假如旅行社能够较为圆满地完成上述几个方面的举证工作，旅行社就不应当承担任何责任；假如旅行社不能完成强有力的举证工作，旅行社就可能承担瑕疵担保责任；假如旅行社的举证有重大缺陷，其承担赔偿责任的风险就较大。为了妥善完成举证工作，旅行社领队尽快整理出详细记录伤害事件的文字材料，其中必须突出强调自费活动项目的自愿性；已经向旅游者履行了告知义务；向旅游者说明有关张小姐受伤和抢救情况，请求同团其他旅游者及导游等工作人员在文字材料上签名。在可能的情况下，争取得到张小姐丈夫认可。

张小姐本人需要为自身伤害承担一定的责任。张小姐作为完全民事行为能力人，要为自己的行为负责，即使旅行社、领队和地陪没有提醒她注意人身财产安全，在旅游目的地旅游期间，也有保护自己人身财产安全的义务。仅仅因为旅行社没有提醒旅游者注意安全，就要求旅行社承担全部责任的结论无法令人信服。

107 旅游者旅游途中被狗咬伤的责任承担

一、案例简介

旅游团从香格里拉返回丽江途中，路过一个果园，导游请驾驶员停车买水果，驾驶员打开旅游车前后车门，没有告知旅游者不要下车。几位旅游者也随之下车，一个小朋友在旅游车附近的果园被拴着的狗咬伤，另一个小朋友据说被狗抓伤。事件发生后，旅行社立即采取了打防疫针等措施，承担了医疗费用，并向旅游者赔礼道歉。行程结束后，旅行社承诺如果有后续的治疗费用，将继续承担，同时给予适当的补偿。旅游者提出：①旅行社将狗送做医学解剖，证

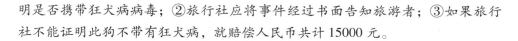

明是否携带狂犬病病毒；②旅行社应将事件经过书面告知旅游者；③如果旅行社不能证明此狗不带有狂犬病，就赔偿人民币共计15000元。

二、法律规定

1.《消费者权益保护法》第十八条规定，经营者应当保证其提供的商品或者服务符合保障人身、财产安全的要求。对可能危及人身、财产安全的商品和服务，应当向消费者作出真实的说明和明确的警示，并说明和标明正确使用商品或者接受服务的方法以及防止危害发生的方法。

2.《民法通则》第十四条规定，无民事行为能力人、限制民事行为能力人的监护人是他的法定代理人。

三、案例分析

（一）导游要求停车买水果的行为是否合适

回答是肯定的。导游在带团过程中，既有职务行为，也可以有个人行为，只要其个人行为不影响其他旅游者的权益即可。除非导游在购买水果时间过长，影响了旅游行程。显然，导游要求停车为自己买水果，属于个人行为范畴，但导游买水果时间很短，这个行为对于旅游者的权益几乎没有什么影响，不应当对导游过于苛刻，旅游者应当也不至于会有太大的反应。

（二）导游要求停车买水果时考虑不周

导游要求停车买水果的行为本身没有什么原则性问题，但在购买水果的过程中考虑不周，有几个不当行为。首先，导游应当主动告知旅游者买水果一事，请旅游者在车上等待几分钟。其次，也是最为关键的步骤，就是要求驾驶员及时关闭车门，而不是前后车门大开。这样就可以防止旅游者下车，既可以避免旅游者发生意外，又省去集合旅游者的麻烦。正是由于车门大开，几位旅游者下车，才引发了后续损害的产生，和导游的考虑不周有直接的关联性。

（三）狗的管理是否妥当十分关键

导游停车买水果，当然很难预料到果园附近会有狗，而且还会给未成年旅游者造成伤害。虽然狗具有攻击性，但案例中果园附近的狗是被拴住的，就可以推定该狗的危害性是可控的，只要外人远离狗可攻击的范围，就可以确保人身不受到伤害。因此，我们可以认为，虽然果园附近有狗，也并不在导游的预料范围之内，而且导游下车时没有做好相应的服务，导致部分旅游者也下了车，但仍然可以肯定的是，旅游车临时停车附近是安全的。当然，如果攻击未成年旅游者的狗处于不受控制的状态，旅行社承担的责任就将加重，因为导游要求的停车处处于不安全的状态，旅行社承担的责任理所当然必须更重。

（四）未成年旅游者受到伤害监护人难辞其咎

按照法律规定，不论在日后生活中，还是在旅游途中，未成年人的父母亲是法定监护人。对于未成年旅游者在旅游途中受到的伤害，如果存在监护不到位的情况，作为法定监护人，也必须承担相应的责任。结合上述案例的情形可以推定，在未成年旅游者被狗咬伤的过程中，未成年旅游者的父母没有实时监护，导致未成年旅游者被狗咬伤抓伤。设想，如果父母亲监护好未成年旅游者，他们就不会进入被狗攻击的有效范围，伤害事件就不会发生。因此，监护人必须对未成年旅游者的伤害承担相应的责任，而不是一味指责旅行社，将责任全部推给旅行社。

（五）旅行社采取的措施值得肯定

通常情况下，旅行社遇到此类事件，只要旅游者提出的要求在旅行社的承受范围内，旅行社基本都会答应，一般不会太在意事件责任的大小。所以旅行社及时采取措施，为未成年旅游者打疫苗，承担医疗费，并给予适当的经济补偿。从法律层面看，即使该伤害的全责是旅行社，处理的结果也不过如此，更何况监护人还需要承担部分责任。因此，旅行社能够如此处理，值得肯定，尽管监护人可能还会存在其他担忧。

（六）未成年旅游者父母的要求超出了法律规定

就以旅游者第一条要求为例，解剖狗实验是否必要就存疑。不论解剖得出何种结论，其目的就是防止狂犬病病毒对被咬未成年旅游者的伤害，只要及时注射了有效的疫苗，就可以阻止被狗咬可能带来的伤害。至于旅游者高额赔偿的要求，更是无从谈起。

108 未成年旅游者落水责任承担分析

一、案例简介

旅游者张女士携未成年女儿到景区游览，在游览过程中，未成年旅游者对景区内的一个瀑布感兴趣，来到瀑布附近游览时不慎失足落水，同团旅游者胡先生跳入瀑布相救，未成年旅游者受到了惊吓，所幸未造成其他后果，但旅游者胡先生的新款手机泡水损坏。张女士要求景区赔偿6500元，但无法举证损失的存在。景区认为已经设立了警示牌，在瀑布沿岸也砌了矮墙，并在矮墙上垒起石头，已经尽到了安全保障义务，不愿意赔偿，双方僵持不下。同时，随团导游停止了全团的导游服务工作，陪同张女士向景区索赔，又引起了团队旅游者的不满。

二、法律法规

1. 《消费者权益保护法》第十八条规定，经营者应当保证其提供的商品或者服务符合保障人身、财产安全的要求。对可能危及人身、财产安全的商品和服务，应当向消费者作出真实的说明和明确的警示，并说明和标明正确使用商品或者接受服务的方法以及防止危害发生的方法。

2. 《民法通则》第十六条规定，未成年人的父母是未成年人的监护人。

三、案例分析

（一）该纠纷中的法律关系

要妥善处理该旅游纠纷，首先必须理顺纠纷中存在的几个关系：第一，景区与旅游者损害之间的法律关系。景区是否需要承担赔偿责任，需要从景区是否履行了适当的安全保障义务入手。第二，监护义务。未成年人旅游者母亲张女士是否需要承担责任，需要从监护人的监护义务角度入手。第三，胡先生财产受损赔偿的法律关系。胡先生手机泡水导致的财产损失由谁来承担。这主要要看救助行为的受益者为谁，简单地说，就是适用"谁受益谁承担"原理。第四，导游停止了全团旅游者的导游服务，应当如何承担责任。只有理顺了这几个关系，才能较为适当地处理纠纷，尽管该纠纷损害不大，后果也并不十分严重。

（二）景区是否应当对未成年旅游者落水承担责任

景区是否需要承担责任，主要是看景区是否履行了适当的安全保障义务。具体而言，就是景区的服务是否安全、景区是否履行了告知义务、景区是否采取了相关措施。应当说，景区的总体安全性不容置疑，包括瀑布等景点，因为景区在开业时经有关部门审核批准的。在上述纠纷的处理中，关键要看在瀑布边游览是否安全，如果有安全隐患就必须告知，且必须采取安全防护措施。从案例中可以看出，景区产品和服务安全，已经履行了告知义务，采取了相关的措施，尽到了适当的安全保障义务，对于未成年旅游者落水不应当承担责任。

（三）景区是否应当对胡先生的损失承担责任

胡先生见到未成年旅游者落水，奋不顾身及时伸出援手，是一种见义勇为的行为，应当受到好评。从法律层面说，胡先生的见义勇为行为，可以参照《民法通则》的规定进行处理。《民法通则》第九十二条规定，没有合法根据，取得不当利益，造成他人损失的，应当将取得的不当利益返还受损失的人。《民法通则》第一百零九条规定，因防止、制止国家的、集体的财产或者他人的财产、人身遭受侵害而使自己受到损害的，由侵害人承担赔偿责任，受益人也可以给予适当的补偿。按照上述法律规定，胡先生的救助行为，受益人为张女士。所以，张女士应当为胡先生的财产损失予以赔偿或者补偿。

（四）张女士在纠纷中应当承担的责任

张女士作为未成年旅游者的法定监护人，应当对未成年旅游者的行为进行管理，防止两个问题的发生：第一，防止未成年旅游者对他人人身财产造成损害。如果未成年旅游者损害了他人的人身和财产，监护人应当为此承担责任。第二，防止未成年旅游者自身权益的损害。特别是在旅游活动期间，由于监护人对未成年旅游者疏于管理，给未成年旅游者造成损害的案例不在少数，监护人理应为此承担责任，即使景区安全保障义务履行不完全，监护人的监护责任也难以全部免除。

（五）导游停止团队服务的行为是否合适

导游为了维护未成年旅游者和胡先生的权益，向景区索要赔偿，其行为也在情理之中，但导游为了帮助旅游者维权，就停止为全团旅游者服务的行为显然不合适，造成的后果当然应当由旅行社来承担，而不能简单地把责任推给景区。即使景区有责任，也仅仅需要对未成年旅游者和胡先生的损害承担责任，而不是对团队其他旅游者的损失承担责任。由此又引申出另一个话题，虽然目前我国法律法规并没有强制性规定，境内旅游必须委派全陪和地陪，旅行社可以自行决定是否委派导游，但在关键时刻，还是可以看出团队同时配备全陪和地陪的必要性和重要性。

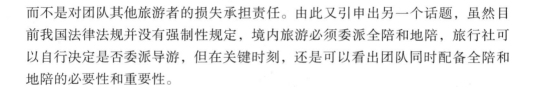

109 旅游者洗澡摔伤旅行社责任承担分析

一、案例简介

旅游者跟团到泰国旅游，在酒店洗澡时不慎摔成九级伤残。旅游者要求旅行社承担责任，旅行社认为旅游者洗澡时摔倒受伤，是自己不小心的结果，与旅行社没有关系。旅行社也已向旅游者发放了行程须知，履行了告知义务。同团团友出庭做证，旅行社没有发放行程须知，也没有提醒大家入住酒店后注意安全。二审法院认为，安全保障和警示说明义务是旅行社的当然义务，该义务并不因为旅游者的认知和避免能力而免除，终审判决旅行社承担责任，共计赔偿8.2万余元。

二、法律规定

1. 《民法通则》第十一条规定，十八周岁以上的公民是成年人，具有完全民事行为能力，可以独立进行民事活动，是完全民事行为能力人。

2. 《消费者权益保护法》第十八条规定，经营者应当保证其提供的商品或者服务符合保障人身、财产安全的要求。对可能危及人身、财产安全的商品和服务，应当向消费者作出真实的说明和明确的警示，并说明和标明正确使用商品或者接受服务的方法以及防止危害发生的方法。

三、案例分析

（一）旅行社的安保义务是法定义务

旅行社对于参团的旅游者，有两种义务，合同义务和安保义务，前者就是旅行社要按照旅游合同的约定，为旅游者提供与约定一致的服务，否则就构成违约。后者就是旅行社要确保参团旅游者人身财产的安全义务，旅行社违反了安保义务，就构成了侵权责任，除了赔偿旅游者的直接损失外，如果侵害程度严重，还存在向旅游者赔偿精神损害的可能。

按照《消费者权益保护法》的有关规定，旅行社对于旅游者的安保义务，大致体现在三个方面：一是旅行社提供的产品和服务是安全的，如旅行社提供的旅游线路、服务供应商，在通常情况下可以保障旅游者人身财产的安全；二是旅行社必须履行相应的告知义务，即把旅游行程中可能存在的安全隐患提前告知旅游者，提高旅游者的安保能力；三是采取相关措施，防止损害的发生和损害的扩大。

（二）旅行社如何履行告知义务

告知义务是旅行社重要的法定义务，之所以重要，是因为旅行社服务的对象是旅游者，旅游者对旅游的认知不一致，甚至是大相径庭；是因为旅行社提供的服务和产品在异地，甚至是境外，旅游者对旅游目的地情况不够了解。基于上述理由，旅行社必须履行必要的告知义务。

履行告知义务，可以从程序上和实体上分别加以归纳。从程序上看，告知义务必须是事先告知，防患于未然。告知应当是以书面告知为主，书面形式和口头形式相结合的方式。同时，书面告知要由旅游者签字确认，作为旅游合同的组成部分。从实体上看，旅行社的告知首先应当详尽，而不是简单地说注意安全，就算履行了告知义务；告知应当随不同产品和对象有变化，与产品和对象相适应；特别告知高危旅游产品或者经常出现损害的服务环节，给予专门甚至是专业的告知。

（三）旅行社如何证明已经履行了法定义务

由于旅行社被法律赋予了安保义务，当旅游者和旅行社就是否履行告知义务发生争议时，旅行社必须承担举证责任。旅行社如果不能提供证据证明已经履行了告知义务，即使旅行社真的已经履行了告知义务，只要旅游者人身财产有损害，旅行社还是必须承担赔偿责任。更何况同团旅游者出庭证明，旅行社并没有向旅游者发放旅游者须知。这就说明，旅行社没有履行告知义务。所以，在举证责任中，旅行社最好的方式是以书面的形式来举证。

（四）上述案例中值得关注的几个问题

该纠纷最后以法院的判决而告终，问题得到了及时处理，仔细研究案例，还有几个问题值得进一步的思考。

（1）不论旅游者是否在洗澡时会发生摔伤事件，旅行社事先没有向旅游者履行告知义务，这就是旅行社的不对，无须多言。

（2）旅行社没有履行告知义务，是否直接导致旅游者在洗澡时摔伤，也就是说两者之间是否存在必然的因果关系，还是有争论和讨论的空间。因为如果两者之间有直接的因果关系，就可以推断，只要旅行社没有事先告知，所有旅游者在洗澡时摔伤几乎就成为必然，无一可以幸免。而现实的情况是，虽然没有履行告知义务，全团旅游者在洗澡时摔伤的只有上述一个旅游者，其他旅游者毫发无损。究其原因，旅游者的民事行为能力起到了很大的正面作用。

（3）法官的观点值得商榷。法官判决旅行社承担责任时认为，旅行社的告知义务不能因旅游者对于旅游风险的认知和避免能力而免除，这个观点是对的，因为告知义务是旅行社的法定义务，不论旅游者是否已经知道，旅行社仍然必须适时向旅游者履行告知义务。

同时，笔者以为在最后的判决中，法官应当考虑到旅游者的民事行为能力这个因素，旅游者对于摔伤事故的发生，旅游者本人应当承担一部分责任，因为旅游者是自己利益最大的维护者，旅游者不履行注意义务，也应当承担相应的责任。只要旅游者履行了相应的注意义务，就可以防止摔伤事故的发生，正如同团其他旅游者一样，并没有因为旅行社没有履行告知义务，在洗澡时就受到伤害。法官不能简单地割裂旅行社告知义务和民事行为能力两者之间的关系，一味维护旅游者的权益，否则就有悖于责任自担、过失相抵的基本原理。

110 旅游者自费骑马摔伤责任承担分析

一、案例简介

旅游者在参团中选择自费骑马项目，谁知马受惊吓，旅游者从马背上摔下，造成九级伤残。旅游者认为旅行社未尽安全提示及保障义务，同团旅游者也证实，旅行社及其马场并没有告知如何骑马及注意事项，没有工作人员牵马，只是让大家夹紧马腹，旅行社认为自己已经履行了安保义务，且该项目为自费项目。双方协商不成，旅游者将旅行社告上了法庭，法院判决旅行社赔偿旅游者医疗费、残疾赔偿金、营养费等共计16万元。

二、法律规定

1.《合同法》第七十七条规定，当事人协商一致，可以变更合同。

2.《消费者权益保护法》第十八条规定，经营者应当保证其提供的商品或者服务符合保障人身、财产安全的要求。对可能危及人身、财产安全的商品和服务，应当向消费者作出真实的说明和明确的警示，并说明和标明正确使用商品或者接受服务的方法以及防止危害发生的方法。

三、案例分析

（一）旅游合同和自费项目的关系

作为旅行社拒绝承担赔偿责任的理由之一，就是骑马项目是自费项目，原有旅游合同中对此并没有约定。所以，旅游者在旅游合同之外的骑马项目中受伤，和旅行社无关，和旅游合同无关，所以旅行社就没有向旅游者做出赔偿的义务。

旅行社的观点是否正确，主要取决于旅行社的观点是否与法律规定相吻合。在旅行社看来，自费项目和旅游合同无关，从法律角度看，这个观点并不准确。因为自费项目能够实施，是旅行社和旅游者协商一致的结果，不论是旅行社还是旅游者首先提出自费的倡议。只要协商一致，就可以有自费项目。

自费项目的协商一致，是对原有旅游合同内容进行了变更，相当于原有旅游合同增加了一个项目，事实上已经被纳入了原有旅游合同中。自费项目和原旅游合同约定的服务项目的主要区别，是付费方式和时间不同。通常的包价旅游服务，旅行社在签订旅游合同的同时，向旅游者收取了旅游团款，而自费项目一般是旅游合同签订后，甚至是在旅游行程中，由旅游者向旅行社或者服务供应商直接支付自费项目费用，时间相对滞留。

因此，自费项目和原有合同约定的服务项目，应当视为旅行社提供的服务产品，在法律上具有平等地位，受到法律的同等保护，旅行社在自费项目和原有合同约定的项目中，必须履行同等的法律义务，旅行社没有必要特意去区别自费项目和原有合同项目的不同。旅行社仅仅因为是自费项目，认为与旅行社无关，与旅游合同无关，而拒绝赔偿的理由不成立。

（二）旅行社安保义务的履行

旅行社在为旅游者提供服务中，必须特别要关注安全保障义务的履行。目前旅行社提供的服务中，大致可以分为常规产品服务和特殊产品服务两类，旅行社为旅游者提供的常规线路和服务中，旅游安全隐患相对较少，较为适合普通大众的需要，安保义务的履行也较为普通和大众。但在许多特殊产品和线路的提供中，由于这些产品具有较大的安全隐患，旅行社必须非常严格地履行安全保障义务，否则就要承担侵权责任。因为旅行社敢于提供这些服务，自然可以推定旅行社对此有充分的安全保障准备，稍有疏忽，就可能对旅游者人身造成损害。旅行社在推荐骑马等安全风险较大的自费项目时，就具备这样的特征，必须做好以下几项服务工作：

1. 做好项目安全性的评估工作。针对普通旅游者，旅行社首先要评估，是否可以向这些旅游者推荐该自费项目，即使是旅游者自己主动提出要参与骑马活动。对于绝大多数旅游者来说，骑马都是一项较为刺激的服务项目，但同时又是安全隐患较大的服务项目，因为旅游者基本上不具备骑马的专业知识。目前旅行社的操作模式，总体感觉是在积极推荐和鼓励普通旅游者参与此类项目，只要不出现安全事故，旅游者对参加这样的项目有兴趣，且事后的评价不错，尤其是效益不错。当然，不可否认的是，只要旅行社管理到位，通常情况下，出现安全事故的概率还是较小的。

2. 做好向旅游者的告知义务。这里所说的履行告知义务，一定是有关骑马项目的专业知识的告知，而不是泛泛而谈。旅行社及其马场工作人员要非常细致且专业地将骑马的注意事项逐一告知，直到旅游者充分理解为止。但在上述案例中，有证据证明，旅行社及其马场都没有履行告知义务，更不用说专业细致的告知。在这个服务环节中，旅行社是存在过失的。至于旅游者受伤后及时送医，旅行社做到了，但这仅仅是事后的急救和弥补。如果有事先的防范，能够消除安全隐患，防患于未然，才是旅行社履行安全保障义务真正的出发点和落脚点，事后的救助和弥补做得再好，也不免留下遗憾。

3. 旅游者是否应当承担责任

虽然法院判令旅行社负全责，但作为完全民事行为能力人的旅游者，应当有自我保护的自觉意识，首先要判断骑马的危险性，是否适合自己等因素，同时要努力学习掌握骑马的知识，即使旅行社和马场没有告知，旅游者也应当积极向旅行社和马场咨询，而不是怀着侥幸的心理匆忙上阵，造成伤害后再追究旅行社的责任，这在《消费者权益保护法》第十三条中也有明确的规定。

因此，笔者以为，旅游者在这起伤害纠纷中，应当承担部分责任，而不是把所有责任推给旅行社，法院的判决应当体现这个原则。把所有责任推给旅行社，客观上也造就了旅游者对自己的放任，不积极履行注意义务现象的持续，对旅游者和旅行社等服务行业造成永久的伤害。

111 旅游者自由活动被海浪拍骨折责任承担分析

一、案例简介

日前有媒体报道，65 岁的侯女士随团到印度尼西亚巴厘岛旅游，自由活动期间在海边散步时被海浪拍伤，致使右腿的胫骨、腓骨及胫骨平台打成骨折，当即被送往当地医院救治。侯女士回到北京后就去北京积水潭医院治疗。经诊断，发现胫骨平台也有骨折并住院治疗。经鉴定，构成十级伤残。经过多次协商，保险公司给付侯女士近 5 万元赔偿。为此，侯女士起诉要求组团社、地接社赔偿各项经济损失和伤残补偿金、后续治疗费、误工费以及精神抚慰金等共计 17 万余元。

二、法律规定

1.《最高人民法院关于审理旅游纠纷案件适用法律若干问题的规定》第十九条规定，旅游者在自行安排活动期间遭受人身损害、财产损失，旅游经营者未尽到必要的提示义务、救助义务，旅游者请求旅游经营者承担相应责任的，人民法院应予支持。

前款规定的自行安排活动期间，包括旅游经营者安排的在旅游行程中独立的自由活动期间、旅游者不参加旅游行程的活动期间以及旅游者经导游或者领队同意暂时离队的个人活动期间等。

2. 《最高人民法院关于审理旅游纠纷案件适用法律若干问题的规定》第六十二条规定，订立包价旅游合同时，旅行社应当向旅游者告知下列事项：旅游活动中的安全注意事项。

三、案例分析

（一）旅行社承担责任的范围

要谈论旅行社的赔偿责任，首先必须明确旅行社在旅游服务中的义务，因为旅行社承担的赔偿责任，其基础是旅行社没有履行义务或者履行义务不完全：

1. 旅行社必须履行的合同义务。所谓履行合同义务，就是旅行社按照旅游合同的约定，以诚信的原则和善意的态度，为旅游者提供服务。具体来说，就是履行服务是不打折扣、不擅自增减服务项目、不擅自降低服务标准，切实维护旅游者的合法权益等。

2. 旅行社必须履行的法定义务。除了合同义务之外，旅行社还必须对旅游者履行安全保障义务，这就是旅行社必须履行的法定义务。旅游者参团旅游，旅行社必须保证旅游者人身财产安全，如旅行社提供的产品和线路必须安全可靠，旅行社必须履行告知义务，旅行社必须采取相关措施，防止危害的发生、降低危害对旅游者的损害程度等。

3. 旅行社必须为供应商的行为担责。组团旅行社组织旅游者参团，并在旅游合同中对于服务品质和标准做出了承诺，旅行社就必须兑现承诺。但关键的问题是，组团社对于旅游者的服务承诺，基本上是由服务供应商直接承担，组团旅行社既然已经做出了承诺，不论服务提供者为组团社还是供应商，组团社都必须为自己的承诺负责，也就是为服务供应商的行为负责。

（二）旅游者本人的义务和责任

旅游活动顺利开展，首先必须有诚信的旅行社，但仅有旅行社的努力并不能彻底解决问题，还需要旅游者的积极和善意回应。旅游者作为完全民事行为能力人，也应当履行自身的人身财产安全保护义务，因为每一个人都是自己利益最大的保护者。旅游者不能因为自己是参团的旅游者，就把旅游安全责任全部推给旅行社，一副高高在上、事不关己的架势。

按照《消费者权益保护法》《民法通则》的规定，在接受旅行社的旅游服务时，旅游者有主动学习和了解旅游目的地情况的义务，这也是作为完全民事行为能力旅游者的义务。旅游者在旅游行程中，应当主动学习，听从旅行社的安排，听取旅行社的告知，并将这些知识和告知落实到具体的行为中，尽最大的努力，防止人身财产损害事件的发生，否则旅游者也必须为此承担责任，减轻旅行社的责任承担。

（三）自由活动期间旅行社的义务

既然是自由活动，就意味着在此期间，主要是旅游者自己主导自己的行为，由于旅游者参团旅游，旅游者身在他乡，旅行社要履行的相关义务是次要的、辅助性的。按照上述法律规定，在旅游者自由活动前，旅行社要履行的义务是告知和提示，对于旅游目的地情况的告知；在自由活动期间，如果旅游者人身财产受到损害，不论责任在谁，旅行社要履行及时救助的义务。有关旅行社的告知义务，应当基本满足下列几个条件：

1. 旅行社的告知义务必须具体详尽。一般情况下，旅行社基本上都会对旅游者进行告知，但旅行社的告知必须是具体明确的，旅行社仅仅提示旅游者注意人身安全是不够的，而是要告知旅游者如何注意安全。

2. 旅行社的告知要看旅游者的具体情况。旅行社告知旅游者，要看旅游者的具体背景，如对于老年人、残疾人、未成年人的告知，就应当结合他们的生理特点进行告知；对于初次出门的旅游者的告知也需要更为细致。

3. 旅行社的告知必须结合具体的产品。旅行社要根据不同的旅游产品，比如山岳旅游、海滨旅游等，由于不同产品存在不同的隐患，旅行社要根据产品特点和安全事故的多发，来确定告知的内容。

4. 旅行社的告知有一定的边界。旅行社的告知义务，是否必须囊括所有生活中注意事项，如果是这样，旅行社的告知内容将是海量，如是否要告知旅游者走路小心、喝水注意等。实际上，这个问题就涉及告知的范围和边界。

旅行社是有限公司，其责任也是有限的。根据旅游产品、旅游者背景等，有针对性地告知，这就是旅行社告知的边界。该边界设定的标准是，以旅行社的告知，与普通旅游者受到的伤害有直接关联为界：如果普通旅游者会受到伤害，旅行社就有告知义务，如果普通旅游者不会受到伤害，旅行社就没有告知的必要和义务。

（四）上述旅行社是否应当承担赔偿责任

旅游者的损害是否必须得到赔偿，首先是要分清责任，不能简单地把旅游者的损害和旅行社义务画等号，这是在处理旅游者权益受损纠纷中必须明确的观念。在上述案例中，旅游者自由活动期间在海滨散步，通常情况下不会受到伤害，发生伤害是个例、是意外。把防止个案和意外发生的小概率事件，放大为旅行社的告知义务，显然扩大和加重了旅行社的义务，就此要求旅行社承担赔偿责任，对旅行社不公平。

112 老年旅游者投保旅游保险存在问题分析

一、案例简介

旅游者王大伯75岁，其女儿为他报名参加旅游团，旅行社除了为其办理旅游责任保险外，还向他推荐旅游意外保险，王大伯女儿同意为他办理旅游意外保险，旅行社为旅游者代办了旅游意外保险，同时明确告诉旅游者，意外保险的保费和其他旅游者相同，但保额只有其他旅游者的一半，旅游者对此提出异议。

二、法律规定

1. 《保险法》第十三条规定，投保人提出保险要求，经保险人同意承保，保险合同成立。保险人应当及时向投保人签发保险单或者其他保险凭证。

2. 《保险法》第三十一条规定，投保人对下列人员具有保险利益：①本人；②配偶、子女、父母；③前项以外与投保人有抚养、赡养或者扶养关系的家庭其他成员、近亲属；④与投保人有劳动关系的劳动者。

除前款规定外，被保险人同意投保人为其订立合同的，视为投保人对被保险人具有保险利益。订立合同时，投保人对被保险人不具有保险利益的，合同无效。

三、案例分析

（一）老年旅游者保额为其他旅游者一半的实质

保险公司为了规避自己的责任承担，在制作保险合同时明确规定，70岁至80岁以上的旅游者参加旅游团，如果需要投保旅游意外保险时，老年旅游者必须全额交纳保险费，但在旅游意外保险理赔时，保险公司只承担一半的保险赔偿额。从学理上看，保险公司制定的旅游保险理赔条款，是不折不扣的霸王条款，明显加重了旅游者的义务，扩大了保险公司的权利。保险公司之所以能够这样操作，是充分利用现有的法律授权。

旅游保险，不论是旅游责任保险，还是旅游意外保险，保险合同主体有保险公司、旅行社和旅游者，但在旅游保险合同签订过程中，旅游者和旅行社处于从属和被动地位，保险公司占据主动和强势地位。虽然从理论上说，旅游保险合同是旅行社、旅游者和保险公司协商一致的产物，但根据《保险法》的规定，旅行社、旅游者作为合同一方当事人，提出签订保险合同时，必须征得保险公司的同意。旅行社、旅游者和保险公司的关系，有点类似于合同中要约和承诺的关系，即使旅行社、旅游者提出希望和保险公司签订保险合同，如果保险公司不同意，保险合同就无法签订。

从这个意义上说，保险公司利用了法律赋予其的权利和优势，制定有利于自己的格式合同，制定有利于自己利益的条款，且不得修订，如果旅行社、旅游者希望和保险公司签订旅游保险合同，就必须接受其较为苛刻的条件，诸如老年旅游者全额投保，但保额仅为一般旅游者的一半。从表面上看，保险合同是双方真实意思表示，但实际上体现了保险公司单方意愿，并不符合公平正义精神。因为老年旅游者要投保旅游意外保险，就必须接受保额一半的结果，如果不接受这样的合同内容，老年旅游者的选择是：要么不参加旅游团旅游，要么就不投旅游意外保险。

（二）旅行社必须履行注意义务

在办理旅游责任保险、提示老年旅游者办理旅游意外保险、为老年旅游者代为办理旅游意外保险时，旅行社必须履行如下注意义务：

1. 旅行社应当按照规定，办理旅行社责任保险。旅行社责任保险为强制险，旅行社应当按照规定办理旅行社责任保险。在办理责任保险时，除了关注责任保险的保费之外，还需要特别注意老年旅游者责任保险的人身财产损害赔偿额度。既然是责任保险，就意味着旅行社应当承担旅游者人身财产伤害赔偿责任，如果在保险合同中没有明确约定，或者约定赔偿额度很低，比如责任保险中也约定老年旅游者保额只有一半，一旦发生责任事故，旅行社将承担较大的赔偿责任。

2. 旅行社要明确提示旅游者购买旅游意外保险。提示旅游者购买旅游意外保险，是《旅游法》赋予旅行社的法定义务。假如旅行社没有明确提示旅游者购买意外保险，旅行社就必须为旅游者的意外伤害承担赔偿责任。旅行社是否已经提示旅游者购买旅游意外保险，举证责任在旅行社，只要旅游者认为旅行社没有提示购买，旅行社又不能提供强有力的证据证明，就可以推定旅行社没有提示旅游者购买意外保险。旅行社要证明提示的最为有效的方法是，出示有旅游者签字表示知情，或者明确拒绝投保的书面证据。

3. 旅行社直接为旅游者购买意外保险需要征得旅游者的同意。旅行社经常在广告中声称，免费赠送旅游意外保险，这样的表述没有任何实际意义。因为按照上述法律规定，要确保保险合同具有法律约束力，旅游者必须事先同意旅行社为其订立保险合同，否则该保险合同无效。所以，旅行社事先在旅游广告中宣称赠送旅游意外保险，并未征得旅游者的同意，是一种无法律效力的宣传，甚至涉嫌虚假宣传。在实际操作中，如果旅行社要为旅游者购买旅游意外保险，就必须和旅游者就旅行社为其办理旅游意外保险达成协议，征得旅游者的同意。

4. 旅行社代为旅游者办理旅游意外保险需要具备相应的资质。在旅行社的经营范围中，并不具备代为旅游者办理旅游意外保险的资质，在不具备经营资质前提下擅自经营某项业务，后果不言自明。所以，旅行社希望为旅游者代为办理旅游意外保险，就需要获得旅游意外保险代理资质，并接受相应保险公司的委托，方可代为旅游者办理旅游意外保险业务。

（三）旅游者自己决定是否购买旅游意外保险

为了确保自己的旅游权利，降低意外事件对自己权益的伤害程度，作为完全民事行为能力人，老年旅游者参加旅游团，是否购买旅游意外保险，归根结底由旅游者自己决定，因为旅游者是自己权利的最大保护者，他人包括旅行社的提醒，仅仅出于善意的表达，是出于服务的需要。如果经过旅行社的提示，旅游者仍然不愿意购买旅游意外保险，意外事故对旅游者的伤害就应当由旅游者自己承担。

113 旅游保险服务中旅行社有哪些注意事项

一、案例简介

旅行社组织赵女士等参加团队旅游，在旅游行程中发生了意外事故，赵女士等要求旅行社承担医疗费用，由于旅行社购买了责任保险，也提醒过赵女士购买旅游意外保险，被赵女士拒绝。赵女士受伤后不断和旅行社协商，旅行社最后同意启用旅行社责任保险，用于赵女士的医疗费用赔偿。事后，旅行社向保险公司申请，希望保险公司能够承担赵女士的医疗费用，保险公司明确表示不同意，旅行社对此难以理解，经过多次交涉未果，这笔费用只能由旅行社自己承担。

二、法律规定

1.《旅游法》第六十一条规定，旅行社应当提示参加团队旅游的旅游者按照规定投保人身意外伤害保险。

2.《侵权责任法》第六条规定，行为人因过错侵害他人民事权益，应当承担侵权责任。

3.《旅行社责任保险管理办法》第四条规定，旅行社责任保险的保险责任，应当包括旅行社在组织旅游活动中依法对旅游者的人身伤亡、财产损失承担的赔偿责任和依法对受旅行社委派并为旅游者提供服务的导游或者领队人员的人身伤亡承担的赔偿责任。

三、案例分析

(一) 旅行社是否应当承担旅游者的损失

从案例情况看，旅游者的不小心导致损害发生，应当属于意外事故范畴，旅行社没有责任，因而不是旅行社责任事故。作为完全民事行为能力人的旅游者，在旅游行程中应当履行注意义务，保护好自己的人身财产安全，不小心造成的后果应当由旅游者自己承担，或者通过旅游意外保险的理赔途径解决。

（二）旅行社擅自启动责任保险是否合适

旅行社经不起旅游者的软磨硬泡，启动旅行社责任保险向旅游者做出赔偿不合适。意外事故不可以适用责任保险，这是基本常识，旅行社把意外事故混同于责任事故，显然不合乎规定。同时，旅行社在未征求保险公司的同意前，直接向旅游者赔偿责任保险，也有悖于常理。保险公司拒绝承担旅行社的赔偿款，也在情理之中。

（三）旅行社启动责任保险的基本程序

旅游保险的启动有严格的程序，尤其是旅行社责任保险的启动更是如此。通常情况下，旅行社责任保险的启动，必须依赖人民法院的判决。人民法院判决旅行社对旅游者的人身财产损害负有责任，保险公司将根据法院判决支付保险金；如果人民法院判决旅行社对于旅游者的人身财产损害无须承担责任，保险公司将不承担旅游者的损害赔偿。而后通过旅游者和旅行社之间的和解、旅游主管部门的调解，甚至是人民法院的法庭调解，旅行社与旅游者达成赔偿责任保险的协议，保险公司都将拒绝支付理赔款。保险公司的做法合乎法律规定，而旅行社对此规定似乎并不清楚。

（四）旅行社必须向旅游者推荐意外保险

《旅游法》对《旅行社条例实施细则》有关意外保险的规则做出了根本性的调整，向旅游者提示和推荐旅游意外保险，是旅行社的法定责任。如果旅行社不提示、不推荐旅游意外保险，旅行社就没有尽到安全保障义务，就将承担相应的责任，这是多个意外保险赔偿案例给予我们的启示。当旅游者投诉说不知道旅游意外保险时，旅行社就有义务证明，旅行社已经履行了告知义务。最有说服力的是，旅行社能够出示书面的推荐旅游意外保险材料，而不是仅仅凭借口头约定。

（五）旅行社需要取得保险代理资格

工商部门对旅行社进行例行检查中发现，旅行社在办理旅游保险时，存在诸多问题，特别是旅行社保险代理资格不全的问题最引人注目。我们知道，在旅行社业务经营许可证和旅行社营业执照中，都没有代理旅游保险的业务范围，所以，旅行社没有保险代理资格就从事旅游保险代理业务，从旅游主管部门角度看，不会因此对旅行社进行行政处罚，但从工商部门角度看，旅行社就涉嫌超范围经营，工商部门会对旅行社的种种经营行为进行查处。所以，旅行社要从事旅游意外保险业务的代理，应当取得代理资格。

（六）保险公司的佣金处理

旅行社帮助保险公司代理旅游意外保险，保险公司会按照比例给旅行社返佣。当然，这部分返还是佣金还是回扣，各方有不同的看法，笔者倾向于：如果保险公司的返还直接进入业务员或者负责人的腰包，肯定可以认定为回扣，涉嫌商业贿赂。但只要保险公司的返还进入旅行社公司的账户，应当被认定为佣金。因此，旅行社还面临着如何处理保险公司的利润返还问题，处理得不好，也会给旅行社带来意想不到的麻烦。

114 旅游者未按行程游览死亡责任分析

一、案例简介

旅行社组织旅游者参加旅游，旅行社把意外保险有关事项张贴在门市，但没有在旅游合同中予以提示。在旅游行程中，导游在旅游者乘坐客船时，告知旅游者下船后向右行走前往景点，不要向左走，虽然往左走也能到达目的地，但往左走道路很陡。有一位旅游者下船后却直接往左走，结果在行走中摔倒，不治身亡。死者家属要求旅行社为此承担赔偿责任。

二、法律规定

1. 《旅游法》第六十一条规定，旅行社应当提示参加团队旅游的旅游者按照规定投保人身意外伤害保险。

2. 《旅游法》第六十二条规定，订立包价旅游合同时，旅行社应当向旅游者告知下列事项：旅游活动中的安全注意事项。在包价旅游合同履行中，遇有前款规定事项的，旅行社也应当告知旅游者。

3. 《民法通则》第十一条规定，十八周岁以上的公民是成年人，具有完全民事行为能力，可以独立进行民事活动，是完全民事行为能力人。

三、案例分析

（一）旅游者的意外死亡，旅行社是否需要担责

按照上述案例的描述，导游事先告知了旅游线路，并指明旅游者必须往右行走，因为相对而言，往左走较为危险。旅游者作为完全民事行为能力人，应当为自己的行为负责。旅行社已经事先明确告知旅游线路，旅游者也就有配合导游的义务，既是为旅行社的利益负责，更是为自己的利益负责。既然旅行社事先有明确告知，已经履行了法律义务，旅游者不按照告知行走，造成旅游者人身伤害，旅行社不应当为此承担责任。

（二）旅行社应当提供哪些证据，来证明旅行社无须担责

笼统地说，旅行社无须为旅游者的死亡承担责任，但在具体的纠纷处理中，旅行社仍然必须出具相关证据证明，旅行社在整个服务过程中，已经尽到了相关的注意义务：

第一，旅行社需要提供证据证明，已经履行了告知义务。虽然在案例中已经描述导游告知旅游者的行走线路，但凭借导游的一面之词，是不足以说服人。导游在案发后，应当及时梳理出书面的事件经过，请相关人员签名证明，导游已经向全体旅游者明确告知了行走线路。

第二，旅行社必须履行及时救助义务。旅游者受到伤害后，不论责任在旅行社、旅游者还是服务供应商，旅行社都有在第一时间救助旅游者的义务。如果旅行社没有及时救助旅游者，即使该伤害完全是旅游者造成的，但旅行社对于旅游者的损害扩大，仍然必须承担相应的责任。

第三，旅行社必须履行意外保险的提示义务。按照《旅游法》的规定，旅行社有提示旅游者购买旅游意外保险的义务，这是法律赋予旅行社的法定义务。通常情况下，旅行社证明已经履行了旅游意外保险提示义务最好的方式，是采取书面的告知形式。案例中旅行社仅仅在门市张贴意外保险提示是不够的，死者家属完全可以说没有看到，因为旅游者到旅行社门市报名，并没有必须全文阅读门市张贴告知的义务。如果旅行社不能提供强有力的证据证明，就有可能为此承担赔偿责任。

（三）旅游者家属是否可以单独向景区索赔

即使旅行社不承担赔偿责任，也并不是说旅游者家属就维权无门了，旅游者家属当然可以直接向景区索赔，但是否单独向景区索赔，决定权在于旅游者家属，和旅行社是否担责是两个法律关系。

115 旅游者随车行李灭失责任承担分析

一、案例简介

旅游者参加旅游团，在旅游目的地买了许多当地特产，打包放置在旅游车的行李存放处。等旅游者到了家门口下车时发现，所购特产不翼而飞。旅游者告知旅行社，旅行社逐一向其他旅游者询问，没有找到特产下落。旅游者要求旅行社赔偿，理由是特产放置在行李箱中，旅行社理应负责；旅行社则认为，拿走特产的是其他旅游者，旅行社已经做了该做的寻找工作，不应当赔偿。

二、法律规定

1. 《合同法》第三百七十四条规定，保管期间，因保管人保管不善造成保管物毁损、灭失的，保管人应当承担损害赔偿责任，但保管是无偿的，保管人证明自己没有重大过失的，不承担损害赔偿责任。

2. 《侵权责任法》第六条规定，行为人因过错侵害他人民事权益，应当承担侵权责任。

三、案例分析

（一）特产放置在旅游车行李箱中的性质

旅游者外出旅游，对于行李物品的存放一般有两种方式，第一种方式是随身携带，第二种方式是交由他人管理。前者的行李物品由旅游者自己控制，行李物品的灭失，基本上由旅游者自己承担，除非发生了被抢劫的特殊情况，应当由侵权人承担责任。后者的行李物品交由饭店、旅行社等管理，实际控制人为管理人，而不是旅游者本人。在这种情况下，旅行社就和旅游者建立了保管合同关系。根据《合同法》的规定，管理人对于旅游者行李物品的灭失，要承担相应的责任。

（二）旅行社不承担赔偿责任的理由是否成立

从理论上说，拿走旅游者特产的人是侵权人，该侵权人应当返还误拿的特产，在旅行社寻觅未果时，究竟旅行社是否应当承担责任就成了一个问题。

旅行社声称自己不是侵权人，而且做了该做的寻找工作，旅行社的意思是说，已经履行了相关的注意义务，就不应当承担责任。但只要我们结合法律规定和案例实际看，旅行社的抗辩并不成立，因为旅行社并没有适当地履行注意义务。旅行社协助查找行李物品的下落，是旅行社履行注意义务的表现，但这点注意义务的履行，并不足以表明旅行社已经全部履行了注意义务。

（三）如何理解上述法律规定至关重要

也有人认为，上述法律已经规定，保管是免费，且能够证明旅行社没有重大过失的，就可以免责。这样的理解是否正确，也值得探讨。

第一，从表面上看，旅行社的确没有向旅游者收取保管费，但实际上对于行李保管等服务实务，均在旅游团费中有体现，即使旅游合同中对此没有明确约定，所以不能认定为免费。第二，旅行社没有重大过失也难以证明。因为旅游者在取行李时，旅行社应当履行相应的注意义务。旅游者在提取自己行李时，拿错行李或者故意提取别人行李的现象的确存在，旅行社对此应当采取相应的措施，防止此类损害的发生。旅行社没有这样操作，就能够说明旅行社没有履行注意义务，至少说明履行义务不到位。比如乘机人乘坐民航大巴时，大巴公司会将行李手牌发给乘机人，到达目的地核对后各自提取行李物品。

（四）贵重物品、现金、有价证券等应当由旅游者随身携带

按照《民法通则》《合同法》的规定，旅游者外出时，有义务将贵重物品等随身携带保管，随身携带物品灭失，基本由旅游者自己承担。旅游者也不能将贵重物品随行李托运，灭失的话只能按照一般物品处理。同时，如果有贵重物品夹带在行李物品中，旅游者需要事先向旅行社声明，并经旅行社当面查验。

（五）旅行社如何承担赔偿责任

按照上述法律规定，由于旅行社没有履行安全保障义务，应当为此承担赔偿责任。具体的赔偿数额以旅游者所购买特产费用为限，但旅游者必须出示购买特产费用的凭证。假如旅游者灭失的是行李箱，旅行社在扣除折旧后，赔偿行李箱的价格。至于行李箱内物品的价格，就应当作为一般物品，经双方协商后确定赔偿额度。

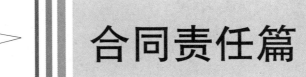

合同责任篇

116 旅游合同有哪几种类型

一、案例简介

胡先生和李先生分别外出旅游，也都通过同一家旅行社的服务完成了旅游行程。在旅游行程中，两位旅游者在旅游期间都遇到了一些烦心事，向旅行社要求赔偿时，得到的赔偿结果却不同。胡先生参加了旅行社团队旅游，地接社安排的饭店降低标准，组团社向胡先生做出了赔偿，而李先生比较有旅游经验，不愿意参团旅游，仅仅请旅行社代订了机票，并指定饭店请旅行社预订，饭店服务不理想，交涉未果，李先生要求旅行社对饭店服务予以赔偿被拒绝，向旅游主管部门投诉也未获得支持，李先生就不明白，同样的情况，同一家旅行社，为什么胡先生可以得到赔偿，而自己却是投诉无门。

二、法律规定

1.《旅游法》第一百一十一条规定，包价旅游合同，是指旅行社预先安排行程，提供或者通过履行辅助人提供交通、住宿、餐饮、游览、导游或者领队等两项以上旅游服务，旅游者以总价支付旅游费用的合同。

2.《合同法》第四百零六条规定，有偿的委托合同，因受托人的过错给委托人造成损失的，委托人可以要求赔偿损失。无偿的委托合同，因受托人的故意或者重大过失给委托人造成损失的，委托人可以要求赔偿损失。

3.《最高人民法院关于审理旅游纠纷案件适用法律若干问题的规定》第二十五条规定，旅游经营者事先设计，并以确定的总价提供交通、住宿、游览等一项或者多项服务，不提供导游和领队服务，由旅游者自行安排游览行程的旅游过程中，旅游经营者提供的服务不符合合同约定，侵害旅游者合法权益，旅游者请求旅游经营者承担相应责任的，人民法院应予支持。

4.《旅游法》第七十四条规定，旅行社接受旅游者的委托，为其代订交通、住宿、餐饮、游览、娱乐等旅游服务，收取代办费用的，应当亲自处理委托事务。因旅行社的过错给旅游者造成损失的，旅行社应当承担赔偿责任。

三、案例分析

（一）旅游合同的类型

旅游合同的类型可以有几种不同归类，从旅游合同的形式上分，可以将旅游合同分为书面旅游合同形式和口头旅游合同形式，从旅游合同的内容上分，在《旅游法》颁布实施之前，可以把旅游合同分为包价旅游合同、自由行旅游合同和代办旅游合同。有关自由行旅游合同的规定可以参照《最高人民法院关于审理旅游纠纷案件适用法律若干问题的规定》第二十五条的规定。《旅游法》颁布实施之后，自由行旅游合同已经归入包价旅游合同中，不再成为一种独立的旅游合同类型，旅游合同分为包价旅游合同和代办旅游合同。本文关注的是从内容上看旅游合同的分类。

（二）传统的自由行旅游合同已经消失

对照《旅游法》第一百一十一条规定可以看出，所谓的包价旅游合同，必须满足三个因素：第一，旅游产品由旅行社事先设计，没有旅游者的参与，旅游者根据自己的需求选择旅游产品。第二，旅行社提供两项以上服务，不论该服务是旅行社直接提供，还是由履行辅助人提供。第三，旅游者以总价支付给旅行社。只要满足上述三个条件，该旅游合同就是包价旅游合同。而对照旅行社所提供的自由行旅游服务，与包价旅游合同的要求完全一致，因为旅行社目前所谓的自由行，也就是旅行社所称的"机加酒"模式，实质上是小包价合同，是瘦身版的包价旅游合同，旅行社事先设计产品，为旅游者提供了两项服务，旅游者以总价形式支付给旅行社。

（三）自由行旅游合同的复活之路

针对如此现状，是否意味着自由行旅游服务就彻底退出了旅行社服务的历史舞台。回答是否定的。仔细研究包价旅游合同就不难发现，如果要打破现有自由行旅游服务的尴尬局面，唯一的切入点就是旅行社调整自由行模式，必须从旅游产品设计入手，由旅游者参与设计，甚至是旅游者直接设计，旅行社真正按照旅游者的需求提供服务，也就是说，设计者为旅游者，服务者为旅行社，旅游者点菜，旅行社服务。至于服务是两项还是多项，团款的支付方式是总价还单项，都不会成为旅行社经营自由行旅游服务的障碍。从这个意义上来说，只要旅行社经营模式改变，提供的服务符合真正自由行的含义，自由行旅游合

同依然存在，而且会给旅行社带来惊喜，成为旅行社新的经济增长点。

（四）不同旅游合同责任不同

区分旅游合同为包价旅游合同和代办旅游合同，目的并不仅仅是为了区分合同本身，而是为了阐明旅行社和旅游者签订不同旅游合同，所承担的责任不同；或者说，旅游者和旅行社签订不同类型的旅游合同，维权途径也不完全一致。就包价旅游合同而言，只要旅行社及其履行辅助人服务有过错，不论该过错是违约还是侵权，组团社就是服务过错的最终承担者，当然，旅游者也可以直接向责任人主张权利，可以说，包价旅游合同就是组团社承担合同范围内的全部责任。在代办旅游合同责任中，旅行社承担的责任较轻，旅行社只要为代办服务的过错承担责任，如旅游者要求预订四星级客房，旅行社却为旅游者预订了三星级客房，旅行社就要承担违约责任。又如旅行社按照旅游者的要求预订了机票，但航班临时取消，旅行社就不承担责任。所以，上述案例中两位旅游者都是客房服务权益受损，旅行社承担的责任不同，原因就是旅行社和旅游者之间存在不同的合同关系。

117 包价旅游合同中旅行社有哪些责任

一、案例简介

吴先生参加旅行社组织的旅游团旅游，由于地接社的原因，预订的客房降低了标准，由四星级饭店降为三星级，吴先生等旅游者要求旅行社按照欺诈的赔偿标准予以赔偿，旅行社只愿意按照违约来赔偿，双方分歧大，最后诉诸人民法院。

二、法律规定

1. 《合同法》第一百零七条规定，当事人一方不履行合同义务或者履行合同义务不符合约定的，应当承担继续履行、采取补救措施或者赔偿损失等违约责任。

2.《旅游法》第七十条规定，旅行社不履行包价旅游合同义务或者履行合同义务不符合约定的，应当依法承担继续履行、采取补救措施或者赔偿损失等违约责任；造成旅游者人身损害、财产损失的，应当依法承担赔偿责任。旅行社具备履行条件，经旅游者要求仍拒绝履行合同，造成旅游者人身损害、滞留等严重后果的，旅游者还可以要求旅行社支付旅游费用一倍以上三倍以下的赔偿金。由于旅游者自身原因导致包价旅游合同不能履行或者不能按照约定履行，或者造成旅游者人身损害、财产损失的，旅行社不承担责任。

3.《侵权责任法》第六条规定，行为人因过错侵害他人民事权益，应当承担侵权责任。

4.《合同法》第一百一十三条规定，当事人一方不履行合同义务或者履行合同义务不符合约定，给对方造成损失的，损失赔偿额应当相当于因违约所造成的损失，包括合同履行后可以获得的利益，但不得超过违反合同一方订立合同时预见到或者应当预见到的因违反合同可能造成的损失。

三、案例分析

旅行社和旅游者签订了包价旅游合同，由于是组团社或者履行辅助人没有为旅游者提供约定服务，或者提供的约定服务不完全，或者安全保障义务履行不周全，引起旅游者权益受损，组团社都必须向旅游者做出赔偿。那么，在赔偿过程中，组团社应当承担哪些赔偿责任？

（一）有损害就必须有赔偿

只要组团社没有按照旅游合同约定提供服务，如擅自漏游景点等；或者虽然提供了服务，但旅行社提供的服务不符合旅游合同约定，如降低服务标准等；或者有侵权行为，如交通事故等，造成旅游者人身财产的损失，旅游者向组团社或者履行辅助人提出赔偿。假如履行辅助人不愿意承担赔偿责任，或者没有能力承担赔偿责任，组团社就应当为旅游者遭受的经济损失承担责任，如果发生严重的人身伤害，只要责任方是旅行社，组团社或者侵权人还可能要向旅游者承担精神损害赔偿。

（二）有约定就必须有赔偿

如果旅游合同有约定在先，即使组团社的违约行为没有给旅游者造成损失，只要组团社有违约行为存在，就应当按照约定赔偿。如合同约定，只要调整饭店，旅行社就应当承担总团款5%的违约金，假如旅行社擅自调整了住宿饭店，实际上并没有给旅游者造成损失，旅行社仍然必须按照约定赔偿违约金。因为违约责任的承担以旅行社的违约行为为前提，而违约行为是否给旅游者造成损失则在所不问，又如合同约定，组团社解除旅游合同就应当赔偿总团款的10%，如果组团社解除合同，即使旅游者没有损失，组团社仍然要支付违约金。

（三）员工的承诺代表法人

在为旅游者提供服务的过程中，不论是法人、计调还是导游领队，只要是旅行社的员工，在旅游服务过程中向旅游者做出的承诺，等同于法人的承诺。不论是对于服务内容的承诺，还是对于赔偿数量的承诺，只要承诺了，就必须兑现。因为他们的承诺不是个人行为，而是职务行为，旅行社法人不得以是员工行为予以拒绝。如导游在行程中和旅游者达成协议，返程后向每一位旅游者赔偿500元，以弥补住宿降低了标准，法人必须按照导游的承诺赔偿旅游者。至于导游的行为是否适当，则是旅行社内部的管理问题，与是否应当向旅游者做出赔偿无关。

（四）组团社承担直接损失

组团社只为旅游者的直接损失承担责任，对于间接的损失不承担赔偿责任。比如由于旅行社的原因导致行程延误半天，旅行社要承担的责任，赔偿旅游者半天的误工费等相关损失，至于由于延误半天造成旅游者不能签订其他商业合同的损失，旅行社不必承担。虽然《合同法》等法律已经明确规定的，但在实际操作中，旅行社经常要面对少数旅游者的漫天要价，动辄就要求赔偿几万元甚至更高的赔偿，虽然少数旅游者的要求与法律的规定不相符，但旅行社却必须无奈面对。

（五）欺诈必须多倍赔偿

欺诈的前提是：旅行社有欺诈的主观故意、旅行社实施欺诈行为、旅游者因欺诈而陷入错误、旅游者因错误而做出了意思表示。只有同时满足这四个条件，旅行社的行为才构成欺诈，否则就是违约。违约和欺诈是有较为严格的区别，不能因为旅行社服务出现差错，就一概认定为欺诈，是不符合法律规定的。如果旅行社的服务定性为违约，旅行社则按照《合同法》或者旅游合同的约定进行赔偿。如果旅行社的服务构成欺诈，则按照新的《消费者权益保护法》的规定，旅行社最高应当赔偿旅游者接受服务费用的三倍；赔偿的金额不足500元的，为500元。

（六）不可抗力、突发事件免责要具体而论

不可抗力包括自然和人为因素，以自然灾害如恶劣天气而言，属于不可抗

力范畴，但这样的自然灾害是否可以提前预见和避免成为关键，假如天气预报已经发出警报，旅行社能够采取而不采取防范措施，任其影响旅游行程，这样的恶劣天气本身属于不可抗力范畴，但对于旅行社而言不属于不可抗力，旅行社不能免责，因为旅行社已经预见到，或者只要采取相关措施，就能够避免损害的发生，或者降低损害程度。同样，旅行社应对突发事件是否担责，主要看旅行社是否已经尽到了注意义务，尽到了合理限度范围内的注意义务，旅行社就不承担责任，否则就要承担责任。

（七）组团社不承担旅游者人为扩大的损失

所谓旅游者的人为扩大损失，是指只要旅游者理性，就可以避免损失的发生或者降低损失，旅游者却放任或者加大损失的发生。这样的损失就属于人为扩大的损失。最为典型的就是，当旅行社违约，旅游者要求赔偿，假如不能满足旅游者的赔偿要求，旅游者拒绝登机返程，导致机票作废、旅游者滞留费用。在这个纠纷中，存在两个法律关系：第一，旅行社的违约关系；第二，由于旅游者滞留产生的旅游者违约关系。显然，这是两个不同性质的法律关系。按照法律规定，旅行社应当承担违约责任，但滞留费用应当由旅游者自行承担。

（八）严重侵权责任有精神损害赔偿

按照法律规定，旅行社的违约行为固然需要旅行社做出赔偿，但这些赔偿不包含精神损害赔偿，只是对违约行为承担经济赔偿责任。所以，旅游者在违约责任的追究中，如漏游景点，要求旅行社承担精神损害赔偿责任缺乏依据。精神损害赔偿存在于侵权责任中，损害较轻的侵权行为，可以借助赔礼道歉、消除影响等方式加以弥补，如交通事故导致旅游者手臂轻微擦伤，就不存在精神损害赔偿。只有较为严重的侵权行为，旅游者才可以得到精神损害赔偿。精神损害的赔偿及其数额确定，通常由人民法院决定。

（九）组团社为履行辅助人的行为负责

按照《旅游法》的规定，组团社必须为履行辅助人的所有过错行为负责。在旅游行程中，组团社不仅要为自己的过错负责，还必须为履行辅助人的过错负责，这些过错包括履行辅助人的违约行为和侵权行为，如饭店的违约、景区未履行安全保障义务给旅游者造成的损失，履行辅助人愿意承担责任固然可行，但如果履行辅助人不愿意承担责任，或者没有能力承担赔偿责任，组团社都应当为此承担责任。总之一句话，在旅游服务全程中，组团社及其履行辅助人的过错，组团社应当概括承受。

118 代办旅游合同中旅行社有哪些责任

一、案例简介

案例一：舟山某旅行社受上海旅游者的委托，帮助其购买普陀去东极岛的往返船票、舟山返程上海的汽车票，旅行社按照旅游者的要求办理了购票事务。旅游者到达舟山后，旅行社派人把票送到旅游者住宿的酒店，旅游者核对无误后付款。旅游者在东极岛旅游期间，突遇天气变化，无法按期返回舟山本岛，当然也无法按期乘坐长途汽车返回舟山。旅游者向旅行社提出，要求旅行社赔偿舟山返程上海长途汽车的票价。

案例二：张先生由于商务活动需要前往哈瓦那，委托杭州某旅行社代为购买上海经停莫斯科抵达哈瓦那的单程机票。旅行社按照该张先生的要求购买了机票，并经张先生核实。该张先生乘坐飞机前往哈瓦那，在经停莫斯科时被遣返，张先生回到杭州后要求旅行社承担赔偿全额机票损失。

二、法律规定

1. 《旅游法》第七十四条规定，旅行社接受旅游者的委托，为其代订交通、住宿、餐饮、游览、娱乐等旅游服务，收取代办费用的，应当亲自处理委托事务。因旅行社的过错给旅游者造成损失的，旅行社应当承担赔偿责任。

2. 《合同法》第四百零六条规定，有偿的委托合同，因受托人的过错给委托人造成损失的，委托人可以要求赔偿损失。无偿的委托合同，因受托人的故意或者重大过失给委托人造成损失的，委托人可以要求赔偿损失。

三、案例分析

（一）代办旅游合同的性质

代办旅游合同本质上是委托合同，就是旅行社接受旅游者的委托，按照旅游者的要求，为旅游者提供相关的旅游服务，和包价旅游合同相比，法律关系较为简单，承担的责任也较轻。如旅游者需要在外地住宿，委托旅行社为其在目的地预订客房，然后旅行社从中获取服务费。上述两个案例中，一个共同的特点，就是旅行社接受了旅游者购买交通票的委托，旅行社和旅游者之间形成了单项委托合同关系。旅行社的义务就是按照委托人的委托，做好委托事宜。如果旅行社没有按照旅游者委托要求，办理好购票事宜，旅行社就此应当承担违约责任；如果给旅游者造成直接经济损失，还要赔偿旅游者的损失。

（二）代办旅游服务责任的承担

两个案例中，均是旅游者委托旅行社购买交通票，旅行社按照旅游者的要求妥善办理了委托事宜，交通票按照约定交到了旅游者手上，且都经过旅游者的核对无误。表明旅行社已经按照旅游者的委托，完成了购买交通票委托，当旅游者交付交通票款项，旅行社收取票款时，旅行社和旅游者的权利义务都已实现和履行，旅行社和旅游者的委托合同关系就此终止，换句话说，从旅行社交付交通票，旅游者经过核对并支付了票款时开始，旅行社和旅游者之间已经没有任何法律关系了。至于船是否按时开，飞机是否晚点或者取消，旅游者是否被遣返，都和旅行社没有任何关系，旅游者要维权、要赔偿，只能向交通提供者主张权利。总之，旅游者要求旅行社赔偿从舟山返回上海长途汽车费用、上海前往哈瓦那的机票款，都缺乏法律依据，旅行社可以拒绝赔偿。

（三）旅行社应重视代办旅游服务

随着个性化旅游的兴起，特别是年轻人成为旅游主体后，参加旅游团队旅游的比例会不断下行，个性化旅游必将蓬勃发展，代办旅游服务一定会成为旅游服务中主力之一。在新的形势下，代办旅游服务应当受到旅行社的特别重视，而且旅行社也不应当拘泥于代办旅游服务，有专家就曾经提出，"旅行社服务"的概念应当更改为"旅行服务"，只要旅游者外出旅游、经商、参会，旅行社都可以凭借服务介入其中。因为旅行社有广泛的人脉、专业的素养，特别擅长为外出者提供交通、住宿、餐饮、游览等方面的服务。旅行社要在专业做好组团服务的同时，积极参与代办服务，为旅游者提供专业的服务。而且，代办服务利润不薄，风险较低，是值得旅行社下功夫深入研究的方向。

（四）代办旅游合同提倡使用书面形式

虽然《旅游法》和《旅行社条例》只是要求包价旅游合同必须是书面形式，对代办旅游合同没有形式上的要求，但在实际操作中，旅行社仍然必须签订书面代办旅游合同为宜。书面形式也可以多种多样，不必拘泥于一种形式，如外地旅游者电话委托订票订房，旅行社完全可以将旅游者的要求编辑成短信、微信或者微博等形式，约定双方的权利义务和违约责任，要求旅游者最后以短信、微信或者微博等方式予以确认，而不是要求旅游者来编辑内容，由旅行社来确认，把方便留给旅游者。这样的确认具有相当的证据效力，比起仅仅是电话确认要强得多，既方便，又实用。

119 旅行社制作的格式条款合法性分析

一、案例简介

旅游者向旅游主管部门咨询，在旅行社提供的注意事项中，旅行社有如下要求：①客人中途离团，所有费用不退，且由此引发所有后果与我社无关。②参加本产品的旅游者，在旅游行程中参加的自费项目不得低于800元。③旅游者在当日景点游览结束后的自由活动期间，旅游者务必注意人身财产安全，自由活动期间的安全责任由旅游者自负。旅游者的疑问是，旅行社这些要求合理吗？旅游者的这些疑问和格式条款的性质和效力有关。

二、法律规定

1. 《消费者权益保护法》第二十六条规定，经营者在经营活动中使用格式条款的，应当以显著方式提请消费者注意商品或者服务的数量和质量、价款或者费用、履行期限和方式、安全注意事项和风险警示、售后服务、民事责任等与消费者有重大利害关系的内容，并按照消费者的要求予以说明。

经营者不得以格式条款、通知、声明、店堂告示等方式，作出排除或者限制消费者权利、减轻或者免除经营者责任、加重消费者责任等对消费者不公平、不合理的规定，不得利用格式条款并借助技术手段强制交易。

格式条款、通知、声明、店堂告示等含有前款所列内容的，其内容无效。

2. 《旅行社条例》第二十九条规定，旅行社和旅游者签订的旅游合同约定不明确或者对格式条款的理解发生争议的，应当按照通常理解予以解释；对格式条款有两种以上解释的，应当作出有利于旅游者的解释；格式条款和非格式条款不一致的，应当采用非格式条款。

三、案例分析

（一）格式条款的含义

所谓格式条款，就是指当事人为了重复使用而预先拟定，并在订立合同时未与对方协商的条款。具体到旅游服务中，旅行社事先拟定并为了重复使用，订立旅游合同时不与旅游者协商的条款。这样的格式条款，要么旅游者接受，与旅行社签订旅游合同，要么拒绝接受，不与旅行社签订旅游合同。

（二）格式条款不等于霸王条款

格式条款在日常民事活动中较为常见，旅游合同仅仅是其中之一，但在很多消费者眼里，格式条款就是霸王条款，似乎只要一提到格式条款，就是损害消费者的条款。这个观念事实上是大错特错，实际情况并非如此。因为格式条款能够出现并长期存在，自有它的道理和土壤。只要格式条款的制定者较为公平，确定的权利义务大致平衡，这样的格式条款就符合法律的规定，在现实中也大量存在。

（三）格式条款集中在哪里

如果旅行社使用了有关部门推荐的旅游合同，或者虽然使用了自制的且经过备案的旅游合同文本，就旅游合同文本而言，都不属于格式条款的范畴。但由于旅游合同由几个部分组成，即使合同文本不属于格式条款，但仍然还有格式条款的存在。在旅游合同中，格式条款主要集中出现在以下几个方面：

1. 虽然使用了推荐旅游合同文本，或者自制合同文本在工商部门备过案，但旅行社在实际的使用过程中，对旅游合同文本内容进行了修改，有关部门对此并不知晓。这些被修改的合同文本内容，就属于格式条款。

2. 旅游行程单属于格式条款。旅游行程单是有关旅行社和旅游者权利义务最为主要的载体，旅游者所有的服务等级和档次的约定，基本上体现在旅游行程单中。因此，旅游行程单在旅游合同中起着举足轻重的作用。有关旅游行程单的规定，仅仅在《旅游法》提到一点，就是旅游行程单应当在行程开始前提供给旅游者。至于旅游行程单的制作和内容，主动权完全在旅行社。就目前来看，差不多所有的旅游行程单上的内容，都是格式条款，因为这些内容全部是旅行社单方制作的，而且或多或少地存在不公平的现象。

3．注意事项属于格式条款。在旅游合同中，旅行社往往会有注意事项或者温馨提示的内容，这些内容基本上是独立成篇。注意事项主要是将旅游行程中可能危及旅游者人身财产安全的事项列出，提请旅游者注意，防止人身财产损害的发生。旅行社也容易制作一些增加旅游者的义务，限制旅游者权利的条款。

（四）格式条款的处理

1．只要格式条款内容不显失公平，这些格式条款有效，对旅行社和旅游者都有约束力，不得违反，否则违反者就必须承担相应责任。

2．对于符合上述《消费者权益保护法》禁止性内容的格式条款，不论旅行社是否事先提醒，也不论旅游者是否签字认可，只要双方对权利义务发生争议，这些显失公平的格式条款就应当被认定无效，对旅游者没有约束力，且自始无效，等同于合同中没有这个格式条款。

3．对于格式条款内容的含义发生争议的，因为格式条款是旅行社制作并提供的，所以应当做出有利于旅游者的解释，这是世界范围内民事活动中普遍的规则。

120 旅行社欺诈行为的认定分析

一、案例简介

旅游者参加旅行社组织的出境旅游，在旅游行程的最后一天，旅行社原计划安排的住宿酒店在机场附近，但旅行社以客满为由，把旅游团安排在距离机场3小时的酒店住宿。旅游者认为旅行社欺诈，应当按照《消费者权益保护法》规定赔偿，旅行社只承认违约，愿意按照旅游合同约定进行赔偿，因为旅行社和地接社之间有明确的包括客房在内的服务约定。究竟是违约还是欺诈，成为解决问题的关键。

二、法律规定

1．《消费者权益保护法》第五十五条规定，经营者提供商品或者服务有欺诈行为的，应当按照消费者的要求增加赔偿其受到的损失，增加赔偿的金额为消费者购买商品的价款或者接受服务的费用的三倍；增加赔偿的金额不足 500 元的，为 500 元。法律另有规定的，依照其规定。

2.《最高人民法院关于贯彻执行〈中华人民共和国民法通则〉若干问题的意见》第六十八条规定，一方当事人故意告知对方虚假情况，或者故意隐瞒真实情况，诱使对方当事人作出错误意思表示的，可以认定为欺诈行为。

三、案例分析

（一）欺诈的认定

按照最高人民法院的司法解释，欺诈的构成必须同时满足四个要件，经营者需要满足两个要件，消费者也需要满足两个要件，具体到对旅行社欺诈是否成立的认定：

第一，旅行社必须有欺诈的故意，即旅行社必须是虚构事实，或者是隐瞒真相。如旅行社承诺给旅游者入住五星级酒店，而旅游目的地并没有五星级酒店；或者是旅游目的地油菜花已谢，但旅行社还告诉旅游者油菜花遍地。

第二，旅行社实施了欺诈的行为。就旅行社而言，欺诈的主要构成要件，是旅行社必须有欺诈行为的实施。如果旅行社的欺诈故意仅仅停留在谋划阶段，没有进入实施阶段，也就是说旅行社的欺诈故意没有具体的实施行为，没有向旅游者发布要约或者要约邀请，就不能认定旅行社欺诈。

第三，旅游者由于受到了旅行社的误导陷入错误。旅游者对于旅行社告知的旅游相关信息并不知情，旅游者被欺诈仅仅是因为旅行社的误导。如果旅游者对于旅行社发布的信息的真实性有充分的认识，即使旅行社有欺诈信息的发布，也构不成欺诈。如所谓的旅游者知假买假，就不能认定旅行社欺诈。

第四，旅游者必须有接受服务的行为。旅游者必须在不知实情的情况下，接受了旅行社的欺诈服务，才能够认定旅游者被欺诈。同样，如果旅游者尚未接受旅行社的欺诈服务，只是停留在商讨阶段，即使旅行社有欺诈，并没有对旅游者实际权益造成损失，也不能认定为旅行社欺诈。

（二）如何判断上述案例中旅行社是否存在欺诈

从上述案例情况看，就旅游者而言，并不了解旅游目的地的服务设施情况，肯定是充分相信旅行社的宣传。因此，要判断旅行社欺诈是否成立，主要是看旅行社是否具备主观故意。

第一，组团旅行社的抗辩理由是否成立。虽然组团旅行社和地接社之间有明确的服务约定，对于客房预订提出了明确的要求，主观上没有欺诈的故意。但如果地接社没有按照组团旅行社的要求提供服务，地接社等服务供应商的民事行为，等同于组团旅行社本身的行为，即如果地接社有欺诈的行为，也应当视同为组团旅行社具有欺诈行为。组团旅行社的抗辩理由不充分。

第二，组团旅行社如何摆脱欺诈嫌疑。组团旅行社要摆脱欺诈的嫌疑，一方面要证明和地接社的约定不具备欺诈性，另一方面还必须要求地接社提供证据证明，地接社是按照组团旅行社的要求订房，但经过努力没有预订成功，或者已经预订成功，但酒店擅自取消了旅行社已经预订的酒店。如果旅行社不能提供上述证据证明，就应当承担欺诈的民事责任。

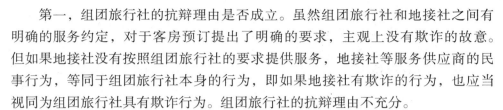

121 旅行社欺诈的责任承担分析

一、案例简介

旅游者参加旅行社的境内旅游，合同约定住宿在二星级酒店，到了旅游目的地后旅行社并没有给旅游者提供二星级酒店住宿，而是住在招待所。旅游行程结束后，旅游者要求旅行社按照欺诈承担责任，旅行社只愿意承担违约责任。经过核实，该旅游目的地没有二星级酒店，旅行社辩称事先并不知情是否有二星级酒店。

二、法律规定

1.《消费者权益保护法》第五十五条规定，经营者提供商品或者服务有欺诈行为的，应当按照消费者的要求增加赔偿其受到的损失，增加赔偿的金额为消费者购买商品的价款或者接受服务的费用的三倍；增加赔偿的金额不足500元的，为500元。法律另有规定的，依照其规定。

2.《合同法》第一百一十三条规定，当事人一方不履行合同义务或者履行合同义务不符合约定，给对方造成损失的，损失赔偿额应当相当于因违约所造成的损失，包括合同履行后可以获得的利益，但不得超过违反合同一方订立合同时预见到或者应当预见到的因违反合同可能造成的损失。

三、案例分析

（一）旅行社的抗辩理由成立吗

答案是否定的。旅行社作为一个专业从事旅游服务的企业，应当对旅游目的地情况有了解，即使事先不知道，也应当通过地接社掌握目的地服务基础设施。只要旅行社事先向旅游者做出服务承诺，就可以推定旅行社能够为旅游者提供该项服务。如果像旅行社所称那样，事先不知情旅游目的地没有二星级酒店，就承诺旅游者要住二星级酒店，恰好符合欺诈的特征，即旅行社具有虚构事实的故意。

（二）旅行社的欺诈赔偿的基数是全额团款还是就事论事

旅行社被认定为欺诈的前提下，如何赔偿权益受损的旅游者，具有两种不同的观点：第一种观点是，旅行社必须按照全额旅游团款的三倍赔偿，理由是上述《消费者权益保护法》已有明确规定。第二种观点，就是必须就事论事实施赔偿，即旅行社在哪一个环节出现欺诈，必须就哪一个环节的欺诈行为做出赔偿，而不是简单地套用《消费者权益保护法》的规定，对旅游者给予全额旅游团款的赔偿。理由是，在通常情况下，旅游服务产品并不像一般的产品那样，如电视机、手机等产品，是一个不可分割有机体，而旅游服务产品各个环节相对独立，并不是一个不可拆分的有机体，比如住宿存在欺诈，虽然也损害了旅游者的合法权益，但并不必然损害其他服务环节，如餐饮、游览的品质。笔者赞同第二种观点。

（三）支付欺诈赔偿时是否需要剔除已经发生的费用

旅游服务欺诈的赔偿，基本上是旅游者已经接受了旅行社的欺诈服务，旅游者对接受的服务提出异议后的结果。上述案例中旅游者认为旅行社提供的住宿服务存在欺诈，虽然旅行社的欺诈行为可以被认定，但旅游者已经接受了住宿服务，旅行社已经就此承担了住宿费用。

所以，在处理上述案例欺诈纠纷中，旅行社应当向旅游者赔偿的数额，是否应当为旅游目的地二星级酒店房价减去旅游者住宿的酒店差价的三倍。回答是否定的，不应当剔除实际消费的成本费用，而是直接按照二星级酒店的价格三倍进行赔偿，因为《消费者权益保护法》的规定是，"增加赔偿的金额为消费者购买商品的价款或者接受服务的费用的三倍"。由于当地没有二星级酒店，只能参考周边县市二星级酒店的房价来处理，如果三倍差价仍然不足的500元的，旅行社应当赔偿旅游者500元。

同时，旅行社向旅游者赔偿的客房欺诈费用，应当按照旅行社向二星级酒店采购的价格来实施，而不是按照二星级酒店的门市价实施三倍赔偿。因为在旅行社服务中，服务供应商的门市价格与向旅行社提供的服务价格有一定的差价。按照《消费者权益保护法》的上述规定，旅行社向酒店采购的价格，作为承担欺诈赔偿责任的基数。当然，这里还必须由旅行社来举证其采购价格低于门市价，否则只能按照门市价作为基数来赔偿。

（四）如果旅游者事先知道旅行社有欺诈，是否可以按照欺诈规定获得赔偿

答案是否定的。事先知道旅行社有欺诈行为，仍然放任欺诈行为的继续，即所谓的"知假买假"，旅行社的行为固然可恶，但在纠纷处理中，不可以按照欺诈的规定进行赔偿，而是按照旅行社违约进行赔偿，否则对旅行社不公平。

122 旅行社如何向旅游者承担精神损害赔偿

一、案例简介

胡先生旅游行程结束后，向旅行社提出了精神损害赔偿的要求，因为胡先生认为，旅行社漏游了一个重要景点，这个景点是他十分向往的景点。景点的漏游使得他很不开心，精神受到了很大的伤害，旅行社除了赔偿景点的损失外，还必须向他赔偿精神损害。胡先生的请求究竟是否符合法律规定，或者说，旅行社如何向旅游者承担精神损害赔偿？

二、法律规定

1.《侵权责任法》第二十二条规定，侵害他人人身权益，造成他人严重精神损害的，被侵权人可以请求精神损害赔偿。

2.《最高人民法院关于确定民事侵权精神损害赔偿责任若干问题的解释》

第八条规定，因侵权致人精神损害，但未造成严重后果，受害人请求赔偿精神损害的，一般不予支持。人民法院可以根据情形判令侵权人停止侵害、恢复名誉、消除影响、赔礼道歉。

3. 《最高人民法院关于审理旅游纠纷案件适用法律若干问题的规定》第二十一条规定，旅游者提起违约之诉，主张精神损害赔偿的，人民法院应告知其变更为侵权之诉；旅游者仍坚持提起违约之诉的，对于其精神损害赔偿的主张，人民法院不予支持。

三、案例分析

（一）精神损害赔偿的提出

旅游精神损害是旅游纠纷处理绕不开的话题。只要有旅游纠纷，旅游者基本上都会向旅行社提出精神损害赔偿的要求，因为在旅游者看来，旅游活动本身包含物质享受和精神享受两个部分，既然《合同法》规定了赔偿的补偿性原则，只要旅行社违约，除了物质方面的赔偿外，还应当为旅游者精神享受损失进行赔偿。所以，旅游者要求旅行社精神损害赔偿似乎是理所当然的，而旅行社往往予以拒绝。旅游违约是否涉及精神损害、精神损害又将如何赔偿，是一个现在并长期延续的热点。

（二）违约赔偿没有精神损害

旅行社没有按照合同约定提供服务，擅自延长购物时间、缩短游览时间、增加或者减少服务项目等，都属于违反合同约定的行为，旅行社都要按照约定或者旅游者遭受的损失予以赔偿，这是法律明确规定的。但我国法律同时规定，旅行社的违约固然不对，给旅游者造成了损失，但违约损害赔偿不涉及精神损害赔偿。这就意味着，尽管旅行社提供的服务不符合约定，也的确给旅游者带来精神上的不愉快，但法律并不认可该精神不愉快能够达到精神损害的层面。

（三）侵权责任赔偿包含精神损害

1. 在司法实践中，即使认定旅游者有精神损害，但在绝大多数的侵权责任中，旅游者难以得到精神损害的金钱赔偿，因为按照法律规定，对于未造成严重后果的侵权责任，旅行社承担侵权责任的方式主要有：停止侵害、恢复名誉、消除影响、赔礼道歉等方式，既可单用，也可以并用。

2. 轻微的侵权责任不需要承担精神损害赔偿。精神损害赔偿直接和旅游者人身伤害有关，对于在侵权责任中受伤的旅游者，如果其损害是轻微的，只要旅行社给予旅游者及时救治，赔偿与医疗有关的费用，并承担误工费等费用外，旅行社不需要赔偿精神损害。因为从法律角度看，人生活在群体社会中，在一定限度范围内，都必须有所承受和忍耐，只要损害不严重，旅行社能够帮助旅游者治疗身体，就足以弥补旅游者所遭受的损害。

3. 严重人身伤害有精神损害赔偿。按照司法实践，如果旅行社对旅游者人身造成较为严重的损伤，且住院较长时间，或者造成死亡，旅行社的行为不仅造成了旅游者的人身伤害，还给旅游者及其家属的精神造成了严重的损害，旅游者或者家属要求获得精神损害赔偿，一般都会得到法院的支持。当然，具体到个案，旅游者是否能够得到多少精神损害赔偿，主要取决于主审法官的自由心证。

总之，在旅游纠纷中，旅游者向旅行社主张精神赔偿，旅行社首先要分清该纠纷属于违约纠纷还是侵权纠纷，如果是违约纠纷，就不需要承担精神损害赔偿。如果是侵权纠纷，主要看是行李物品损害还是人身损害。如果仅仅是一般物品的损害，提出精神损害赔偿也没有任何意义；如果是人身伤害，且较为严重，就可以考虑提出精神损害赔偿的要求。所以，上述案例中胡先生提出的精神损害赔偿主张于法无据。

123 旅游合同是附解除条件的合同

在许多消费者眼里，尤其是已经签订旅游合同的消费者眼里，只要旅游合同签订，就意味着双方权利义务的确定，就等着在约定的时间前往机场、码头随团出发。而事实上，由于旅游服务的特殊性以及旅游法律法规的规定，在一些特定条件下，旅游合同签订并不能确保旅游合同能够顺利履行，因为旅游合同的实现必须等候相关条件的"成就"。如果条件不成就，旅游合同履行就遭遇困难，甚至是解除。这就是旅游合同是附解除条件合同话题的由来。

一、何谓附解除条件合同

《合同法》第四十五条规定，当事人对合同的效力可以约定附条件。附生效条件的合同，自条件成就时生效。附解除条件的合同，自条件成就时生效。当事人为自己的利益不正当地阻止条件成就的，视为条件已成就；不正当地促成条件成就的，视为条件不成就。

二、三种情形可以促成旅游合同成为附解除条件的合同

（一）旅游合同中约定了包价旅游团队最低成团人数

按照《旅游法》第八十五条的规定，旅游合同中可以对成团的最低人数进行事先约定。这是由旅游团队业务特性决定的，旅游团队价格较为优惠（低价团不在此列），是因为旅行社可以通过数量的整体获得供应商的优惠。如果团队人数过低，就可能难以拿到供应商的优惠，旅行社就难以操作。

《旅游法》第六十三条规定，旅行社招徕旅游者组团旅游，因未达到约定人数不能出团的，组团社可以解除合同。但是，境内旅游应当至少提前七日通知旅游者，出境旅游应当至少提前三十日通知旅游者。因未达到约定人数不能出团的，组团社经征得旅游者书面同意，可以委托其他旅行社履行合同。组团社对旅游者承担责任，受委托的旅行社对组团社承担责任。旅游者不同意的，可以解除合同。

所以，参团人数成了旅游团队是否能够顺利出行的先决条件，否则只能解除旅游合同。

（二）旅游签证也成为旅游合同解除的附加条件

在出境旅游团队游中，签证是否能够顺利取得，旅游者、旅行社事实上心中无数，给予签证与否的权利在使领馆的签证官手上。也就是说，哪怕旅游者向旅行社交纳了全额团款，和旅行社签订了完善的旅游合同，供应商也已经确认，但最终是否成行，还要看签证是否顺利。如果签证能够顺利签出，旅游团队就可以出行，否则，旅游团队不能按照预期出行，旅游合同必须解除。

（三）不可抗力是旅游合同解除的法定条件

《合同法》第九十四条规定，因不可抗力致使不能实现合同目的，当事人可以解除合同。《旅游法》第六十七条规定，因不可抗力或者旅行社、履行辅助人已尽合理注意义务仍不能避免的事件，影响旅游行程的，按照下列情形处理：合同不能继续履行的，旅行社和旅游者均可以解除合同；合同不能完全履行的，旅行社经向旅游者做出说明，可以在合理范围内变更合同；旅游者不同意变更的，可以解除合同。

三、旅游合同解除的处理

1. 上述第一种情况，按照《旅游法》第六十三条规定，因未达到约定的成团人数解除合同的，组团社应当向旅游者退还已收取的全部费用。

在此情况下，只要参团人数不到约定数量，旅游者又不愿意参加另外旅游团旅游，旅行社和旅游者都可以解除旅游合同，旅行社要全额退还旅游团款，即使旅行社为此已经支出了费用。

2. 上述第二种情况，旅行社操作已经产生的且有据可查的费用，如果没有实现约定，应当由旅游者自己承担，包括签证费、已经预订机票的费用等。旅游者可能要问，假如签证不能顺利办出，旅游者也没有过错，为什么产生的费用是旅游者承担，而不是旅行社承担。这就涉及对于签证在旅游合同中作用的理解。

我们认为，旅游签证是解除旅游合同的条件，而不是旅游合同生效的条件。假如签证是旅游合同生效的条件，就意味着在签证顺利办理完毕前，旅游合同的效力尚未确定，或者说旅游合同尚未生效。如果是旅游合同尚未生效，旅行社产生的费用自然应当由旅行社自己来承担，换句话说，旅行社所做的一切和旅游者没有任何关系，自然不能要旅游者来承担费用。

而旅游签证是解除旅游合同的条件时，就说明旅行社和旅游者签订的旅游合同成立且生效，由于不可归责于旅行社的原因（签证原因），造成旅游者旅游行程受阻，旅行社为旅游者服务所产生的费用当然要由旅游者承担，虽然从表面上看旅游者并没有从中获得实际受益。

旅行社工作的疏忽导致被拒签，谁有过错谁负责，按照各自责任的大小承担责任。如旅游者提供了虚假材料，导致被拒签，所有的费用应当由旅游者承担；如果旅行社业务疏失导致拒签，旅行社承担全部责任。

3. 上述第三种情况，合同解除的，组团社应当在扣除已向地接社或者履行辅助人支付且不可退还的费用后，将余款退还旅游者。当然，旅行社要出示已经发生费用的凭证，否则就全额退还团款。

124 旅行社安排四星级酒店替代三星级 酒店是否违约

一、案例简介

某旅行社组织旅游者前往武夷山旅游，按照合同约定，旅游者被安排在武夷山景区的三星级酒店住宿。旅游者抵达目的地后得知，由于武夷山景区住宿已满，旅游团临时被调整到武夷山市区住宿。为了安抚旅游者，旅行社将旅游者安排在一家四星级酒店住宿，旅游者仍然不满意，返程后向旅游主管部门投诉，要求旅行社承担违约责任，向旅游者做出赔偿，理由是住宿大环境变差了。旅行社则认为，已经提高了住宿的服务档次，不存在违约行为，但仍然被旅游者投诉，感到十分冤枉和委屈。

二、法律规定

1.《合同法》第一百零七条规定，当事人一方不履行合同义务或者履行合同义务不符合约定的，应当承担继续履行、采取补救措施或者赔偿损失等违约责任。

2.《合同法》第一百一十三条规定，当事人一方不履行合同义务或者履行合同义务不符合约定，给对方造成损失的，损失赔偿额应当相当于因违约所造成的损失，包括合同履行后可以获得的利益，但不得超过违反合同一方订立合同时预见到或者应当预见到的因违反合同可能造成的损失。

三、案例分析

（一）旅游合同违约的通常表现

在旅行社服务中，旅游者经常投诉旅行社违反合同约定的情形，包括降低服务标准、强迫旅游购物和自费、擅自取消旅游景点等。总之，旅行社提供的服务和原合同约定不一致，且没有经过双方的协商一致，直接造成了旅游者权益的损害。而上述案例中的情形，用高等级的服务取代等级稍低的服务，在旅游服务投诉中并不常见，而且从直观角度看，不仅没有给旅游者造成损失，反而是旅游者从中获得了额外的利益，还不需要为此承担额外的费用支出。这也是旅行社不能理解旅游者投诉的原因所在。

（二）旅行社应当如何履行自己的义务

为旅游者提供约定的服务，是旅行社的合同义务，按照《合同法》第六十条规定，当事人应当按照约定全面履行自己的义务。也就是说，旅行社为旅游者提供服务的基础和依据，就是旅行社和旅游者之间签订的旅游合同。只要旅行社不折不扣、保质保量地按照合同约定的内容提供服务，旅行社就属于全面履行了合同义务，旅游者的权利也就得到了全面的实现，也就不会也不应当出现服务质量纠纷。即使旅游者提出赔偿，其赔偿请求也不会得到有关部门的支持。

（三）旅行社以四星级酒店替代三星级酒店是否属于违约行为

回答是肯定的。所谓违约，本质上就是没有按照约定全面履行合同义务。旅行社违约包括两个方面：第一，旅行社没有履行合同义务，是旅游服务纠纷中常见的几种情形，上文已经提及；第二，旅行社虽然提供了服务，但旅行社提供的服务不符合约定。正如上述案例中描述的那样，旅行社为旅游者提供了住宿服务，但住宿的地址发生了变化，由武夷山景区变为武夷山市区，虽然酒店的星级有所提高，却不能改变旅行社违约的性质。因此，按照法律规定，旅行社以四星级酒店替代三星级酒店属于违约无疑。

（四）旅行社调整住宿酒店，旅游者的权益是否受到了损害

回答也是肯定的。从外在环境看，武夷山景区的环境肯定好于武夷山市区，应当不存在异议。既然旅游合同已经约定住宿在武夷山景区，相信也是旅行社服务的一个卖点，旅游者自然也是有所期待。当旅行社调整住宿酒店时，不仅仅是酒店服务本身软硬件的调整，而是旅游者整个住宿大环境的调整，对于旅游者的权利当然有负面的影响，旅游者要求旅行社承担违约责任也就可以理解了。

（五）旅行社应当如何向旅游者做出赔偿

旅行社违反合同约定，应当向旅游者做出赔偿，法律有原则性的规定，但在如何实施赔偿时，法律给出了具体的规定：第一，按照合同双方当事人约定违约金进行赔偿。显然，旅行社和旅游者并没有事先对违约金予以约定，这个原则不能适用上述案例的赔偿。第二，按照旅游者直接的实际损失来赔偿，但必须由旅游者自己来承担举证责任。住宿大环境的改变，旅游者会有损失，但这样的损失对于旅游者来说，虽然是直接的损失，但很难说就是法律意义上的直接损失，旅游者难以举证。所以，在肯定旅行社违约的前提下，旅行社应当和旅游者协商，向旅游者做出补偿。

125 旅行社把安排在几天的行程合并为一天是否合适

一、案例简介

旅游者为了确保度假行程不至于太匆忙，和组团旅行社在合同中约定，在旅游目的地4天中，每天仅安排一个景点观光，其余时间为旅游者自由活动，既不参加购物，也不参加自费，为此旅游者还比常规团队多支付了1000元团款。到了旅游目的地后，当地导游以公司安排为由，强行将4天4个景点合在一天内全部游览完毕，剩余的3天时间，全部变为旅游者的自由活动时间。旅游者返程后投诉组团社，组团社以行程单中有事先声明，旅行社可以调整行程，并未减少景点为由，拒绝承担违约责任。旅游者拒绝接受旅行社的解释。

二、法律规定

1. 《消费者权益保护法》第二十六条规定，经营者不得以格式条款、通知、声明、店堂告示等方式，作出排除或者限制消费者权利、减轻或者免除经营者责任、加重消费者责任等对消费者不公平、不合理的规定，不得利用格式条款并借助技术手段强制交易。格式条款、通知、声明、店堂告示等含有前款所列内容的，其内容无效。

2. 《合同法》第一百零七条规定，当事人一方不履行合同义务或者履行合同义务不符合约定的，应当承担继续履行、采取补救措施或者赔偿损失等违约责任。

三、案例分析

（一）旅行社类似的事先声明普遍存在

几乎所有旅行社提供的旅游行程单中，都有一句类似的话，大意是旅行社在不减少景点的前提下，有权对旅游行程进行调整。旅行社认为只要有这样的事先声明，就能够确保万无一失。而且旅游行程单作为旅游合同的组成部分，已经由旅游者签字认可，按照常理应当对旅行社和旅游者均具有约束力。所以，组团社认可地接社的服务行为，认为自己没有违约，也正是基于这样的认识。同时，这样的事先声明，等同于旅行社单方赋予了导游擅自调整行程的权力，对于导游的管理形同虚设。

（二）旅游行程单的声明是否有效

虽然旅游合同中有关于旅行社可以调整行程的约定，但这样的约定对旅游者仍然不具有约束力：第一，即使行程调整的约定有效，但由于旅游者在和旅行社签订旅游合同时已经明确，每天只游览一个景点。和旅游行程单中的约定相对应的是，旅游者和旅行社的约定为特别的约定，其他约定的效力应当被排除。第二，根据上述法律的规定，由于旅游行程单中的约定限制和损害了旅游者的权益，应当被认定为无效。所以，不论从双方的约定看，还是法律规定看，有关旅行社在不减少景点的前提下，可以随意调整行程的约定不能约束旅游者。说句大白话，旅行社虽然形式上有这样的事先声明，但实质上等于没有任何声明。

（三）旅行社的行为违反合同约定

在旅行社看来，由于没有减少旅游景点，而且也有旅行社的事先声明，只不过景点的游览时间有些变化而已，所以，旅行社并不要承担违约责任。而在旅游者看来，旅行社的景点游览时间的调整，尽管不足以导致旅游者直接权益损失过大，却打乱了整个旅游行程的安排，给旅游者的旅游造成困扰，旅行社应当承担违约责任。

旅行社是否需要承担违约责任，主要看旅行社提供的服务，与合同约定是否完全相符，或者说旅行社是否全面履行了合同义务。擅自减少景点当然是违约，旅行社不会有异议，但没有按照约定的顺序提供服务，则属于不完全履行，也是违反合同约定的一种表现形式。按照合同约定，旅行社为旅游者安排的景点游览，应当是每天安排一个景点，在实际提供的服务中，也应当是每天安排一个景点，而不是将全部景点游览合并为一天。案例中实际提供的服务表明，虽然景点没有减少，但游览顺序被打乱，自然属于违约的范畴。

（四）旅游者是否遭受了实际损失

旅行社调整行程，旅行社认为旅游者没有遭受损失，旅行社也不需要承担违约责任。旅游者的观点恰好相反。旅行社和旅游者观点截然相反，关键的问题是，要明确由于旅行社的违约行为，是否给旅游者造成实际的损害。笔者以为，旅行社擅自调整行程，给旅游者造成了两个方面的损失：第一，给旅游者造成了直接经济损失 1000 元。由于旅游者为了突出度假的特点，不愿意参加常规团，参加了所谓的纯玩团。如果旅游者选择参加的是旅行社组织的常规团，就可以少支付 1000 元团款。第二，旅游者参团的目的非常明确，是为了休闲度假而来，希望放松旅游节奏，而实际上并非如此，也给旅游者造成了损失，但这样的损失无法直接计算。

（五）旅行社应当如何承担赔偿责任

由于旅行社的违约行为给旅游者造成了上述两个方面的损失，因此，笔者以为，旅行社需要就上述两种损失承担责任：退还旅游者 1000 元团款，同时旅行社还需要与旅游者协商，就旅游者休闲度假行程中的服务瑕疵予以适当补偿。由于补偿多少没有明确的标准，需要由双方当事人协商一致，在纠纷的实际处理中，有时反而会成为快速解决纠纷的障碍。

126 旅游者自己就餐期间意外受伤的责任承担

一、案例简介

旅游者参加旅行社组织的日本游，由于旅行社的原因，经与旅游者协商，将原合同约定的当天晚上旅行社安排的餐饮调整至第二天，当天晚上的餐饮由旅游者自理。当天夜晚，旅游者各自解决就餐问题。在前往餐厅的过程中，由于道路修缮，有一位旅游者走路不慎摔倒受伤，被及时送医，医疗费用超过 10 万元。旅游者购买的意外保险的医疗费用 10 万元，旅游者要求旅行社承担超出的医疗费，理由是地陪没有导游证，是无证带团。

二、法律规定

1.《旅游法》第七十条规定，在旅游者自行安排活动期间，旅行社未尽到安全提示、救助义务的，应当对旅游者的人身损害、财产损失承担相应责任。

2.《民法通则》第十一条规定，十八周岁以上的公民是成年人，具有完全民事行为能力，可以独立进行民事活动，是完全民事行为能力人。

三、案例分析

（一）旅游者自己就餐期间应当视为自由活动

行程内安排的餐饮服务，属于包价旅游合同服务的一项内容，餐饮服务就是团队服务，旅行社不仅负有按照约定提供餐饮的义务，还负有保护旅游者人身财产安全的义务。但由于行程调整，当天晚上餐饮服务变更为自理，旅游者的餐饮服务性质也随之发生了变化，由包价旅游服务变为自由活动。

（二）自由活动期间旅游者有确保自己人身财产安全的义务

旅游者作为完全民事行为能力人，在自由活动期间，应当对自己的行为及其产生的后果负责。从一定意义上说，旅游者自由活动期间的性质，和旅游者的自助游的性质十分类似。自助游期间，旅游者必须履行注意义务，以保障自己权益不受损害。如果仅仅是因为旅游者没有履行注意义务，或者履行的注意义务不完全，导致旅游者人身财产损害，旅游者就必须为自身损害承担责任。自由活动期间的旅游者权益损害事件，也可以参考此思路处理。

（三）自由活动期间旅行社承担责任的前提

旅游者在自由活动期间人身财产损害，旅行社是否承担责任，不能一概而论，要结合法律规定和实际情况，具体问题具体分析。按照上述规定，在旅游者自行安排活动期间，旅行社未尽到安全提示、救助义务的，应当对旅游者的人身损害、财产损失承担相应责任。该法条明确了三层含义：

第一，自由活动期间旅游者人身财产遭受损害，旅行社需要为此损害承担责任的前提是，旅行社没有履行提示义务和救助义务。旅行社必须履行的提示义务是当地的一些特殊情况，如当地的社会治安、当地的风俗习惯、安全事项等，这是旅行社的提示告知义务。至于道路修缮是否需要提示，有不同的理解。我们的基本观点是，旅行社不提示并没有原则问题。

第二，旅行社的救助义务必须具备可能性。当旅游者人身财产损害发生时，只要旅行社得到信息，不论是白天还是黑夜，旅行社都有救助义务。救助义务主要体现在旅行社第一时间赶往旅游者的损害现场，采取措施，送医院治疗，报案求助等。总之，旅行社需要做的是辅助性的工作，主要目的是防止旅游者损害的进一步扩大。

第三，即使是旅行社没有履行提示和救助义务，旅行社也不需要承担全部责任。因为是其他行为人或者旅游者自己的疏忽，导致损害事件的发生，导致旅游者人身财产损害。侵权人不是旅行社及履行辅助人，旅行社对于旅游者人身财产损害的发生不具有过错。如果旅游者要求直接追究侵权人的责任，旅行社应当履行协助义务。如果旅游者的人身财产损害的发生，和旅行社的提示和救助存在因果关系，旅行社也仅仅就没有提示和救助部分承担责任，也就是所谓的相应的责任，而不是全部责任。

（四）旅游者人身损害与地陪无证之间的因果关系

假如说旅游者投诉情况属实，地陪是无证导游，说明组团社在履行辅助人的选择上有瑕疵，组团社的工作存在缺陷。从一般规定看，无证导游就意味着导游服务尚未达到服务标准，可能会给旅游者造成一些损失，诸如讲解不到位、业务不熟悉等，组团社应当就此承担赔偿责任。但具体到上述案例，由于对道路修缮的提示与否，和旅游者的人身损害没有必然的关联性，以导游地陪无证为由，要求旅行社为旅游者人身财产损害承担责任，缺乏法律支撑。

总之，上述案例中，旅游者摔伤可以向保险公司索要意外保险的赔偿，超出部分应当由旅游者自己承担，而不是要追究旅行社的赔偿责任。

127 履行辅助人赔偿后组团社是否还需要担责

一、案例简介

　　旅游者参加旅行社组织的旅游团，在景点游览过程中，由于景点台阶松动，导致旅游者跌倒受伤，景点送旅游者去医院治疗，并支付了全额的医疗费用，旅游者当时感觉没有什么严重的后果，接受了景点的 500 元补偿，然后和景点签订了不再追究责任的协议。返程后到医院进一步检查，发现伤情较为严重，还需要动手术治疗。旅游者要求组团社承担医疗费用，组团社予以明确拒绝，理由是旅游者已经和景点达成不再追究责任的协议，旅游者不能接受。

二、法律规定

　　1.《合同法》第一百一十三条规定，当事人一方不履行合同义务或者履行合同义务不符合约定，给对方造成损失的，损失赔偿额应当相当于因违约所造成的损失，包括合同履行后可以获得的利益，但不得超过违反合同一方订立合同时预见到或者应当预见到的因违反合同可能造成的损失。

　　2.《旅游法》第七十一条规定，由于地接社、履行辅助人的原因造成旅游者人身损害、财产损失的，旅游者可以要求地接社、履行辅助人承担赔偿责任，也可以要求组团社承赔偿责任；组团社承责任后可以向地接社、履行辅助人追偿。

三、案例分析

（一）民事赔偿必须遵循补偿性原则，或者说是填平式原则

　　按照我国民法补偿性赔偿原则的要求，任何当事人在民事活动中受到损害，违法者都必须依法承担损害责任，但赔偿责任以受害方实际损害为限，即对于受害方的赔偿，就是受害方实际损失，这就是补偿性原则的基本精神。受害方不能仅仅因为受到了损害，要求获得的损害赔偿高于实际损失，否则就涉嫌不

当得利。

（二）景点安全保障义务履行不周全

景点台阶的松动，没有被事先察觉，并采取相关措施，防止损害的发生，结果导致旅游者跌倒受伤，说明景点的产品安全存在缺陷，没有全面履行安全保障义务。因为保障景点设施设备的安全，是景点的基本义务，也是景点的法定义务。景点没有履行安保义务，就应当为此承担责任。由于旅游者事先并不知道台阶松动的事实，无法避免损害的发生。所以，旅游者跌倒受伤，旅游者自己没有责任，其后果应当由景点全额承担。

（三）旅游者和景点达成的赔偿协议必须得到尊重

旅游者和景点就伤害赔偿达成协议，是在景点和旅游者双方自愿的前提下达成的，和一般的合同有着相似的性质。通常情况下，对于双方当事人具有约束力，双方当事人不得擅自违背或者解除，除非其中一方当事人能够提供强有力的证据证明，该协议存在重大瑕疵。要求解除或者废止和解协议的一方当事人，就和解协议的重大瑕疵承担举证责任。

（四）重大误解签订的协议可以被撤销

合同是当事人真实意思表示的结果，如果合同并非当事人真实意思的表示，该合同即使已经签订，也可能归于无效，重大误解就是导致合同无效或者被撤销的直接原因。出于重大误解情况下签订的和解协议，只要旅游者提出异议，按照《合同法》第五十四条的规定，作为旅游者的当事人一方有权请求人民法院或者仲裁机构变更或者撤销。一旦和解协议被撤销，就等同于该和解协议没有被签订，旅游者自然可以要求就损害索赔。

（五）旅游者可以就延续性的伤害结果提出索赔

由于有和解协议在先，如果旅游者返程后伤情趋好，没有给旅游者造成其他损失，说明景点的赔偿和补偿足以弥补其损失，旅游者提出追加赔偿的要求缺乏依据。如果返程后的进一步检查发现，伤情超乎原来预想，旅游者完全可以就伤情再次提出索赔。

旅游者和景点已经达成的和解协议，可以被认定为是旅游者在对伤情后果重大误解前提下签订的。旅游者原以为伤势并不严重，而实际情况是伤情较为严重，旅游者之所以和景点签订和解协议，是出于对自己伤情的重大误解，医院的诊断证明可以作为旅游者重大误解的证据。只要和解协议被撤销，旅游者当然可以就延续性的伤情损失提出索赔。

（六）旅游者索赔的选择权

按照《旅游法》的规定，面对延续性的伤情损害赔偿，旅游者既可以选择景点作为索赔对象，也可以将组团社作为索赔对象。具体选择谁作为索赔对象，由旅游者根据自己的需求做出选择。所以，上述案例中，旅游者要求组团社承担延续性伤情的要求合法，组团社不得拒绝。组团社在向旅游者做出赔偿后，也可以向景点进行追偿。

128 导游未随团旅游成为旅行社担责的理由

一、案例简介

旅游者庞某参加了某旅行社组织的旅游，庞某从水关长城箭楼北部西边第二个窗洞口掉下，摔至城门楼下，身上多处骨折。其他团队的导游当即拨打了求助电话，庞某被送往医院后，意识尚清醒，他告诉警察自己是不小心往下看掉下去的，当时没有人挤推他，两天后庞某不幸身亡。事发后，庞某家属以导游不在事发现场、旅行社没有履行安全保障义务，最终导致庞某死亡为由，要求旅行社承担赔偿责任。旅行社认为自身具有合法资质，庞某坠亡是因为自己不小心，旅行社和导游对此没有过错。

二、法律规定

1.《民法通则》第十一条规定，十八周岁以上的公民是成年人，具有完全民事行为能力，可以独立进行民事活动，是完全民事行为能力人。

2.《消费者权益保护法》第十八条规定，经营者应当保证其提供的商品或者服务符合保障人身、财产安全的要求。对可能危及人身、财产安全的商品和服务，应当向消费者作出真实的说明和明确的警示，并说明和标明正确使用商品或者接受服务的方法以及防止危害发生的方法。

三、案例分析

（一）作为完全民事行为能力人的旅游者，对于自己的死亡负有不可推卸的责任

旅游者是自己利益的最大保护者和维护者，也应当为自己的行为负责。在旅游行程中，应当履行作为完全民事行为能力人的保护义务，尽最大的努力，避免损害自身权益事件的发生。如果是由于旅游者自己的疏忽或者过于自信，旅游者必须为损害后果承担责任。

在上述案例中，旅游者庞某的死亡令人同情，但造成死亡的原因，很大程度上是他自己为了看景色不小心掉下了长城。也就是说，旅游者自己的过失，是造成旅游者死亡最为直接的原因。所以，在责任追究中，旅游者必须承担主要责任。

（二）导游不在事发现场，旅行社也必须为此承担责任

虽然旅行社辩称，旅行社及其导游人员资质合法，对于旅游者死亡事件的发生没有直接责任。但对照相关法律法规和标准的规定看，在该事件中，旅行社仍然需要承担一定的责任。因为资质合法是开展经营的前提，但不能成为责任承担的挡箭牌。

首先，《导游服务质量》中的景点导游、讲解要求，在景点导游的过程中，地陪应注意旅游者的安全，要自始至终与旅游者在一起活动，并随时清点人数，以防旅游者走失。该标准要求导游在景点服务过程中，自始至终要与旅游者在一起。这不仅仅是景点讲解服务的要求，也是保障旅游者人身财产安全的需求。

在导游服务的实务中，有导游带团抵达景点后，仅仅告诉旅游者在景点的游览和逗留时间，然后任由旅游者在景点自由活动。这样的服务方式并不在少数，但这种服务方式与标准不相符，如果在景点服务期间任由旅游者自由游览，发生了人身伤害事件，旅行社或多或少需要承担责任。当然，如果旅游者在景点不愿意跟随导游的服务节奏，自作主张自由活动，导游也必须告知相关的安全注意事项，并告知紧急联系电话，防止旅游者人身财产安全事故的发生。如果导游履行了上述义务，仍然坚持自由活动的旅游者受到人身伤害，导游第一时间参与救助，旅行社就不应当承担赔偿责任。

其次，按照《消费者权益保护法》赋予旅行社的安全保障义务，不仅要求旅行社的产品和服务安全，要求旅行社履行相关的告知义务，还要求旅行社采取相关措施，防止损害的发生及损害的扩大。由于事发前后导游不在事发现场，不能及时劝阻旅游者放弃危险的观景行为，也不能在第一时间拨打求助电话，直到其他团队的导游发现后才求助，就说明导游服务缺位，对旅游者的死亡也应当承担一定的责任。

当然，旅行社也可以强调，即使导游在现场，有时也很难掌控全团旅游者的行为，特别是一些旅游者的行为固执，并不一定会听从导游的劝阻。旅行社这个观点其实是一个假设性的前提，在实务中，也的确存在旅行社强调的现象，但当要判断旅行社是否需要承担责任时，关键问题不在旅游者的行为是否固执，而是会根据旅行社的服务是否符合法律规定为标准。如果旅行社尽到了安全保障义务，即使旅游者发生人身财产损害，旅行社也不需承担责任，反之，旅行社就要承担责任。

人民法院最终判决，对于旅游者庞某的死亡，旅行社承担30%的责任。

129 旅游合同约定的违约金被降低是否合适

一、案例简介

旅行社和旅游者签订了旅游合同，该旅游合同为旅游部门和工商部门共同制定，推荐给旅行社使用。旅游者签订旅游合同后，由于自身原因无法参加旅游团，在出团当天和旅行社解除了旅游合同。按照合同约定，旅行社扣除旅游者总团款70%的违约金，旅游者不能接受，协商不成诉至法院。当地法院改判旅游者承担30%的违约金，其余款项退还旅游者。旅行社认为既然是合同约定，且合同为有关部门推荐，法院降低违约金的做法不合适。旅行社的疑惑是，如果这样的合同不能保护旅行社的权益，签订旅游合同还有什么意义？

二、法律规定

1.《合同法》第一百一十三条规定，当事人一方不履行合同义务或者履行合同义务不符合约定，给对方造成损失的，损失赔偿额应当相当于因违约所造成的损失，包括合同履行后可以获得的利益，但不得超过违反合同一方订立合同时预见到或者应当预见到的因违反合同可能造成的损失。

2.《合同法》第一百一十四条规定，当事人可以约定一方违约时应当根据违约情况向对方支付一定数额的违约金，也可以约定因违约产生的损失赔偿额的计算方法。约定的违约金低于造成的损失的，当事人可以请求人民法院或者仲裁机构予以增加；约定的违约金过分高于造成的损失的，当事人可以请求人民法院或者仲裁机构予以适当减少。

三、案例分析

（一）旅游合同文本的选择适用

由于法律规定，包价旅游合同必须是书面形式，但对于旅行社和旅游者选择适用何种旅游合同文本，法律并没有强制性规定，根据合同自由的原则，只要双方协商一致且使用书面形式的旅游合同，其行为均符合法律规定。在旅行社服务中，旅行社选择适用的旅游合同文本，主要有三种形式：双方协商文本、单方自制文本和推荐文本。

（二）三种旅游合同文本的特点

1. 旅行社和旅游者协商制作旅游合同文本。旅行社可以根据旅游服务的需要，经过与旅游者的协商一致，制作旅游合同文本，并经双方签字确认，就旅游活动的各项权利义务达成一致。就目前旅游服务的实际看，在包价旅游服务中较少使用，而在代办旅游服务中，由于没有现成的合同文本，而且旅游者的需求不一致，使用通过双方协商达成旅游服务合同文本的概率较高。

2. 旅行社自制旅游合同文本。所谓自制旅游合同文本，就是旅行社未与旅游者协商，单方制定旅游合同文本，提供给旅游者签字，以确认双方的权利义务，也就是通常所谓的格式合同文本。格式合同的自制和使用，本身并不违法，关键要看合同条款内容是否公平、是否扩大了旅行社的权利、是否限制了旅游者的权利、是否加重了旅游者的义务。简而言之，就是把好处分配给旅行社、把坏处分配给旅游者，被称为霸王条款。

3. 旅行社使用推荐的旅游合同文本。目前旅行社较为普遍使用的是，有关旅游部门和工商部门推荐的旅游合同文本。这样的合同既不是旅行社自制的文本，也不是双方协商一致的文本。总体来说，这样的文本由于是有关管理部门直接介入，能够较为平等地维护双方的权益，具有较强的客观性和公平性，被

大多数旅行社和旅游者所接受。

（三）旅游合同内容公平性的判断标准

旅游合同文本的内容是否公平，决定了该旅游合同条款甚至整个旅游合同是否合法。只要被认定为内容缺乏公平性，其结果通常是被宣布无效、被撤销或者被变更，这是法律赋予法院、仲裁机构的权力。一旦合同条款或者整份合同被宣布无效、被撤销或者被变更，对双方的权利义务影响很大，这自然就涉及如何判断旅游合同内容公平性标准的话题。

经由旅行社和旅游者双方协商的旅游合同文本，只要合同内容体现了旅行社和旅游者的真实意思，双方就可以将约定纳入合同中。判断该旅游合同是否公平，取决于旅行社和旅游者双方的自己判断，即使是有一方吃亏了，他人无从干涉，也无须干涉。判断合同文本是否公平，采取主观标准。而后两种旅游合同，由于是旅行社单方制作，旅游者无法选择使用何种合同文本，旅行社有意无意会将不公平的内容纳入其中；或者是合同文本由管理部门制作，旅行社和旅游者均没有参与，旅行社或者旅游者权益保护不周全的情况也客观存在。因此，后两种合同文本内容是否公平，应当采取客观标准来判断。

（四）法院或者仲裁机构有权降低推荐文本约定的违约金

贯穿于民事赔偿的基本原则是补偿性原则，惩罚性原则为例外。所谓补偿性原则，就是违约方给予受害方的赔偿，应当按照受害方的实际损失来确定。基于补偿性原则，旅游者取消行程，旅行社得到的赔偿或者补偿，基本应当以旅行社的实际损失为限，违约金的约定也是大致如此。因此，当旅游者以违约金过高为由，向法院提起诉讼，只要法院认为违约金过高，当然可以降低违约金的标准。反之，如果旅行社认为违约金过低，也可以要求法院或者仲裁机构予以增加。法院的依法判决和是否签订书面旅游合同、使用何种合同文本没有直接关联。

130 旅行社扣除旅游者实际损失的难点分析

一、案例简介

旅游者由于自身原因，诸如身体不适、家中有急事等，无法按照约定时间参加旅行社组织的旅游团，要求退团，并要求旅行社退还旅游团款。在此情况下，旅行社往往会以实际损失已经产生，要求旅游者支付实际损失，旅游者则认为损失尚未发生，或者损失没有旅行社所说的那么多，双方为实际损失是否发生及实际损失的多寡发生纠纷，甚至最后诉至法院。

二、法律规定

1.《民事诉讼法》第六十四条规定，当事人对自己提出的主张，有责任提供证据。

2.《民事诉讼法》第六十五条规定，当事人对自己提出的主张应当及时提供证据。

3.《旅游法》第六十五条规定，旅游行程结束前，旅游者解除合同的，组团社应当在扣除必要的费用后，将余款退还旅游者。

三、案例分析

（一）旅游者要求退团的性质

通常情况下，除了不可抗力等因素外，不论旅游者出于何种原因，不能按照约定出团，如果不能和旅行社取得协商一致，都是单方解除旅游合同的行为，旅游者的行为属于违约行为。按照《合同法》《旅游法》的规定，旅游者可能承担的违约责任，包括违约金的支付和已经产生的实际损失的赔偿等。所以，只要旅游者单方解除旅游合同，旅行社要求旅游者承担相应的违约责任，该主张应当得到包括旅游主管部门在内的行政部门、人民法院的支持。

（二）旅行社必须能够提供令人信服的证据

虽然法律会支持旅行社要求旅游者承担违约责任的主张，但旅行社在要求旅游者承担具体损失时，必须完成以下程序，否则其维权主张难以得到支持：

1. 旅行社的实际损失已经发生。旅游者在旅行社报名后，旅行社会启动相关的服务工作，比如向供应商预订交通、住宿等服务。一些供应商为了确保自己的利益，会要求旅行社支付部分预订费用，甚至是全额费用，尤其是在旅游旺季。这样的操作是旅行社行业的服务特点决定的，在业内也是公认的操作模式。

虽然旅行社的确存在业内公认的操作模式，但这样的操作模式，不是法律的强制规定，旅游者对此并不知晓，也没有知晓该情况的义务，对旅游者就不具备约束力。要有效说服旅游者实际损失已经发生，最为有力的证据是有效的费用清单。只要旅行社能够提供足以说服旅游者的损失证据，旅游者就必须承担。

2. 旅行社损失的发生具有合理性。旅游者要求解除旅游合同，只要旅行社接到旅游者的通知，旅行社正确的做法是，根据诚信原则，立刻与供应商联系，告知有关情况，要求供应商停止作业，尽可能降低旅游者的损失，防止损害的扩大，为旅游者挽回损失。如果旅行社采取放任的态度，任由损失发生，或者有意放任损失持续扩大，这些损失就是旅行社人为扩大的损失。在纠纷的处理中，旅游者只需要承担合理的损失，而不是对于旅行社提出的损失赔偿全单照收。

（三）旅行社举证损失证据存在的难题

目前，旅行社在提供证据清单时，存在较多令人生疑的节点，旅行社举证实际损失存在的方式，不仅不能说服旅游者，更无法说服调解人员和法官：

1. 旅行社能够出示给旅游者的，大多是供应商出具的证明，表示已经收到预订费用，且不予退还。由于供应商和旅行社是利益相关者，如果没有其他旁证证明，该证明证据的真实性就值得怀疑，就无法证明该损失的实际存在。旅游者完全有理由相信，这样的证明是旅行社和供应商之间的某种默契，两者合伙来剥夺旅游者的权利。

2. 旅行社出示已经汇给供应商费用的汇款凭证。汇款凭证的确能够证明旅行社有过汇款行为，但无法证明该旅游者的团款是否被包括在内，因为汇款凭证仅仅是汇款凭证，既无法说明汇款的具体组成部分，也不能说明是哪些旅游者的费用被汇给供应商。因此，在款项支付诸多内容尚不确定的情况下，要求该旅游者为此承担费用，有悖常理。还有一些旅行社仅仅列出一个支付清单，但没有任何凭证支撑，要求旅游者承担费用，旅游者更是难以接受。

3. 境外供应商提供的凭证需要公证等程序的支持。根据《最高人民法院关于民事诉讼证据的若干规定》第十一条规定，当事人向人民法院提供的证据系在中华人民共和国领域外形成的，该证据应当经所在国公证机关予以证明，并经中华人民共和国驻该国使领馆予以认证，或者履行中华人民共和国与该所在国订立的有关条约中规定的证明手续。当事人向人民法院提供的证据是在中国香港、澳门、台湾地区形成的，应当履行相关的证明手续。

根据上述规定，一般情况下，对于境外供应商提供的旅游者实际损失已经发生的证据，旅行社应当履行相当复杂的公证和证明手续，否则这些证据的真实性、可靠性和有效性就值得怀疑。而对于标的只有几百元或者是几千元的损失，需要经过烦琐的公证和证明，不仅时间漫长，而且费用不菲，旅行社要完成这样的程序，单纯从经济效益上说，是得不偿失。

（四）旅行社可以要求旅游者承担违约金责任

假如旅行社和旅游者事先约定了违约金，不论约定是书面的还是口头的，只要旅行社能够证明违约金约定的存在，不管旅游者单方解除旅游合同的违约行为是否给旅行社造成损失，旅行社都可以按照约定向旅游者收取违约金。如果旅游者认为违约金过高，或者旅行社认为违约金过低，都可以通过仲裁或者诉讼解决。

总之，旅游者单方解除旅游合同，旅行社要求旅游者承担已经发生的实际损失，应当得到法律的支持，但在具体的操作过程中，旅行社必须克服举证的重重难关，否则要求旅游者承担损失的愿望就难以实现。这已经被当下的许多司法案例所佐证，应到引起旅行社的高度关注，提高证据意识：如何保存证据、如何取得有效的证据。

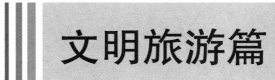

文明旅游篇

131 旅游者是文明旅游的践行者

一、案例简介

某地旅游者到浙江北部地区旅游，该地区山清水秀，茂林修竹，盛产竹笋。旅游者到达旅游目的地后被美景所吸引。在游览过程中，旅游者看到竹林中有诱人的竹笋，四顾无人，旅游者闯入竹园拔笋，被当地村民发现。村民要求旅游者赔偿 1000 元，旅游者认为被村民敲诈，双方为是否需要赔偿和赔偿额度的多少发生争执。旅游者把纠纷经过发到网络上，引起许多网民的围观，给当地政府施加了很大的压力。

二、法律规定

1. 《旅游法》第十三条规定，旅游者在旅游活动中应当遵守社会公共秩序和社会公德，尊重当地的风俗习惯、文化传统和宗教信仰，爱护旅游资源，保护生态环境，遵守旅游文明行为规范。

2. 《旅游法》第十四条规定，旅游者在旅游活动中或者在解决纠纷时，不得损害当地居民的合法权益，不得干扰他人的旅游活动，不得损害旅游经营者和旅游从业人员的合法权益。

3. 《消费者权益保护法》第十三条规定，消费者应当努力掌握所需商品或者服务的知识和使用技能，正确使用商品，提高自我保护意识。

三、案例分析

文明旅游是一个系统工程，需要政府及相关部门、旅游企业和旅游者的共同参与和努力，缺一不可。从旅游者层面看，至少应当解决以下几个问题：

（一）旅游者需要调整团队旅游理念

旅游者参加团队旅游，交纳旅游团款是旅游者最为基本的义务，除此之外，旅游者还有很多配合的义务，诸如按照导游领队的要求前往景区游览等，旅游者普遍存在错误的概念，就是只要交了旅游团款，旅游者就可以按照自己主观愿望为所欲为，旅游者怎么做都有理，都不过分，这是对旅游者权利含义的误解。事实上，旅游者参加团队旅游，需要受到许多因素的制约，调整好观念，为旅游活动做好准备。

（二）旅游者必须不断学习相关知识

对旅游者而言，旅游目的地的民俗风情是陌生的，旅游目的地的法律法规是陌生的，旅游行业的相关知识是陌生的，尽管现在旅游者可以通过互联网了解旅游目的地的情况，但毕竟旅游目的地是个陌生的地方。因此，为了旅游活动能够顺利开展，旅游者必须加强学习，通过网络的学习，通过旅行社和导游领队的告知内容来学习。如果旅游者不强化旅游目的地有关知识的学习，就可能给旅游者带来意想不到的伤害。

（三）旅游者言行要符合旅游目的地的规范

旅游者的很多言行，在居住地习以为常，见惯不怪，也许不涉及是否文明的话题，但到了旅游目的地，由于文化背景的不同，有些行为在旅游目的地居民看来是无法容忍的，如在公共场所大声讲话，有些国家就认为是不文明。这种现象说明，有很多时候不存在对与错，而是是否与当地习惯相吻合的问题。因此，旅游者要牢记一条，到什么山上唱什么歌，是文明旅游必须遵守的最基本的原则。

（四）旅游者要积极配合旅游行程

旅游活动一定是旅游者和旅游企业密切配合下完成的，旅游者的配合是完成旅游活动的基础，旅行社对于旅游者提出的要求，诸如几点出团、几点吃饭等，是旅行社应尽的服务管理，而不是行政管理；旅游者应当按照旅行社的通知，积极配合，保持旅游团队行为的整齐划一，否则旅游行程就无法顺利开展。当然，配合旅游行程，不等于要求旅游者接受强迫消费，这是两个不同的概念。

（五）旅游者不人为扩大损失

不人为扩大损失，主要是指旅游者维权要理性，不能由着自己的性子来。旅游者认为旅游企业损害其权益，提出任何赔偿都可以理解，但能否实现赔偿要求，则要按照法律法规的规定来判断。旅游者不能因为赔偿要求不能达成，就采取拒绝返程等手段，迫使旅游企业屈服，人为扩大损失。或者是由于旅行社疏忽，导致漏游了旅游景点，旅游者就要求按照欺诈标准赔偿，或者要求精神损害赔偿，这些行为是旅游者经常采取的维权手段，也是旅游者不文明旅游的特征。

总之，旅游者不仅可以成为文明旅游的践行者，而且也应当成为文明旅游的践行者。

132 旅行社是文明旅游的推动者

一、案例简介

旅游者罗女士第一次参加出境旅游，对旅游目的地的基本情况不了解，出团前也没有时间参加行前会，在旅游行程中出了数次洋相，被同团旅游者和领队嘲笑，使得她尴尬异常：第一次，早餐吃完自助餐，她怕旅途肚子饿，随手拿了两个鸡蛋，走出餐厅时被服务生拦下；第二次，在饭店大堂大声说话，结果引来许多旅游者的侧目。这些经历破坏了她的旅游心情，本是想放松心境，却徒增烦恼。在途中已经向领队抱怨过，领队不仅不安慰她，反而认为她缺乏常识，自取其辱。罗女士的遭遇确实是由于自己不懂，难道领队就没有一点责任吗？

二、法律规定

1.《旅游法》第四十一条规定，导游和领队从事业务活动，应当佩戴导游证、领队证，遵守职业道德，尊重旅游者的风俗习惯和宗教信仰，应当向旅游者告知和解释旅游文明行为规范，引导旅游者健康、文明旅游，劝阻旅游者违反社会公德的行为。

2.《旅游法》第六十二条规定，订立包价旅游合同时，旅行社应当向旅游者告知下列事项：旅游活动中的安全注意事项；旅游者应当注意的旅游目的地相关法律、法规和风俗习惯、宗教禁忌，依照中国法律不宜参加的活动等。在包价旅游合同履行中，遇有前款规定事项的，旅行社也应当告知旅游者。

三、案例分析

从旅游企业，特别是从旅行社层面看，对于文明旅游有许多工作要做，主要体现在引导旅游者、以身作则和劝阻旅游者等方面。

（一）旅行社引导旅游者文明旅游

首先是旅行社在门市收客阶段，门市工作人员要向旅游者介绍旅游行程、旅游目的地法律、风俗、文化，让旅游者在报名参团时对旅游目的地有初步的印象。其次是在团队出团前，尤其是出境旅游团，旅行社应当召开行前会，详细告知旅游行程中注意事项，引起旅游者的注意。最后，也是最为重要的一点，就是旅游行程中，导游领队要随着团队的进程，随时随地地积极引导旅游者文明旅游。导游领队在引导过程中，要树立以下几个基本观念和原则：

第一，文明是相对的，没有所谓绝对的文明。我国旅游者有些行为在居住地习以为常，是习惯，换一个地方就属于所谓的不文明。在这种情况下，要尊重旅游者的习惯，但要提醒他，这种习惯没有对与错的问题，但在旅游目的地继续这样的行为就不合适，难以让旅游目的地居民接受。所以，旅游者在旅游期间需要调整和改变自己的行为举止，否则就容易被旅游目的地居民认为不文明。

第二，不要以生活常识为由，拒绝引导旅游者文明旅游。导游领队，特别是具有丰富带团经验的导游领队，不能从自己的角度出发，而是要站在初次参团的旅游者角度出发，考虑如何引导旅游者。显然，如果能够以这个角度切入，去引导旅游者的文明旅游，一定能够受到旅游者的欢迎，也可以减少类似案例中出现的问题。

第三，导游领队的表达很重要。导游领队不要以西方文明的标准，或者以城里文明的标准，对旅游者的行为指手画脚、说三道四，不要轻易批评旅游者不文明，而是以诚恳的态度、友好的方式、委婉的语态提醒旅游者，在旅游目的地的言行举止应当和旅游目的地的习俗一致，否则会被认为行为不文明。

（二）导游领队要以身作则

在为旅游者做引导服务工作的同时，导游领队最为重要的且必须做到的是，以身作则，身体力行，导游领队自己的行为要文明，以自己的文明行为引导和影响旅游者的行为。导游领队切忌一方面要求旅游团旅游者文明旅游，另一方面自己的言语、行为、服务都不文明。如要求旅游者遵守旅游目的地的习惯，自己却在公共场所抽烟、随地吐痰。这样的导游领队是一个不合格的服务人员，给旅游者一个反面的示范。

（三）导游领队劝阻旅游者不文明行为

面对不文明旅游的旅游者，除了事先的引导之外，在第一时间劝阻旅游者，这是导游领队应尽的义务，也是导游领队唯一有效的办法。当然，导游领队劝阻旅游者时一定要注意方式，一定要让旅游者能够心平气和地接受，而不是教训、指责、训斥或者嘲笑旅游者。如果采取这样的方式方法，即使导游领队的出发点没有错，但效果一定是适得其反，引起旅游者对导游领队的反感，给顺利带团增加变数。

总之，罗女士在旅游行程中的遭遇，和罗女士没有参加行前会，没有在出团前学些旅游目的地相关知识有关，也和领队没有及时引导和告知，存在一定的关系，和其他旅游者一起嘲笑罗女士，更是不应该。

133 中国旅游者向泰国空姐泼水事件分析

一、案例简介

据有关博主和媒体报道，2014 年 12 月 11 日有中国旅游者在乘坐泰国飞南京的廉价航空公司航班时，前排的男乘客向空姐提出要开水，空姐解释以飞机刚起飞不便提供为由拒绝，男乘客就将果壳、食物等倒在过道上，然后乱踩，周围乘客纷纷劝阻。一名空姐送来开水，男乘客支付费用后，坚持要求找人民币并索要发票，并要求机长道歉。空姐离开后，同行的女乘客突然将开水泼在空姐身上，乘务长要求女乘客道歉，表示如果不道歉，飞机可能返航，女乘客拒绝道歉。突然女乘客用手敲击窗户，想要跳飞机，最后飞机返航。

事件发生后，一时间舆论哗然，国家旅游局也积极干预，也引起业内的种种议论和评价。笔者以上述报道为据，做简要分析。

二、法律规定

1.《旅游法》第十三条规定，旅游者在旅游活动中应当遵守社会公共秩序和社会公德，尊重当地的风俗习惯、文化传统和宗教信仰，爱护旅游资源，保护生态环境，遵守旅游文明行为规范。

2.《旅游法》第四十一条规定，导游和领队从事业务活动，应当佩戴导游证、领队证，遵守职业道德，尊重旅游者的风俗习惯和宗教信仰，应当向旅游者告知和解释旅游文明行为规范，引导旅游者健康、文明旅游，劝阻旅游者违反社会公德的行为。

三、案例分析

（一）廉价航空公司服务收费属于惯例

廉价航空公司提供的机上服务都要向乘客收费，是廉价航空服务的惯例。因此，该泰国航空公司向乘客收取开水的费用是合理的。这里面就涉及三个问题：第一，男乘客要求找零的是人民币是否合理？回答是肯定的。既然空姐愿意收取人民币，理应找零为人民币，除非和乘客协商同意。第二，男乘客索要发票是否合理？回答也是肯定的。因为服务费用的支付和服务凭证的提供是对等行为。第三，旅行社是否向团队旅游者告知廉价航空公司的服务特点。如果事先没有告知，旅行社的服务有瑕疵。

（二）乘客向空姐泼水行为属于侵权行为

乘客向空姐泼水行为不当，不能简单地理解为不文明行为，而是属于侵权行为，如果造成严重后果，不仅要承担民事赔偿责任，还可能被追究刑事责任。不论空姐服务是否存在过错和瑕疵，向空姐泼水一定是错误，应当被空姐本人或者检察机关追究，和他人无关。

（三）航空公司的返航行为决定权在机长

机长要为全体乘客人身财产安全负责，如果机长认为乘客的行为危及飞行安全，当然可以决定是否返航和紧急迫降。当女乘客的行为被机长认定为危及其他乘客的安全，返航也就理所当然。理论上说，航空公司还可以向乘客追究返航损失。不过从媒体上看，该航空公司暂时放弃对乘客的追究，这对几位乘客来说是好消息。

（四）这些乘客的行为不能简单认为属于不文明旅游行为

所谓文明旅游，很大程度上属于旅游者的个人行为不文明，对于社会和他人不产生较大的危害和损害，比如我们经常说的大声喧哗、随地吐痰等，属于不文明行为范畴。但从媒体报道的情况看，这几位乘客的行为，和文明旅游无关。因为他们的行为属于侵权行为，甚至是涉嫌触犯了危害公共安全罪。不文明行为和涉嫌违法犯罪存在明显的界限。

（五）旅行社如何告知旅游者文明旅游

按照《旅游法》第十三条和第四十一条的规定，旅游者有文明旅游的义务，旅行社及其从业人员有引导旅游者文明旅游的义务。旅游者文明旅游的义务，虽然有明确的规定，但很大程度上必须靠旅游者自觉履行，如果旅游者不愿意文明旅游，对旅游者的约束往往停留在概念上，因为缺乏强制执行的部门和依据，旅行社作为企业更是无可奈何。

旅行社的引导文明旅游，涉及以下几个问题：

第一，引导的范围和内容。旅行社引导旅游者文明旅游的范围和内容，主要局限于旅游目的地和客源地不同的宗教文化、风俗习惯和法律规定，引导的重点在差异性和对旅游者可能的危害性。对于人所共知的、常识性的行为，无须再作解释和引导，因为旅游者是完全民事行为能力人，应当为自己的行为负责。上述案例中向空姐泼水行为，是一个正常思维下所不允许的行为。如果这样的行为都需要旅行社的引导和告知，过于加重了旅行社义务。

第二，引导的时段和期限。从旅游者上门或者来电咨询开始，到旅游行程结束，旅行社及其从业人员都有引导和告知的义务。在整个过程中，旅行社应当将旅游行程中所有和旅游者居住地不同之处告知旅游者，小到靠左边行走还是靠右边走，大到宗教与法律，事无巨细，不厌其烦。

第三，引导的阶段和原则。引导重点包括两个阶段，第一个阶段，出团前的行前会。出境旅游必须召开行前会，向旅游者灌输出境旅游的注意事项，文明旅游当然是主要的组成部分；第二个阶段是领队（导游）在团队行程中的口头告知和引导。领队（导游）的提醒和引导，是旅行社引导文明旅游的重要举措。

第四，旅行社要注重书面证据的收集和保存。文明旅游的告知内容，应当以书面形式告知为好，将文明旅游告知纳入书面旅游合同中，向旅游者作出说明和解释，由旅游者签字确认为好，对于旅行社权益的保护有益无害。

（六）旅行社如何劝阻旅游者不文明行为

旅行社及其从业人员除了引导和告知文明旅游外，劝阻旅游者的不文明行为也是旅行社及其从业人员的法定义务。但这个劝阻义务必须限定在合理范围之内，旅行社是有限公司，旅行社承担的责任也是有限的，不能不问青红皂白，不问是非曲直，把所有责任归咎于旅行社的没有劝阻。上述案例中，如果领队在场，或者已经发现旅游者和空姐发生了纠纷，领队不劝阻当然失职，但假如领队没有发现或者无法发现，而要求领队对旅游者的行为进行劝阻，履行法定义务，则属过于严苛，况且旅游者的行为已经超出了文明旅游的范畴。

134 旅游者在台湾旅游车上晾晒内衣现象分析

一、案例简介

2015 年 8 月初有媒体报道，台湾旅游车驾驶员在网上贴出数张照片，图片显示大陆旅游者在旅游大巴上晾晒衣物，衣服裤子挂在车窗旁，内裤挂在后把手上，甚至连内衣、比基尼也挂在座位前的挡板。有的甚至还自备晒衣绳，把整个游览车当成自己的晒衣场，一串内裤就这样晾晒在走道上。图片发布后，旅游者的行为被网名普遍吐槽，文明旅游的话题再一次被热议。

二、法规规定

1.《旅游法》第十三条规定，旅游者在旅游活动中应当遵守社会公共秩序和社会公德，尊重当地的风俗习惯、文化传统和宗教信仰，爱护旅游资源，保护生态环境，遵守旅游文明行为规范。

2.《旅游法》第四十一条规定，导游和领队从事业务活动，应当向旅游者告知和解释旅游文明行为规范，引导旅游者健康、文明旅游，劝阻旅游者违反社会公德的行为。

3.《消费者权益保护法》第十三条规定，消费者享有获得有关消费和消费者权益保护方面的知识的权利。消费者应当努力掌握所需商品或者服务的知识和使用技能，正确使用商品，提高自我保护意识。

三、案例分析

（一） 文明旅游是旅游者必须遵循的法定义务

在《旅游法》出台前，国家有关部门制订了文明旅游行为规范，但这些规范不具备强制性，更多的是起到引导的作用。《旅游法》颁布后，文明旅游是法律赋予旅游者的法定义务，不过比较遗憾的是，虽然《旅游法》已经做出了强制性规定，但尚未制定相应的罚则。对于旅游者不文明且造成较为严重后果的行为，在《文物保护法》《治安管理处罚法》等法律中有一些罚则，执法主体也不是旅游主管部门。

（二） 提升文明旅游素质也是旅游者的法定义务

在消费活动中，《消费者权益保护法》是所有消费者和经营者必须遵守的法律。旅游者作为旅游消费者，当然也必须按照此规定，规范自己的消费行为。按照《消费者权益保护法》的规定，作为消费者，有不断学习文明旅游规范的义务。在参加旅游团队前，应当主动了解旅游目的地的风俗习惯，并在旅游行程中能够做到入乡随俗，不影响目的地居民的生活和工作。和《旅游法》一样，《消费者权益保护法》为旅游者设定了不断学习的义务，但也没有设定处罚。

（三） 旅游者也有接受旅行社告知和劝阻的义务

虽然旅游者可以通过自己学习，增加对旅游目的地的了解，但团队旅游者对旅游目的地情况的了解，主要还是来自旅行社和导游领队的告知。旅游者有义务接受旅行社和导游领队的告知，尤其是当旅游者的行为举止不符合当地风俗习惯时，导游领队必须及时进行劝阻，防止事态的进一步扩大，旅游者也应当予以积极回应和配合。

（四） 告知、引导和劝阻是旅行社的法定义务

即使旅游者通过自学，掌握了旅游目的地的风俗习惯，这是旅游者的个人修为，但并不能因此减轻旅行社的告知、引导和劝阻义务。第一，告知、引导和劝阻是旅行社的法定义务，也是旅行社履行安全保障义务的重要一环。第二，旅游者把自己的生活习惯带到旅游目的地，在旅游者看来是再平常不过的事了。因此，旅游者的行为举止不符合目的地的风俗习惯，站在旅游者的角度也可以理解。第三，对于绝大多数普通旅游者而言，外出旅游，尤其是出境旅游，要在短时间内全面了解旅游目的地的风俗习惯，改变几十年的生活习惯，的确有

些为难多数旅游者，正所谓江山易改本性难移，上述旅游者在旅游车上晾晒内衣，肯定没有觉得自己的行为失当，他们早就把旅游车当作了私人场所。正因为如此，旅行社的告知、引导和劝阻显得十分重要。

（五）上述旅游者不文明行为的发生领队有较大责任

虽然不文明行为是旅游者的个人所为，理应由旅游者自己承担后果，网络上对这些旅游者不文明行为的批评和嘲笑，已经很说明问题。但关键的问题是，旅游者在晾晒衣物甚至内衣时，领队究竟做了些什么。按理说，旅游者有这些不文明的行为前，领队应当将文明旅游有关事项告知旅游者，引导旅游者文明旅游；当旅游者晾晒衣物时，领队一定要劝阻和阻止旅游者的行为，及时消除影响。案例中甚至出现在旅游车上拉晾衣绳的状况，说明领队在旅游者不文明旅游时，基本采取了默许和放任态度，领队不作为，没有履行告知、引导和劝阻义务，对于上述旅游者不文明旅游行为的发生，领队负有不可推卸的责任。

（六）旅行社承担文明旅游引导义务要有限度

虽然法律明确了旅行社和导游领队有告知、引导和劝阻义务，但旅行社是服务企业，对旅游者只有提供服务的义务，但没有强制权和执法权。旅游者作为完全民事行为能力人，举止是否文明，归根结底是旅游者自己的事，不能把旅游者不文明行为的责任都推给旅行社。

判断旅行社和导游领队是否就旅游者不文明行为需要承担责任时，需要把握的节点是：第一，旅行社提供的服务本身符合法律和道德规范，导游领队本人的举止应当文明。第二，旅行社是否履行了具体明了、符合旅游者需求的告知义务。第三，当旅游者行为举止不文明时，旅行社的制止和劝阻是否具有可能性。如果事发突然，或者在导游领队可控范围之外，旅行社并不需要承担责任。

135 旅游者在客房吸烟被罚责任承担分析

一、案例简介

旅游者投诉旅行社未提醒其酒店客房不可抽烟，他在巴厘岛酒店客房抽烟后被酒店罚款 968 美元，旅游者要求旅行社承担罚款。旅行社认为旅游者入住酒店时，中文管家请旅游者签订了一份入住申请函，并口头告知旅游者客房不能抽烟。旅游者怀着侥幸的心理，被服务生发现在酒店客房抽烟，退房时被酒店罚款，应当由旅游者自己承担，和旅行社无关。

二、法律规定

1. 《民法通则》第十一条规定，十八周岁以上的公民是成年人，具有完全民事行为能力，可以独立进行民事活动，是完全民事行为能力人。

2. 《旅游法》第十三条规定，旅游者在旅游活动中应当遵守社会公共秩序和社会公德，尊重当地的风俗习惯、文化传统和宗教信仰，爱护旅游资源，保护生态环境，遵守旅游文明行为规范。

3. 《旅游法》第四十一条规定，导游和领队从事业务活动，应当佩戴导游证、领队证，遵守职业道德，尊重旅游者的风俗习惯和宗教信仰，应当向旅游者告知和解释旅游文明行为规范，引导旅游者健康、文明旅游，劝阻旅游者违反社会公德的行为。

4. 《消费者权益保护法》第十三条规定，消费者享有获得有关消费和消费者权益保护方面的知识的权利。消费者应当努力掌握所需商品或者服务的知识和使用技能，正确使用商品，提高自我保护意识。

三、案例分析

在上述法律规定中，明确回答了有关文明旅游的几个问题，确定了文明旅游中各方当事人的义务。没有履行义务的当事人必须为此承担责任：

（一）旅游者的义务

在各类有关文明旅游纠纷中，对于旅游者的义务关注较少，甚至是视而不见，就直接导致将旅游过程中，旅游者发生不文明行为全部归咎于旅行社。事实上，在相关的法律规定中并非如此。

首先，按照《民法通则》的规定，旅游者作为完全民事行为能力人，必须为自己的行为负责，即使旅游者本人是未成年人，或者智力有障碍，责任承担者是她的监护人。至于年老体弱、不识字、没有文化、不知道、没注意、疲劳、醉酒等，都不能成为逃避责任承担的借口。

其次，按照《消费者权益保护法》的规定，消费者应当努力掌握所需商品或者服务的知识和使用技能，正确使用商品，提高自我保护意识。具体到旅游服务中，旅游者有了解掌握旅游目的地情况的义务，就是在旅游服务中，如何更好地接受旅游企业的服务、减少旅游纠纷的义务。其中自然包括对文明细节的熟知，诸如何处可以抽烟、不可以随地吐痰、禁止大声喧哗等。

（二）旅游经营者的义务

旅游经营者包括旅行社、导游领队、地接社和履行辅助人，所有这些单位和人员履行的义务，都属于旅行社履行的义务。在文明旅游服务中，旅游经营者最为重要的义务之一，就是事先的告知，就是在旅游行程前和行程中，将文明旅游的注意事项明确告知旅游者，希望旅游者举止言行符合文明规范。告知包括书面形式和口头形式，以书面形式为好，因为便于举证。

（三）责任承担的方式

首先，如果旅行社能够证明已经履行了告知义务，如酒店中文管家的确已经口头告知旅游者，客房内禁止抽烟，或者在入住申请表也有中文明确告知，应当认为旅行社已经履行了告知义务，旅行社就不应当为旅游者承担损失，旅游者要为自己的行为承担责任。关键的问题是，旅行社是否能够举证酒店已经履行了告知义务。

其次，如果旅行社不能够证明已经履行了告知义务，或者的确没有履行告知义务，在此情况下，旅行社当然应当承担责任，但旅游者所必须承担的责任仍然不能被免除。理由就是虽然旅游者是消费者，但也是完全民事行为能力人，必须努力学习旅游目的地的知识，不能把责任都推给旅行社。

再次，如果进一步仔细推敲，如果旅游者是第一次参加出境旅游，对旅游很陌生，旅行社又没有履行告知义务，旅行社必须承担主要责任；如果旅游者是经常参加出境旅游，可以推定旅游者对境外的规范更为熟悉，即使旅行社没有告知，旅游者个人必须承担主要责任，因为旅游者的行为是明知故犯，和旅行社是否履行告知义务没有关联性。

另外，在出境旅游中，有关旅行社文明旅游的告知内容尚没有明确的规定，在为旅游者提供服务时，旅行社需要告知哪些内容才符合规定，或者说可以免责。这是旅行社面临的难题。我们认为，旅行社可以把境外旅游目的地明确的禁止行为、和旅游者利益密切相关的规范作梳理，然后结合旅游者通常不文明的行为，归纳总结出来，以书面形式告知旅游者，并由导游领队在行程中不断提醒。上述案例中客房抽烟，就是我国许多旅游者的习惯，应当被纳入告知的范畴。没有提醒告知，是旅行社的一大失误。

136 旅游者迟到引起互殴受伤承担责任分析

一、案例简介

旅游者孙小姐参加旅行社组团旅游，同团一对母女总是迟到，使整团旅游者总要等待她们。一天，孙小姐在与其他旅游者劝说这对母女过程中，双方激烈争吵后，孙小姐先动手，继而互殴。孙小姐被诊断出"右肱骨头关节盂内下脱位"。在当地警方调解下，孙小姐与该母女签订了一份调解书，约定本次医疗费由该母女支付。行程结束后，孙小姐去医院进一步检查，被查出"右腕神经损伤"，鉴定结论为相当于道路交通事故十级伤残。孙小姐将那对母女和旅行社一起告上法庭。

二、法律规定

1.《侵权责任法》第二十六条规定，被侵权人对损害的发生也有过错的，可以减轻侵权人的责任。

2.《侵权责任法》第三十七条规定，宾馆、商场、银行、车站、娱乐场所等公共场所的管理人或者群众性活动的组织者，未尽到安全保障义务，造成他人损害的，应当承担侵权责任。因第三人的行为造成他人损害的，由第三人承担侵权责任；管理人或者组织者未尽到安全保障义务的，承担相应的补充责任。

三、案例分析

（一）旅游者迟到与互殴分属不同的法律关系

旅游者迟到和旅游者互殴，隶属不同的法律关系。首先，旅游者迟到违反了附随义务，不仅损害迟到旅游者本人的权利，更重要的是损害了其他守时旅游者的权益，守时旅游者就等同于守约，当然可以要求迟到旅游者承担相应的民事赔偿责任，这是一个纯粹的民事法律关系。其次，旅游者互殴违反了《侵权责任法》《治安管理处罚法》等有关规定，其结果至少是违反民事法律，还有可能违反了行政法律甚至是刑事法律。究竟是何种法律，主要是看旅游者互殴产生结果是否严重，但旅游者互殴的民事法律关系一定是存在的。既然是旅游者的互殴，就说明两者之间各有损害，双方都需要为互殴承担相应的民事赔偿责任。

（二）旅游者迟到与互殴之间是否存在因果关系

团队旅游者必须步调一致，是团队活动的特点所决定的，但在我国旅游团队活动中，几乎所有的团队或多或少地存在旅游者迟到的现象，守时的旅游者总会抱怨，迟到的旅游者满不在乎，这就需要导游领队从中协调，防止事态的扩大。

同时，旅游者迟到与旅游者互殴之间是否存在因果关系，对于处理旅游者向旅行社索赔纠纷至关重要。我们所称的因果关系，就是指两者之间存在的必然关系。判断因果关系，从两点出发：第一，没有旅游者的迟到，就不会出现旅游者之间的互殴，这个逻辑不成立。第二，有了旅游者的迟到，就必然导致导游旅游者之间的互殴，这个逻辑同样不成立。从因果关系要素上看，旅游者的迟到和旅游者的互殴没有必然的因果关系，上述案例中出现的旅游者互殴是个案，不具代表性。

（三）旅游者互殴行为是旅游者之间的侵权行为

旅游者迟到和互殴之间隶属不同的法律关系，两者之间也不存在因果关系，但旅游者之间的互殴，违反了《侵权责任法》《治安管理处罚法》等法律法规的相关规定，应当承担相应的责任。责任承担的依据，是按照责任大小来承担责任。在处理这样的纠纷时，应当注意两个方面的问题：第一，是谁先动手攻击对方，要优先考虑先动手者的责任承担；第二，伤害程度和损害后果。

（四）旅行社是否需要为旅游者互殴承担责任

不能简单地一概而论，旅行社需要为旅游者的互殴承担责任，或者不需要为旅游者的互殴承担责任，要看旅行社在旅游者互殴过程中，是否已经履行了安全保障义务。简言之，旅行社能够证明已经履行了安保义务，就不需要承担责任；如果旅行社无法证明已经履行了安保义务，就应当承担相应的补充责任，而不是全部责任。因为即使旅行社没有履行安保义务，旅行社毕竟不是损害行为的侵权人，侵权人是互殴的旅游者。

这里所谓旅行社是否已经履行了安保义务，必须考虑几个因素：第一，旅行社的导游是否在现场？如果旅行社的导游因为其他工作，暂时不在现场，导游就无从履行安保义务，无法劝阻旅游者之间的互殴。但得知旅游者互殴事态后，应当在第一时间赶往现场，如果需要，就必须提供送医等服务。如果导游没有履行送医等安保义务，旅行社履行安保义务存在一定缺失，就此缺失承担补充责任。第二，导游在现场，就应当及时劝阻旅游者之间的争吵乃至互殴，缓和双方之间的紧张气氛。如果导游对旅游者之间的争吵和互殴不闻不问，任由事态发展，或者旅游者受伤后也不及时送医，旅行社就必须为此承担补充责任。

137 旅游者迟到旅行社是否需要向守时旅游者赔偿

一、案例简介

旅游者行程结束后向旅行社投诉，其中一项内容就是旅游团队中，总有几位旅游者经常迟到，导游在此过程中协调不力，导致旅游车无法按时启程，减少了团队在景点的游览时间，损害了团队中其他旅游者的利益，旅行社应当为此承担赔偿责任。旅行社也是苦不堪言，因为导游协调这几位旅游者多次，旅游者还以导游态度不好为由，向旅行社投诉，导游觉得很委屈，左右不是人。

二、法律规定

1.《合同法》第一百零七条规定，当事人一方不履行合同义务或者履行合同义务不符合约定的，应当承担继续履行、采取补救措施或者赔偿损失等违约责任。

2.《民法通则》第十一条规定，十八周岁以上的公民是成年人，具有完全民事行为能力，可以独立进行民事活动，是完全民事行为能力人。

三、案例分析

（一）不迟到是旅游者的附随义务

所谓附随义务，是指合同履行过程中，为协助实现主给付义务，遵循诚实信用原则，根据合同的性质、目的和交易习惯而履行的通知、协助、保密等义务。旅游者参加旅游团，最大的合同义务就是按照约定向旅行社交纳旅游团款，与此同时，按照导游要求的时间参团出游，虽然不是旅游者的主义务，但的确是旅游者的附随义务。

旅游者履行附随义务，是确保旅游行程顺利开展的基本义务。在旅游合同履行中，导游充当指挥者和协调者，根据合同具体安排旅游行程，时间概念在旅游中十分重要，如果旅游者经常迟到，就是对自己附随义务的违反。

（二）旅游者迟到的性质

就单个旅游者迟到行为而言，谈不上违约或者侵权，因为是否按时出团，是否损害权利，都应当由旅游者自己概括承受，只要旅游者本人无意见，就无伤大雅。因为根据法律规定，权利是可以放弃的，在酒店客房待的时间很长，就意味着游览时间缩短，归根结底损害了旅游者自己的利益。如果仅仅是影响了旅游者本人，相信不会产生什么纠纷。

就整个旅游团队而言，旅游者不按时出团，受到影响的绝不是旅游者本人，而是旅游团队其他旅游者的利益，因为团队活动的集体性，全体旅游者必须有较强的时间观念，按照导游的要求团进团出，整齐划一，否则旅游团队活动会受到影响。迟到旅游者在损害自己利益的同时，客观上还损害了其他守时旅游者的利益。为了确保自身及其他旅游者的利益，旅游者必须配合和协助导游提出的时间要求，按时随团旅游。

从这个意义上说，由于迟到旅游者的行为损害了守时旅游者的利益，守时旅游者可以要求该旅游者赔偿，尽管该损失较难计算。因为迟到旅游者是导游旅游车不准时发车的直接原因。既然迟到旅游者是直接原因，守时旅游者当然可以向他主张权利。如果迟到是旅行社造成的，行程结束后一定会有旅游者的投诉，内容就是旅行社不守时，结论是要求旅行社赔偿。这样的逻辑推演至旅游者身上，也同样合适。在实务中，守时旅游者向旅行社主张权利为多数，因为向旅行社主张权利相对简单和容易。

（三）守时旅游者是否可以要求旅行社赔偿时间损失

回答是肯定的。因为导游要求旅游者几点集合，几点出发，实际上是旅行社和旅游者之间达成的出游协议。既然如此，双方当事人都必须严格遵守，旅行社不遵守约定，承担相应的责任也就不难理解了，尽管导致迟延出游的原因和责任不在旅行社。从理论上说，旅行社承担赔偿责任后，是可以向迟到旅游者追偿的。

（四）旅行社是否可以弃置迟到的旅游者

按照《合同法》的一般理论要求，合同双方当事人都必须遵守规则，不能随意迟到。如果旅游者总是迟到，不按时上车，是旅游者自己对附随义务的违反，导游可以按时带团出游，将该旅游者弃置在酒店或者商场。但关键的问题是，旅行社对旅游者人身财产安全负有保障义务，如果仅仅因为旅游者迟到，旅行社就弃置旅游者，旅游者人生地不熟，因此而造成旅游者人身财产损害，旅游者会以旅行社没有履行安全保障义务为由，要求旅行社承担赔偿责任。所以，弃置旅游者的方式有一定的道理，但并不妥当。

如果久等旅游者不到，经过导游的多次催促仍然无效，在全陪地陪配备齐全的前提下，旅行社可以留下一名导游等候旅游者，另一名导游带团继续行程，这样的处置方式是合适的。旅行社的疑问是，迟到旅游者和导游赶往下一站和团队会合的交通费用应当由谁支付？按照法律规定，由于旅游者的迟到过久，旅游团队不得不出发，额外产生的交通费用应由旅游者承担。

当然，在旅行社服务的实践中，一般情况下旅行社不敢也不愿弃置迟到的旅游者，因为只要有旅游者被弃置，该旅游者十有八九会投诉旅行社，而且其主张一般还能得到有关主管部门的支持。所以，如果旅行社真的迫不得已有弃置迟到旅游者的行为，一定会小心翼翼处理，有额外的交通费用发生，可能会出于各种因素的考虑，有时也不会向旅游者收取，而是旅行社自己内部消化，尽管旅行社可以按照有关法律规定，要求旅游者自己承担这些费用。

138 旅游者迟到法律责任承担分析

一、案例简介

旅游者参加旅行社组织的外省旅游线路，旅行社在出团前明确告知了出团时间，旅游者从外地乘坐火车赶往集合地，由于火车晚点，比预计时间晚到一个小时，旅行社多次联系未果，等候半个小时后只能带团乘坐旅游大巴前往旅游目的地，旅游者选择自己乘坐长途车和旅游团队会合。事后，旅游者要求旅行社承担长途汽车的交通费用 350 元，旅行社拒绝承担。

二、法律规定

1.《民法通则》第十一条规定，十八周岁以上的公民是成年人，具有完全民事行为能力，可以独立进行民事活动，是完全民事行为能力人。

2.《消费者权益保护法》第十八条规定，经营者应当保证其提供的商品或者服务符合保障人身、财产安全的要求。对可能危及人身、财产安全的商品和服务，应当向消费者作出真实的说明和明确的警示，并说明和标明正确使用商品或者接受服务的方法以及防止危害发生的方法。

三、案例分析

（一）旅游者迟到类型划分

旅游者在旅游行程中的迟到现象，是旅行社和守时旅游者不容回避的现实，也是旅游者旅游消费不理性的表现之一。同样，旅游者的迟到也给带团的导游带来很多的困扰。在实务中，旅游者的迟到大致可以分为三类，这些迟到不一定会产生严重后果，但有时会产生经济损失和投诉的后果。

第一类是出团前的迟到。这个类型的迟到，主要表现为旅游者不能按照旅行社要求，到达事先指定集合地点，造成的后果有三：一是影响了其他旅游者的行程，导致其他旅游者行程延后，尤其是旅游大巴团队。二是影响旅游者自己的权益，如旅行社安排的是飞机、高铁等公共交通工具，旅游者的迟到可能导致行程的取消，或者增加旅游者公共交通费用支出。三是增加了导游的工作难度。

第二类是行程中的迟到，行程中的迟到是屡见不鲜，体现在旅游者不按时前往景点，旅游者在景点、商场逗留时间长，不能按时上车等。此类迟到相对于第一类和第三类的迟到，对旅游团队的影响相对较小。

第三类是返程前的迟到。旅游返程前的迟到，危害与第一类情形相类似。

（二）旅行社在实务中的应对

旅行社为了防止旅游者迟到，经常会采取两个措施，规避旅行社的责任：一是采取告知措施。在出团须知中告知旅游者：必须按时抵达集合地点，在行程中配合导游工作，按时上车，旅游者不按时抵达集合地点，超时不候，后果自负，并请旅游者签证确认。二是一旦旅游者迟到过久，且无法联系，导游请其他旅游者集体签名，表示是其他旅游者提出不等候迟到旅游者，是出于保障团队绝大多数旅游者的利益，且经全体旅游者做出的决定，旅行社是不得已而为之。旅行社如此操作，是否就能够化解由于没有等候迟到旅游者带来的经营风险呢？这就涉及与旅游者迟到现象直接相关的法律分析。

1. 旅游者迟到的法律性质。旅游者向旅行社交纳了旅游团款，就意味着旅游者履行了主要的合同义务。旅游者履行了主要合同义务，并不能说明旅游者只剩下接受服务的权利。为了实现旅游权利，旅游者还必须履行相关的附随义务，才能确保旅游权利的顺利实现。旅游者必须按照约定履行的附随义务，包括协助、保密等义务，目的就是实现权利。旅游者的迟到，就是违反了合同附随义务，对旅游合同的顺利履行造成了不良的影响。

2. 旅行社是否必须等候迟到的旅游者，从《合同法》的角度说，旅行社不等候迟到的旅游者，是遵守合同约定的表现，并不违反法律的规定。因为旅游者是完全民事行为能力人，应当为自己的行为负责。既然旅游者和导游有了关于时间的约定，对于旅游者和旅行社具有同等的约束力，从某种意义上说，双方的约定等同于法律。因此，旅行社完全可以按照双方的约定，不必等候迟到的旅游者，而是按照约定的时间准点发车。与此同时，《侵权责任法》和《消费者权益保护法》等法律规定，旅行社有确保旅游者人身财产安全的义务，这是法律赋予旅行社的法定义务。所以我们以为，旅行社固然可以按时发车，但必须采取相关措施，履行安全保障义务，尤其是旅游者在陌生的旅游目的地的时候。

3. 其他旅游者是否有义务等候迟到旅游者。其他旅游者没有等候迟到旅游者的义务，而且迟到旅游者损害了其他旅游者的权益。因为全团旅游者都是各自独立的自然人，都和旅行社有合同关系，但旅游者之间不具备合同法律关系。按照法律规定，旅游者之间必须履行相互尊重的义务，旅游者的行为不得损害同团旅游者的权益。旅游者迟到固然是自己的个人行为，但由于旅游者参加团队旅游，旅游者的迟到势必影响到其他旅游者的出行，客观上具有侵权行为的特征，损害了其他旅游者的权益。

4. 旅行社的告知是否有效。虽然旅行社已经告知旅游者，迟到后果自负，但这样的告知属于加重旅游者义务、扩大旅行社权利的格式条款，即使有旅游者的签字认可，也有其他旅游者的签名证明，但这样的格式条款属于不公平条款。只要旅游者对此提出异议，这样的格式条款就会被认为无效。一旦条款被认定为无效，就等同于该条款没有进入告知内容，这个条款就不存在。

（三）旅行社是否应赔偿旅游者的交通费用

上述案例中，由于自己的迟到，旅游者乘坐大巴前往旅游目的地和团队会合，由此产生的公共交通费用由旅游者自己承担。因为费用的产生完全是旅游者自己的过错造成的，和旅行社的服务没有任何关联性。

（四）旅行社如何履行安全保障义务

当旅游者迟到，或者出于其他旅游者的抱怨，或者基于必须乘坐飞机等公共交通，不得已先行离开，旅行社的行为可以理解。尽管如此，旅行社对于迟到旅游者必须妥善处置，处置的总原则是，妥善安置旅游者，如全陪或者地陪留下等候迟到的旅游者，组团社或者地接社派人照顾旅游者，提供协助，保障旅游者人身财产安全，由此产生的额外费用由旅游者承担。

139 旅行社组织观看黄色项目责任承担分析

一、案例简介

旅游者结束了东南亚旅游行程，就向当地旅游主管部门投诉。旅游者称，在旅游期间，领队组织全团旅游者观看黄色项目，旅游者在不知情的情况下参与其中，在观看节目过程中，该旅游者向领队抗议，要求离开现场，领队劝其继续。在向旅游主管部门提供的书面报告中，领队出示了团队其他旅游者的证明：领队组织我们观看黄色项目，我们都是自愿的，领队没有强迫。旅行社也认为，出境旅游和境内旅游受到的法律约束不同，只要是旅游者自愿的行为，旅行社就不应当承担责任。

二、法律规定

1. 《旅游法》第二条规定，在中华人民共和国境内的和在中华人民共和国境内组织到境外的游览、度假、休闲等形式的旅游活动以及为旅游活动提供相关服务的经营活动，适用本法。

2. 《旅游法》第三十三条规定，旅行社及其从业人员组织、接待旅游者，不得安排参观或者参与违反我国法律、法规和社会公德的项目或者活动。

三、案例分析

（一）黄色项目不符合中国法律和道德的要求

在一些国家和地区，对于社会上存在的黄、赌、毒等行为，并非一律禁止，这和我国大陆的法律规定不一致。在中国大陆地区，所有的黄、赌、毒行为均违反了我国法律强制性的规定，都属于被有关部门打击的对象。

（二）旅行社和领队不得组织安排旅游者在境外参与黄色项目

即使是旅游者自愿，旅行社仍然不得组织安排旅游者参加黄色项目。从本质上来说，旅游者和旅行社达成观看黄色项目的协议，是旅游者参加自费项目的合同，是对原有合同的变更。该合同行为虽然是双方的协商一致，但由于违反我国法律强制性规定而无效。

（三）中国旅行社组织出境旅游必须遵守我国的法律规定

旅行社、领队或者旅游者，以在境外旅游为名，视中国大陆法律为无物，违反中国法律规定，并不能成为相关当事人免责的理由。即使在境外，只要其行为违反了我国法律规定，依然必须受到我国法律的制裁。旅行社和旅游者在境外违反中国法律，其后果等同于在中国境内违法。

（四）旅游者自愿观看黄色项目也属于违法

同样，旅游者在境外旅游期间，也必须遵守中国的法律规定和道德要求，应当自觉抵制类似黄色项目等服务项目。不论该服务项目的组织者是领队，还是境外的地陪，旅游者都不可以随意参加，否则就是涉嫌违法。不可否认的是，现在的确有极少数旅游者很愿意参加此类服务项目，甚至是主动要求参与。

（五）相关当事人必须受到法律制裁

虽然该纠纷案情简单，但涉及的法律关系却较为复杂，大致包含四重法律关系，并由此产生了四重法律后果，包括民事法律后果和行政法律后果：

第一，按照《旅游法》的规定，旅游主管部门应当按照第一百零一条的规定，对旅行社、领队及其相关直接负责人进行行政处罚。

第二，按照《治安管理处罚法》的相关规定，公安机关应当对旅行社、领队及其有关直接责任人予以行政处罚。情节严重的话，有关人员还可能会受到刑事处罚。

第三，按照《治安管理处罚法》的规定，公安机关应当给予参观黄色项目的旅游者相应的行政处罚。

第四，由于旅行社和旅游者之间签订的参加自费项目的变更合同无效，旅行社应当退还投诉旅游者的全额自费项目的费用。

这里需要特别注意的是，公安机关和旅游主管部门对旅行社组织安排黄色项目行为给予的行政处罚，虽然行政相对人的违法行为相同，但由于实施行政处罚的主体不同，就不能被认定为违反了一事不再罚原则，旅游主管部门和公安机关的行政处罚合乎法律规定。由于旅游主管部门处罚中含有罚款，公安机关在行政处罚时，则不可以对旅行社和领队再实施罚款的处罚。公安机关对旅游者的行政处罚，则不存在一事不再罚的疑问。

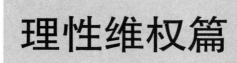

理性维权篇

140 旅游者权利滥用责任承担分析

一、案例简介

旅游者参加旅行社组织的旅游，在旅游行程中，由于旅行社工作失误，导致到达旅游目的地后无法按时入境，经过旅行社的再三努力，旅游团比原计划推迟了 3 小时入住酒店。从此刻开始，旅游者提出，由于旅行社的工作不力，给旅游者精神上和体力上造成了很大的损失，必须向每人赔偿全额团款，否则就拒绝继续行程，旅行社无法接受。

二、法律法规

1. 《旅游法》第十四条规定，旅游者在旅游活动中或者解决纠纷时，不得损害当地居民的合法权益，不得干扰他人的旅游活动，不得损害旅游经营者和旅游从业人员的合法权益。

2. 《旅游法》第六十七条规定，因不可抗力或者旅行社、履行辅助人已尽合理注意义务仍不能避免的事件，影响旅游行程的，按照下列情形处理：造成旅游者滞留的，旅行社应当采取相应的安置措施。因此增加的食宿费用，由旅游者承担；增加的返程费用，由旅行社与旅游者分担。

3. 《合同法》第一百一十九条规定，当事人一方违约后，对方应当采取适当措施防止损失的扩大；没有采取适当措施致使损失扩大的，不得就扩大的损失要求赔偿。

三、案例分析

（一）旅游者的权利和义务

旅游者参加旅行社组织的旅游，最大的权利是获得合同约定的各项服务，以及旅游者人身财产安全的权利。旅游者最大的义务，就是按照约定支付旅游团款，相关的附随义务有很多，积极配合旅行社的服务安排。在旅游服务中，一些旅游者或者出于不懂，或者有些假装不懂，在维护自己权利时，往往会滥用权利，或者无端扩大损失，或者无视团队合作精神，或者向旅游企业提出不合乎法律规定的赔偿要求。

（二）旅游者权利滥用类型

按照《民法通则》《侵权责任法》《旅游法》等法律规定，旅游者在旅游服务中，应当遵循诚实信用原则，权利不得滥用，否则就不当地损害了相关企业和自然人的合法权益。在维权实践中，旅游者权利滥用有诸多类型，大致可以概括为以下类别：

第一，旅游者不尊重旅游目的地居民的合法权益。旅游者在旅游目的地和当地居民发生的一些冲突，不少时候是旅游者的行为损害了当地居民的合法权益，诸如擅自摘水果、挖笋、逃票等，当地居民要求旅游者赔偿，最后演变成肢体冲突。虽然导游领队有引导和说明的义务，但导游领队并没有强制旅游者的权力。旅游者不遵守导游领队的事先引导，肆意妄为，就是权利滥用。

第二，旅游者干扰他人的旅游活动，包括旅游者干扰同团旅游者的旅游活动，或者干扰其他旅游团队旅游者、散客的旅游活动。最为突出的是，当团队旅游者和旅行社有纠纷，就试图劝说、阻止其他旅游者继续旅游行程。

第三，旅游者损害旅游经营者和从业人员的合法权益。在这个类型中，旅游者有多种多样的外在表现，最为典型的是旅游者的滞留不归、拒绝承担旅游者自己应当承担的责任、侮辱甚至殴打从业人员等情形。如当旅行社出现失误，导致旅游者权益受损，旅行社的赔偿要求达不到旅游者的期望，旅游者就拒绝返程；不可抗力导致旅游者滞留，旅游者既不愿承担滞留期间的食宿费用，也不愿和旅行社共同分担返程交通费用；旅游者由于自己疏忽，或者不听从导游的安排，人身损害事件发生后，要求旅行社承担赔偿责任；或者在纠纷处理中漫天要价等，均为旅游者权利滥用的表现。

（三）旅游者权利滥用责任的承担

旅游者适度行使自己的权利，必定受法律保护。但旅游者行使权利超出了适当的限度，旅游者行使的权利就属于滥用。具体而言，旅游者按照法律规定行使自己的权利，如旅游权、求偿权等，如果这些权利受到阻碍，旅游者就可以按照规定保护自己的权利。但在接受旅游服务过程中，或者维权过程中，旅游者损害了他人权利，或者人为扩大了损失，就是权利滥用，一旦旅游者权利滥用造成了旅游者自己和他人的损失，均应当由旅游者承担赔偿或者补偿责任。

（四）旅行社等企业如何应对旅游者的权利滥用

面对少数旅游者权利滥用的现实，旅行社为了防止旅游者的权利滥用，最好的办法是在服务操作中，最大限度地规范自己的经营行为，从源头上消除旅游者权利滥用的借口。如产品设计，应当符合保障旅游者人身财产权益；组团社对供应商具备有效的掌控能力；旅游行前会上，履行详尽告知的告知义务；注重书面证据的保留，包括旅游合同、行程单、温馨提示、增加购物和自费等，应当留有旅游者签字的书面材料。最后，应当高度重视服务纠纷，及时处理，面对旅游者难以承受的赔偿要求，在协商不成时，应当通过诉讼途径加以解决。

141 中国旅游者大闹曼谷机场现象法律分析

一、案例简介

一段题为"中国旅游者大闹曼谷机场"的视频出现在网络上，引起了网友广泛热议。视频中一些旅游者在泰国抗议，并高唱国歌，起因是航班延误。据视频发布者介绍，2015 年 9 月 4 日，原定下午 5:50 由曼谷飞往重庆的航班，被告知不能按时起飞，具体原因据说是来机遇暴雨不能按时到达，先说晚点 3 小时，后又说飞机需要检修，确定为凌晨 3 点登机。约 260 名中国旅行团旅游者发生分歧，一部分愿意到酒店休息等登机，一部分则要讨说法，要机场方面答应三个条件，机场公开道歉、乘坐波音 747 返程、赔偿 1000 元人民币。飞机延误近 11 个半小时后抵达重庆，仍有 30 多名旅游者未随机返程，继续滞留在泰国。

二、法律规定

1. 《合同法》第一百一十九条规定，当事人一方违约后，对方应当采取适当措施防止损失的扩大；没有采取适当措施致使损失扩大的，不得就扩大的损失要求赔偿。当事人因防止损失扩大而支出的合理费用，由违约方承担。

2. 《旅游法》第十三条规定，旅游者在旅游活动中应当遵守社会公共秩序和社会公德，尊重当地的风俗习惯、文化传统和宗教信仰，爱护旅游资源，保护生态环境，遵守旅游文明行为规范。

三、案例分析

这又是一起旅游者维权不理性，举止不文明、人为扩大损失的典型案例。不论是在出境旅游还是在境内旅游中，类似的案例不时出现，每一次经过网络的传播，都会引起社会的关注。我们就此类事件的法律关系及其责任承担作一简要分析。

（一）航班延误原因不同，法律责任也不同

造成航班延误，虽然原因多种多样，但大致可以将原因归纳为以下两大类：

1. 不可抗力原因造成的航班延误。由于旅游目的地的天气等原因，航班无法正常起飞，延误了旅游者的行程。或者是由于天气等原因，造成航班无法按时抵达，也自然会造成原定航班无法正常起飞，延误了旅游者的行程。在这些情况下，航空公司、旅行社、旅游者都没有过错，都不需要为此承担责任，所有的损害都应当由合同当事人自己承担。换一句大实话，就是要怪就怪老天爷，自认倒霉，所有当事人都无法得到赔偿，因为不可抗力是天然的免责条件。

2. 人为原因造成的航班延误。人为原因包括航班的机械故障、非不可抗力因素导致航班延误甚至取消，旅游者的权益也会受到损害。在这种情况下，要视具体不同的原因，由航空公司或者旅行社来承担责任。

（二）航班性质不同，责任承担主体不同

从旅行社的经营模式看，作为旅游服务供应商的航空公司，扮演着不同的角色。航空公司可以是公共交通，也可以是非公共交通。如果航班是航空公司安排的，对所有不特定的市民、旅游者都开放，就属于公共交通的性质。如果航班是旅行社向航空公司或者包机公司租赁或者切位的，由于包机不向社会不特定的公众开放，只为旅行社组织的旅游者开放，属于非公共交通的性质。按照相关法律的规定，在旅游服务中，除了不可抗力的影响之外，公共交通和非公共交通造成航班延误或者取消责任承担的主体不同。

1. 公共交通造成延误责任承担主体。按照《旅游法》第七十一条规定，由于公共交通经营者的原因造成旅游者人身损害、财产损失的，由公共交通经营者依法承担赔偿责任，旅行社应当协助旅游者向公共交通经营者索赔。据此可以得出结论，如果航班属于公共交通，由于航班造成的延误，承担责任的主

体是航空公司，旅行社的义务就是协助旅游者向航空公司索赔。

2. 非公共交通造成延误责任承担主体。包机作为非公共交通，如果人为因素导致的延误，作为组织旅游者参加旅游的旅行社，应当为包机的延误承担全部责任，包机延误给旅游者造成的损失，由旅行社来承担，旅行社是包机延误的责任承担主体。

（三）旅游者拒绝登机的行为，不仅仅是不文明的行为，更是违法行为

不论航班是公共交通，还是非公共交通，如果出现不可抗力或者人为因素导致的航班延误，即使航空公司违约在先，但并不能成为旅游者拒绝登机、滞留机场的理由。旅游者正确的做法，必须首先登机，协助旅行社、航空公司完成旅游行程。行程结束后，和旅行社或者航空公司协商赔偿事宜。协商不成，可以向有关行政部门投诉，直至向人民法院提起诉讼。

（四）滞留期间及其返程费用应当由旅游者自己承担

由于航班延误，旅游者被长时间在机场滞留，任何人遇到都不会开心，的确令人同情，也容易导致旅游者上火，但这不能成为旅游者拒绝登机，滞留在旅游目的地的正当理由。旅游者以旅行社或者服务供应商违约、赔偿要求的愿望没有达成为由，拒绝登机，更不可取，因为拒绝登机既是不文明行为，也是违法行为，还是人为扩大损失，旅游者应当就此承担责任。旅游者拒绝登机的直接后果，就是造成了滞留他乡尴尬局面。旅行社应当特别注意的是，尽管旅游者滞留旅游目的地有错，但旅行社的服务必须继续，旅行社应当为滞留旅游者提供服务，妥善安排旅游者食宿和购买机票等事宜，但由此产生的所有费用都应当由旅游者自己承担。航班延误给旅游者造成的损失是另一个法律关系，可以通过其他渠道解决，不能混为一谈。

（五）杜绝类似滞留事件不断发生的建议

旅游服务中出现的旅游者滞留不归现象，原因固然很复杂，诸如旅游大环境、旅游者个人素养、旅游企业的诚信经营等，都可以导致这样的结局。对旅游者的普法和引导十分重要，对旅游企业经营行为的监管十分重要，如政府部门的不迁就，法院严格依法判案，不能息事宁人，不让旅游者在此类滞留事件中免除损失，甚至是得利，坚决要求旅游者承担滞留增加的所有费用，以真实生动的案例告诉旅游者，外出旅游必须遵守法律、遵守规矩，否则就会得不偿失。

142 直飞改中转与拒绝登机责任承担分析

一、案例简介

31 名旅游者远赴泰国普吉岛旅游，原定直飞返程，由于航空公司取消直航包机航班，旅游者被要求中转返程，14 名旅游者获得旅行社的补偿后转机回国，其余旅游者在酒店大堂等了一夜。未随机返回的旅游者被告知，需要自己买票回国，然后再谈索赔事宜。在几经交涉未果的情况下，这些旅游者自费购买机票返程回国，他们表示将通过法律手段维护自己的权利。

二、法律规定

1.《合同法》第六十条规定，当事人应当按照约定全面履行自己的义务。当事人应当遵循诚实信用原则，根据合同的性质、目的和交易习惯履行通知、协助、保密等义务。

2.《合同法》第一百一十九条规定，当事人一方违约后，对方应当采取适当措施防止损失的扩大；没有采取适当措施致使损失扩大的，不得就扩大的损失要求赔偿。当事人因防止损失扩大而支出的合理费用，由违约方承担。

三、案例分析

（一）全面履行自己义务，是旅游合同当事人的共同义务

在旅游合同中，旅游合同的全面顺利履行，必须依赖旅行社和旅游者双方的努力，缺少其中一方，旅游服务的提供和接受就不能达到预期的效果。

作为旅行社，主要的合同义务，是按照约定为旅游者提供服务，在服务过程中不欺诈、不降低服务档次和等级、不强迫购物和自费，不羞辱旅游者等。尤其是有违约行为时，旅行社必须积极面对，勇于承担违约责任，赔偿旅游者的实际损失。对于损害旅游者权益，旅行社除了赔礼道歉之外，还必须向旅游者做出补偿，以弥补旅游者的损失。

作为旅游者，除了向旅行社履行交纳旅游团款义务外，在接受旅行社提供

的服务时，还必须履行准时接受合同约定的服务，比如按时到达集合地点，履行相关的协助义务。对于交纳旅游团款等主要义务，旅游者通常能够积极履行，但不少旅游者对于及时接受服务、协助旅行社提供服务等附随义务，向来不以为然，并不把这些义务当回事。所以，旅游者在行程中缺乏团队协作意识，经常迟到、不听从导游的安排，也就不足为奇了。

（二）旅行社的直飞改中转属于违约行为

按照合同约定，旅行社应当组织旅游者乘坐航班直接返回，而实际是航班取消，旅游者就不得不采取中转返程了。由于旅行社安排的航班是包机，包机不属于公共交通范畴，包机的取消或者延误，给旅游者造成损失或不便，其后果都必须由旅行社来承担。

在通常情况下，虽然航班中转也能安全返程，也不一定会给旅游者带来实际损失，但中转给旅游者带来的不便、疲惫及返程时间的延长，却是一个不争的事实。所以，航班中转的违约性质十分明确，但无法根据某个规定，计算出旅游者的损失。而且，旅游者也不可能事先和旅行社约定，直飞航班改为中转航班的违约金。所以，当出现上述案例中航班变化的，旅行社应当在和旅游者协商的基础上，给旅游者做出合理的补偿，及时处理纠纷。

（三）航班改变与滞留不归之间的关系

旅行社改变航班，其违约的性质十分明确，旅行社必须为此承担违约责任，但这是否意味着旅行社必须承担无限的责任？同时是否还意味着和旅游者的滞留不归存在因果关系？

按照我国的法律规定，旅行社违约和旅游者滞留不归是两个不同的法律关系，虽然两者都属于违约行为，前者违反义务的主体是旅行社，违反的是合同的主义务，后者违反义务的主体是旅游者，旅游者违反的是合同的附随义务。从表面上看，好像没有旅行社的违约，就不会出现后者的违约，这是旅游者的观点。但从法律规定看，两者之间不存在任何因果关系。因为两者之间是各自独立的法律关系，也就是说，旅行社的违约和旅游者的违约之间没有关联性。

（四）旅行社是否可以要求滞留旅游者自己购买返程机票

由于旅游者拒绝按时登机，造成了旅游者自己的滞留，旅游者的行为造成了额外的经济损失，也即人为扩大了损失。按照法律规定，人为扩大的损失，应当由损失扩大者承担。在上述案例中，扩大的损失就是由滞留旅游者造成的，旅行社要求滞留旅游者自己购买返程机票，符合法律规定，也无可指责。

如果旅游者不愿意支付返程机票款，旅行社仍然不可以置旅游者于不理。因为旅行社对旅游者负有安保义务，只要旅游者坚持不愿意支付，旅行社还是必须垫付返程机票款，尽早帮助旅游者返回。返程后，旅行社可以要求旅游者返还机票款，因为不能把违约和滞留混为一谈，法律的确这样规定的，但在实务中，旅行社要求旅游者返还机票款能否成功依然令人怀疑。

143 未提供下铺旅游者是否可以拒绝参团

一、案例简介

旅游者参加旅行社组织的火车桂林游，交纳了旅游团款，并和旅行社签订了书面旅游合同。由于旅游者双腿膝关节有运动伤，签订合同的当晚，旅游者向旅行社业务员发短信，说明原因并希望旅行社能提供下铺车票，业务员称"尽量安排"。出发当天，旅游者拿到了中铺票，业务员没为其换票，旅游者最后选择退团。双方为了退还团款发生纠纷，旅游者将旅行社告上法院。

二、法律规定

1.《合同法》第八条规定，依法成立的合同，对当事人具有法律约束力。当事人应当按照约定履行自己的义务，不得擅自变更或者解除合同。依法成立的合同，受法律保护。

2.《旅游法》第六十五条规定，旅游行程结束前，旅游者解除合同的，组团社应当在扣除必要的费用后，将余款退还旅游者。

3.《合同法》第六十二条规定，当事人就有关合同内容约定不明确，依照本法第六十一条的规定仍不能确定的，适用下列规定：履行方式不明确的，按照有利于实现合同目的的方式履行。

三、案例分析

（一）旅游者和旅行社签订的旅游合同合法有效

经过旅行社和旅游者的协商，达成了关于前往桂林旅游的合同。这个旅游合同是旅游者和旅行社自愿协商的产物，符合法律规定，也受法律的保护。合同签订后，旅行社和旅游者都受旅游合同的约束，双方都必须遵守旅游合同的约定，非经协商和不可抗力等原因，任何一方不得擅自解除旅游合同，否则就要承担相应的违约责任。

（二）旅行社应当如何提供卧铺服务

通常情况下，只要旅游者没有特别要求，没有和旅行社做出特别的约定，只要旅行社为旅游者提供了卧铺服务即可，不论是上铺、中铺还是下铺，都符合合同约定。当然，在可能的情况下，即使旅游者没有专门提出，旅行社也应当考虑到旅游者的实际需求，根据旅游者的年龄、性别等因素，合理安排卧铺，尽可能让旅游者满意，更何况该旅游者已经提出了卧铺票具体的要求，旅行社应当在可能的范围内满足旅游者的需求。因为为了住上铺还是下铺，旅游者还是经常会和旅行社发生纠纷，有经验的旅行社会注意到这些细节，防止出现行程尚未开始，旅游者已经和旅行社闹得不可开交令人尴尬的局面。

（三）旅游者要求旅行社提供下铺票的性质

旅游者可以根据自己的需求，适时向旅行社提出住下铺的要求。同为住下铺的要求，旅游者是在旅游合同签订前提出，还是在旅游合同签订后向旅行社提出，虽然要求相同，但要求却具有不同的性质，产生的法律效果也不同。

1. 在旅游合同签订前，旅游者提出要求住下铺。这个条件就成为旅游合同是否签订的前提，如果旅行社不能按照旅游者的要求提供下铺票，旅游者就可以选择不和旅行社签订旅游合同。因为旅游者的双腿有运动伤，要求住下铺的要求也不过分，旅行社不能满足旅游者的要求，双方就无法达成协议。旅游合同没有签订，旅游者和旅行社之间就没有合同关系，纠纷也无从谈起。

2. 在旅游合同签订后，旅游者向旅行社提出需要住下铺。旅游者的这个要求就不是签订旅游合同的条件和前提了，而是希望能够对旅游合同约定不明的内容进一步明确。原因是在旅游合同签订时，尚未对旅游者的住上铺、中铺还是下铺进行明确约定。按照上述《合同法》的规定，旅游者和旅行社可以对旅游合同约定内容不明部分再次签订补充协议。

当旅游者向旅行社提出住下铺的要求时，旅行社的答复是"尽量安排"，没有给予确定的答复。这样的答复实际上并没有同意旅游者的提议，也就是说旅游者和旅行社之间没有就约定不明的卧铺服务达成补充协议，旅行社和旅游者之间的关系，继续维持着原合同的约定。所以，旅游行程开始时，旅行社给旅游者提供了中铺票，并没有违反合同约定。

（四）旅游者是否可以由于旅行社没有提供下铺票就拒绝参团

由于旅行社为旅游者提供中铺票没有违约，旅游者因此而拒绝参加旅游团。显然，旅游者的行为违反了合同约定，旅游者应当为此承担违约责任。所以，按照《旅游法》的规定，旅行社可以扣除已经发生的合理费用，向旅游者退还剩余费用。

144 孕妇参加旅游拉肚子责任承担分析

一、案例简介

某生物公司组织员工60余人参加滨海旅游，由某位员工在旅行社的电子合同上签名。旅游者到达目的地当晚，被安排在酒店用餐。用餐结束后，部分旅游者到当地海鲜大排档品尝海鲜。第二天下午，到海鲜大排档就餐过的十几位旅游者先后出现拉肚子，被及时送医治疗。旅行社事后得知，其中一位怀孕三个月的孕妇也在其中，并被打了抗生素药剂。在此情况下，旅行社应当如何承担责任？

二、法律法规

1. 《食物中毒事故处理办法》第三条规定，县级以上地方人民政府卫生行政部门主管管辖范围内食物中毒事故的监督管理工作。

2. 《民法通则》第十一条规定，十八周岁以上的公民是成年人，具有完全民事行为能力，可以独立进行民事活动，是完全民事行为能力人。

三、案例分析

（一）单位代表与旅行社签订合同合法有效

在旅行社和单位组织出游时，签订旅游合同的当事人往往只有一人，签订合同的人员被视为单位的代表。最为理想的状态是，公司书面授权签订合同人员代表公司来签合同，即使没有书面授权，也可以从单位打款给旅行社、旅行社按照约定为旅游者提供服务、旅游者接受了旅行社的服务等行为，来推定旅行社和单位存在合同关系。

（二）电子合同属于书面旅游合同形式中的一种

按照《旅游法》的规定，旅行社组织包价旅游服务时，应当与旅游者签订书面旅游合同，否则旅行社要受到相应的行政处罚。问题是，旅行社和旅游者签订的电子合同为何性质。按照《合同法》《电子签名法》等法律的规定，书面旅游合同包括纸质书面旅游合同和电子旅游合同。因此，旅行社和旅游者签订的电子合同，符合《旅游法》关于书面合同形式的要求。

（三）旅行社是否应当为孕妇被打抗生素后果负责

要谈论旅行社是否需要为此担责，首先必须搞清孕妇参加旅游的义务、孕妇的民事行为能力两个方面的内容：

第一，按照《旅游法》的规定，旅游者参加旅行社组织的旅游活动，有义务向旅行社告知身体状况。孕妇作为旅游者中特殊群体，在旅游活动中理应得到旅行社更多的照顾和关怀，但前提是旅游者的事先告知；或者是旅游者的特殊性能够让人一目了然。但事实上旅游者既没有告知旅行社已经怀孕，同时怀孕三个月并不能让旅行社观察到。

第二，作为完全民事行为能力人，该孕妇对自己的怀孕最为清楚，在迫不得已的情况下需要就医，应当有义务明确告知医生，因为每个人是自己权益最大的保护者。同时，该孕妇来自生物公司，对于如何保护自己应该更具备专业知识。所以，孕妇在治疗期间不将怀孕告诉医生，至少在客观上是放任可能产生的损害的发生。

因此，直观地说，案例中孕妇的胎儿可能受到的损害，和旅行社没有关系，旅行社不需要承担责任。当然，如果最后证明拉肚子为食物中毒，且是旅行社安排的餐饮所致，旅行社要为旅游者食物中毒损失承担责任。

（四）最为棘手的是确定拉肚子的性质及食物来源

在滨海游活动中，旅游者拉肚子可能有两种可能：第一种可能是旅游者的肠胃不适引起的拉肚子；第二种可能确是食物中毒。拉肚子情况主要发生在前往海鲜大排档的旅游者身上，没有品尝大排档海鲜的旅游者基本没有拉肚子现象，以此基本可以排除旅行社安排的餐饮存在问题。如果是这样，不论旅游者是拉肚子还是食物中毒，是旅游者和大排档之间的侵权纠纷，和旅行社没有直接的关联性。

究竟是肠胃不适还是食物中毒，食物来源是否为旅行社安排的餐馆，应当由卫生部门最后认定。

145 旅游者与领队争执引发疾病复发赔偿纠纷处理

一、案例简介

旅游者参加泰国 7 日游，行程中旅游者在海滨景区木板栈道行走，一块木板突然断裂，旅游者左腿陷入其中，大腿内外两侧大片擦伤挤伤，经过处理后旅游者继续行程。由于旅游者认为领队对她照顾不周，在机场和领队发生了争执。旅游者有心脏血管痉挛既往病史，返程后入住医院。为了治疗心脏方面的疾病，旅游者一直住院，拒绝出院。旅游者要求旅行社承担误工费、护理费、精神损害补偿。旅行社坚持认为疾病为旅游者自身固有，和旅行社的服务无关，拒绝赔偿。

二、法律规定

1.《旅游法》第七十一条规定，由于地接社、履行辅助人的原因造成旅游者人身损害、财产损失的，旅游者可以要求地接社、履行辅助人承担赔偿责任，也可以要求组团社承担赔偿责任；组团社承担责任后可以向地接社、履行辅助人追偿。

2.《侵权责任法》第十六条规定，侵害他人造成人身损害的，应当赔偿医

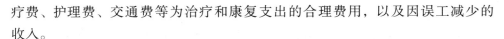

疗费、护理费、交通费等为治疗和康复支出的合理费用，以及因误工减少的收入。

3.《侵权责任法》第二十二条规定，侵害他人人身权益，造成他人严重精神损害的，被侵权人可以请求精神损害赔偿。

三、案例分析

（一）组团社应当为旅游者大腿受伤承担责任

由于海滨木板栈道突然断裂，导致旅游者大腿受伤。旅游者对于自身损害的发生没有任何过错，损害的发生是景区没有完全履行安全保障义务的结果，景区应当为旅游者的人身伤害承担赔偿责任。由于旅游目的地远在异国他乡，旅游者不一定能够及时得到赔偿，所以我国《旅游法》为了更好地保护旅游者的合法权益，将索赔的选择权交由旅游者：旅游者既可以直接向景区索赔，也可以要求组团社承担赔偿责任。如果旅游者要求组团社承担赔偿责任，旅行社不能拒绝。

（二）旅行社应当为旅游者心脏病复发承担次要责任

因为旅游者有心脏病的既往病史，领队和旅游者的争执，是引起旅游者固有旧疾复发的外在因素，而旅游者固有旧疾是复发的内在原因。所以说，旅游者心脏病的发作，和旅游者自身的身体因素有直接的关联，和领队的争执仅仅是诱发因素，引起心脏病的主要原因还是旅游者自身条件。同时，旅游者既知自己有心脏病，应当更有义务保护好自己的身体，控制好自己的情绪。所以，旅游者心脏病的复发，领队及其旅行社应当承担次要责任。至于在纠纷处理中，次要责任定量为多少合适，的确存在争议，笔者以为承担30%左右的责任，就大致可以体现次要责任的承担。

（三）医院的诊断是旅行社承担赔偿责任的依据

旅游者返程后一直住院，且拒绝出院，虽然是旅游者的自由，但旅游者的行为和旅行社的赔偿息息相关。在这起纠纷中，旅游者是否需要住院治疗、住院时间需要多长、需要支出多少医疗费、是否需要有人护理等，都有赖于医院的诊断。

旅行社担忧旅游者以住院为要挟，或者扩大损失，导致旅行社承担过多的责任，这种担忧也不无道理。实务中也的确存在少数旅游者小病大治、无病也要治的现象。要解决这个问题，只能需要医院的科学判断。如果医院认为需要，旅游者就应当继续治疗，如果医院认为旅游者无须住院，旅游者坚持不出院，旅游者的后续治疗费用，旅行社就不应当再承担赔偿责任。如果医院出于人情随意给出判断，不仅仅是职业道德的问题，而是需要承担相应的法律责任。

（四）旅行社要为旅游者的误工费承担责任

在该纠纷中误工费的承担中，需要明确几个原则：第一，旅游者误工费的承担应当具体分析。如果误工损失是由于旅游者大腿伤害引起的，旅行社必须全额承担；如果是心脏病引起的误工损失，旅行社应当按照次要责任的份额承担。医疗费、护理费等赔偿原则也可遵循上述原则进行。第二，误工时间的长短由医院决定。医院认为旅游者需要休息，休息几天以医院的诊断证明为准。第三，误工费的多少应当由旅游者自己举证。如果旅游者无法提供误工费的证明，旅行社不必承担；如果旅游者提出的误工费过高，旅游者还需要提供税后证明。

（五）旅行社是否需要承担旅游者的精神损害的赔偿

精神损害赔偿是旅游者经常提出的赔偿请求，上述旅游纠纷的处理中也是如此。判断上述纠纷中的旅行社是否需要承担旅游者的精神损害赔偿，主要看损害原因是否在旅行社、损害后果是否严重两个基本因素。

关于精神损害赔偿，我国的法律是有明确规定。结合案例中旅游者受到的伤害，包括大腿受伤及其心脏病复发带来的人身和精神的伤害，笔者的基本观点是，旅游者受到的伤害应当得到赔偿，但不论是何种伤害，旅游者受到的损害尚未到达需要精神损害赔偿的程度，旅行社只需要全额承担大腿伤害的全额赔偿，部分承担心脏病复发的责任，并承担其他方式诸如赔礼道歉的责任即可，无须再承担金钱的赔偿责任，虽然伤害的确给旅游者造成了精神和肉体的痛苦。

146 温州老年旅游者走失责任承担分析

一、案例简介

温州某旅行社组织多名老年村民赴北京旅游，一位73岁旅游者在故宫游览时走失。该旅游者不识字、不会普通话又没有携带手机，无奈之下不断地朝南走。6天5夜后，他步行到了天津，才得以和家人联系上。在此期间，旅游者家人和旅行社紧急寻找，家人为此支付了3万多元，旅行社也付出1万多元。事后，旅游者家属要求旅行社全额承担家属的支出，旅行社则要求双方共同承担所有费用，争执不下。

二、法律规定

1.《消费者权益保护法》第十八条规定，经营者应当保证其提供的商品或者服务符合保障人身、财产安全的要求。对可能危及人身、财产安全的商品和服务，应当向消费者做出真实的说明和明确的警示，并说明和标明正确使用商品或者接受服务的方法以及防止危害发生的方法。

2.《旅游法》第七十九条规定，旅游经营者组织、接待老年人、未成年人、残疾人等旅游者，应当采取相应的安全保障措施。

3.《民法通则》第十一条规定，十八周岁以上的公民是成年人，具有完全民事行为能力，可以独立进行民事活动，是完全民事行为能力人。

三、案例分析

要谈论旅行社应当承担赔偿责任，还是旅游者要为自己走失的行为负责，必须判断在这次旅游服务中，合同双方当事人是否履行了相关义务、履行相关义务时是否全面。只要没有履行义务或者履行义务不周全，就应当承担相关责任。从上述案例中可以看出，旅行社和旅游者都应当为走失事件承担相应的责任。

（一）旅游者应当承担的责任

虽然旅游者的年龄高达73岁，且该旅游者不识字、不会说普通话，也没有携带手机等通信工具，在旅游途中人际交往的确存在一定障碍。尽管如此，但从法律规定上看，旅游者依然是完全民事行为能力人。因为完全民事行为能力人的判断标准是18周岁以上，智力正常，至于是否识字、是否会说普通话、是否携带手机，和完全民事行为能力之间没有关联性。

既然是完全民事行为能力人，旅游者应当为自己的行为负责，旅游者在旅游行程中走失，并引发后续费用的支出，应当为此承担责任。旅游者及其家属不能以不识字、年老体弱等为由，拒绝承担责任。假如家人认为该旅游者为限制民事行为能力人或者无民事行为能力人，家属任由老年旅游者单独出游，则家属违反了有关法律规定的监护义务，同样需要为此承担责任，而不能简单地将责任推给旅行社。

总之，不论旅游者的生理和心理处于何种状态，如果损害的发生和民事行为能力有关，旅游者或者其监护人一定需要承担责任。因为每一个人都是自己利益的最大维护者，自己及其家属过于自信或者放纵，造成了损害，就表明旅游者或者监护人履行义务有缺失。至于责任的大小，则要根据具体的情节而定。

（二）旅行社没有完全履行安全保障义务

就通常情况而言，北京旅游线路较为成熟，旅行社只要按照常规操作，旅游产品和服务的安全性可以得到保障。只要旅行社履行了相关的注意义务，确保旅游者人身财产安全应当不成问题。关键的问题是，旅行社在组团时忽视了旅游者的特殊情况，比如旅游者以农村老年人为主，而且该地区的方言不为外人熟悉，老年人文化水平较低，虽然这样的老年旅游者仍然具备完全民事行为能力，但和普通旅游者相比，旅行社在服务上需要花更多的心思，采取更多的针对性的措施，确保旅游行程顺利完成，这也是《旅游法》给予特别规定的。

在旅行社提供的服务中，事先就应当采取适当的措施，防止老年旅游者出现一些意想不到的状况，给旅游者和旅行社造成损失。如旅行社可以为每一位老年旅游者制作随身携带的名片，记载旅游者的个人信息、联系方式，组团社和地接社信息、导游人员信息、住宿酒店信息等，一旦有旅游者走失，凭借这样的名片，很快就能够找到。针对老年旅游团，旅行社可以适当增加导游人数，改变一个团队仅有一两名导游人员的操作惯例，给予旅游者更多关注和照顾。

（三）寻找走失旅游者费用的承担

确定寻找走失旅游者支出费用如何承担，就需要解决两个问题：第一，确定责任承担的比例。在这起纠纷中，旅行社和旅游者都存在过失，为此都应当承担责任。笔者个人觉得，既可以采取旅行社和旅游者各自承担一半的方式，也可以采取旅行社承担主要责任，旅游者承担次要责任的方式，但比例不可以过于悬殊，即旅行社承担60%，旅游者承担40%左右为好。第二，走失费用如何计算。为了寻找走失旅游者，旅行社和旅游者家属均支出了相应的费用，总计达到5万元左右。这个费用应当被认定为寻找走失旅游者的合理费用，由旅行社和旅游者按照比例承担。

147 旅游者在酒吧消费遭受损害责任承担分析

一、案例简介

旅游者参加旅行社组织的团队旅游，晚餐后询问导游当地酒吧的情况，并邀请导游一同前往。当晚，旅游者在酒吧和其他消费者发生肢体冲突，旅游者受到了伤害，报警并及时送医治疗。旅游者行程结束返程后，要求旅行社为此承担全部赔偿责任，旅游者的理由有二：第一是旅游者参加了旅行社的旅游才受到了伤害，旅行社应当承担责任；第二是导游陪同前往酒吧，导游对旅游者有安全保障义务，而导游没有履行这项义务，旅行社也要承担责任。旅行社无法认同旅游者的观点，拒绝赔偿。

二、法律规定

1. 《最高人民法院关于审理旅游纠纷案件适用法律若干问题的规定》第十九条规定，旅游者在自行安排活动期间遭受人身损害、财产损失，旅游经营者未尽到必要的提示义务、救助义务，旅游者请求旅游经营者承担相应责任的，人民法院应予支持。

前款规定的自行安排活动期间，包括旅游经营者安排的在旅游行程中独立的自由活动期间、旅游者不参加旅游行程的活动期间以及旅游者经导游或者领队同意暂时离队的个人活动期间等。

2. 《民法通则》第十一条规定，十八周岁以上的公民是成年人，具有完全民事行为能力，可以独立进行民事活动，是完全民事行为能力人。

三、案例分析

（一）旅游者与他人冲突的法律后果

旅游者在酒吧消费期间，与他人发生冲突并受伤，至少涉及两个法律关系：第一，旅游者和对方存在一个民事法律关系，即对方存在侵权行为，造成了旅游者的人身伤害，应当由侵权人承担赔偿责任。第二，旅游者和对方可能触犯我国《治安管理处罚法》的规定，和公安机关之间存在一个行政法律关系，将面临被治安处罚的法律后果。如果双方的冲突后果更为严重，还会涉及刑事法律关系，侵害者还会受到刑事处罚。

（二）旅游者自由活动的含义

按照司法解释的规定，旅游者的自由活动时间包括三部分内容，第一部分是旅行社在旅游合同中已经约定的自由活动，这在当前的旅游服务中经常出现。第二部分是除了旅游行程之外的自由活动，团队出发前，如旅游者的早锻炼，团队行程结束后，如案例中旅游者晚上到酒吧消费等。第三部分旅游者征得导游领队的同意暂时离开团队，如探访亲朋好友等，但不包括擅自脱团。因此，案例中旅游者酒吧消费属于自由活动期间。

（三）旅游者自由活动期间旅行社应当履行的义务

虽然是旅游者的自由活动，但由于旅行社是旅游团队的组织者，因此，即使是旅游者的自由活动，旅行社仍然需要履行相关的注意义务。第一，旅行社应当尽到提示义务。在旅游者的自由活动前，要尽到全面的提示义务，包括告知旅游者有关旅游目的地的社会治安、风土人情、交通规则、其他容易发生有损旅游者人身财产情形及求助电话等安全信息。第二，当接到旅游者的求助电话后，旅行社必须第一时间赶赴现场，积极协助报警、送医等，确保旅游者损害降到最低。当然，司法解释也已经明确规定，旅行社没有履行注意义务，需要承担的是"相应责任"，而不是全部责任。所谓"相应责任"，就是旅行社就没有履行注意义务部分承担责任，因为纠纷的处理还涉及旅游者自身的责任。

（四）导游陪同旅游者去酒吧行为的定性

旅游者要求旅行社承担责任的理由之一，是导游陪同前往，既然是导游陪同，旅行社理所当然要赔偿。这就涉及导游陪同前往酒吧的性质，到底是个人行为还是职务行为。旅游合同的约定中，并没有安排夜间到酒吧消费的行程，旅游者前往酒吧显然是个人行为。旅行社也没有指派导游提供这项服务。所谓导游的陪同，也仅仅是导游接受旅游者邀请后的个人行为，此时导游的行为不代表旅行社的行为，和导游的职业无关，不属于职务行为的范畴。同时，旅行社按照约定为旅游者提供服务，而且服务也没有任何过错，旅游者在酒吧受到的伤害，超出了旅行社的事先安排范围，也和旅行社安排的服务无关。

（五）旅游者是自己利益的最大保护者

作为完全民事行为能力人，应当最大限度地保护自己的合法权益，也应当为自己的行为负责。旅游者在酒吧和他人冲突，要针对具体的过错判断责任的承担。如果旅游者没有过错，就应当由对方承担全部赔偿责任；如果旅游者对于损害的发生也存在过错，也必须承担相应的责任。但有一点必须明确，不论旅游者自己是否需要为此承担责任，旅行社和导游无须为该损害承担任何责任，因为不和人发生肢体冲突，是法律明确规定，也是生活常识，作为完全民事行为能力人的旅游者应当知道，无须他人提醒，即使旅游者有千条理由，也无法将责任推给旅行社。

总之，旅游者要求旅行社承担赔偿责任的理由不成立。

148 旅游者被关电梯 5 分钟应当如何承担责任

一、案例简介

旅行社组织旅游者参加旅游，在入住酒店时，由于饭店电梯故障，导致 6 位旅游者被关在电梯中 5 分钟，其中一位女性旅游者自称已怀孕，但从外形上难以判断。饭店发现后及时排除障碍，旅游者以受到惊吓为由，要求饭店承担赔偿责任。由于协商未果，旅游者返程后要求旅行社承担赔偿损失共计 1 万元，其中孕妇要求精神损害赔偿 5000 元。经过多次协商，最后旅行社出于无奈，赔偿总计 8000 元，每位旅游者 1000 元，孕妇 3000 元。

二、法律规定

1. 《旅游法》第七十一条规定，由于地接社、履行辅助人的原因造成旅游者人身损害、财产损失的，旅游者可以要求地接社、履行辅助人承担赔偿责任，也可以要求组团社承担赔偿责任；组团社承担责任后可以向地接社、履行辅助人追偿。

2. 《侵权责任法》第二十二条规定，侵害他人人身权益，造成他人严重精神损害的，被侵权人可以请求精神损害赔偿。

三、案例分析

（一）饭店没有完全履行安全保障义务

电梯关人事件，虽然没有造成严重的后果，但也表明饭店在履行安全保障义务方面存在缺失，要么是电梯本身的质量存在瑕疵，要么是电梯维护保养存在不足。如果饭店履行了安全保障义务，一般就不会出现上述问题。只要出现了电梯关人事件，就可以从事件的结果来推定饭店没有完全履行安全保障义务。总而言之，饭店的服务有待完善。

（二）追究责任承担者的选择权在旅游者

电梯关人事件，本质上是一个侵权事件，按照我国《侵权责任法》的规定，旅游者可以要求饭店承担侵权责任。因为造成侵权事件的责任人是饭店。同时，旅游者还可以选择旅行社作为承担责任的主体，因为《旅游法》将侵权责任的追究主体，由旅游者根据自己的需求来选择，可以要求饭店承担责任，也可以要求旅行社来承担责任。由于旅游者和饭店没有达成纠纷处理的协议，行程结束后要求旅行社承担责任，也是合情合理。旅行社赔偿后，可以向饭店追偿。

（三）电梯关人事件责任追究遭遇难题

换句话说，电梯关人事件应当如何赔偿。在实务中是一个较为棘手的问题，因为从定性角度说较为明确，饭店或者旅行社应当向旅游者承担相应的责任，虽然没有严重后果，毕竟给旅游者带来了焦虑和恐慌。但从定量方面来说则是模糊的，也就是说如何具体来承担责任、是否需要赔偿、应当如何赔偿，法律对此并没有明确的规定。

（四）饭店或者旅行社如何承担责任

在电梯关人事件中，旅游者或多或少受到了伤害，但伤害没有确切的计算方法和途径。在处理此类纠纷中，笔者以为，不妨从以下几个方面入手：

首先，饭店和旅行社应当向旅游者表示歉意。不论原因是电梯质量问题，还是维护保养的问题，既然给旅游者造成了焦虑和恐慌，饭店应当向旅游者赔礼道歉。同时，饭店作为旅行社服务的履行辅助人，由旅行社事先指定，组团社应当为履行辅助人的过失承担责任，所以，旅行社也应当向旅游者赔礼道歉。

其次，饭店和旅行社应当给予旅游者适当的赔偿。既然是饭店服务存在过失，饭店或者旅行社理所当然需要为此承担赔偿责任，但具体的赔偿数额应当由双方当事人协商而定，比如给予房费的优惠，或者给予部分团款的返还。只要双方能够达成一致即可，但有一点是明确的，赔偿的数额不宜过高，更多的是象征性的赔偿和安抚，理由就是损害后果并不十分严重。

最后，饭店和旅行社应当对孕妇给予特别的关注。针对孕妇索要的精神损害赔偿，应当予以专门的研究。由于旅游者声称怀孕，但无法从外形上加以判断，如果旅游者要求高额赔偿，饭店和旅行社无法承受，正如案例中声称的要求赔偿 5000 元，在给予孕妇特别赔偿之前，应当要求孕妇提供已经怀孕的医院证明，或者直接到当地医院进行检查。证实为孕妇后，其赔偿应当高于其他旅游者。如果孕妇不愿意提供证据，或者拒绝前往医院接受检查，就不应当被认定为孕妇，给予这位旅游者的应当和其他旅游者的赔偿一视同仁。

总之，上述案例中的赔偿过高，不符合相关法律规定。

后 记

虽然工作岗位已经转换了两年多，但对于旅游法律法规和旅游纠纷的研究，依然保持着较为浓厚的兴趣，业余时间也基本消磨在其中。

能够再次出版旅行社服务纠纷处理的专著（也是本人出版的第十二本著作），首先要感谢中国旅游出版社给予的机会，没有出版社的支持，本书就难以和读者见面。其次要感谢远在山东烟台的孙程远先生。程远先生为本人专门设立"旅游投诉"的微信公众号，命名为"恢月说法"，每周定期向全国推送。再次要感谢全国各地质监执法人员及时为笔者提供各种鲜活的案例，使得笔者能够了解旅行社服务纠纷的动态。同时还需要特别感谢北京第二外国语学院的申海恩教授，其扎实的法学知识、敏锐的法律思维，不厌其烦地为笔者释疑解惑，深受感动。

笔者计划将"恢月说法"做成一个系列，紧紧围绕旅游纠纷处理和旅游行政执法两大方向而展开，希冀为旅游质监执法工作贡献微薄之力。

作者于杭州市石函路 1 号
2016 年 7 月 30 日